# 重庆流动人口发展研究报告（2017年）

李 孜 谭江蓉 薛 晓 著

科学出版社
北京

## 内容简介

人口迁移流动是我国现阶段人口变动的重要主导因素。重庆市作为"一带一路"和长江经济带的核心战略区域,人口流动数量保持着强劲的增长态势,这将在很长一段时间内对重庆市的经济社会发展产生重要影响。本书主要介绍重庆市流动人口的流动迁移态势、家庭规模及结构、流动及居留意愿、就业与收入、健康与公共服务、婚姻与生育、社会融合等方面,对比分析九龙坡区流动人口与户籍人口的生存发展状况,并从个体和省际两个层面对重庆市流动人口的就业收入以及基本公共卫生计生服务的获得感分别进行了政策研究与设计。

本书可作为从事人口学研究的科研工作者、从事卫生计生服务管理的工作人员以及人口学相关方向研究生的参考书籍。

---

图书在版编目(CIP)数据

重庆流动人口发展研究报告. 2017年 / 李孜,谭江蓉,薛晓著. —北京:科学出版社,2018.12
ISBN 978-7-03-059979-7

Ⅰ.①重… Ⅱ.①李… ②谭… ③薛… Ⅲ.①流动人口-研究报告-重庆-2017 Ⅳ.①C924.257.19

中国版本图书馆 CIP 数据核字 (2018) 第 287736 号

责任编辑:张 展 孟 锐 / 责任校对:彭 映
责任印制:罗 科 / 封面设计:墨创文化

*科学出版社*出版
北京东黄城根北街16号
邮政编码:100717
http://www.sciencep.com

*成都锦瑞印刷有限责任公司*印刷
科学出版社发行 各地新华书店经销

\*

2018年12月第 一 版 开本:787×1092 1/16
2018年12月第一次印刷 印张:17.75
字数:420 000
**定价:119.00元**
(如有印装质量问题,我社负责调换)

# 序

按照中国人口变动主导因素的历史发展脉络，可以将其划分为三个阶段：以死亡为主导的时期(1949~1969年)、以出生为主导的时期(1970~1989年)和以人口迁移流动为主导的时期(1990年至今)。在2016年全国流动人口规模和增速继续下降的情况下，重庆市作为"一带一路"和长江经济带的核心战略区域，人口流动数量依然保持着增长态势。虽然目前重庆市仍以流出为主，户籍人口大于常住人口，但市内流动数量不断上升，净流出数量不断减少，净流入数量不断增加，吸引外来人口和留住本地人口的能力显著增强。近些年来，重庆市的快速人口流动体现出以下特点：优质资源集中的主城区人口集聚效应持续增强，流动人口"流而不动"现象明显，家庭化进程正处于夫妻流动到核心家庭整体流动的过渡阶段，制造业集中了最多的流动就业人口等。作为西部直辖市，重庆市不断增长的流动人口规模和呈现出的新趋势将在很长一段时间内对重庆市的经济社会发展产生重要影响，且这种不同于我国其他省市的人口流动态势和流动人口特征，势必引起学者的更广泛关注。

在国家卫生和计划生育委员会的统一指导下，重庆市卫生和计划生育委员会精心组织了2017年度流动人口卫生计生动态监测调查，并组织专家学者对所得数据进行了深度开发和政策研究，得以出版《重庆流动人口发展研究报告(2017年)》(以下简称《发展报告》)。《发展报告》共分为四章。

第1章为重庆市2017年流动人口动态监测数据分析报告，对重庆市流动人口的流动迁移态势、家庭规模及结构、流动及居留意愿、生活状况、就业与收入状况、家庭经济状况、健康与公共服务、婚姻及生育状况、社会融合状况、重点疾病流行影响因素以及社区管理情况等11个方面进行了数据分析与系统阐述，由李孜和谭江蓉完成。

第2章为重庆市2017年九龙坡区流动人口与户籍人口卫生计生动态监测数据对比分析报告，共包含6个方面的内容，具体包括家庭成员基本情况、就业与收入情况、家庭经济状况、健康公共服务与婚姻生育情况、社会融合状况、重点疾病流行影响因素等，由谭江蓉和薛晓完成。

第3章为重庆市2017年流动人口动态监测数据政策研究报告，由"重庆市流动人口的就业收入决定——基于个体和省际层面的考察"和"重庆市流动人口基本公共卫生计生服务获得感研究"两个分报告组成，分别由谭江蓉和薛晓撰写完成。分报告一首先对重庆市不同个体特征流动人口与流动到不同省份流动人口的平均小时工资进行了描述与比较，然后在理论分析的基础之上，把数据分为个体调查数据和省际汇总数据，采用分层线性模型，对重庆市流动人口就业收入的影响因素进行实证分析，最后是主要结论与政策建议。分报告二首先在获得感的概念基础上，对流动人口基本公共卫生计生服务获得感的概念、内涵、评估指标体系的构建、包含的具体内容以及开展情况进行分析阐述，然后分析了重庆市流动人口基本公共卫生计生服务获得感的公平性、可及性以及成效性,最后提出了进一步提升重庆市流动人口基本公共卫生计生服务获得感的对策建议。

第 4 章为重庆市 2017 年流动人口相关政策文件摘编,对重庆市卫生和计划生育委员会、重庆市人民政府、重庆市民政局、重庆市教育委员会以及区县政府部门公开发布的 2017 年有关重庆市流动人口相关政策文件进行了摘录与汇编,供大家阅读与参考。

附录是本书涉及的三份流动人口调查问卷,分别是《2017 年全国流动人口卫生计生动态监测调查村/居问卷(B)》《2017 年全国流动人口卫生计生动态监测调查流动人口问卷(C)》以及《2017 年全国流动人口卫生计生动态监测调查户籍人口问卷(D)》。

本书作为重庆市卫生和计划生育委员会和重庆工商大学"校委合作"的系列成果之一,同系列已连续出版 5 年。感谢重庆市卫生和计划生育委员会王卫副主任、唐云川处长和何科元副处长对书稿撰写一如既往的支持和指导,感谢重庆工商大学社会与公共管理学院人口学专业研究生余明轩、宋昀芊对书稿的仔细校对,感谢研究生刘俊芳对调查数据的整理,也感谢社会各界对流动人口和我们研究工作的持续关注,我们将不忘初心,不断前行。

# 目 录

**第1章 重庆市2017年流动人口动态监测数据分析报告** ...... 1
- 1.1 2017年重庆市流动人口动态监测抽样情况 ...... 1
- 1.2 重庆市人口流动迁移态势 ...... 2
  - 1.2.1 流动人口数量 ...... 2
  - 1.2.2 流动人口流向 ...... 3
  - 1.2.3 流动人口结构 ...... 7
- 1.3 流动人口家庭规模及结构 ...... 13
  - 1.3.1 流动人口家庭规模 ...... 13
  - 1.3.2 流动人口家庭结构 ...... 15
- 1.4 流动人口流动及居留意愿 ...... 17
  - 1.4.1 流动人口流动情况 ...... 17
  - 1.4.2 流动人口居留与落户意愿 ...... 23
- 1.5 流动人口生活状况 ...... 32
  - 1.5.1 流入人口住房状况 ...... 32
  - 1.5.2 流入人口生活现状 ...... 35
- 1.6 流动人口就业与收入状况 ...... 37
  - 1.6.1 流动人口就业分布情况 ...... 37
  - 1.6.2 就业流动人口收入状况 ...... 44
- 1.7 流动人口家庭经济状况 ...... 51
  - 1.7.1 流入人口家庭收支状况 ...... 51
  - 1.7.2 流入人口老家收入与产权情况 ...... 54
- 1.8 流动人口健康与公共服务 ...... 57
  - 1.8.1 流动人口健康状况与健康档案建立情况 ...... 57
  - 1.8.2 流动人口健康教育与医疗服务 ...... 59
- 1.9 流动人口婚姻及生育状况 ...... 65
  - 1.9.1 流动人口婚姻状况 ...... 65
  - 1.9.2 流动人口生育与子女 ...... 66
  - 1.9.3 流动人口计生服务提供与利用现状 ...... 68
- 1.10 流动人口社会融合状况 ...... 70
  - 1.10.1 流动人口融入本地状况 ...... 70
  - 1.10.2 流动人口社会权益保障情况 ...... 78
- 1.11 流动人口重点疾病流行影响因素 ...... 80

         1.11.1 流动人口的居住环境 80
         1.11.2 流动人口的饮食 84
         1.11.3 流动人口生活卫生及疫苗等 88
      1.12 流动人口社区管理情况 89
         1.12.1 调查社区基本情况 90
         1.12.2 调查社区公共卫生服务管理情况 94
      1.13 主要结论 98
第2章 重庆市2017年九龙坡区流动人口与户籍人口卫生计生动态监测数据对比分析报告 103
   2.1 家庭成员基本情况 103
      2.1.1 基本社会学特征 103
      2.1.2 家庭规模与结构 107
   2.2 就业与收入情况 110
      2.2.1 就业与职业分布情况 110
      2.2.2 就业人口收入情况 116
   2.3 家庭经济状况 118
      2.3.1 收入支出情况 118
      2.3.2 老家经济收入与产权情况 120
   2.4 健康、公共服务与婚姻生育情况 122
      2.4.1 健康状况与健康档案建立情况 122
      2.4.2 公共服务状况 123
      2.4.3 婚姻及生育状况 129
   2.5 社会融合状况 132
      2.5.1 本地人与外地人融合状况 132
      2.5.2 社会权益保障情况 135
   2.6 重点疾病流行影响因素 138
      2.6.1 居住环境影响因素 138
      2.6.2 饮食影响因素 141
      2.6.3 生活卫生及疫苗等影响因素 144
   2.7 主要结论 146
第3章 重庆市2017年流动人口动态监测数据政策研究报告 149
   3.1 重庆市流动人口的就业收入决定——基于个体和省际层面的考察 149
      3.1.1 研究问题的提出 149
      3.1.2 重庆市流动人口的就业收入状况 150
      3.1.3 重庆市流动人口的就业收入决定 154
      3.1.4 研究结论与建议 161
   3.2 重庆市流动人口基本公共卫生计生服务获得感研究 163
      3.2.1 "获得感" 163

3.2.2　流动人口基本公共卫生计生服务获得感界定……166
　　3.2.3　重庆市流动人口基本公共卫生计生服务获得感……177
　　3.2.4　进一步提升重庆市流动人口基本公共卫生计生服务获得感的对策建议……204

**第4章　重庆市2017年流动人口相关政策文件摘编**……207

　　重庆市城乡建设委员会中国人民银行重庆营业管理部中国银行业监督管理委员会重庆监管局关于建筑领域实施农民工工资专用账户管理及银行代发制度(试行)的通知……207

　　重庆市卫生和计划生育委员会办公室关于开展2017年流动人口基本公共卫生计生服务均等化工作评估的通知……212

　　关于进一步认真落实建筑领域农民工工资保证金减免优惠政策的函……214

　　重庆市人民政府关于统筹推进区县域内城乡义务教育一体化改革发展的实施意见……215

　　重庆市民政局重庆市社会治安综合治理委员会办公室重庆市高级人民法院重庆市人民检察院重庆市教育委员会　重庆市公安局重庆市财政局重庆市卫生和计划生育委员会关于印发重庆市开展"合力监护、相伴成长"专项行动实施方案的通知……221

　　重庆市开展农村留守儿童"合力监护、相伴成长"关爱保护专项行动实施方案……222

　　重庆市大足区人民政府办公室关于进一步规范建设工程农民工工资保障金管理的通知……227

　　奉节县人民政府办公室关于印发奉节县建设领域农民工工资支付监管等制度的通知……229

　　奉节县建设领域农民工工资支付监管制度……230

　　奉节县农民工工资保证金制度……233

　　奉节县欠薪应急周转金管理制度……235

　　城口县人民政府关于印发城口县政府投资类项目农民工工资管理办法(试行)的通知……237

　　城口县政府投资类项目农民工工资管理办法(试行)……238

　　丰都县人民政府办公室关于加强购房进城农民工保障工作的通知……241

　　重庆市南川区人民政府办公室关于印发南川区流动儿童预防接种管理办法的通知……244

　　南川区流动儿童预防接种管理办法……245

　　重庆市人民政府办公厅关于支持返乡下乡人员创业创新促进农村一二三产业融合发展的实施意见……248

**附录　2017年全国流动人口卫生计生动态监测调查问卷**……253

　　2017年全国流动人口卫生计生动态监测调查村/居问卷(B)……253
　　2017年全国流动人口卫生计生动态监测调查流动人口问卷(C)……256
　　2017年全国流动人口卫生计生动态监测调查户籍人口问卷(D)……267

# 第 1 章　重庆市 2017 年流动人口动态监测数据分析报告

作为人口学核心内容的人口流动迁移是我国现阶段的一个重要社会现象。近年来，人口流动规模持续下降，迁移势头有所减弱，同时，居住长期化和家庭化趋势更加明显，对相关公共服务和社会保障的需求持续增长，给流动人口的服务管理工作带来新的挑战。重庆市地处"一带一路"和长江经济带"Y形"大通道的联结点上，区位优势明显，其人口流动态势理应引起大家的重点关注。为此，本书以 2017 年全国流动人口动态监测数据为基础，分析重庆市人口流动迁移的规模、流向、结构、就业与收支、健康与公共服务、婚姻生育与社会融合等状况，为重庆市的流动人口服务管理和区域发展提供决策参考。

## 1.1　2017 年重庆市流动人口动态监测抽样情况

2017 年重庆市流动人口动态监测数据（以下简称"动态数据"）共抽样调查流动人口 11709 户（其中流入 4999 户，流出 6710 户），涉及家庭人口数量 36616 人（其中流入 15356 人，流出 21260 人），现居住地在重庆市的流入人口为 11122 人，占流入人口总量的 72.4%，如表 1-1 所示。

表 1-1　重庆市流动人口动态监测抽样情况

|  | 流入人口 | 流出人口 |
| --- | --- | --- |
| 户数（户） | 4999 | 6710 |
| 家庭人口数（人） | 15356 | 21260 |
| 现居住人口（人） | 11122 | 16193 |

此外，本次还抽样调查了来自 32 个区县的 229 个社区，抽样社区共有户籍人口 113.4 万人，流入人口 37.4 万人。本次抽样调查的主城区（主城九区加两江新区）社区占 75.5%，非主城区社区占 24.5%。

## 1.2 重庆市人口流动迁移态势

### 1.2.1 流动人口数量

**1. 流动人口总量和增速依然保持逐步上升态势，重庆市人口城镇化仍处于快速发展阶段**

《重庆统计年鉴2017》数据显示，2016年重庆市人口流动总量为1247.54万人，占当年常住人口3048.43万人的40.92%。相比2010年重庆市人口流动总量为1089.54万人，占当年常住人口2884.62万人的37.77%而言，七年间全市流动人口总量平均增幅为2.28%，流动人口占比也提高了3个百分点以上。2016年重庆市常住人口城镇化率为62.6%，总体水平高于全国平均水平5.2个百分点，相比2015年提高1.66个百分点，比2010年增加了9.6个百分点。

数据表明，在2016年全国流动人口规模和增速继续下降的情形下，重庆市人口流动数量依然保持着增长态势。重庆市作为"一带一路"和长江经济带的核心战略区域，对流动人口的吸纳能力不断增强，人口流动进程持续加快，重庆市人口城镇化仍处于快速发展阶段。

**2. 重庆市流入人口的1/3是流动育龄妇女，其孕产期的保健服务给本地卫生计生服务管理工作带来挑战**

流动育龄妇女的生殖健康状况、生育行为等一直是卫生计生部门关注的重点工作。本次动态数据发现（表1-2），15~49岁流入育龄妇女数为3868人，占现居住地流入人口（11122人）的34.8%，其中77.4%为已婚/同居育龄妇女。占流入人群总量14.5%的未婚人群中，未婚育龄妇女占比达到47.6%。现居住地流入人群中，20~29岁生育旺盛期妇女占比为14.6%，其中已婚/同居的生育旺盛期妇女占比为9.7%。

表1-2 重庆市2017年流动人口基本社会学特征

| 基本社会学人口特征 | 流入人口 | 流出人口 |
| --- | --- | --- |
| 户数（户） | 4999 | 6710 |
| 家庭人口数（人） | 15356 | 21260 |
| 现居住人口（人） | 11122 | 16193 |
| 家庭规模（人） | 3.10 | 3.17 |
| 现居住地户均规模（人） | 2.24 | 2.41 |
| 平均年龄（岁） | 34.7 | 33.9 |
| 老一辈流动人口（1980年前出生）占比（%） | 42.7 | 44.9 |
| 新生代流动人口（1980~1990年出生）占比（%） | 23.6 | 20.2 |
| 90后（1990年及以后出生）流动人口占比（%） | 33.7 | 34.9 |
| 男女性别比 | 95.8 | 103.2 |
| 生育旺盛期妇女（20~29岁）占比（%） | 14.6 | 12.1 |
| 已婚/同居生育旺盛期妇女占比（%） | 9.7 | 8.3 |
| 15~49岁育龄妇女占比（%） | 34.8 | 34.1 |

第1章 重庆市2017年流动人口动态监测数据分析报告　　3

续表

| 基本社会学人口特征 | 流入人口 | 流出人口 |
|---|---|---|
| 已婚/同居育龄妇女占比(%) | 26.9 | 27.6 |
| 少数民族占比(%) | 4.2 | 5.1 |
| 本地核心家庭占比(%) | 19.1 | 21.0 |

随着人口流动迁移的进程加快，流入育龄妇女数也呈上升趋势。全面二孩政策实施以来，流入的生育旺盛期育龄妇女的生育意愿和生育行为如何，她们在现居住地的生殖健康状况和孕产服务情况怎么样，不仅可以体现出我国生育政策的调整实施效果，也是流动人口在流入地基本公共服务均等化的具体写照，有必要进行重点分析和挖掘。

### 1.2.2　流动人口流向

**1.重庆市仍然保持市内流动上升、净流出减少和净流入增加的"541"人口流动比例结构，吸引外来人口和留住本地人口的能力显著增强**

重庆市作为西部直辖市，长期以来人口流动以输出为主。但是，随着沿海发达地区的产业逐步向中西部地区转移，重庆自身的产业群集聚效应显现，人口流入不断增加，人口流出不断减少。

《重庆统计年鉴2017》数据显示，2016年全市外出至市外人口500.78万人，较2015年减少4.72万人；同期，全市净流入外来人口157.1万人，较2015年增加6.9万人。全市净流出人口343.68万人，较2015年减少11.62万人。图1-1显示，重庆市2010～2016年七年间，外出至市外人群占重庆市流动人口总量的比例分别为47.96%、46.96%、46.23%、44.83%、42.63%、41.45%和40.14%，呈明显的下降趋势。相反，市外外来人口占比却呈快速上升趋势，从2010年的9.56%逐年稳步上升到12.59%。此外，2010～2016年七年间，重庆市外出人口更多地表现为"市内跨区(县)式"的近距离外出流动，这一比例七年间分别为46.97%、47.38%、47.63%、49.00%、51.43%、52.73%和54.10%，呈稳步上升态势。总体来看，自2014年以来，重庆流动人口总量中一直保持大约五成的市域内流动人群、四成的市外流出人群和一成多一点的市外流入人群，"市内流动、流出市外、市外流入"的比例继续保持"541"结构。

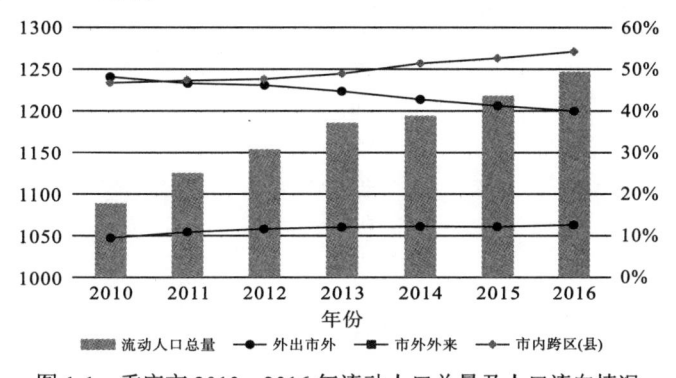

图1-1　重庆市2010～2016年流动人口总量及人口流向情况

数据分析表明，重庆市人口回流特征较为明显，重庆市作为国家中心城市的地位逐步显现，良好的区位优势和发展态势显著提高了对流动人口的吸引力，产业集群转型升级和惠民社会事业的加强则提升了流动人口的就业质量和幸福指数。

2.重庆市 3/4 的流入人口分布在主城区，大城市的人口集聚效应持续增强

2017 年重庆市动态数据表明，有 75.2%的流入人口分布在主城区，24.8%居住生活在非主城区。由表 1-3 可见，流动人口居住、生活主要集聚区域排序为：九龙坡区(20.0%)、渝北区(8.8%)、沙坪坝区(8.8%)、南岸区(8.8%)、巴南区(7.2%)、璧山区(5.6%)、渝中区(4.8%)、两江新区(4.8%)、江北区(4.8%)、北碚区(4.8%)和大渡口区(2.4%)。可以看出，除了非主城区的璧山区以外，其余重庆市流入人口主要分布在主城区域。

表 1-3　重庆市流入人口现居住区县分布

| 现居住地 | N | % |
| --- | --- | --- |
| **主城区** | 3759 | 75.2 |
| 渝中区 | 240 | 4.8 |
| 大渡口区 | 120 | 2.4 |
| 江北区 | 240 | 4.8 |
| 沙坪坝区 | 439 | 8.8 |
| 九龙坡区 | 1000 | 20.0 |
| 南岸区 | 440 | 8.8 |
| 北碚区 | 240 | 4.8 |
| 渝北区 | 440 | 8.8 |
| 巴南区 | 360 | 7.2 |
| 两江新区 | 240 | 4.8 |
| **非主城区** | 1240 | 24.8 |
| 涪陵区 | 80 | 1.6 |
| 长寿区 | 40 | 0.8 |
| 江津区 | 80 | 1.6 |
| 合川区 | 40 | 0.8 |
| 永川区 | 40 | 0.8 |
| 綦江区 | 40 | 0.8 |
| 铜梁区 | 40 | 0.8 |
| 荣昌区 | 40 | 0.8 |
| 璧山区 | 280 | 5.6 |
| 万州区 | 80 | 1.6 |
| 梁平区 | 40 | 0.8 |
| 垫江县 | 40 | 0.8 |
| 开州区 | 40 | 0.8 |
| 云阳县 | 40 | 0.8 |
| 奉节县 | 40 | 0.8 |
| 巫山县 | 40 | 0.8 |

续表

| 现居住地 | N | % |
| --- | --- | --- |
| 黔江区 | 40 | 0.8 |
| 武隆区 | 40 | 0.8 |
| 石柱县 | 40 | 0.8 |
| 秀山县 | 40 | 0.8 |
| 酉阳县 | 40 | 0.8 |
| 彭水县 | 40 | 0.8 |
| 合计 | 4999 | 100.0 |

人口流动的背后反映的是重庆市的产业集聚与转型升级。主城区既是全市金融、商贸等服务业的高端要素集聚区，又是先进制造业、战略性新兴产业发展的"火车头"，在全市新型工业化、城镇化的主战场地位明显，对流动人口的吸引力和容纳能力也最强。

3.重庆市近七成流出人口属于市内跨区县短距离流动，且主要来自农村，市外流动以流向产业发达地区和就近地区为主

2017年重庆市人口流动的特点主要表现为：①重庆市人口流动以市内各区县间流动为主，外来流入人口中有68.0%属于市域内流动，这一比例比2016年动态调查数据低4.3个百分点；②余下32.0%的外来流入人口以周边省份流入为主(图1-2)，这些人群主要来

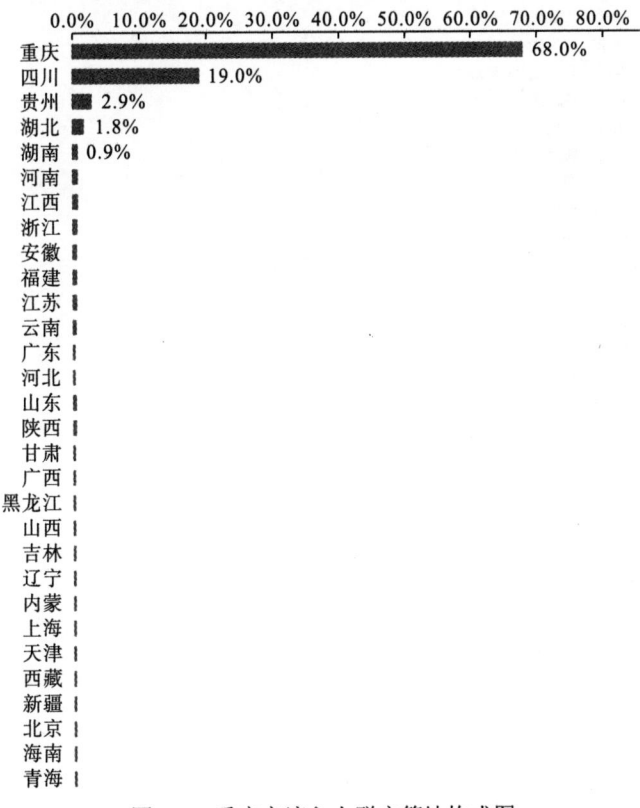

图1-2 重庆市流入人群户籍地构成图

自重庆市邻近省份四川、贵州、湖北和湖南,这四个相邻省流入重庆市的人口占据市外流入人群总量的 76.7%;③重庆市外来人口主要以农村为主(图 1-3),占 68.2%,其次是乡镇(15.3%)和县城(11.5%);④重庆市流出至市外的人群主要集中在产业发达地区和就近地区(图 1-4),按流入规模排序前五位的省份依次为浙江、云南、福建、湖北和贵州,这五个省份的流入人群总量占重庆市总流出人群的 25.4%。

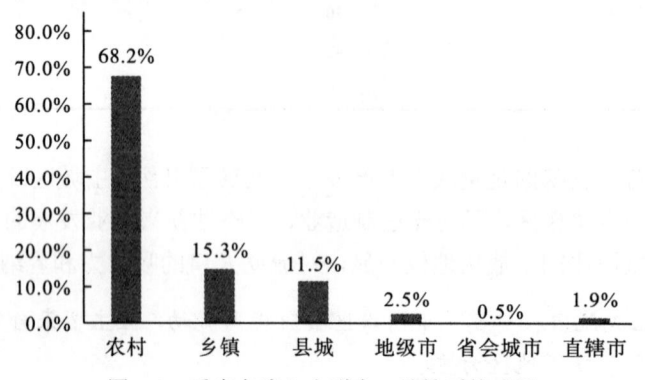

图 1-3 重庆市流入人群户口地性质构成图

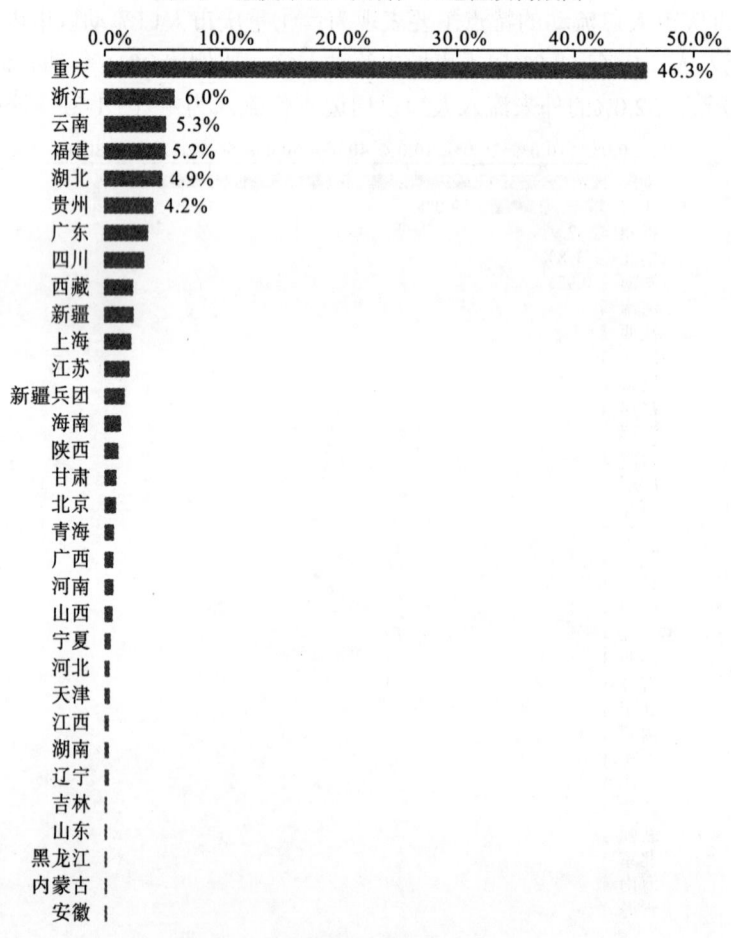

图 1-4 重庆市流出人群流入地构成图

### 1.2.3 流动人口结构

本部分主要对流入人口的年龄、性别、户籍、文化程度、婚姻、民族、党组织关系等进行分析。

**1. 流入人口平均年龄 34.7 岁，年轻一代流入人口占近六成**

由表 1-2 可见，重庆市流入人口的平均年龄为 34.7 岁，其中老一辈流入人口(1980 年以前出生的人)占比 42.7%，平均年龄为 50.91 岁；新生代流入人口(1980~1990 年出生的人)占比 23.6%，平均年龄为 31.4 岁；90 后(1990 年及以后出生的流动人口)占比 33.7%，平均年龄为 16.37 岁。重庆市年轻一代流动人口占比已达到 57.3%，成为流动人口的主体。

**2. 八成流入人口为劳动年龄段人口，人口红利期丰富的劳动力资源和成本优势为重庆市经济可持续发展注入了活力**

2017 年重庆市流入人口中，15~64 岁劳动年龄人口占据 82.9%，这一指标比 2016 年重庆市常住人口劳动年龄人口(15~64 岁)占比(70.91%)高出 11.99 个百分点。2017 年重庆市流入人口和流出人口中，少儿抚养占比分别为 16.3%和 19.0%，这一指标比重庆市常住人口少儿(0~14 岁)抚养占比(23.35%)分别低 7.05 个百分点和 4.35 个百分点。流入人口和流出人口调查中老人抚养比分别为 5.3%和 3.0%，这一指标比重庆市常住人口老人(65 岁及以上)抚养比占比(17.67%)分别低 12.37 个百分点和 14.67 个百分点。2017 年重庆市流入人口和流出人口家庭成员性别-年龄数据显示(图 1-5、图 1-6)，流入人口和流出人口均以 25~29 岁年龄段占比最高(达到 14%左右)，尤其是 25~29 岁的年轻女性，占比达到 15%左右。

数据分析表明，流入人口的到来降低了重庆市流入地的抚养比，提高了劳动年龄人口的比例，使重庆市仍处于一个劳动力资源相对丰富、抚养负担轻、于经济发展十分有利的"黄金时期"，也就是"人口红利"期。以青壮年劳动力为主的流入人口带来的丰富劳动力资源和成本优势进一步释放了人口红利，为重庆市经济社会的发展注入了可持续增长的活力。

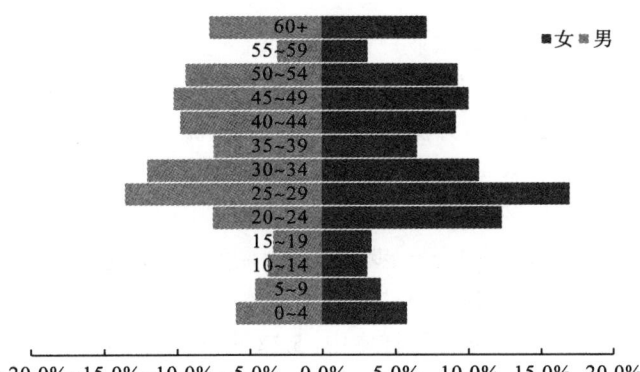

图 1-5 流入人口的性别-年龄分布

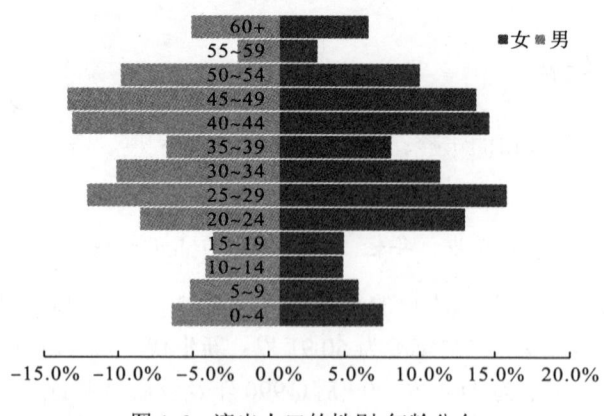

图 1-6 流出人口的性别-年龄分布

**3.老年流入人口比重比较稳定，流入地养老、医疗等基本公共服务的提供压力继续存在**

表 1-2 显示，重庆市流入人口和流出人口平均年龄分别为 34.7 岁和 33.9 岁，重庆市 60 岁及以上的流入老人占比为 7.5%，和 2016 年的同指标数据基本保持持平。近些年来，户籍人口老龄化程度的持续提高给社会基本公共服务(包括养老、医疗等)带来了一定压力，在依然割裂的城乡二元体制和社会保障服务还未全国联网的情况下，老年流动人口在流入地的养老、医疗等基本公共服务的提供压力仍将在一定时间内存在。

**4.家庭化迁移进程中越来越多年轻女性加入流动人口大军，女性流动人口占据半边天**

由表 1-2 数据可见，现居住在重庆市的流入人口中，男女性别比为 95.8，流出人口中男女性别比为 103.2，而 2016 年的流入和流出人口男女性别比为 101.2 和 103。女性移民与男性移民一样，在城市社会中扮演了同等重要的角色地位。图 1-5 进一步显示，20~29 岁年龄段这一最主要的年轻劳动力人口中，重庆流动女性的比例已明显高于男性。

数据分析表明，随着家庭化流动趋势越来越明显，越来越多的女性离开家乡流入到城市，除了做好"贤妻良母"，女性拥有现代服务产业的蓬勃发展提供的更多的就业机会，重庆市女性传统的吃苦耐劳精神也使得青年女性和老年女性都更积极地进入劳动力市场。

**5.流入人口中七成为乡-城流动，农民工依然是流动人口的主体**

表 1-4 数据显示，非农业和农业户口性质的流入人群占比分别为 12.2%和 74.2%，重庆市人口流动依然以乡-城流动为主，与以往监测结果相比，乡-城流动人口占比基本保持稳定。在占总流入人群 32%的省外流入人群中，乡-城流动人群占比也远高于城-城流动人群，前者是后者的 7.7 倍。数据表明，以寻求在城市获得更多就业发展机会来改变现实生活条件的"外来务工农民"依然是流动人口的主力军。

自 2014 年国务院发布《关于进一步推进户籍制度改革的意见》后，全国已有 30 余个省份取消了农业户口，不再登记户口性质而统一登记为居民户口。故本次动态数据发现，现居住在重庆市的 11122 名流入人群样本中，5.2%的原农业户籍人口已转户为重庆居民户口，受全国户籍制度改革的影响，已有 7.3%的流动人群登记为居民。

表 1-4 不同出生年代的流入人口户口性质构成

| 户口性质 | 老一辈 N | 老一辈 % | 新生代 N | 新生代 % | 90后 N | 90后 % | 合计 N | 合计 % |
|---|---|---|---|---|---|---|---|---|
| 农业 | 3490 | 73.5 | 1832 | 69.7 | 2928 | 78.2 | 8250 | 74.2 |
| 非农业 | 573 | 12.1 | 409 | 15.6 | 376 | 10.0 | 1358 | 12.2 |
| 农转居 | 291 | 6.1 | 148 | 5.6 | 143 | 3.8 | 582 | 5.2 |
| 非农转居 | 57 | 1.2 | 24 | 0.9 | 23 | 0.6 | 104 | 0.9 |
| 居民 | 336 | 7.1 | 215 | 8.2 | 265 | 7.1 | 816 | 7.3 |
| 其他 | 1 | 0.0 | 2 | 0.1 | 9 | 0.2 | 12 | 0.1 |
| 合计 | 4748 | 100.0 | 2630 | 100.0 | 3744 | 100.0 | 11122 | 100.0 |

中国户籍制度正在改革进程中，有多少流动人口愿意落户城镇，还取决于家庭与个人在现有制度下对拥有和放弃的各种权益包括宅基地和承包地、就业保障、养老保障、医疗保障等之间的掂量与平衡。

6.三成以上流入人口非农/居民户口获得年限为 20 年及以上，且主要获得途径为升学、征地和购房落户

表 1-5 数据表明，户口获得年限在 5 年以上的流入人口占 85.4%，在 20 年以上的占 37.8%。从表 1-6 数据来看，获得户口的途径主要为升学(21.0%)、征地(19.7%)和购房落户(12.5%)。

表 1-5 流入人口非农户口/居民户口的获得年限

| 户口获得年限 | N | % |
|---|---|---|
| 1年及以下 | 27 | 3.6 |
| 1～3年 | 40 | 5.5 |
| 3～5年 | 40 | 5.5 |
| 5～10年 | 135 | 18.3 |
| 10～20年 | 217 | 29.3 |
| 20年以上 | 280 | 37.8 |
| 合计 | 741 | 100.0 |

表 1-6 流入人口非农户口/居民户口的获得途径

| 户口获得途径 | N | % |
|---|---|---|
| 升学 | 156 | 21.0 |
| 参军 | 9 | 1.2 |
| 工作 | 63 | 8.5 |
| 征地 | 146 | 19.7 |
| 家属随转 | 75 | 10.1 |
| 购房落户 | 92 | 12.5 |
| 户口改革，当地不再有农业户口 | 68 | 9.2 |
| 其他 | 132 | 17.9 |
| 合计 | 741 | 100.0 |

**7.流入人口受教育程度以初中为主且高于全国平均水平，女性、老一辈流入人口的受教育程度显著低于男性和年轻一代流入人口**

重庆市流入人口文化程度依然以初中为主，占比35.8%，受中等教育（高中/中专）的比例为21.7%，如表1-7所示，相比六普数据中我国初中文化程度人群占比（33.40%）以及高中和中专文化程度人群占比（13.22%），重庆市流入人口文化程度高于全国平均水平。

表1-7 不同性别流入人口的文化程度

| 性别 | 男 N | 男 % | 女 N | 女 % | 合计 N | 合计 % |
| --- | --- | --- | --- | --- | --- | --- |
| 未上过小学 | 65 | 1.3 | 174 | 3.3 | 239 | 2.3 |
| 小学 | 985 | 19.5 | 1227 | 23.1 | 2212 | 21.3 |
| 初中 | 1925 | 38.1 | 1786 | 33.6 | 3711 | 35.8 |
| 高中/中专 | 1147 | 22.7 | 1106 | 20.8 | 2253 | 21.7 |
| 大学专科 | 553 | 10.9 | 633 | 11.9 | 1186 | 11.4 |
| 大学本科 | 359 | 7.1 | 369 | 6.9 | 728 | 7.0 |
| 研究生 | 24 | 0.5 | 23 | 0.4 | 47 | 0.5 |
| 合计 | 5058 | 100.0 | 5318 | 100.0 | 10376 | 100.0 |

注：$\chi^2=81.230$，$P=0.000$。

经统计学卡方检验，不同性别的流入人口文化程度差异显著，表1-7中男性受教育程度要高于女性，其中具有高中/中专文化程度的男性比例高出女性1.9个百分点，而仅有小学及以下文化程度的女性比例比男性高5.6个百分点。在现代技术产业和服务产业对技能人才、高素质人才需求日益增大的情况下，女性流动人口相对偏低的教育禀赋，使得其在市场激烈竞争环境中依然处于劣势，可能成为制约其在城市获得与男性同等就业机会或取得同等就业收入的主要因素。

不同出生时代的流入人口文化程度差异也是显著的。由表1-8可见，经统计学卡方检验，老一辈流动人口文化程度以初中和小学为主，占比分别是45.9%和32.2%，具有高中/中专文化程度的占比13.7%，具有大学专科和大学本科文化程度的占比4.2%；新生代流动人口文化程度以初中和高中/中专为主，占比分别为32.2%和28.9%，具有大学专科和大学本科文化程度的占比33.8%，比老一辈人口高出29.6个百分点；90后流动人口由于部分还处于学生阶段，故其文化程度目前以高中/中专和初中为主，占比分别为28.2%和22.9%，还有19.8%的小学文化程度，大专及以上学历占比为27.6%。

分析表明，新生代和90后流动人口的文化程度明显高于老一辈，更适应和符合现代技术性产业需求。相比较，老一辈流动人口受文化程度、年龄、健康、生活价值观等多种因素的影响，他们更多地从事一些技术含量偏低、工作时间较长的重体力工作。在目前社会经济发展条件下，能够忍受脏苦累工作的老一辈流动人口在建筑、装修等行业仍然有生存的空间。但随着老一辈流动人口年龄的继续增长，他们在流入地城市的生存状况和去留问题，需要引起大家的关注。

表 1-8  不同出生年代流入人口的文化程度构成

| 出生年代 | 老一辈 N | 老一辈 % | 新生代 N | 新生代 % | 90后 N | 90后 % | 合计 N | 合计 % |
|---|---|---|---|---|---|---|---|---|
| 未上过小学 | 189 | 4.0 | 3 | 0.1 | 47 | 1.6 | 239 | 2.3 |
| 小学 | 1527 | 32.2 | 91 | 3.5 | 594 | 19.8 | 2212 | 21.3 |
| 初中 | 2177 | 45.9 | 848 | 32.2 | 686 | 22.9 | 3711 | 35.8 |
| 高中/中专 | 649 | 13.7 | 759 | 28.9 | 845 | 28.2 | 2253 | 21.7 |
| 大学专科 | 139 | 2.9 | 498 | 18.9 | 549 | 18.3 | 1186 | 11.4 |
| 大学本科 | 63 | 1.3 | 393 | 14.9 | 272 | 9.1 | 728 | 7.0 |
| 研究生 | 4 | 0.1 | 38 | 1.4 | 5 | 0.2 | 47 | 0.5 |
| 合计 | 4748 | 100.0 | 2630 | 100.0 | 2998 | 100.0 | 10376 | 100.0 |

注：$\chi^2=2426.275$，$P=0.000$。

8.约 3/4 的流入人口为已婚状态，已婚流入人口的 1/3 没有实现共同流动，要防范流动对婚姻稳定性带来的冲击

由表 1-9 数据可见，流入人口中初婚人群占比最高为 72.0%，未婚人群占比为 16.1%，婚姻破裂家庭占比为 8.8%，同居人群占比 0.9%。进一步计算得知，在有配偶的流入人口中，没有携带配偶共同流动的比例为 34.9%。

表 1-9  重庆市流入人口的婚姻构成

| 婚姻状况 | N | % |
|---|---|---|
| 未婚 | 803 | 16.1 |
| 初婚 | 3601 | 72.0 |
| 再婚 | 208 | 4.2 |
| 离婚 | 231 | 4.6 |
| 丧偶 | 109 | 2.2 |
| 同居 | 47 | 0.9 |
| 合计 | 4999 | 100.0 |

数据表明，约 3/4 的流入人口已婚，且在已婚的流入人口中还有约 1/3 没有携带配偶共同流动，这部分人的婚姻稳定性会否受到流动的影响有必要得到关注。受地域迁徙阻隔等因素影响，部分已婚夫妇长时间分离导致感情破裂，再加上流出人群进城后对土地和乡土文明的依存度降低，陌生环境下传统婚姻和家庭的道德约束降低，婚外性行为易增多从而引起家庭破裂。此外，受市场经济的影响，新生代流动人群中"闪婚闪离"以及婚姻价值观偏激化现象较普遍，也使得流动人口家庭婚姻稳定性受到冲击。

9.重庆市流入人口的民族主要是汉族，其次是土家族和苗族

表 1-10 数据表明，95.8%的流入人口为汉族，2.3%的流入人口为土家族，苗族占 0.8%。

表 1-10 重庆市流入人口的民族构成

| 民族 | N | % |
|---|---|---|
| 汉族 | 10659 | 95.8 |
| 土家族 | 261 | 2.3 |
| 苗族 | 91 | 0.8 |
| 回族 | 17 | 0.2 |
| 蒙古族 | 10 | 0.1 |
| 壮族 | 8 | 0.1 |
| 维吾尔族 | 9 | 0.1 |
| 彝族 | 16 | 0.1 |
| 侗族 | 10 | 0.1 |
| 其他族 | 15 | 0.1 |
| 满族 | 3 | 0.0 |
| 藏族 | 5 | 0.0 |
| 布依族 | 4 | 0.0 |
| 瑶族 | 4 | 0.0 |
| 朝鲜族 | 1 | 0.0 |
| 白族 | 5 | 0.0 |
| 哈尼族 | 1 | 0.0 |
| 哈萨克族 | 2 | 0.0 |
| 傣族 | 1 | 0.0 |
| 合计 | 11122 | 100.0 |

10.仅有5.6%的流入人口为共产党员，应充分发挥拥有较高文化程度和新生代流动党员的模范带头作用，积极培育流动基层党组织

由表1-11可见，在18周岁及以上的流入人群中仅有5.6%是共产党员，相对而言，新生代为共产党员的人员占比略高于"老一辈"和"90后"。由表1-12可见，流入人群中随着受教育程度的提高，其共产党员身份的占比也显著提高。

表 1-11 不同出生年代流入人群的共产党员占比

| 出生年代 | 共产党员 N | 共产党员 % | 共青团员 N | 共青团员 % | 均不是 N | 均不是 % | 合计 N | 合计 % |
|---|---|---|---|---|---|---|---|---|
| 老一辈 | 244 | 5.1 | 0 | 0.0 | 4504 | 94.9 | 4748 | 100.0 |
| 新生代 | 204 | 7.8 | 59 | 2.2 | 2367 | 90.0 | 2630 | 100.0 |
| 90后 | 91 | 4.0 | 866 | 37.6 | 1346 | 58.4 | 2303 | 100.0 |
| 合计 | 539 | 5.6 | 925 | 9.6 | 8217 | 84.9 | 9681 | 100.0 |

注：$\chi^2=2785.475$，$P=0.000$。

表 1-12　不同受教育程度流入人群的共产党员占比

| 教育程度 | 共产党员 N | 共产党员 % | 共青团员 N | 共青团员 % | 均不是 N | 均不是 % | 合计 N | 合计 % |
| --- | --- | --- | --- | --- | --- | --- | --- | --- |
| 未上过小学 | 1 | 0.5 | 0 | 0.0 | 196 | 99.5 | 197 | 100.0 |
| 小学 | 39 | 2.3 | 2 | 0.1 | 1619 | 97.5 | 1660 | 100.0 |
| 初中 | 89 | 2.5 | 128 | 3.5 | 3393 | 94.0 | 3610 | 100.0 |
| 高中/中专 | 107 | 4.7 | 344 | 15.3 | 1802 | 80.0 | 2253 | 100.0 |
| 大学专科 | 113 | 9.5 | 284 | 23.9 | 789 | 66.5 | 1186 | 100.0 |
| 大学本科 | 166 | 22.8 | 164 | 22.5 | 398 | 54.7 | 728 | 100.0 |
| 研究生 | 24 | 51.1 | 3 | 6.4 | 20 | 42.6 | 47 | 100.0 |
| 合计 | 539 | 5.6 | 925 | 9.6 | 8217 | 84.9 | 9681 | 100.0 |

注：$\chi^2=1687.417$，$P=0.000$。

结果表示，受流动性影响，流动人口入党积极性低和入党难问题同时存在，应充分发挥拥有较高文化程度新生代流动党员的模范带头作用，积极培育流动基层党组织。按照传统入党程序，多数流动人口在某地暂住期间，大多难以找到对应的党组织提出申请，也没有企业、居委会等基层党组织主动寻找发展流动人口入党，因此传统的党员介绍、组织考察、上报备案等规范流程难以连续完成，流动人口中的优秀分子难以选拔进入党内，弱化了流动人口参政议政的积极性与主动性。积极培育党的流动基层组织，还能倾听流动人口的呼声，及时了解相关情况，及时有效地将党的路线、方针、政策通过优秀分子向流动群众推广、落实，形成党组织的全面布局和网状发展。因此，应认真研究流动人口中优秀积极分子的入党问题和流动基层党组织的培育问题。

## 1.3　流动人口家庭规模及结构

### 1.3.1　流动人口家庭规模

1.流动人口家庭规模趋于稳定，占据六成的单身户和二人户家庭依然为流入家庭户的主体

由表 1-2 可见，重庆市流入人口和流出人口的家庭规模分别为 3.10 人/户和 3.17 人/户（包含调查者本身及其在本地、老家和其他地方的配偶、子女以及在本户同住的家庭其他成员），这一指标与 2016 年（对应指标分别为 3.09 和 3.18）相差不大，表明流动人口家庭规模趋于稳定。

由表 1-13 可见，在 4999 户现居住本地的流入人口家庭中，单身户流入家庭占比第一的为 35.3%，其次为二人户流入家庭占 26.3%，三人户家庭占比为 23.7%，其余多人户流入家庭占比为 14.5%。数据表明，流动人口同住规模依然以单身户和二人户为主，呈现同住家庭规模小型化状态。

表 1-13　重庆市不同区域流入人口的家庭户规模及占比

| 区域划分 | 合计 | 一人(%) | 二人(%) | 三人(%) | 四人(%) | 五人及以上(%) | 平均家庭户规模(人/户) |
|---|---|---|---|---|---|---|---|
| 主城区 | 3690 | 31.2 | 27.0 | 26.3 | 10.4 | 5.1 | 2.33 |
| 渝中区 | 248 | 28.0 | 28.0 | 28.4 | 10.3 | 5.2 | 2.37 |
| 大渡口区 | 128 | 27.7 | 35.1 | 19.8 | 12.1 | 5.4 | 2.35 |
| 江北区 | 246 | 43.6 | 24.8 | 18.5 | 10.1 | 3.0 | 2.05 |
| 沙坪坝区 | 470 | 26.1 | 33.8 | 25.0 | 11.3 | 3.8 | 2.34 |
| 九龙坡区 | 772 | 27.4 | 27.7 | 28.3 | 11.1 | 5.5 | 2.42 |
| 南岸区 | 460 | 39.4 | 27.9 | 22.7 | 6.5 | 3.5 | 2.07 |
| 北碚区 | 260 | 17.1 | 22.6 | 39.5 | 15.7 | 5.0 | 2.69 |
| 渝北区 | 466 | 42.4 | 24.4 | 24.2 | 6.0 | 3.1 | 2.04 |
| 巴南区 | 382 | 35.3 | 26.6 | 22.2 | 10.2 | 5.6 | 2.26 |
| 两江新区 | 258 | 17.5 | 17.7 | 34.2 | 16.6 | 14.0 | 2.98 |
| 非主城区 | 1309 | 46.9 | 24.5 | 16.5 | 7.7 | 4.5 | 2.00 |
| 合计 | 4999 | 35.3 | 26.3 | 23.7 | 9.7 | 4.8 | 2.24 |

**2.市内流动、主城区、居住时间越长的流动人口同住的家庭人口数越多，近三成的家庭成员依然分离于现居住家庭之外**

由表 1-13 数据可见，重庆市共同居住在流入地的流入家庭规模为 2.24 人/户，与流入家庭整体规模比较，有 0.86 个即 27.5%的家庭成员(指配偶和子女)分离于现有家庭之外。从流动范围看，市内流动人口的同住家庭规模(2.30 人/户)大于跨市流动人口(2.13 人/户)。主城区的家庭户规模较大(2.33 人/户)，非主城的家庭户规模较小(2.00 人/户)。从居住时长看，由表 1-14 数据可知，居住 1 年以下的流动人口平均家庭规模为 1.85 人/户，居住 3～5 年的为 2.42 人/户，居住 5～10 年的为 2.43 人/户，即居住时间越长共同居住的家庭人口数量越多。

表 1-14　重庆市不同居住时长流入人口家庭户规模

| 居住时间段 | 户均家庭规模(人/户) |
|---|---|
| 1 年以下 | 1.85 |
| 1～3 年 | 2.20 |
| 3～5 年 | 2.42 |
| 5～10 年 | 2.43 |
| 10 年及以上 | 2.31 |

## 1.3.2 流动人口家庭结构

**1. 流入人口家庭化迁移趋势明显，六成家庭成员已实现共同流动且以子女和配偶为主**

当共同居住的家庭成员已经包括了两代人或三代人时，流动人口显然已经脱离了单枪匹马闯天下的状态，进入了携妻带子、携老扶幼共同流动的状态。由表 1-15 可见，对 10357 个流入人口的家庭成员（不含调查对象本身）分析，流动人口举家迁移现象明显，其中有 59.1%的家庭成员与调查对象一同流动后居住在本地，36.5%的家庭成员居住在户籍地，还有 4.4%的家庭成员居住在其他城市。

表 1-15 流入调查对象家庭成员关系结构及携带情况

| 与被访者关系 | 家庭成员结构 N | 家庭成员结构 % | 本地 N | 本地 % | 户籍地 N | 户籍地 % | 其他 N | 其他 % |
|---|---|---|---|---|---|---|---|---|
| 配偶 | 3723 | 35.9 | 2382 | 64.0 | 1217 | 32.7 | 124 | 3.3 |
| 子女 | 4077 | 39.4 | 2050 | 50.3 | 1763 | 43.2 | 264 | 6.5 |
| 媳婿 | 255 | 2.5 | 158 | 62.0 | 88 | 34.5 | 9 | 3.5 |
| 父母公婆岳父母 | 1546 | 14.9 | 1034 | 66.9 | 483 | 31.2 | 29 | 1.9 |
| （外）祖父母 | 39 | 0.4 | 19 | 48.7 | 20 | 51.3 | 0 | 0.0 |
| 孙辈 | 328 | 3.2 | 195 | 59.5 | 123 | 37.5 | 10 | 3.0 |
| 兄弟姐妹及配偶 | 218 | 2.1 | 155 | 71.1 | 49 | 22.5 | 14 | 6.4 |
| 侄子女/外甥子女 | 21 | 0.2 | 15 | 71.4 | 6 | 28.6 | 0 | 0.0 |
| 其他 | 150 | 1.4 | 115 | 76.7 | 33 | 22.0 | 2 | 1.3 |
| 合计 | 10357 | 100.0 | 6123 | 59.1 | 3782 | 36.5 | 452 | 4.4 |

由表 1-15 可见，10357 人的流入家庭成员中，其主要构成是子女（占调查家庭人数的 39.4%），其次为配偶（占调查家庭人数的 35.9%）。由表 1-16 可见，老一辈的流入家庭成员中，配偶和父母公婆岳父母占比最高，分别为 51.5%和 41.5%；新生代的流入家庭成员中，配偶占比高达 70.6%，其次子女占 18.6%；90 后的流入家庭成员中，子女占比 76.7%，配偶仅占 9.6%。老一辈的孩子大多已成年另立家业（分家），因此所占比重较低。新生代是现在流动人口的主体，也是举家迁移的主要实现者，因此配偶和子女比重较高，而 90 后大多数为流动人口的子女一辈。

表 1-16 不同出生年代的流入调查对象家庭成员关系结构及携带情况

| 出生年代 | 与被访者关系 | 家庭成员结构 N | 家庭成员结构 % | 本地 N | 本地 % | 户籍地 N | 户籍地 % | 其他 N | 其他 % |
|---|---|---|---|---|---|---|---|---|---|
| 老一辈 | 配偶 | 1917 | 51.5 | 1393 | 72.7 | 461 | 24.0 | 63 | 3.3 |
| 老一辈 | 子女 | 102 | 2.7 | 55 | 53.9 | 45 | 44.1 | 2 | 2.0 |

续表

| 出生年代 | 与被访者关系 | 家庭成员结构 N | 家庭成员结构 % | 现居住地结构 本地 N | 现居住地结构 本地 % | 现居住地结构 户籍地 N | 现居住地结构 户籍地 % | 现居住地结构 其他 N | 现居住地结构 其他 % |
|---|---|---|---|---|---|---|---|---|---|
| 老一辈 | 媳婿 | 56 | 1.5 | 31 | 55.4 | 24 | 42.9 | 1 | 1.8 |
| | 父母公婆岳父母 | 1545 | 41.5 | 1033 | 66.9 | 483 | 31.3 | 29 | 1.9 |
| | (外)祖父母 | 39 | 1.0 | 19 | 48.7 | 20 | 51.3 | 0 | 0.0 |
| | 兄弟姐妹及配偶 | 12 | 0.3 | 6 | 50.0 | 5 | 41.7 | 1 | 8.3 |
| | 侄子女/外甥子女 | 1 | 0.0 | 1 | 100.0 | 0 | 0.0 | 0 | 0.0 |
| | 其他 | 49 | 1.3 | 32 | 65.3 | 16 | 32.7 | 1 | 2.0 |
| | 小计 | 3721 | 100.0 | 2570 | 69.1 | 1054 | 28.3 | 97 | 2.6 |
| 新生代 | 配偶 | 1354 | 70.6 | 729 | 53.8 | 579 | 42.8 | 46 | 3.4 |
| | 子女 | 357 | 18.6 | 193 | 54.1 | 120 | 33.6 | 44 | 12.3 |
| | 媳婿 | 134 | 7.0 | 77 | 57.5 | 49 | 36.6 | 8 | 6.0 |
| | 父母公婆岳父母 | 1 | 0.1 | 1 | 100.0 | 0 | 0.0 | 0 | 0.0 |
| | 孙辈 | 2 | 0.1 | 1 | 50.0 | 1 | 50.0 | 0 | 0.0 |
| | 兄弟姐妹及配偶 | 31 | 1.6 | 23 | 74.2 | 5 | 16.1 | 3 | 9.7 |
| | 其他 | 40 | 2.1 | 32 | 80.0 | 8 | 20.0 | 0 | 0.0 |
| | 小计 | 1919 | 100.0 | 1056 | 55.0 | 762 | 39.7 | 101 | 5.3 |
| 90后 | 配偶 | 452 | 9.6 | 260 | 57.5 | 177 | 39.2 | 15 | 3.3 |
| | 子女 | 3618 | 76.7 | 1802 | 49.8 | 1598 | 44.2 | 218 | 6.0 |
| | 媳婿 | 65 | 1.4 | 50 | 76.9 | 15 | 23.1 | 0 | 0.0 |
| | 孙辈 | 326 | 6.9 | 194 | 59.5 | 122 | 37.4 | 10 | 3.1 |
| | 兄弟姐妹及配偶 | 175 | 3.7 | 126 | 72.0 | 39 | 22.3 | 10 | 5.7 |
| | 侄子女/外甥子女 | 20 | 0.4 | 14 | 70.0 | 6 | 30.0 | 0 | 0.0 |
| | 其他 | 61 | 1.3 | 51 | 83.6 | 9 | 14.8 | 1 | 1.6 |
| | 小计 | 4717 | 100.0 | 2497 | 52.9 | 1966 | 41.7 | 254 | 5.4 |

**2.重庆市流入人口的人口流动家庭化进程正处于从夫妻流动到核心家庭整体流动的过渡阶段**

进一步分析显示，在有配偶的流入人口中，携配偶流动的比例为65.1%；在有子女的流入人口中，携子女流动的比例为46.06%；在有配偶有子女的流入人口中，携配偶和子女共同流动的比例为46.6%。

人口流动的家庭化过程大致有四个阶段：①单个个人外出流动阶段。流动人口利用农闲季节外出务工，以短距离流动为主，大多数青壮年流动人口单身外出，农忙季节依然回家，没有脱离家庭生活。②夫妻共同流动阶段。随着流动范围扩大，跨区域流动成为主体，流动人口基本脱离农业生产，不少家庭中夫妻双方均外出务工经商，子女留给家里的祖父母或其他亲属照顾。③核心家庭化阶段。青壮年流动人口在外地站稳脚跟后，在经济条件许可的情况下，安排子女随迁，在流入地生活、就学。④扩展家庭化阶段。核心家庭在流入地稳定下来之后，青壮年流动人口进一步将父母列入随迁的考虑范围。

目前，重庆市六成以上有配偶的流入人口为夫妻一起流动，近一半有配偶有子女的流入人口为核心家庭一起流动，也就是说，重庆市人口流动的家庭化进程正处于从夫妻共同流动阶段到核心家庭化阶段过渡的过程中。

## 1.4 流动人口流动及居留意愿

### 1.4.1 流动人口流动情况

**1.市内跨县是重庆市流动人口的主要流动范围，不同特征流动人口具有较为明显的流动范围选择性**

流入人口本次流动和首次流动的范围主要是省内跨市，分别占比66%和52%。其次是跨省流动。数据对比发现首次跨省流动占比高于本次跨省流动占比13.5个百分点，跨省长距离流动比重在不断减少。

从出生年代来看（表1-17），新生代跨省流动占比均高于老一辈和90后流动人群。从文化程度来看（表1-18），研究生学历和未上过小学的流动人口在本次流动中跨省流动占比较高，分别为44.7%和41.6%，跨省流动的教育选择性呈现两极分化。从户口性质来看（表1-19），农业户口的流入人口在本次和首次流动中跨省流动的占比均较高。从老家所处位置来看（表1-20），省会城市和地级市的流动人口在本次和首次流动中跨省流动占比较高。

表1-17 不同出生年代的流入人口本次和首次流动范围对比情况

| 出生年代 | 调查数量 | 本次流动 跨省(%) | 本次流动 省内跨市(%) | 首次流动 跨省(%) | 首次流动 省内跨市(%) | 首次流动 市内跨县(%) | 首次流动 跨境(%) |
|---|---|---|---|---|---|---|---|
| 老一辈 | 2499 | 31.5 | 68.5 | 47.3 | 52.1 | 0.5 | 0.1 |
| 新生代 | 1517 | 39.0 | 61.0 | 51.4 | 48.0 | 0.6 | 0.1 |
| 90后 | 983 | 32.6 | 67.4 | 42.0 | 57.8 | 0.3 | 0.0 |
| 合计 | 4999 | 34.0 | 66.0 | 47.5 | 52.0 | 0.5 | 0.1 |

表1-18 不同文化程度的流入人口本次和首次流动范围对比情况

| 文化程度 | 调查数量 | 本次流动 跨省(%) | 本次流动 省内跨市(%) | 首次流动 跨省(%) | 首次流动 省内跨市(%) | 首次流动 市内跨县(%) | 首次流动 跨境(%) |
|---|---|---|---|---|---|---|---|
| 未上过小学 | 125 | 41.6 | 58.4 | 43.6 | 56.4 | 0.0 | 0.0 |
| 小学 | 793 | 34.5 | 65.5 | 49.1 | 50.4 | 0.3 | 0.1 |
| 初中 | 1791 | 33.4 | 66.6 | 50.8 | 48.5 | 0.6 | 0.1 |
| 高中/中专 | 1175 | 33.5 | 66.5 | 48.2 | 51.4 | 0.3 | 0.1 |
| 大学专科 | 658 | 34.1 | 65.9 | 40.2 | 59.6 | 0.2 | 0.0 |
| 大学本科 | 426 | 33.9 | 66.1 | 40.8 | 58.5 | 0.7 | 0.0 |
| 研究生 | 32 | 44.7 | 55.3 | 47.8 | 45.1 | 3.7 | 3.4 |
| 合计 | 4999 | 34.0 | 66.0 | 47.5 | 52.0 | 0.5 | 0.1 |

表 1-19 不同户口性质的流入人口本次和首次流动范围对比情况

| 户口性质 | 调查数量 | 本次流动 跨省(%) | 省内跨市(%) | 首次流动 跨省(%) | 省内跨市(%) | 市内跨县(%) | 跨境(%) |
| --- | --- | --- | --- | --- | --- | --- | --- |
| 农业 | 3523 | 36.1 | 63.9 | 50.7 | 48.7 | 0.5 | 0.1 |
| 非农业 | 727 | 29.3 | 70.7 | 39.2 | 60.6 | 0.0 | 0.2 |
| 农转居 | 308 | 19.7 | 80.3 | 37.0 | 62.4 | 0.3 | 0.3 |
| 非农转居 | 44 | 32.3 | 67.7 | 40.6 | 59.4 | 0.0 | 0.0 |
| 居民 | 395 | 35.0 | 65.0 | 42.7 | 56.1 | 1.2 | 0.0 |
| 其他 | 2 | 0.0 | 100.0 | 51.8 | 48.2 | 0.0 | 0.0 |
| 合计 | 4999 | 34.0 | 66.0 | 47.5 | 52.0 | 0.5 | 0.1 |

表 1-20 不同老家所处位置的流入人口本次和首次流动范围对比情况

| 老家所处位置 | 调查数量 | 本次流动 跨省(%) | 省内跨市(%) | 首次流动 跨省(%) | 省内跨市(%) | 市内跨县(%) | 跨境(%) |
| --- | --- | --- | --- | --- | --- | --- | --- |
| 农村 | 3410 | 36.0 | 64.0 | 51.0 | 48.4 | 0.5 | 0.1 |
| 乡镇 | 764 | 28.3 | 71.7 | 41.6 | 58.1 | 0.2 | 0.2 |
| 县城 | 576 | 25.0 | 75.0 | 32.8 | 66.5 | 0.6 | 0.0 |
| 地级市 | 125 | 61.3 | 38.7 | 63.6 | 35.7 | 0.7 | 0.0 |
| 省会城市 | 26 | 100.0 | 0.0 | 100.0 | 0.0 | 0.0 | 0.0 |
| 直辖市 | 97 | 7.3 | 92.7 | 21.2 | 77.7 | 0.0 | 1.1 |
| 合计 | 4999 | 34.0 | 66.0 | 47.5 | 52.0 | 0.5 | 0.1 |

**2. 流动人口首次离家年龄呈提前化趋势，学习培训成为年轻一代流动人口首次流动的主要原因**

分年龄段对 4999 名流入人口户主样本进行分析，数据显示，重庆市流入人口首次离家平均年龄为 25.5 岁，其中老一辈首次离家年龄为 36.7 岁，新生代为 21.6 岁，90 后为 18.3 岁，90 后比老一辈首次离家年龄提前了 18.4 岁。重庆市流入人口本次流动与首次流动的平均年龄间隔为 6.45 岁，其中老一辈本次流动与首次流动的平均年龄间隔为 8.1 岁，新生代间隔 6.1 岁，90 后间隔 2.8 岁，90 后比老一辈流动的年龄间隔小 5.3 岁。

表 1-21 数据表明，劳动年龄(15～65 岁)流入人口首次离家的主要原因是务工/工作和学习培训，分别占 65.2%和 12.4%。从出生年代来看(表 1-22)，老一辈的首次流动原因主要是务工/工作和经商，新生代和 90 后首次流动原因是务工/工作和学习培训，说明年轻一代流动人群首次流动除了务工以外就是提高自身素质的学习培训，不是盲目工作获取收入而是加强学习注重积累，势必为年轻一代流动人口的未来发展打下坚实基础。

表 1-21 劳动年龄流入人口首次离开户籍地原因构成

| 首次离开户籍地原因 | N | % |
| --- | --- | --- |
| 务工/工作 | 3149 | 65.2 |
| 经商 | 310 | 6.4 |
| 家属随迁 | 263 | 5.4 |
| 婚姻嫁娶 | 161 | 3.3 |
| 拆迁搬家 | 42 | 0.9 |
| 投亲靠友 | 47 | 1.0 |
| 学习培训 | 596 | 12.4 |
| 参军 | 44 | 0.9 |
| 出生 | 5 | 0.1 |
| 异地养老 | 46 | 1.0 |
| 其他 | 39 | 0.8 |
| 照顾自家老人 | 5 | 0.1 |
| 照顾自家小孩 | 122 | 2.5 |
| 合计 | 4828 | 100.0 |

表 1-22 不同出生年代流动人口首次流动原因对比情况

| 首次流动原因 | 老一辈(%) | 新生代(%) | 90后(%) |
| --- | --- | --- | --- |
| 调查对象数 | 2499 | 1517 | 983 |
| 务工/工作 | 55.4 | 64.5 | 56.0 |
| 经商 | 17.0 | 4.1 | 2.1 |
| 家属随迁 | 8.9 | 2.8 | 8.9 |
| 照顾自家老人 | 0.4 | 0.0 | 0.0 |
| 照顾自家小孩 | 6.0 | 0.6 | 0.3 |
| 婚姻嫁娶 | 3.6 | 5.1 | 4.1 |
| 拆迁搬家 | 2.5 | 0.7 | 0.5 |
| 投亲靠友 | 1.3 | 0.4 | 0.8 |
| 学习培训 | 0.0 | 20.2 | 25.6 |
| 参军 | 0.0 | 0.9 | 0.4 |
| 出生 | 0.0 | 0.1 | 0.3 |
| 异地养老 | 4.0 | 0.0 | 0.0 |
| 其他 | 1.0 | 0.5 | 0.8 |

3.务工/工作仍是流动人口流动的主要原因,随着户籍地经济社会文化发展程度的提高,流动人口的流动原因趋于多元化

从老家所处位置来看(表 1-23),位于农村、乡镇、县城和直辖市位置的流动人口务工/工作仍是其流动的主要原因,其次是经商、婚姻嫁娶和家属随迁。老家在地级市的流动

人口依然以务工/工作为主，占 54.8%，其次是家属随迁(11.7%)。老家在省会城市的流动人口除了务工/工作(58.3%)是主要原因之外，其次是异地养老(14.3%)，数据分析表明，随着流动人口户籍地社会经济文化发展程度的提高，其流动的原因也趋向于多元化。

表 1-23　不同老家所处位置流动人口流动原因对比情况

| 流动原因 | 农村(%) | 乡镇(%) | 县城(%) | 地级市(%) | 省会城市(%) | 直辖市(%) |
|---|---|---|---|---|---|---|
| 调查对象数 | 3410 | 764 | 576 | 125 | 26 | 97 |
| 务工/工作 | 60.8 | 62.3 | 62.6 | 54.8 | 58.3 | 49.3 |
| 经商 | 14.7 | 11.2 | 8.2 | 6.7 | 8.4 | 16.6 |
| 家属随迁 | 8.0 | 7.3 | 8.1 | 11.7 | 5.5 | 6.9 |
| 照顾自家老人 | 0.3 | 0.2 | 0.7 | 0.0 | 0.0 | 0.8 |
| 照顾自家小孩 | 3.5 | 3.3 | 4.7 | 5.3 | 4.4 | 6.2 |
| 婚姻嫁娶 | 8.3 | 7.5 | 7.0 | 7.9 | 6.3 | 4.6 |
| 拆迁搬家 | 1.6 | 2.6 | 3.2 | 5.4 | 0.0 | 7.6 |
| 投亲靠友 | 0.8 | 1.1 | 0.9 | 0.0 | 2.9 | 2.7 |
| 出生 | 0.1 | 0.0 | 0.2 | 0.0 | 0.0 | 0.0 |
| 异地养老 | 1.1 | 3.1 | 3.8 | 5.3 | 14.3 | 4.2 |
| 其他 | 0.9 | 1.2 | 0.8 | 3.0 | 0.0 | 1.2 |

**4.较高文化程度流入人口大多因为工作原因流动，较低文化程度者则因随迁和照顾小孩等家庭原因流动的较多**

从流动人口的文化程度来看(表 1-24)，未上过学的流动人口主要流动原因是家属随迁(28.9%)，其次是务工/工作(27.8%)，然后是照顾自家小孩(14.4%)；小学文化程度的流动人口本次流动原因主要是务工/工作(49.1%)、经商(16.9%)和家属随迁(10.6%)。初中和高中/中专文化程度的流动人口的流动原因均以务工/工作和经商为主。大学文化程度及以上的流动人口的流动原因主要是务工/工作和婚姻嫁娶。分析说明，随着流动人口的文化程度的提高，因务工/工作、婚姻嫁娶而流动的比重在增加，而因家属随迁、照顾自家小孩和异地养老原因流动的比重在降低。

表 1-24　不同文化程度流动人口流动原因对比情况

| 流动原因 | 未上过小学(%) | 小学(%) | 初中(%) | 高中/中专(%) | 大学专科(%) | 大学本科(%) | 研究生(%) |
|---|---|---|---|---|---|---|---|
| 调查对象数 | 125 | 793 | 1791 | 1175 | 658 | 426 | 32 |
| 务工/工作 | 27.8 | 49.1 | 59.2 | 61.4 | 73.7 | 76.7 | 79.8 |
| 经商 | 9.0 | 16.9 | 17.7 | 12.9 | 4.9 | 3.2 | 0.0 |
| 家属随迁 | 28.9 | 10.6 | 6.9 | 7.8 | 6.0 | 5.3 | 4.1 |
| 照顾自家老人 | 0.0 | 0.5 | 0.3 | 0.3 | 0.3 | 0.2 | 0.0 |
| 照顾自家小孩 | 14.4 | 7.1 | 3.7 | 2.7 | 1.3 | 0.9 | 0.0 |

续表

| 流动原因 | 未上过小学(%) | 小学(%) | 初中(%) | 高中/中专(%) | 大学专科(%) | 大学本科(%) | 研究生(%) |
|---|---|---|---|---|---|---|---|
| 婚姻嫁娶 | 4.2 | 5.1 | 7.3 | 9.6 | 10.2 | 8.0 | 13.3 |
| 拆迁搬家 | 2.0 | 3.4 | 1.4 | 2.0 | 1.8 | 3.6 | 0.0 |
| 投亲靠友 | 4.1 | 1.2 | 0.7 | 0.9 | 0.5 | 0.7 | 0.0 |
| 出生 | 0.0 | 0.0 | 0.1 | 0.0 | 0.2 | 0.0 | 0.0 |
| 异地养老 | 8.7 | 4.5 | 1.9 | 1.5 | 0.2 | 0.0 | 0.0 |
| 其他 | 0.9 | 1.6 | 0.8 | 0.9 | 0.8 | 1.4 | 2.8 |

5.老一辈流动人口首次流动主要与配偶一起流动，年轻一代的首次流动则以独自流动为主

表 1-25 数据表明，重庆市流入人口首次流动主要是独自流动(42.5%)，其次是配偶陪同流动(23.4%)。从出生年代来看，老一辈首次流动主要是和配偶一起流动(43.3%)，其次是独自流动(38.5%)，子女一起流动占比也较高(20.6%)。新生代首次流动主要是独自流动(62.4%)，其次是与配偶一同流动(15.3%)。90 后首次流动主要是独自流动(59.4%)，其次是与父母/岳父母/公婆一起流动(22.6%)。

表 1-25　不同出生年代流入人口首次流动陪同者构成

| 流动陪同者 | 老一辈 N | 老一辈 % | 新生代 N | 新生代 % | 90 后 N | 90 后 % | 合计 N | 合计 % |
|---|---|---|---|---|---|---|---|---|
| 独自 | 957 | 38.5 | 945 | 62.4 | 583 | 59.4 | 2485 | 42.5 |
| 配偶 | 1078 | 43.3 | 231 | 15.3 | 62 | 6.4 | 1372 | 23.4 |
| 父母/岳父母/公婆 | 59 | 2.4 | 108 | 7.1 | 222 | 22.6 | 389 | 6.6 |
| 子女 | 511 | 20.6 | 107 | 7.0 | 14 | 1.4 | 632 | 10.8 |
| 兄弟姐妹 | 87 | 3.5 | 55 | 3.6 | 70 | 7.1 | 212 | 3.6 |
| 亲属 | 174 | 7.0 | 130 | 8.6 | 55 | 5.6 | 359 | 6.1 |
| 同学 | 23 | 0.9 | 53 | 3.5 | 54 | 5.5 | 131 | 2.2 |
| 同乡 | 185 | 7.4 | 59 | 3.9 | 28 | 2.9 | 272 | 4.7 |
| 合计 | 3075 | 123.6 | 1688 | 111.5 | 1088 | 110.9 | 5852 | 100.0 |

6.年轻一代流动人口的父母有更多外出务工经历，父母辈的外出务工经历对子女辈产生的影响值得关注

由表 1-26 可知，74.0%的流入人群表示其父母均没有外出务工/经商经历，17.9%的流入人群表示父母均有外出务工/经商的经历，还有 5.9%的人群表示父母中的一方有过外出务工/经商经历。从出生年代来看，老一辈、新生代、90 后流入人口父母均没有外出务工/经商经历的比例为 90.4%、65.3%、45.6%，父母均有外出务工/经商经历的比例则为 4.2%、24.1%、43.1%。年轻一代流动人口父母外出务工/经商经历显著增加，而父母辈外出务工经历对子女辈外出乃至其他方面的影响值得关注。

表 1-26  不同出生年代的流入人口首次流动前父母外出务工/经商经历

| 流入人口父母外出务工/经商经历 | 老一辈 N | 老一辈 % | 新生代 N | 新生代 % | 90 后 N | 90 后 % | 合计 N | 合计 % |
|---|---|---|---|---|---|---|---|---|
| 父母均有 | 104 | 4.2 | 366 | 24.1 | 423 | 43.1 | 893 | 17.9 |
| 父亲有、母亲没有 | 66 | 2.6 | 119 | 7.9 | 69 | 7.0 | 254 | 5.1 |
| 母亲有、父亲没有 | 10 | 0.4 | 12 | 0.8 | 16 | 1.7 | 38 | 0.8 |
| 父母均没有 | 2260 | 90.4 | 990 | 65.3 | 449 | 45.6 | 3698 | 74.0 |
| 本人出生就流动 | 0 | 0.0 | 2 | 0.1 | 3 | 0.3 | 5 | 0.1 |
| 记不清 | 59 | 2.4 | 29 | 1.9 | 23 | 2.3 | 111 | 2.2 |
| 合计 | 2499 | 100.0 | 1517 | 100.0 | 983 | 100.0 | 4999 | 100.0 |

**7.流动人口的流动性减弱，新生代、较高文化程度以及有固定雇主的雇员在流入地生活的稳定性相对更强**

流动人口历来被强调其"流动性"，人们习惯认为流动人口居无定所。流动人口中确实存在频繁流动的情况，但是表 1-27 数据表明，重庆市流入人口曾经流动过的城市数量平均为 2.18 个，有 88.2%的流入人口曾经流动过 1~3 个城市，11.1%的流入人口曾经流动过 4~10 个城市，曾经到过 10 个以上城市的流入人口仅占 0.7%。从出生年代来看（表 1-27），老一辈流动人口曾经流动过的城市最多，达 2.29 个。90 后流动过的城市数量较少，且集中分布在 1~3 个城市（93.9%）。从文化程度来看（表 1-28），小学和初中文化程度的流入人

表 1-27  不同出生年代的流入人口曾经流动过城市数量

| 出生年代 | 1~3 个(%) | 4~10 个(%) | 11 个以上(%) | 合计 | 平均值 |
|---|---|---|---|---|---|
| 老一辈 | 86.5 | 12.5 | 1.0 | 2499 | 2.29 |
| 新生代 | 87.2 | 12.3 | 0.5 | 1517 | 2.26 |
| 90 后 | 93.9 | 6.0 | 0.1 | 983 | 1.78 |
| 合计 | 88.2 | 11.1 | 0.7 | 4999 | 2.18 |

表 1-28  不同文化程度的流入人口曾经流动过城市数量

| 文化程度 | 1~3 个(%) | 4~10 个(%) | 11 个以上(%) | 合计 | 平均值 |
|---|---|---|---|---|---|
| 未上过小学 | 97.1 | 2.9 | 0.0 | 125 | 1.47 |
| 小学 | 85.2 | 13.7 | 1.1 | 793 | 2.31 |
| 初中 | 84.5 | 14.7 | 0.9 | 1791 | 2.38 |
| 高中/中专 | 90.3 | 9.3 | 0.4 | 1175 | 2.11 |
| 大学专科 | 92.9 | 6.9 | 0.2 | 658 | 1.86 |
| 大学本科 | 93.6 | 5.8 | 0.6 | 426 | 2.01 |
| 研究生 | 93.2 | 6.8 | 0.0 | 32 | 2.05 |
| 合计 | 88.2 | 11.1 | 0.7 | 4999 | 2.18 |

口曾经流动过的城市数量平均值远远高于其他文化程度的流动人口,且均有15%左右的流动人口到过4个以上城市。从就业身份来看(表1-29),无固定雇主的雇员流动过的城市数量均值最高(2.62个)。有固定雇主的雇员流动过的城市最少,曾经到过1~3个城市的流入人口占88.6%。

表1-29 不同就业身份的流入人口曾经流动过城市数量

| 就业身份 | 1~3个(%) | 4~10个(%) | 11个以上(%) | 合计 | 平均值 |
| --- | --- | --- | --- | --- | --- |
| 有固定雇主的雇员 | 88.6 | 10.8 | 0.6 | 2368 | 2.19 |
| 无固定雇主的雇员 | 83.7 | 14.2 | 2.1 | 355 | 2.62 |
| 雇主 | 82.9 | 16.2 | 1.0 | 193 | 2.45 |
| 自营劳动者 | 85.4 | 14.1 | 0.5 | 822 | 2.37 |
| 其他 | 82.4 | 15.3 | 2.3 | 46 | 3.07 |
| 合计 | 88.2 | 11.1 | 0.7 | 3784 | 2.18 |

数据分析表明,流动人口并不像人们想象的那样"居无定所""飘忽不定"。他们实际上是流入地城市的稳定居住者和稳定就业者。如果说改革开放之初的流动人口确实在一定程度上存在频繁流动的现象的话,当前的流动人口的"流动性"逐渐减弱,他们在流入地的居住和就业都比较稳定。

### 1.4.2 流动人口居留与落户意愿

1.重庆市八成以上流入人口打算继续留在本地,居住时长3年及以上、新生代以及雇主身份流入人口的长期居留意愿相对更强

由表1-30可见,4999名调查人口中,有84.7%的人打算在本地长期居住,仅有2.3%的人不打算在本地继续居住,13.0%的人没想好。从居住时长来看,随着居住时间的增长,流动人口在本地长期居住的意愿也越来越强,已居住3年及以上的流入人口其长期居住意愿达87%左右,比不到1年的流入人口同指标高出近10个百分点。从出生年代

表1-30 不同居住时长的流入人口在本地继续居住意愿

| 居住时长 | 是 N | 是 % | 否 N | 否 % | 没想好 N | 没想好 % | 合计 N | 合计 % |
| --- | --- | --- | --- | --- | --- | --- | --- | --- |
| 1年以下 | 674 | 77.8 | 37 | 4.2 | 156 | 18.0 | 867 | 100.0 |
| 1~3年 | 1342 | 84.4 | 37 | 2.3 | 211 | 13.3 | 1591 | 100.0 |
| 3~5年 | 829 | 87.9 | 6 | 0.6 | 108 | 11.5 | 943 | 100.0 |
| 5~10年 | 922 | 86.9 | 24 | 2.2 | 115 | 10.9 | 1061 | 100.0 |
| 10年及以上 | 467 | 86.9 | 13 | 2.4 | 57 | 10.7 | 537 | 100.0 |
| 合计 | 4235 | 84.7 | 117 | 2.3 | 647 | 13.0 | 4999 | 100.0 |

注:$\chi^2=57.260$,$P=0.000$。

来看(表 1-31),新生代流动人口打算在本地继续居住的人员占比最高,达 89.6%。从就业身份来看(表 1-32),雇主身份的流入人口打算在本地继续居住的意愿最强,占 86.5%,无固定雇主的雇员(打零工、散工)的长期居留意愿相对最弱,这与他们工作的长期不稳定性、收入无保障性等等有较大关联。

表 1-31　不同出生年代的流入人口在本地继续居住意愿

| 出生年代 | 是 N | 是 % | 否 N | 否 % | 没想好 N | 没想好 % | 合计 N | 合计 % |
|---|---|---|---|---|---|---|---|---|
| 老一辈 | 2066 | 82.6 | 75 | 3.0 | 359 | 14.4 | 2500 | 100.0 |
| 新生代 | 1359 | 89.6 | 18 | 1.2 | 139 | 9.2 | 1516 | 100.0 |
| 90后 | 810 | 82.4 | 23 | 2.3 | 150 | 15.3 | 983 | 100.0 |
| 合计 | 4235 | 84.7 | 117 | 2.3 | 647 | 13.0 | 4999 | 100.0 |

注:$\chi^2=44.203$,$P=0.000$。

表 1-32　不同就业身份的流入人口在本地继续居住意愿

| 就业身份 | 是 N | 是 % | 否 N | 否 % | 没想好 N | 没想好 % | 合计 N | 合计 % |
|---|---|---|---|---|---|---|---|---|
| 有固定雇主的雇员 | 2021 | 85.3 | 53 | 2.2 | 294 | 12.4 | 2368 | 100.0 |
| 无固定雇主的雇员 | 285 | 80.3 | 10 | 2.8 | 60 | 16.9 | 355 | 100.0 |
| 雇主 | 167 | 86.5 | 4 | 2.1 | 22 | 11.4 | 193 | 100.0 |
| 自营劳动者 | 686 | 83.5 | 21 | 2.6 | 115 | 14.0 | 822 | 100.0 |
| 其他 | 38 | 82.6 | 1 | 2.2 | 7 | 15.2 | 46 | 100.0 |
| 合计 | 3197 | 84.5 | 89 | 2.4 | 498 | 13.2 | 3784 | 100.0 |

注:$\chi^2=7.645$,$P=0.045$。

2.虽有八成以上的流入人口愿意长期居住本地,但仅有三成的人愿意迁户,居住时长对迁户意愿有一定影响

由表 1-33 可见,重庆市仅有 34.7%的流入人口愿意迁户,有 40.5%的流入人口明确表示不愿意迁户,还有 24.8%的流入人口处于"没想好"状态。从已居住时间来看,居住时间越长者户口迁入意愿相对越高,居住 10 年及以上的流入人口愿意迁入本地户口的占比最高,达 37.2%,比居住 1 年以下者高出 5.8 个百分点。这一结果与表 1-30 所呈现的流出时间越长越愿意在本地居住的结果一致。三代流入人口相比,新生代人口的迁户意愿最高,达 37%(表 1-34)。不同就业身份相比,无固定雇主的雇员迁户意愿较为强烈,占 38.5%(表 1-35)。总体来说,虽然八成流入人口愿意长期居留流入地,但其迁户意愿并不高,居住时长能改善迁入意愿的力度也并不大。对迁户的谨慎理性选择一方面反映出流入人口对于流入地更多工作机会、更高收入和更优越教育、医疗条件等的向往与满意,另一方面也反映出流入人口在流入地保障的缺失和对户口所附带的土地保障的依赖与不舍。

表1-33 不同居住时长的流入人口户口迁入意愿

| 居住时长 | 愿意 N | 愿意 % | 不愿意 N | 不愿意 % | 没想好 N | 没想好 % | 合计 N | 合计 % |
|---|---|---|---|---|---|---|---|---|
| 1年以下 | 272 | 31.4 | 359 | 41.5 | 235 | 27.1 | 866 | 100.0 |
| 1~3年 | 555 | 34.9 | 615 | 38.7 | 421 | 26.5 | 1591 | 100.0 |
| 3~5年 | 343 | 36.4 | 378 | 40.1 | 222 | 23.5 | 943 | 100.0 |
| 5~10年 | 367 | 34.6 | 448 | 42.2 | 246 | 23.2 | 1061 | 100.0 |
| 10年及以上 | 200 | 37.2 | 224 | 41.6 | 114 | 21.2 | 538 | 100.0 |
| 合计 | 1737 | 34.7 | 2024 | 40.5 | 1238 | 24.8 | 4999 | 100.0 |

注：$\chi^2=15.177$，$P=0.032$。

表1-34 不同出生年代的流入人口户口迁入本地意愿

| 出生年代 | 愿意 N | 愿意 % | 不愿意 N | 不愿意 % | 没想好 N | 没想好 % | 合计 N | 合计 % |
|---|---|---|---|---|---|---|---|---|
| 老一辈 | 868 | 34.7 | 1093 | 43.7 | 538 | 21.5 | 2499 | 100.0 |
| 新生代 | 560 | 37.0 | 575 | 37.9 | 381 | 25.1 | 1517 | 100.0 |
| 90后 | 309 | 31.4 | 356 | 36.2 | 319 | 32.4 | 983 | 100.0 |
| 合计 | 1737 | 34.7 | 2024 | 40.5 | 1238 | 24.8 | 4999 | 100.0 |

注：$\chi^2=52.806$，$P=0.000$。

表1-35 不同就业身份的流入人口户口迁入本地意愿

| 就业身份 | 愿意 N | 愿意 % | 不愿意 N | 不愿意 % | 没想好 N | 没想好 % | 合计 N | 合计 % |
|---|---|---|---|---|---|---|---|---|
| 有固定雇主的雇员 | 829 | 35.0 | 942 | 39.8 | 597 | 25.2 | 2368 | 100.0 |
| 无固定雇主的雇员 | 137 | 38.5 | 146 | 41.1 | 72 | 20.3 | 355 | 100.0 |
| 雇主 | 69 | 35.6 | 77 | 40.2 | 47 | 24.3 | 193 | 100.0 |
| 自营劳动者 | 244 | 29.6 | 395 | 48.0 | 184 | 22.3 | 822 | 100.0 |
| 其他 | 19 | 41.2 | 14 | 30.6 | 13 | 28.1 | 46 | 100.0 |
| 合计 | 1298 | 34.3 | 1574 | 41.6 | 913 | 24.1 | 3784 | 100.0 |

注：$\chi^2=24.465$，$P=0.002$。

3.在流入地居住时间越长在本地定居的愿望越强烈，新生代、雇主身份的流入人口更愿意在本地定居

表1-36数据表明，重庆市流入人口中47.2%的人明确表示将在本地定居，且居住时间越长，定居愿望越强烈。居住5年以上的流入人口中有一半以上表示将在本地定居，比居住1年以下的人高15个百分点左右。

表 1-36 不同居住时长的流入人口预计在本地居住时长

| 居住时长 | 1～2年(%) | 3～5年(%) | 6～10年(%) | 10年以上(%) | 定居(%) | 没想好(%) | 合计 |
|---|---|---|---|---|---|---|---|
| 1年以下 | 13.5 | 15.6 | 4.0 | 7.1 | 36.2 | 23.6 | 674 |
| 1～3年 | 7.4 | 12.9 | 4.6 | 7.5 | 44.1 | 23.5 | 1342 |
| 3～5年 | 4.8 | 10.7 | 4.3 | 11.2 | 47.6 | 21.3 | 830 |
| 5～10年 | 5.2 | 8.0 | 4.8 | 8.7 | 51.6 | 21.7 | 922 |
| 10年及以上 | 2.1 | 8.8 | 4.9 | 6.6 | 62.7 | 14.8 | 467 |
| 合计 | 6.8 | 11.4 | 4.5 | 8.3 | 47.2 | 21.7 | 4235 |

注：$\chi^2=168.108$，$P=0.000$。

从出生年代来看(表 1-37)，新生代流入人口中有 53.4%的人表示以后将在本地居住。从就业身份来看(表 1-38)，雇主身份的流入人口有 50.6%的人表示将定居本地，无固定雇主的雇员表示定居本地的愿望最弱，仅有 38.7%表示定居。

表 1-37 不同出生年代的流入人口预计在本地居住时长构成

| 出生年代 | 1～2年(%) | 3～5年(%) | 6～10年(%) | 10年以上(%) | 定居(%) | 没想好(%) | 合计 |
|---|---|---|---|---|---|---|---|
| 老一辈 | 6.7 | 12.0 | 5.1 | 10.2 | 43.6 | 22.4 | 2066 |
| 新生代 | 5.6 | 9.9 | 3.7 | 7.8 | 53.4 | 19.6 | 1359 |
| 90后 | 9.1 | 12.2 | 4.6 | 4.4 | 45.9 | 23.7 | 810 |
| 合计 | 6.8 | 11.4 | 4.5 | 8.3 | 47.2 | 21.7 | 4235 |

注：$\chi^2=62.569$，$P=0.000$。

表 1-38 不同就业身份的流入人口预计在本地居住时长构成

| 就业身份 | 1～2年(%) | 3～5年(%) | 6～10年(%) | 10年以上(%) | 定居(%) | 没想好(%) | 合计 |
|---|---|---|---|---|---|---|---|
| 有固定雇主的雇员 | 8.4 | 13.4 | 5.3 | 7.9 | 43.4 | 21.7 | 2022 |
| 无固定雇主的雇员 | 6.0 | 12.0 | 5.6 | 8.8 | 38.7 | 28.9 | 284 |
| 雇主 | 3.6 | 9.6 | 4.2 | 13.9 | 50.6 | 18.1 | 166 |
| 自营劳动者 | 6.3 | 14.0 | 3.2 | 11.4 | 39.5 | 25.7 | 686 |
| 其他 | 5.3 | 7.9 | 2.6 | 18.4 | 44.7 | 21.1 | 38 |
| 合计 | 7.4 | 13.1 | 4.8 | 9.1 | 42.6 | 23.0 | 3196 |

注：$\chi^2=46.939$，$P=0.001$。

**4.城市交通发达、生活方便是流入人口打算留在本地的最主要原因，留本地主要原因的差异揭示出不同家庭生命周期阶段流入人口在流入地的奋斗与发展轨迹**

表 1-39 数据表明，重庆市流入人口打算留在本地的主要原因是城市交通发达、生活方便(17.3%)，其次是子女有更好的教育机会(15.5%)和个人发展空间大(15.1%)。从居住时长来看，除了城市交通发达、生活方便是主要原因以外，居住时长在 3 年以下、3～5年和 5 年及以上流入人口打算留在本地的主要原因分别还有个人发展空间大、子女有更好的教育机会和家人习惯本地生活，不同居住时长流动人口留在本地的原因描述客观形象地揭示出了流动人口在流入地的奋斗与发展轨迹。

表 1-39　不同居住时长的流入人口打算留在本地的主要原因

| 留在本地的主要原因 | 调查人数 | 占比(%) | 1年以下(%) | 1~3年(%) | 3~5年(%) | 5~10年(%) | 10年及以上(%) |
|---|---|---|---|---|---|---|---|
| 收入水平高 | 403 | 9.5 | 11.4 | 9.0 | 10.6 | 7.8 | 9.9 |
| 个人发展空间大 | 640 | 15.1 | 17.2 | 18.2 | 14.2 | 12.8 | 9.8 |
| 积累工作经验 | 301 | 7.1 | 13.3 | 8.1 | 5.1 | 5.6 | 1.7 |
| 城市交通发达、生活方便 | 732 | 17.3 | 17.4 | 18.7 | 18.8 | 14.4 | 15.8 |
| 子女有更好的教育机会 | 656 | 15.5 | 11.0 | 15.3 | 18.6 | 17.8 | 12.6 |
| 医疗技术好 | 41 | 1.0 | 1.1 | 0.8 | 1.5 | 1.0 | 0.2 |
| 与本地人结婚 | 436 | 10.3 | 8.4 | 8.3 | 10.6 | 11.5 | 15.7 |
| 社会关系网都在本地 | 181 | 4.3 | 3.9 | 3.4 | 3.2 | 7.0 | 3.8 |
| 政府管理规范 | 20 | 0.5 | 0.4 | 0.7 | 0.8 | 0.0 | 0.2 |
| 家人习惯本地生活 | 624 | 14.7 | 10.9 | 12.3 | 13.0 | 17.6 | 24.9 |
| 其他 | 201 | 4.7 | 5.0 | 5.2 | 3.7 | 4.5 | 5.3 |
| 合计 | 4235 | 100.0 | 100.0 | 100.0 | 100.0 | 100.0 | 100.0 |

表 1-40 数据表明，老一辈流动人口留在本地的主要原因是城市交通发达、生活方便和家人习惯本地生活，分别占 21.5%和 19.4%。新生代流动人口留在本地的主要原因是子女有更好的教育机会和个人发展空间大，分别占 21.3%和 17.8%，另外还有 16.3%的新生代留在本地的主要原因是与本地人结婚。90 后留在本地的主要原因是个人发展空间大和城市交通发达、生活方便，分别占 21.5%和 16.0%。不同年代流动人口处于不同的家庭生命周期阶段，老一辈大多子女长大成人，新生代正处于养育孩子阶段，90 后则处于事业发展初期，不同阶段流动人口各自都有着不同的留在流入地生活最主要的理由。

表 1-40　不同出生年代流入人口打算留在本地的主要原因

| 留在本地的主要原因 | 调查人数 | 占比(%) | 老一辈(%) | 新生代(%) | 90后(%) |
|---|---|---|---|---|---|
| 收入水平高 | 403 | 9.5 | 12.7 | 6.7 | 6.3 |
| 个人发展空间大 | 640 | 15.1 | 10.9 | 17.8 | 21.5 |
| 积累工作经验 | 301 | 7.1 | 3.6 | 7.9 | 14.7 |
| 城市交通发达、生活方便 | 732 | 17.3 | 21.5 | 11.7 | 16.0 |
| 子女有更好的教育机会 | 656 | 15.5 | 14.2 | 21.3 | 9.0 |
| 医疗技术好 | 41 | 1.0 | 1.7 | 0.1 | 0.2 |
| 与本地人结婚 | 436 | 10.3 | 5.2 | 16.3 | 13.1 |
| 社会关系网都在本地 | 181 | 4.3 | 4.3 | 3.8 | 5.1 |
| 政府管理规范 | 20 | 0.5 | 0.4 | 0.5 | 0.5 |
| 家人习惯本地生活 | 624 | 14.7 | 19.4 | 10.2 | 10.6 |
| 其他 | 201 | 4.7 | 6.1 | 3.6 | 3.1 |
| 合计 | 4235 | 100.0 | 100.0 | 100.0 | 100.0 |

**5.有固定雇主的雇员和雇主身份的流动人口留在本地最主要的原因是个人发展空间大,相对正规就业者流动人口更为注重个人的未来职业长远发展**

表1-41数据表明,不同就业身份流入人口打算留在本地的原因差异比较大,其中有固定雇主的雇员的主要原因是个人发展空间大和城市交通发达、生活方便,分别占19.1%和16.7%。无固定雇主的雇员留在本地的主要原因是城市交通发达、生活方便和子女有更好的教育机会,分别占18.6和16.1%。雇主身份的人留在本地的主要原因是个人发展空间大,占31.9%。自营劳动者的主要原因是城市交通发达、生活方便、子女有更好的教育机会和家人习惯本地生活,分别占17.5%、17.3%和16.3%。其他身份的流入人口留在本地的主要原因是积累工作经验和与本地人结婚,分别占29.7%和24.3%。有固定雇主的雇员和雇主身份的流动人口留在本地最主要的原因均是"个人发展空间大",也说明相对正规就业者流动人口更为注重个人的未来职业长远发展。

表1-41 不同就业身份流入人口打算留在本地的主要原因

| 留在本地的主要原因 | 调查人数 | 占比(%) | 有固定雇主的雇员(%) | 无固定雇主的雇员(%) | 雇主(%) | 自营劳动者(%) | 其他(%) |
| --- | --- | --- | --- | --- | --- | --- | --- |
| 收入水平高 | 377 | 11.8 | 11.7 | 12.6 | 7.2 | 13.4 | 0.0 |
| 个人发展空间大 | 586 | 18.3 | 19.1 | 13.0 | 31.9 | 15.7 | 5.4 |
| 积累工作经验 | 286 | 8.9 | 10.9 | 7.7 | 4.2 | 3.8 | 29.7 |
| 城市交通发达、生活方便 | 537 | 16.8 | 16.7 | 18.6 | 13.9 | 17.5 | 10.8 |
| 子女有更好的教育机会 | 471 | 14.7 | 13.9 | 16.1 | 13.9 | 17.3 | 5.4 |
| 医疗技术好 | 17 | 0.5 | 0.5 | 1.8 | 0.6 | 0.1 | 0.0 |
| 与本地人结婚 | 254 | 7.9 | 8.2 | 9.8 | 3.6 | 6.6 | 24.3 |
| 社会关系网都在本地 | 136 | 4.3 | 4.4 | 2.1 | 7.2 | 4.2 | 2.7 |
| 政府管理规范 | 13 | 0.4 | 0.5 | 0.4 | 0.6 | 0.1 | 0.0 |
| 家人习惯本地生活 | 381 | 11.9 | 10.4 | 12.6 | 12.0 | 16.3 | 8.1 |
| 其他 | 138 | 4.3 | 3.8 | 5.3 | 4.8 | 4.9 | 13.5 |
| 合计 | 3196 | 100.0 | 100.0 | 100.0 | 100.0 | 100.0 | 100.0 |

**6.仅1.6%的流入人口打算回流返乡,返乡人口中近五成的人计划两年内返乡,更多年轻一代相比老一代计划短期内返乡**

在4999名调查人口中,有79人(占1.6%)打算回流返乡。表1-42数据显示,32.9%的打算返乡人口还没想好返乡时间,27.8%的流入人口表示在1年内将返乡,44.3%的人表示将在1~2年内返乡。从三代人的对比来看,有77.8%的90后打算在1年内返乡,有54.6%的新生代表示将在2年内返乡,有52.5%的老一辈表示将在5年内返乡,相比老一代,更多年轻一代流动人口计划短期内返乡。

表1-42　不同出生年代的返乡人口计划返乡时间

| 返乡时间 | 老一辈 N | 老一辈 % | 新生代 N | 新生代 % | 90后 N | 90后 % | 合计 N | 合计 % |
| --- | --- | --- | --- | --- | --- | --- | --- | --- |
| 1年内 | 12 | 20.3 | 3 | 27.3 | 7 | 77.8 | 22 | 27.8 |
| 1~2年 | 10 | 16.9 | 3 | 27.3 | 0 | 0.0 | 13 | 16.5 |
| 3~5年 | 9 | 15.3 | 0 | 0.0 | 0 | 0.0 | 9 | 11.4 |
| 6~10年 | 2 | 3.4 | 0 | 0.0 | 1 | 11.1 | 3 | 3.8 |
| 10年以后 | 6 | 10.2 | 0 | 0.0 | 0 | 0.0 | 6 | 7.6 |
| 没想好 | 20 | 33.9 | 5 | 45.5 | 1 | 11.1 | 26 | 32.9 |
| 合计 | 59 | 100.0 | 11 | 100.0 | 9 | 100.0 | 79 | 100.0 |

7.老一辈流入人口返乡的主要原因是自身年龄问题与照顾老人，新生代流入人口背负着创业与照顾老人的双重压力而有返乡打算，90后返乡的主要原因为创业

表1-43数据显示，重庆市流入人口中，打算返乡的主要原因是返乡创业、需要照顾老人和年龄太大，分别占16.0%、14.8%和13.6%。从出生年代来看，打算返乡的人口中老一辈流入人口的返乡原因主要是年龄太大和需要照顾老人，分别占18.0%和13.9%。新生代返乡主要原因是返乡创业和需要照顾老人，均占36.4%。90后返乡的主要原因是返乡创业和其他原因，分别占33.3%和22.2%。

表1-43　不同出生年代打算返乡人口的返乡原因

| 返乡原因 | 老一辈 N | 老一辈 % | 新生代 N | 新生代 % | 90后 N | 90后 % | 合计 N | 合计 % |
| --- | --- | --- | --- | --- | --- | --- | --- | --- |
| 返乡创业 | 6 | 9.9 | 4 | 36.4 | 3 | 33.3 | 13 | 16.0 |
| 没有特长/技能 | 3 | 4.3 | 0 | 0.0 | 0 | 0.0 | 3 | 3.7 |
| 需要照顾小孩 | 3 | 4.8 | 1 | 9.1 | 1 | 11.1 | 5 | 6.2 |
| 需要照顾老人 | 8 | 13.9 | 4 | 36.4 | 0 | 0.0 | 12 | 14.8 |
| 外面就业形势不好 | 5 | 7.6 | 0 | 0.0 | 1 | 11.1 | 6 | 7.4 |
| 家乡就业机会多 | 0 | 0.0 | 1 | 9.1 | 1 | 11.1 | 2 | 2.5 |
| 年龄太大 | 11 | 18.0 | 0 | 0.0 | 0 | 0.0 | 11 | 13.6 |
| 身体不好 | 3 | 4.3 | 0 | 0.0 | 0 | 0.0 | 3 | 3.7 |
| 与家人两地分居 | 1 | 2.1 | 0 | 0.0 | 0 | 0.0 | 1 | 1.2 |
| 家乡生活成本低 | 4 | 6.5 | 0 | 0.0 | 0 | 0.0 | 4 | 4.9 |
| 家里劳动力不足 | 1 | 2.4 | 0 | 0.0 | 0 | 0.0 | 1 | 1.2 |
| 家乡自然环境好 | 4 | 6.2 | 1 | 9.1 | 0 | 0.0 | 5 | 6.2 |
| 土地需要打理 | 3 | 5.1 | 0 | 0.0 | 0 | 0.0 | 3 | 3.7 |
| 不习惯外地生活 | 4 | 6.7 | 0 | 0.0 | 0 | 0.0 | 4 | 4.9 |
| 结婚生育 | 0 | 0.0 | 0 | 0.0 | 1 | 11.1 | 1 | 1.2 |
| 其他 | 5 | 8.0 | 0 | 0.0 | 2 | 22.2 | 7 | 8.6 |
| 合计 | 59 | 100.0 | 11 | 100.0 | 9 | 100.0 | 79 | 100.0 |

## 8.打算返乡人口的七成会选择回到家乡农村,新生代流动人口的七成和雇主中的七成由于兼顾创业的需要而选择将会居住在县乡政府所在地

表1-44数据表明,71.8%的打算返乡人口返乡后会选择居住在农村,15.4%的人居住在县政府所在地生活。从出生年代来看,有79.7%的老一辈和75.0%的90后打算返乡者将居住在农村,有45.5%的新生代返乡后将居住在县政府所在地。由于各自返乡的主要原因不一致,各个年代的人返乡地点也不一样。老一辈由于年龄和家里老人照顾等问题不得不选择回到居住地农村,新生代由于要兼顾创业与照顾老人的需要而选择返回到县政府所在地。

表1-44 不同出生年代打算返乡人口的打算返乡居住地点

| 返乡居住地点 | 老一辈 N | % | 新生代 N | % | 90后 N | % | 合计 N | % |
| --- | --- | --- | --- | --- | --- | --- | --- | --- |
| 农村 | 47 | 79.7 | 3 | 27.3 | 6 | 75.0 | 56 | 71.8 |
| 乡镇政府所在地 | 5 | 8.5 | 2 | 18.2 | 0 | 0.0 | 7 | 9.0 |
| 县政府所在地 | 6 | 10.2 | 5 | 45.5 | 1 | 12.5 | 12 | 15.4 |
| 没想好 | 1 | 1.7 | 1 | 9.1 | 1 | 12.5 | 3 | 3.8 |
| 合计 | 59 | 100.0 | 11 | 100.0 | 8 | 100.0 | 78 | 100.0 |

同样地,从就业身份来看(表1-45),除了雇主在农村、乡镇政府所在地和县政府所在地各处居住占比均为33.3%以外,其他就业身份返乡人员主要是居住在农村。雇主身份的流动人口由于创业的需要,县政府所在地及乡镇政府所在地也是他们回乡的主要居住地点。

表1-45 不同就业身份打算返乡人口的打算返乡居住地点

| 返乡居住地点 | 有固定雇主的雇员 N | % | 无固定雇主的雇员 N | % | 雇主 N | % | 自营劳动者 N | % | 其他 N | % | 合计 N | % |
| --- | --- | --- | --- | --- | --- | --- | --- | --- | --- | --- | --- | --- |
| 农村 | 18 | 58.1 | 6 | 85.7 | 1 | 33.3 | 11 | 78.6 | 1 | 100.0 | 37 | 66.1 |
| 乡镇政府所在地 | 5 | 16.1 | 0 | 0.0 | 1 | 33.3 | 1 | 7.1 | 0 | 0.0 | 7 | 12.5 |
| 县政府所在地 | 5 | 16.1 | 1 | 14.3 | 1 | 33.3 | 2 | 14.3 | 0 | 0.0 | 9 | 16.1 |
| 没想好 | 3 | 9.7 | 0 | 0.0 | 0 | 0.0 | 0 | 0.0 | 0 | 0.0 | 3 | 5.4 |
| 合计 | 31 | 100.0 | 7 | 100.0 | 3 | 100.0 | 14 | 100.0 | 1 | 100.0 | 56 | 100.0 |

## 9.只有2.3%的人打算继续流动,其中近七成表示将回到家乡,继续流动的主要选择四川省和重庆市的其他区域流动

4999名调查人口中,有116人(占2.3%)打算继续流动。在不打算留在本地的流入人口中,近七成表示将返乡。从居住时长来看(表1-46),居住3~5年的人返乡占比达100%,

还有 21.6%的人还没想好流动方向。从出生年代来看，有 43.5%的 90 后准备去其他地方，78.7%的老一辈准备返乡，33.3%的新生代还没想好流向。从就业身份来看，100%的其他身份准备返乡，25%的雇主准备流向其他地方，21.2%的有固定雇主的雇员还没想好流向。

表 1-46 不同居住时长/出生年代/就业身份的流入人口不打算留在本地的流向

|  |  | 返乡 N | 返乡 % | 其他地方 N | 其他地方 % | 没想好 N | 没想好 % | 合计 N | 合计 % |
|---|---|---|---|---|---|---|---|---|---|
| 居住时长 | 1 年以下 | 19 | 51.4 | 10 | 27.0 | 8 | 21.6 | 37 | 100.0 |
|  | 1~3 年 | 29 | 78.4 | 4 | 10.8 | 4 | 10.8 | 37 | 100.0 |
|  | 3~5 年 | 6 | 100.0 | 0 | 0.0 | 0 | 0.0 | 6 | 100.0 |
|  | 5~10 年 | 16 | 66.7 | 4 | 16.7 | 4 | 16.7 | 24 | 100.0 |
|  | 10 年及以上 | 9 | 76.9 | 1 | 7.7 | 2 | 15.4 | 12 | 100.0 |
|  | 小计 | 79 | 68.4 | 19 | 16.2 | 18 | 15.4 | 116 | 100.0 |
| 出生年代 | 老一辈 | 59 | 78.7 | 8 | 10.7 | 8 | 10.7 | 75 | 100.0 |
|  | 新生代 | 11 | 61.1 | 1 | 5.6 | 6 | 33.3 | 18 | 100.0 |
|  | 90 后 | 9 | 39.1 | 10 | 43.5 | 4 | 17.4 | 23 | 100.0 |
|  | 小计 | 79 | 68.1 | 19 | 16.4 | 18 | 15.5 | 116 | 100.0 |
| 就业身份 | 有固定雇主的雇员 | 31 | 59.6 | 10 | 19.2 | 11 | 21.2 | 52 | 100.0 |
|  | 无固定雇主的雇员 | 7 | 70.0 | 2 | 20.0 | 1 | 10.0 | 10 | 100.0 |
|  | 雇主 | 3 | 75.0 | 1 | 25.0 | 0 | 0.0 | 4 | 100.0 |
|  | 自营劳动者 | 15 | 71.4 | 3 | 14.3 | 3 | 14.3 | 21 | 100.0 |
|  | 其他 | 1 | 100.0 | 0 | 0.0 | 0 | 0.0 | 1 | 100.0 |
|  | 小计 | 57 | 64.8 | 16 | 18.2 | 15 | 17.0 | 88 | 100.0 |

表 1-47 数据表明，约六成打算继续流动人口准备在国内流动，约四成人口还没想好流动城市。其中在打算在国内继续流动的人口中，41.7%选择到四川省，33.3%选择在重庆市内进行区域流动，16.7%人口选择到广东省，8.3%人口选择去新疆。

表 1-47 不同居住时长/出生年代/就业身份的打算继续流动人口计划流动城市

|  |  | 国内 N | 国内 % | 没想好 N | 没想好 % | 合计 N | 合计 % |
|---|---|---|---|---|---|---|---|
| 居住时长 | 1 年以下 | 5 | 50.0 | 5 | 50.0 | 10 | 100.0 |
|  | 1~3 年 | 3 | 75.0 | 1 | 25.0 | 4 | 100.0 |
|  | 5~10 年 | 2 | 66.7 | 1 | 33.3 | 3 | 100.0 |
|  | 10 年及以上 | 1 | 100.0 | 0 | 0.0 | 1 | 100.0 |
|  | 小计 | 11 | 61.1 | 7 | 38.9 | 18 | 100.0 |
| 出生年代 | 老一辈 | 4 | 50.0 | 4 | 50.0 | 8 | 100.0 |
|  | 新生代 | 0 | 0.0 | 1 | 100.0 | 1 | 100.0 |
|  | 90 后 | 8 | 80.0 | 2 | 20.0 | 10 | 100.0 |
|  | 小计 | 12 | 63.2 | 7 | 36.8 | 19 | 100.0 |

续表

|  |  | 国内 |  | 没想好 |  | 合计 |  |
|---|---|---|---|---|---|---|---|
|  |  | N | % | N | % | N | % |
| 就业身份 | 有固定雇主的雇员 | 5 | 50.0 | 5 | 50.0 | 10 | 100.0 |
|  | 无固定雇主的雇员 | 1 | 50.0 | 1 | 50.0 | 2 | 100.0 |
|  | 雇主 | 1 | 100.0 | 0 | 0.0 | 1 | 100.0 |
|  | 自营劳动者 | 2 | 66.7 | 1 | 33.3 | 3 | 100.0 |
|  | 小计 | 9 | 56.3 | 7 | 43.8 | 16 | 100.0 |

## 1.5 流动人口生活状况

### 1.5.1 流入人口住房状况

1.重庆市流入人口自购房比例增加到近四成且超过了租住私房比例，老一辈和新生代居住时间越长，雇主身份流动人口的自购房比例越高

由表 1-48 可知，重庆市流入人口现住房主要有三种形式：①自购住房，有 35.5%的人群已在现居住地购买了商品房。②以整租的形式租住私房，有 29.1%的人群租住私房。③租住政府提供的公租房，这一比例人群达到 11.8%。随着重庆市政府廉租房和公租房建设力度的加大，流入人群享受政策性保障住房的比例也得以快速上升。

表 1-48 不同出生年代流入人口现住房性质

| 住房性质 | 总人群住房构成 |  | 出生年代 |  |  |
|---|---|---|---|---|---|
|  | N | % | 老一辈(%) | 新生代(%) | 90后(%) |
| 单位/雇主房 | 301 | 6.0 | 4.9 | 4.8 | 10.7 |
| 政府提供公租房 | 589 | 11.8 | 12.5 | 12.7 | 8.5 |
| 自购商品房 | 1775 | 35.5 | 35.8 | 39.7 | 28.2 |
| 自购保障性住房 | 80 | 1.6 | 1.5 | 1.9 | 1.5 |
| 自购小产权住房 | 71 | 1.4 | 1.8 | 1.2 | 0.8 |
| 借住房 | 39 | 0.8 | 1.1 | 0.4 | 0.5 |
| 就业场所 | 97 | 1.9 | 2.5 | 1.5 | 1.1 |
| 自建房 | 186 | 3.7 | 3.3 | 4.4 | 3.7 |
| 其他非正规居所 | 7 | 0.1 | 0.1 | 0.1 | 0.2 |
| 租住私房-整租 | 1457 | 29.1 | 29.4 | 27.1 | 31.5 |
| 租住私房-合租 | 397 | 7.9 | 6.9 | 6.1 | 13.4 |
| 合计 | 4999 | 100.0 | 100.0 | 100.0 | 100.0 |

从出生年代来看(表 1-48),老一辈和新生代主要以自购商品房为主,而 90 后主要是以租住私房为主,这主要是 90 后刚步入社会不久,经济方面的限制所造成的。

进一步分析流入城市不同时间长短的人群其住房构成情况(表 1-49),结果表明,随着在城市居住时间的增加,其租房居住的比例呈下降趋势,而自购住房的比例呈显著上升趋势,在城市居住 10 年及以上的流入人口有 43.3%的人都购买了商品房,这一比例比刚流入城市不到 1 年的人群高出 15.9 个百分点。

表 1-49 不同居住时长流入人口现住房性质

| 住房性质 | 总人群住房构成 N | 总人群住房构成 % | 居住时长 1 年以下(%) | 居住时长 1~3 年(%) | 居住时长 3~5 年(%) | 居住时长 5~10 年(%) | 居住时长 10 年及以上(%) |
|---|---|---|---|---|---|---|---|
| 单位/雇主房 | 301 | 6.0 | 12.5 | 6.2 | 4.5 | 3.9 | 2.1 |
| 政府提供公租房 | 589 | 11.8 | 6.3 | 14.6 | 20.9 | 9.2 | 1.4 |
| 自购商品房 | 1775 | 35.5 | 27.4 | 33.1 | 36.8 | 40.5 | 43.3 |
| 自购保障性住房 | 80 | 1.6 | 0.4 | 1.2 | 2.4 | 2.2 | 2.0 |
| 自购小产权住房 | 71 | 1.4 | 0.4 | 1.0 | 1.5 | 1.8 | 3.4 |
| 借住房 | 39 | 0.8 | 1.1 | 0.5 | 0.7 | 1.1 | 0.6 |
| 就业场所 | 97 | 1.9 | 3.5 | 1.1 | 2.3 | 1.5 | 2.2 |
| 自建房 | 186 | 3.7 | 2.0 | 2.2 | 2.0 | 5.2 | 11.3 |
| 其他非正规居所 | 7 | 0.1 | 0.3 | 0.0 | 0.2 | 0.1 | 0.1 |
| 租住私房-整租 | 1457 | 29.1 | 33.7 | 31.9 | 23.0 | 28.1 | 26.4 |
| 租住私房-合租 | 397 | 7.9 | 12.6 | 8.1 | 5.6 | 6.4 | 7.2 |
| 合计 | 4999 | 100.0 | 100.0 | 100.0 | 100.0 | 100.0 | 100.0 |

从就业身份来看(表 1-50),雇主自购商品房占比最高达 48.7%。近五成的自营劳动者主要以租住私房为主,19.5%的无固定雇主的员工由政府提供公租房。

表 1-50 不同就业身份流入人口现住房性质

| 住房性质 | 总人群住房构成 N | 总人群住房构成 % | 有固定雇主的员工(%) | 无固定雇主的员工(%) | 雇主(%) | 自营劳动者(%) | 其他(%) |
|---|---|---|---|---|---|---|---|
| 单位/雇主房 | 301 | 6.0 | 11.6 | 3.4 | 0.6 | 0.1 | 0.0 |
| 政府提供公租房 | 589 | 11.8 | 13.1 | 19.5 | 3.3 | 4.3 | 11.2 |
| 自购商品房 | 1775 | 35.5 | 32.1 | 25.2 | 48.7 | 31.5 | 42.8 |
| 自购保障性住房 | 80 | 1.6 | 1.5 | 2.3 | 1.7 | 1.5 | 0.0 |
| 自购小产权住房 | 71 | 1.4 | 0.5 | 0.7 | 0.0 | 3.5 | 0.0 |
| 借住房 | 39 | 0.8 | 0.8 | 0.3 | 0.0 | 0.2 | 0.0 |
| 就业场所 | 97 | 1.9 | 1.7 | 1.8 | 1.8 | 5.5 | 0.0 |
| 自建房 | 186 | 3.7 | 0.9 | 7.9 | 1.7 | 3.5 | 5.1 |
| 其他非正规居所 | 7 | 0.1 | 0.1 | 0.0 | 0.0 | 0.1 | 7.7 |
| 租住私房-整租 | 1457 | 29.1 | 27.9 | 27.3 | 38.3 | 43.5 | 21.1 |
| 租住私房-合租 | 397 | 7.9 | 9.8 | 11.6 | 3.9 | 6.3 | 12.1 |
| 合计 | 4999 | 100.0 | 100.0 | 100.0 | 100.0 | 100.0 | 100.0 |

## 2.近六成流入人口业余时间的主要交往对象是本地人,新生代、居住时间越久、文化程度越高的流动人口越愿意与本地人交往

表 1-51 数据表明,近六成的流入人群主要的交往对象是其他本地人,从居住时长来看,随着居住时间的增加,流入人口更倾向于跟其他本地人进行交往,与户口仍在老家的本地同乡交往变少。重庆市接近20%的流入人口很少与人来往,流动人口因为流动而导致的旧乡土文化社会关系网络的断裂和新城市文化社会关系网络的重建需要引起关注。

表 1-51　不同居住时长流入人口在本地交往对象

| 交往对象 | 总人群交往对象构成 N | 总人群交往对象构成 % | 居住时长 1年以下(%) | 居住时长 1~3年(%) | 居住时长 3~5年(%) | 居住时长 5~10年(%) | 居住时长 10年及以上(%) |
| --- | --- | --- | --- | --- | --- | --- | --- |
| 同乡(户口迁至本地) | 181 | 3.6 | 3.2 | 3.0 | 3.7 | 4.7 | 3.7 |
| 同乡(户口仍在老家) | 570 | 11.4 | 14.6 | 12.3 | 10.9 | 9.9 | 7.5 |
| 同乡(户口迁至本地与老家以来的其他地区) | 71 | 1.4 | 1.7 | 1.4 | 1.3 | 1.5 | 1.2 |
| 其他本地人 | 2890 | 57.8 | 49.8 | 56.7 | 55.9 | 62.5 | 68.3 |
| 其他外地人 | 332 | 6.6 | 7.2 | 5.9 | 9.0 | 5.5 | 6.1 |
| 很少与人来往 | 955 | 19.1 | 23.5 | 20.8 | 19.2 | 15.8 | 13.3 |
| 合计 | 4999 | 100.0 | 100.0 | 100.0 | 100.0 | 100.0 | 100.0 |

从出生年代来看(表 1-52),64.2%的新生代流入人口主要与其他本地人交往。从文化程度来看(表 1-53),文化程度越高,越倾向于跟本地人交往,文化程度越低,越倾向于很少与人来往。

表 1-52　不同出生年代流入人口在本地交往对象构成

| 交往对象 | 总人群交往对象构成 N | 总人群交往对象构成 % | 出生年代 老一辈(%) | 出生年代 新生代(%) | 出生年代 90后(%) |
| --- | --- | --- | --- | --- | --- |
| 同乡(户口迁至本地) | 181 | 3.6 | 3.9 | 3.7 | 2.9 |
| 同乡(户口仍在老家) | 570 | 11.4 | 11.0 | 10.0 | 14.6 |
| 同乡(户口迁至本地与老家以来的其他地区) | 71 | 1.4 | 1.2 | 1.8 | 1.6 |
| 其他本地人 | 2890 | 57.8 | 53.7 | 64.2 | 58.4 |
| 其他外地人 | 332 | 6.6 | 6.5 | 6.6 | 7.0 |
| 很少与人来往 | 955 | 19.1 | 23.8 | 13.7 | 15.6 |
| 合计 | 4999 | 100.0 | 100.0 | 100.0 | 100.0 |

表 1-53　不同文化程度流入人口在本地交往对象构成

| 交往对象 | 总人群交往对象构成 N | 总人群交往对象构成 % | 未上过小学(%) | 小学(%) | 初中(%) | 高中/中专(%) | 大学专科(%) | 大学本科(%) | 研究生(%) |
| --- | --- | --- | --- | --- | --- | --- | --- | --- | --- |
| 同乡(户口迁至本地) | 181 | 3.6 | 3.1 | 3.9 | 3.2 | 3.9 | 5.0 | 2.0 | 1.7 |
| 同乡(户口仍在老家) | 570 | 11.4 | 7.4 | 10.1 | 12.6 | 14.1 | 9.1 | 7.0 | 3.1 |
| 同乡(户口迁至本地与老家以来的其他地区) | 71 | 1.4 | 0.0 | 1.4 | 0.9 | 1.3 | 2.5 | 2.4 | 4.2 |
| 其他本地人 | 2890 | 57.8 | 59.4 | 51.3 | 55.9 | 58.0 | 61.9 | 69.2 | 79.8 |
| 其他外地人 | 332 | 6.6 | 5.3 | 6.2 | 6.2 | 5.8 | 8.6 | 9.2 | 5.5 |
| 很少与人来往 | 955 | 19.1 | 24.9 | 27.2 | 21.2 | 16.9 | 12.9 | 10.2 | 5.7 |
| 合计 | 4999 | 100.0 | 100.0 | 100.0 | 100.0 | 100.0 | 100.0 | 100.0 | 100.0 |

## 1.5.2　流入人口生活现状

**1. 84.9%的流入人口回老家的时间间隔不到 1 年，年轻一代更经常回家，在流入地居住时间越长回老家的时间间隔也越长**

由表 1-54 可见，84.9%的流入人口未回老家的时间长度小于 1 年，说明大部分流入人口不回老家的间隔比较短。还有 15.1%的流入人口未回老家时长大于等于 1 年，平均时间长度为 2.91。从出生年代来分析，88.7%的 90 后未回老家时长小于一年，老一辈小于 1 年没有回去的占 82.4%。新生代平均未回老家时长为 2.26 年，老一辈为 3.36 年。也就是说，更多年轻一代经常回老家，而且年轻一代未回老家时长比老一辈要短 1 年多。

表 1-54　不同出生年代流入人口未回老家时长

| 出生年代 | 小于 1 年 N | 小于 1 年 % | 大于等于 1 年 N | 大于等于 1 年 % | 大于等于 1 年 均值 mean | 合计 N | 合计 % |
| --- | --- | --- | --- | --- | --- | --- | --- |
| 老一辈 | 2060 | 82.4 | 439 | 17.6 | 3.36 | 2499 | 100.0 |
| 新生代 | 1310 | 86.4 | 206 | 13.6 | 2.26 | 1517 | 100.0 |
| 90 后 | 872 | 88.7 | 111 | 11.3 | 2.32 | 983 | 100.0 |
| 合计 | 4242 | 84.9 | 757 | 15.1 | 2.91 | 4999 | 100.0 |

从居住时长来分析(表 1-55)，在流入地居住时间越久，未回老家时间长度也越长。在流入地居住时长在 1 年以下的流入人口中，90.8%的人回老家间隔小于 1 年，然而居住时长在 10 年及以上的流入人口中，仅有 77.1%的人回老家间隔时长小于 1 年，在其大于等于 1 年的流入人口中看，平均间隔时间长达 5.17 年。

表 1-55　不同居住时长流入人口未回老家时间长度

| 居住时长 | 小于 1 年 N | 小于 1 年 % | 大于等于 1 年 N | 大于等于 1 年 % | 均值 mean | 合计 N | 合计 % |
|---|---|---|---|---|---|---|---|
| 1 年以下 | 787 | 90.8 | 80 | 9.2 | 2.47 | 867 | 100.0 |
| 1～3 年 | 1368 | 86.0 | 223 | 14.0 | 2.19 | 1591 | 100.0 |
| 3～5 年 | 806 | 85.5 | 137 | 14.5 | 2.85 | 943 | 100.0 |
| 5～10 年 | 867 | 81.7 | 194 | 18.3 | 2.51 | 1061 | 100.0 |
| 10 年及以上 | 414 | 77.1 | 123 | 22.9 | 5.17 | 537 | 100.0 |
| 合计 | 4242 | 84.9 | 757 | 15.1 | 2.91 | 4999 | 100.0 |

2.流入人口在本地的主要困难是收入太低和买不起房子，在老家的主要困难是老人赡养问题

表 1-56 数据显示，近五成流入人口在本地没有困难，还有五成流入人口在本地的困难主要是收入太低、买不起房子和难以找到稳定的工作，分别占比 40.1%、27.4%和 23.2%。从出生年代来看，年轻一代的困难较少，但主要困难还是集中在收入太低和买不起房子。从居住时长来分析（表 1-57），收入低、生意不好做、工作不稳定等困难并没有因居住时间得到显著改善。

表 1-56　不同出生年代流入人口在本地面临的主要困难

| 本地困难 | 总人群困难构成 N | 总人群困难构成 % | 老一辈(%) | 新生代(%) | 90 后(%) |
|---|---|---|---|---|---|
| 没有困难 | 2366 | 47.3 | 43.0 | 50.1 | 54.0 |
| 生意不好做 | 972 | 19.4 | 22.4 | 18.4 | 13.6 |
| 难以找到稳定的工作 | 1159 | 23.2 | 26.4 | 19.9 | 20.0 |
| 买不起房子 | 1371 | 27.4 | 28.5 | 25.7 | 27.3 |
| 本地人看不起 | 255 | 5.1 | 7.5 | 2.7 | 2.7 |
| 子女上学问题 | 622 | 12.4 | 12.9 | 16.5 | 4.9 |
| 收入太低 | 2004 | 40.1 | 44.3 | 36.3 | 35.1 |
| 生活不习惯 | 247 | 4.9 | 6.5 | 3.5 | 3.1 |
| 其他 | 179 | 3.6 | 4.1 | 3.4 | 2.6 |
| 合计 | 9175 | 183.5 | 195.8 | 176.4 | 163.3 |

表 1-57　不同居住时长流入人口在本地面临的主要困难

| 本地困难 | 总人群困难构成 N | 总人群困难构成 % | 1 年以下(%) | 1～3 年(%) | 3～5 年(%) | 5～10 年(%) | 10 年及以上(%) |
|---|---|---|---|---|---|---|---|
| 没有困难 | 2366 | 47.3 | 48.2 | 53.2 | 44.9 | 43.8 | 39.8 |
| 生意不好做 | 972 | 19.4 | 15.5 | 15.2 | 19.5 | 23.5 | 30.4 |
| 难以找到稳定的工作 | 1159 | 23.2 | 23.7 | 20.2 | 24.3 | 23.5 | 28.8 |

续表

| 本地困难 | 总人群困难构成 N | 总人群困难构成 % | 居住时长 1年以下(%) | 1~3年(%) | 3~5年(%) | 5~10年(%) | 10年及以上(%) |
|---|---|---|---|---|---|---|---|
| 买不起房子 | 1371 | 27.4 | 29.5 | 24.9 | 31.2 | 26.3 | 27.2 |
| 本地人看不起 | 255 | 5.1 | 5.2 | 4.0 | 5.6 | 5.6 | 6.2 |
| 子女上学问题 | 622 | 12.4 | 8.8 | 10.4 | 13.4 | 16.1 | 15.2 |
| 收入太低 | 2004 | 40.1 | 40.5 | 35.3 | 40.3 | 41.9 | 49.6 |
| 生活不习惯 | 247 | 4.9 | 6.0 | 4.9 | 3.7 | 5.5 | 4.5 |
| 其他 | 179 | 3.6 | 3.3 | 3.4 | 3.7 | 3.8 | 4.1 |
| 合计 | 9175 | 183.5 | 180.6 | 171.4 | 186.5 | 190.1 | 205.8 |

表 1-58 数据表明，六成以上流入人口表示在老家没有困难，有四成流入人口的困难主要体现在老人赡养(27.2%)、家人有病缺钱治(16.2%)和土地耕种等缺劳动力(15.2%)。从出生年代来看，越年轻在老家的困难越少，主要困难与总人群困难差异不大。农村老人赡养问题不仅关系到流动人口家庭的责任与幸福，也关系到整个社会的养老保障与社会和谐问题。随着老龄社会的到来，老年人的赡养问题将更加严峻。

表 1-58 不同出生年代流入人口在老家面临的主要困难

| 老家困难 | 总人群困难构成 N | 总人群困难构成 % | 出生年代 老一辈(%) | 新生代(%) | 90后(%) |
|---|---|---|---|---|---|
| 没有困难 | 3037 | 60.8 | 55.8 | 62.9 | 70.1 |
| 老人赡养 | 1358 | 27.2 | 29.4 | 27.7 | 20.6 |
| 子女照看 | 297 | 5.9 | 6.5 | 7.4 | 2.2 |
| 子女教育费用 | 284 | 5.7 | 7.5 | 5.2 | 1.8 |
| 配偶生活孤单 | 140 | 2.8 | 4.3 | 1.7 | 0.7 |
| 家人有病缺钱治 | 812 | 16.2 | 19.7 | 13.8 | 11.2 |
| 土地耕种等缺劳动力 | 758 | 15.2 | 17.7 | 13.6 | 11.5 |
| 其他 | 228 | 4.6 | 5.3 | 3.6 | 4.1 |
| 合计 | 6914 | 138.3 | 146.1 | 135.9 | 122.2 |

## 1.6 流动人口就业与收入状况

### 1.6.1 流动人口就业分布情况

1.有近1/4的流入人口处于未工作状态，女性因照顾家庭等原因未就业的比例显著高于男性，应重视其劳动价值的体现和在家庭中的权益保护

表 1-59 数据表明，4999 名调查人群中，有 3783 人(75.7%)在调查时点处于就业状态(即调查前一周有做过一小时以上有收入的工作)，有 1216 人(24.3%)人处于未工作状态。分

性别来分析，85.7%的男性处于就业状态，比女性高出近20个百分点。从出生年代来看，新生代就业占比最高(83.1%)，比老一辈高12.7个百分点，比90后高5.5个百分点。总体来看，流入人群未工作比例比2016年的重庆市动态监测数据(22.3%)高2个百分点，流动人口的就业压力依然存在。

表1-59 不同性别/出生年代流入人口是否有1小时以上收入工作

|   | 总人群是否有1小时以上收入工作构成 || 性别 || 出生年代 |||
|---|---|---|---|---|---|---|---|
|   | N | % | 男(%) | 女(%) | 老一辈(%) | 新生代(%) | 90后(%) |
| 是 | 3783 | 75.7 | 85.7 | 65.8 | 70.4 | 83.1 | 77.6 |
| 否 | 1216 | 24.3 | 14.3 | 34.2 | 29.6 | 16.9 | 22.4 |
| 合计 | 4999 | 100.0 | 100.0 | 100.0 | 100.0 | 100.0 | 100.0 |

从未工作原因来看，由表1-60可见，料理家务/带孩子(34.0%)、退休(15.9%)和怀孕或哺乳(12.3%)是未工作的主要原因。分性别来看，男性未工作有25.7%是因为退休，15.0%是因为没有找到工作，女性未工作有44.4%是因为料理家务/带孩子，17.4%是因为怀孕或哺乳。女性因为生理和传统的家庭分工等原因，就业率远低于男性。繁重琐碎的家务/带孩子使得很多流动女性不得不放弃工作，然其对家庭所做的贡献难以用劳动价值来体现，在现行的政策与法律下，女性在婚姻家庭中的正当合法权益应该得到有效保护。从出生年代来看，老一辈未工作的最主要原因是料理家务/带孩子(31.8%)，新生代主要是料理家务/带孩子(48.2%)和怀孕或哺乳(25.3%)，90后则主要是怀孕或哺乳(36.8%)和料理家务/带孩子(25.0%)。

表1-60 不同性别/出生年代流入人群未工作原因

| 未工作主要原因 | 总人群未工作主要原因构成 || 性别 || 出生年代 |||
|---|---|---|---|---|---|---|---|
|   | N | % | 男(%) | 女(%) | 老一辈(%) | 新生代(%) | 90后(%) |
| 学习培训 | 20 | 1.7 | 2.8 | 1.2 | 0.3 | 1.2 | 7.3 |
| 料理家务/带孩子 | 414 | 34.0 | 8.8 | 44.4 | 31.8 | 48.2 | 25.0 |
| 怀孕或哺乳 | 150 | 12.3 | 0.0 | 17.4 | 0.5 | 25.3 | 36.8 |
| 生病 | 62 | 5.1 | 6.5 | 4.6 | 6.9 | 2.7 | 1.4 |
| 已经找到工作等待上岗 | 8 | 0.7 | 1.1 | 0.5 | 0.3 | 0.4 | 2.3 |
| 因本人原因失去工作 | 23 | 1.9 | 4.0 | 1.0 | 1.5 | 2.7 | 2.3 |
| 临时性停工或季节性歇业 | 36 | 3.0 | 7.3 | 1.3 | 3.2 | 2.7 | 2.3 |
| 没找到工作 | 100 | 8.2 | 15.0 | 5.3 | 7.7 | 7.4 | 10.9 |
| 不想工作 | 50 | 4.1 | 6.2 | 3.2 | 4.3 | 3.9 | 3.2 |
| 退休 | 193 | 15.9 | 25.7 | 11.8 | 26.1 | 0.0 | 0.0 |
| 丧失劳动能力 | 82 | 6.7 | 10.2 | 5.2 | 10.8 | 0.0 | 0.5 |
| 其他 | 61 | 5.0 | 8.2 | 3.6 | 4.5 | 3.9 | 8.2 |

续表

| 未工作主要原因 | 总人群未工作主要原因构成 N | 总人群未工作主要原因构成 % | 性别 男(%) | 性别 女(%) | 出生年代 老一辈(%) | 出生年代 新生代(%) | 出生年代 90后(%) |
|---|---|---|---|---|---|---|---|
| 企业/单位裁员 | 2 | 0.2 | 0.6 | 0.0 | 0.1 | 0.4 | 0.0 |
| 企业/单位倒闭 | 9 | 0.8 | 2.0 | 0.3 | 1.2 | 0.4 | 0.0 |
| 因单位其他原因失去工作 | 6 | 0.5 | 1.7 | 0.0 | 0.7 | 0.8 | 0.0 |
| 合计 | 1216 | 100.0 | 100.0 | 100.0 | 100.0 | 100.0 | 100.0 |

对未工作人群上月找工作情况进行进一步分析，调查数据显示，87.2%的人群并未寻找工作，仅有12.8%的未工作人群曾在调查的上月主动寻找工作。这说明，近九成流动人口不就业属于有其他需求而主动放弃就业，也有一成工作人群因摩擦性失业、结构性失业等因素处于被动失业状态。

2. 流入人口的3/4在传统五大行业就业，1/4集中在制造业，年轻一代在制造业就业的比例高于老一辈流入人口

表1-61数据表明，流入重庆市的流动人口从事的行业主要集中在传统的五大行业，按占比从高到低排序依次为制造业(25.1%)、批发零售(18.7%)、居民服务、修理和其他服务业(12.0%)、住宿餐饮(10.6%)和建筑业(10.3%)，五大行业人口占比高达76.7%。与2016年同指标数据相比较，2017年重庆市流入人口在制造业和建筑业就业的比例各自提升了10.4个百分点和1.9个百分点，尤其是制造业的就业比例得到显著提升，而在其余三大传统服务业包括批发零售、居民服务、修理和其他服务业以及住宿餐饮就业的比例均比2016年有所下降。从出生年代来看，年轻一代流入人口除了在制造业就业的比例高于老一辈流入人口，在其余四大传统行业就业的比例均低于老一辈流入人口。

表1-61 不同出生年代流入就业人员从事行业构成

| 行业构成 | 老一辈 N | 老一辈 % | 新生代 N | 新生代 % | 90后 N | 90后 % | 合计 N | 合计 % |
|---|---|---|---|---|---|---|---|---|
| 制造业 | 409 | 23.4 | 333 | 26.3 | 199 | 26.2 | 940 | 25.1 |
| 批发零售 | 377 | 21.4 | 211 | 16.8 | 120 | 15.7 | 708 | 18.7 |
| 居民服务、修理和其他服务业 | 258 | 14.6 | 128 | 10.1 | 69 | 9.1 | 454 | 12.0 |
| 住宿餐饮 | 198 | 11.2 | 111 | 8.8 | 91 | 11.9 | 400 | 10.6 |
| 建筑 | 199 | 11.3 | 128 | 10.1 | 65 | 8.5 | 391 | 10.3 |
| 房地产 | 81 | 4.6 | 56 | 4.4 | 28 | 3.7 | 165 | 4.4 |
| 交通运输、仓储和邮政 | 63 | 3.6 | 55 | 4.4 | 21 | 2.7 | 140 | 3.7 |
| 教育 | 19 | 1.1 | 48 | 3.8 | 31 | 4.0 | 98 | 2.6 |
| 卫生 | 36 | 2.0 | 32 | 2.6 | 29 | 3.7 | 97 | 2.6 |
| 公共管理、社会保障和社会组织 | 14 | 0.8 | 44 | 3.5 | 22 | 2.9 | 80 | 2.1 |
| 金融 | 9 | 0.5 | 30 | 2.4 | 22 | 2.9 | 62 | 1.6 |
| 信息传输、软件和信息技术服务 | 5 | 0.3 | 25 | 2.0 | 27 | 3.6 | 58 | 1.5 |

续表

| 行业构成 | 老一辈 N | 老一辈 % | 新生代 N | 新生代 % | 90后 N | 90后 % | 合计 N | 合计 % |
|---|---|---|---|---|---|---|---|---|
| 农林牧渔 | 32 | 1.8 | 13 | 1.0 | 2 | 0.3 | 47 | 1.2 |
| 文体和娱乐 | 14 | 0.8 | 6 | 0.4 | 12 | 1.6 | 31 | 0.8 |
| 社会工作 | 10 | 0.6 | 8 | 0.7 | 10 | 1.3 | 29 | 0.8 |
| 电煤水热生产供应 | 5 | 0.3 | 17 | 1.4 | 6 | 0.7 | 28 | 0.7 |
| 租赁和商务服务 | 11 | 0.7 | 6 | 0.5 | 4 | 0.5 | 21 | 0.6 |
| 水利、环境和公共设施管理 | 11 | 0.7 | 1 | 0.1 | 2 | 0.3 | 15 | 0.4 |
| 科研和技术服务 | 3 | 0.2 | 5 | 0.4 | 2 | 0.2 | 10 | 0.3 |
| 采矿 | 4 | 0.2 | 1 | 0.1 | 1 | 0.1 | 5 | 0.1 |
| 国际组织 | 0 | 0.0 | 1 | 0.1 | 1 | 0.1 | 2 | 0.1 |
| 合计 | 1759 | 100.0 | 1260 | 100.0 | 764 | 100.0 | 3783 | 100.0 |

由表 1-62 可见，流入重庆市的流动人口前五大职业主要是：其他商业服务业人员（19.2%）、经商（16.1%）、专业技术人员（10.4%）、餐饮（8.3%）和生产（7.9%），共有 61.9% 的流入人口就业集中在这五大职业，与五大行业的就业分布基本一致。

表1-62 不同出生年代流入就业人员主要职业

| 职业构成 | 老一辈 N | 老一辈 % | 新生代 N | 新生代 % | 90后 N | 90后 % | 合计 N | 合计 % |
|---|---|---|---|---|---|---|---|---|
| 其他商业、服务业人员 | 219 | 12.5 | 287 | 22.8 | 220 | 28.8 | 726 | 19.2 |
| 经商 | 365 | 20.7 | 185 | 14.7 | 58 | 7.5 | 607 | 16.1 |
| 专业技术人员 | 92 | 5.2 | 188 | 14.9 | 115 | 15.0 | 395 | 10.4 |
| 餐饮 | 156 | 8.9 | 82 | 6.5 | 76 | 10.0 | 315 | 8.3 |
| 生产 | 149 | 8.5 | 85 | 6.8 | 65 | 8.5 | 299 | 7.9 |
| 建筑 | 127 | 7.2 | 76 | 6.0 | 29 | 3.8 | 232 | 6.1 |
| 其他生产、运输设备操作人员及有关人员 | 100 | 5.7 | 66 | 5.2 | 33 | 4.3 | 199 | 5.3 |
| 装修 | 84 | 4.8 | 42 | 3.3 | 25 | 3.3 | 151 | 4.0 |
| 公务员、办事人员和有关人员 | 21 | 1.2 | 72 | 5.7 | 48 | 6.2 | 141 | 3.7 |
| 无固定职业 | 72 | 4.1 | 25 | 2.0 | 10 | 1.3 | 107 | 2.8 |
| 保洁 | 99 | 5.7 | 4 | 0.3 | 0 | 0.0 | 104 | 2.7 |
| 运输 | 43 | 2.5 | 37 | 3.0 | 17 | 2.2 | 97 | 2.6 |
| 其他 | 38 | 2.2 | 36 | 2.8 | 23 | 3.1 | 97 | 2.6 |
| 保安 | 64 | 3.6 | 18 | 1.5 | 11 | 1.4 | 93 | 2.5 |
| 商贩 | 62 | 3.5 | 17 | 1.4 | 12 | 1.5 | 91 | 2.4 |
| 家政 | 40 | 2.2 | 6 | 0.5 | 6 | 0.8 | 52 | 1.4 |
| 国家机关、党群组织、企事业单位负责人 | 7 | 0.4 | 15 | 1.2 | 8 | 1.1 | 30 | 0.8 |
| 快递 | 5 | 0.3 | 13 | 1.1 | 7 | 0.9 | 25 | 0.7 |
| 农、林、牧、渔、水利业生产人员 | 17 | 1.0 | 4 | 0.3 | 2 | 0.2 | 23 | 0.6 |
| 合计 | 1759 | 100.0 | 1260 | 100.0 | 764 | 100.0 | 3783 | 100.0 |

**3. 各 1/3 的流入人口就业单位性质为私营企业和个体工商户，流入人口稳定就业的风险仍然存在**

表 1-63 数据显示，就业流动人口主要集中在两大领域：①私营企业，占比 36.4%，比 2016 年数据上升了 3 个百分点；②个体工商户，占本次就业流动总人口的比例为 33.4%，比 2016 年数据下降了 2.1 个百分点。在国有单位（包括国有企业和机关事业单位）和外资企业就业的流入人口仅有 14.1%。此外，还有 9.0% 的流入人群就业没有固定的单位，他们多以零工散工为主，以重庆的"棒棒军"队伍为典型，这一比例比 2016 年数据上升了 1.2%，而这类流入人群往往属于现实社会中的最底层职业人群。

表 1-63 不同出生年代流入就业人群就业单位性质

| 单位性质 | 老一辈 N | 老一辈 % | 新生代 N | 新生代 % | 90 后 N | 90 后 % | 合计 N | 合计 % |
|---|---|---|---|---|---|---|---|---|
| 私营企业 | 578 | 32.9 | 466 | 37.0 | 332 | 43.5 | 1377 | 36.4 |
| 个体工商户 | 666 | 37.9 | 396 | 31.4 | 203 | 26.6 | 1265 | 33.4 |
| 国有单位 | 133 | 7.5 | 202 | 16 | 104 | 13.5 | 437 | 11.5 |
| #国有及国有控股企业 | 89 | 5.0 | 101 | 8.0 | 54 | 7.0 | 243 | 6.4 |
| #机关、事业单位 | 44 | 2.5 | 101 | 8.0 | 50 | 6.5 | 194 | 5.1 |
| 股份/联营企业 | 53 | 3.0 | 57 | 4.5 | 39 | 5.1 | 148 | 3.9 |
| 外资企业 | 27 | 1.5 | 37 | 3.0 | 37 | 4.8 | 100 | 2.6 |
| #中外合资企业 | 21 | 1.2 | 20 | 1.6 | 9 | 1.1 | 50 | 1.3 |
| #港澳台独资企业 | 5 | 0.3 | 12 | 1.0 | 21 | 2.8 | 38 | 1.0 |
| #外商独资企业 | 1 | 0.0 | 5 | 0.4 | 7 | 0.9 | 12 | 0.3 |
| 集体企业 | 19 | 1.1 | 8 | 0.6 | 8 | 1.0 | 34 | 0.9 |
| 社团/民办组织 | 10 | 0.5 | 8 | 0.6 | 5 | 0.7 | 22 | 0.6 |
| 其他 | 28 | 1.6 | 21 | 1.7 | 8 | 1.0 | 57 | 1.5 |
| 无单位 | 247 | 14.0 | 66 | 5.2 | 28 | 3.7 | 341 | 9.0 |
| 合计 | 1759 | 100.0 | 1260 | 100.0 | 764 | 100.0 | 3783 | 100.0 |

**4. 约 3/4 的流入人口就业身份是雇员，三成雇员未签订劳动合同，但流入人口的雇员化和正规化就业程度在提高**

由表 1-64 可见，流入就业人口中 72% 为雇员，21.7% 为自营劳动者，5.1% 就业身份为雇主，1.2% 为其他身份。和 2016 年同指标数据相比，流动人口雇员的比重增加了 6 个百分点。从出生年代来看，年纪越轻越偏向于有固定雇主的雇员，年纪越大越偏向于自营劳动者身份。那么随着年龄的增长，老一辈流动人口不断退出劳动力市场，流动人口的就业雇员化和正规化程度也会不断提高。

表 1-64  不同出生年代流入就业人群的就业身份

| 就业身份 | 老一辈 N | 老一辈 % | 新生代 N | 新生代 % | 90后 N | 90后 % | 合计 N | 合计 % |
|---|---|---|---|---|---|---|---|---|
| 有固定雇主的雇员 | 908 | 51.6 | 860 | 68.3 | 599 | 78.5 | 2368 | 62.6 |
| 无固定雇主的雇员 | 210 | 11.9 | 85 | 6.8 | 59 | 7.8 | 355 | 9.4 |
| 雇主 | 93 | 5.3 | 79 | 6.3 | 20 | 2.7 | 193 | 5.1 |
| 自营劳动者 | 532 | 30.2 | 218 | 17.3 | 72 | 9.5 | 822 | 21.7 |
| 其他 | 16 | 0.9 | 17 | 1.4 | 12 | 1.6 | 46 | 1.2 |
| 合计 | 1759 | 100.0 | 1260 | 100.0 | 764 | 100.0 | 3783 | 100.0 |

由表 1-65 可见,目前是雇员身份的流入人群,仅有 56.6% 的人与工作单位签订了有固定期限的劳动合同,未签订劳动合同者占 30.0%。尤其是无固定雇主的雇员,未签订劳动合同者占到了 74.8%。无规范化劳动合同的流入人群,其劳动权益保障堪忧。

表 1-65  不同就业身份人群与就业单位签订劳动合同种类

| 签订的劳动合同种类 | 有固定雇主的雇员 N | 有固定雇主的雇员 % | 无固定雇主的雇员 N | 无固定雇主的雇员 % | 合计 N | 合计 % |
|---|---|---|---|---|---|---|
| 有固定期限 | 1528 | 64.5 | 11 | 3.0 | 1539 | 56.6 |
| 无固定期限 | 231 | 9.7 | 42 | 11.9 | 273 | 10.0 |
| 完成一次性工作任务 | 18 | 0.8 | 27 | 7.8 | 45 | 1.7 |
| 试用期 | 23 | 1.0 | 3 | 1.0 | 26 | 1.0 |
| 未签订劳动合同 | 550 | 23.2 | 265 | 74.8 | 815 | 30.0 |
| 不清楚 | 17 | 0.7 | 5 | 1.5 | 22 | 0.8 |
| 合计 | 2367 | 100.0 | 353 | 100.0 | 2720 | 100.0 |

5.流入人口中雇员身份的人平均工作年限为 4.14 年,一半以上雇员工作年限为 3 年以下,近一半雇员觉得找工作的难度增加

调查数据显示,重庆市流入人口中雇员身份的人平均工作年限为 4.14 年,其中男性平均工作年限 4.79 年,女性 3.12 年;老一辈雇员工作年限 5.63 年,新生代 3.94 年,90后 1.89 年。从工作年限的分布来看,57.0%的雇员目前工作年限为 3 年以下,18.6%的雇员工作年限为 5~10 年,14.9%的雇员工作年限为 3~5 年,9.6%的雇员工作年限为 10 年及以上。男性雇员工作年限高于女性,工作年限在 5 年以上的雇员中,男性占 32.8%,比女性高 10.4%。从出生年代来看,年龄越大工作年限越长,如表 1-66 所示。

表1-66 不同性别/出生年代就业流入人群目前工作年限

| 工作时长 | 雇员工作时长构成 N | % | 性别 男(%) | 女(%) | 出生年代 老一辈(%) | 新生代(%) | 90后(%) |
|---|---|---|---|---|---|---|---|
| 1年以下 | 663 | 24.4 | 22.5 | 26.6 | 19.5 | 20.8 | 37.7 |
| 1~3年 | 887 | 32.6 | 30.1 | 35.8 | 28.0 | 31.2 | 42.5 |
| 3~5年 | 405 | 14.9 | 14.6 | 15.2 | 15.1 | 16.3 | 12.4 |
| 5~10年 | 505 | 18.6 | 19.9 | 16.9 | 19.9 | 24.9 | 7.2 |
| 10年及以上 | 261 | 9.6 | 12.9 | 5.5 | 17.5 | 6.8 | 0.3 |
| 合计 | 2722 | 100.0 | 100.0 | 100.0 | 100.0 | 100.0 | 100.0 |

由表1-67可见，雇员身份的流入人群中，有46.5%的人觉得找工作的难度增加，有42.9%的人表示找工作的难度基本不变。

表1-67 不同性别/出生年代的就业流入人群对找工作难度的态度

| 难度变化 | 雇员找工作难度构成 N | % | 性别 男(%) | 女(%) | 出生年代 老一辈(%) | 新生代(%) | 90后(%) |
|---|---|---|---|---|---|---|---|
| 难度减少 | 34 | 2.7 | 3.2 | 2.2 | 3.9 | 1.5 | 2.6 |
| 基本不变 | 541 | 42.9 | 44.0 | 41.7 | 40.6 | 45.2 | 43.0 |
| 难度增加 | 586 | 46.5 | 45.4 | 47.6 | 50.6 | 46.7 | 42.3 |
| 不适用 | 100 | 7.9 | 7.3 | 8.5 | 4.9 | 6.5 | 12.1 |
| 合计 | 1260 | 100.0 | 100.0 | 100.0 | 100.0 | 100.0 | 100.0 |

**6. 约3/4的雇主雇佣人数在5人及以下，雇主平均做生意时长约5年，77.1%的雇主表示雇佣人员数量基本不变**

由图1-7可见，雇主身份的流入人口中，77.9%的雇主雇佣的人数在5人及以下，13.9%的雇主雇用了6~10人，8.2%的雇主雇佣人数在10人以上。其中雇佣的亲属平均人数是1.08人。

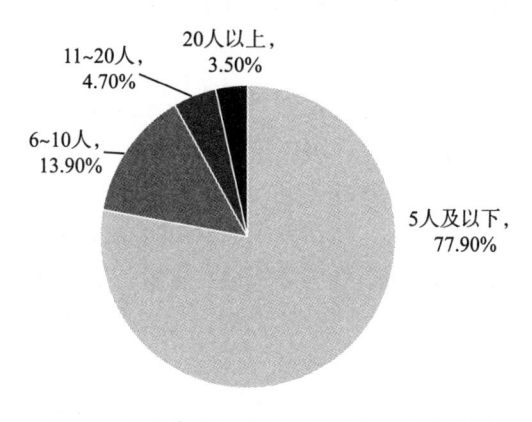

图1-7 雇主身份的流入人群雇佣工人的人数

由图 1-8 可见，雇主身份的流入人口平均做生意时长为 4.98 年。有 27.4%的雇主做生意在 5~10 年，26.5%的雇主做生意在 1~3 年。从图 1-9 可知，近两年 77.1%的雇主雇佣人员的数量基本不变，15.4%的雇主表示人数减少，而 7.5%的雇主表示雇用人员数量增加。

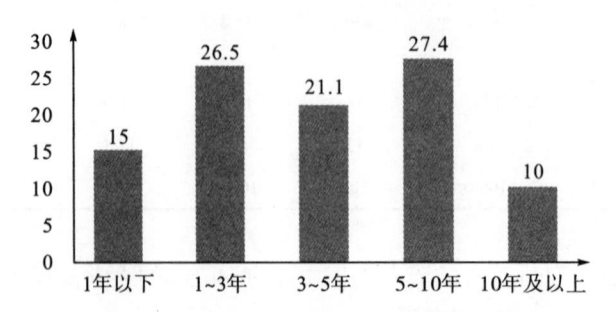

图 1-8　雇主身份流入人口做生意时长(%)

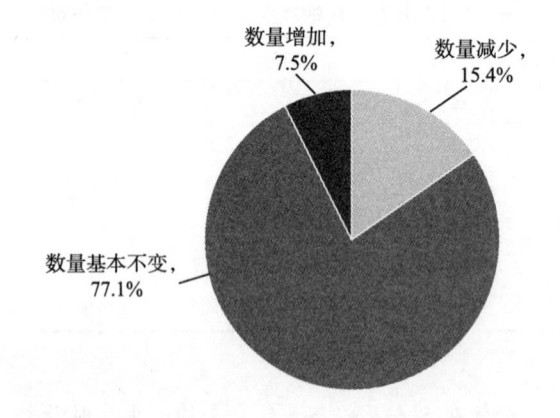

图 1-9　雇主身份流入人口近两年雇佣人员变化情况

### 1.6.2　就业流动人口收入状况

**1.流入人口的月平均工资为 3925.2 元，84.5%的流入人口月收入低于 2016 度重庆市职工月平均工资**

调查数据显示，流入人群最低月收入为-2 万元，最高月收入为 8 万元，流入就业人群月平均收入(工资)为 3925.2 元，收入中位数为 3100 元。按重庆市 2016 年职工平均工资和最低工资标准将流入人群收入分成三组(2016 年重庆市职工平均工资为 5616 元/月，重庆市最低工资标准为 1500 元/月)，结果发现，77.9%的流入人口就业收入在 1500~5616 元，并且有 7.6%的人收入低于全市最低工资标准。也就是说，有 84.5%的流入人群月收入明显低于 2016 年度重庆市职工平均工资，这一数据与重庆市 2016 年动态监测同指标数据基本持平(表 1-68)。

表1-68 月平均工资收入及人群构成

| 分组1 | N | % | 平均月收入(元) | 分组2 | N | % | 平均月收入(元) |
|---|---|---|---|---|---|---|---|
| 低收入户(20%) | 856 | 22.6 | 1592.2 | 1500元及以下 | 288 | 7.6 | 848.9 |
| #困难户(5%) | 288 | 7.6 | 848.9 | 1500~5616元 | 2946 | 77.9 | 3283.5 |
| 中低收入户(20%) | 1032 | 27.3 | 2794.0 | 5616元以上 | 549 | 14.5 | 8978.6 |
| 中等收入户(20%) | 411 | 10.9 | 3489.0 | | | | |
| 中高收入户(20%) | 886 | 23.4 | 4482.0 | | | | |
| 高收入户(20%) | 597 | 15.8 | 8695.1 | | | | |
| 合计 | 3783 | 100.0 | 3925.2 | 合计 | 3783 | 100 | 3925.2 |

由图1-10可知，流动人口的收入主要集中在2000~5000元，占比64.1%，其中有29.8%的人收入集中在2000~3000元。而收入8000元以上的人口比例仅为4.7%。结果表明，流动人口的收入呈现"两头低、中间高"的右偏态势。

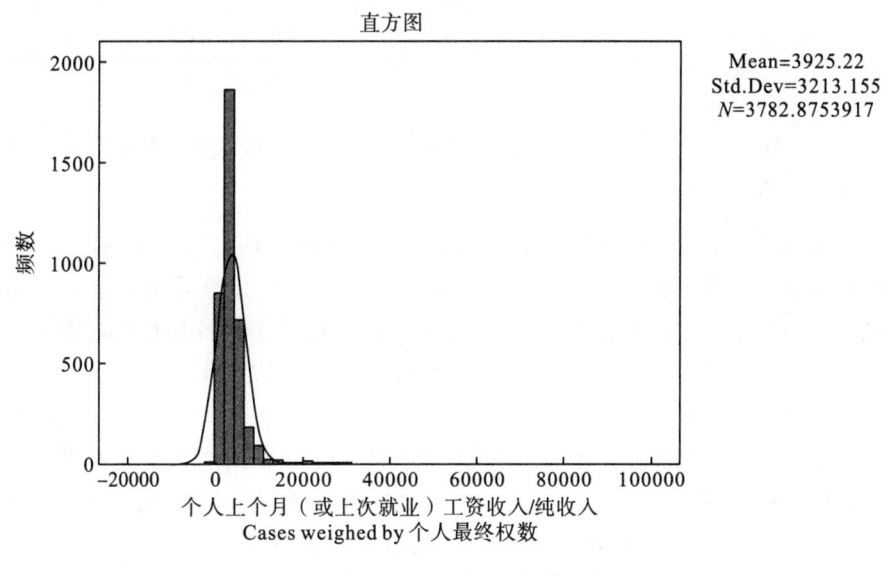

图1-10 流入就业人群月平均收入直方图

**2.主城区就业流入人口的月平均收入为4019.1元，高出非主城区就业人口361.6元**

按区域分布分析，由表1-69可见，主城区就业流入人口平均月工资收入4019.1元，高于非主城区的3657.5元。从主城区各个区县来看，渝中区就业流入人口平均月工资收入和中位数最高，分别为4638.7元和4000元，其次是渝北区，平均月工资收入和中位数分别为4356.6元和3800元。

表 1-69　不同区域的就业人口月平均收入三分组构成

| 区域划分 | 1500元及以下 N | % | 1500~5616元 N | % | 5616元以上 N | % | 合计 N | % | 平均值 | 中位数 |
|---|---|---|---|---|---|---|---|---|---|---|
| 主城区 | 181 | 6.5 | 2206 | 78.8 | 414 | 14.8 | 2801 | 100.0 | 4019.1 | 3200 |
| 渝中区 | 14 | 7.4 | 125 | 64.2 | 55 | 28.4 | 195 | 100.0 | 4638.7 | 4000 |
| 大渡口区 | 12 | 11.9 | 77 | 76.3 | 12 | 11.7 | 101 | 100.0 | 3466.2 | 3000 |
| 江北区 | 6 | 3.3 | 153 | 83.4 | 24 | 13.3 | 184 | 100.0 | 4220.5 | 3500 |
| 沙坪坝区 | 34 | 9.0 | 292 | 77.6 | 50 | 13.4 | 376 | 100.0 | 3983.9 | 3000 |
| 九龙坡区 | 40 | 6.8 | 440 | 76.0 | 99 | 17.1 | 579 | 100.0 | 4259.3 | 3341 |
| 南岸区 | 13 | 4.1 | 291 | 88.8 | 23 | 7.1 | 328 | 100.0 | 3344.7 | 3000 |
| 北碚区 | 21 | 11.6 | 150 | 81.3 | 13 | 7.1 | 184 | 100.0 | 3208.1 | 3000 |
| 渝北区 | 10 | 2.7 | 300 | 81.4 | 59 | 16.0 | 368 | 100.0 | 4356.6 | 3800 |
| 巴南区 | 15 | 4.9 | 241 | 79.9 | 46 | 15.3 | 302 | 100.0 | 4075.5 | 3500 |
| 两江新区 | 16 | 8.4 | 137 | 74.4 | 32 | 17.2 | 184 | 100.0 | 4025.7 | 3000 |
| 非主城区 | 107 | 10.9 | 740 | 75.3 | 135 | 13.8 | 982 | 100.0 | 3657.5 | 3000 |
| 合计 | 288 | 7.6 | 2946 | 77.9 | 549 | 14.5 | 3783 | 100.0 | 3925.2 | 3100 |

**3.在个体工商户和私营企业就业流入人口的月收入明显低于在国有、外资和股份企业就业流入人口的收入水平**

由表 1-70 可见，按就业单位性质进行分析，外资企业平均月收入最高，为 4697.3 元，其次是国有企业，平均月收入为 4244.1 元，排在第三位的是股份/联营企业，平均月收入是 3948.1 元，占就业市场份额近七成的个体工商户和私营企业者其月收入均低于上述企业水平。社团/民办组织就业的流入人群就业收入最低为 2227.0 元。

从收入三分组构成来看，外资企业中无人在 1500 元及以下分组中，且在 5616 元以上分组中占比最高，为 20.1%。社团/民办组织中有 19.8%的人处于 1500 元及以下，且无人在 5616 元以上分组。数据表明，外资企业的月平均收入分布在 1500 元及以上群体中，而社团/民办组织的月平均收入主要分布在 5616 元以下的群体中。

表 1-70　不同单位性质就业人群月平均收入三分组构成

| 单位性质 | 1500元及以下 N | % | 1500~5616元 N | % | 5616元以上 N | % | 合计 N | % | 平均值 | 中位数 |
|---|---|---|---|---|---|---|---|---|---|---|
| 国有企业 | 16 | 3.6 | 352 | 80.6 | 69 | 15.8 | 437 | 100.0 | 4244.1 | 3900 |
| 外资企业 | 0 | 0.0 | 80 | 79.9 | 20 | 20.1 | 101 | 100.0 | 4697.3 | 4000 |
| 集体企业 | 1 | 3.7 | 30 | 88.7 | 3 | 7.6 | 34 | 100.0 | 3709.6 | 3206 |
| 股份/联营企业 | 3 | 2.1 | 126 | 84.8 | 19 | 13.1 | 148 | 100.0 | 3948.1 | 3500 |
| 个体工商户 | 137 | 10.8 | 913 | 72.2 | 215 | 17.0 | 1265 | 100.0 | 3938.2 | 3000 |
| 私营企业 | 61 | 4.4 | 1144 | 83.1 | 172 | 12.5 | 1377 | 100.0 | 3945.2 | 3200 |
| 社团/民办组织 | 4 | 19.8 | 18 | 80.2 | 0 | 0.0 | 22 | 100.0 | 2227.0 | 2292 |

续表

| 单位性质 | 1500元及以下 |  | 1500~5616元 |  | 5616元以上 |  | 合计 |  | 平均值 | 中位数 |
|---|---|---|---|---|---|---|---|---|---|---|
|  | N | % | N | % | N | % | N | % |  |  |
| 其他 | 11 | 19.1 | 38 | 66.3 | 8 | 14.6 | 57 | 100.0 | 3364.6 | 3000 |
| 无单位 | 54 | 16.0 | 244 | 71.5 | 43 | 12.5 | 341 | 100.0 | 3378.2 | 3000 |
| 合计 | 288 | 7.6 | 2946 | 77.9 | 549 | 14.5 | 3783 | 100.0 | 3925.2 | 3100 |

4.雇主身份和男性流入人口的月收入明显高于雇员和女性流入人口

由表1-71可见,按就业身份分析,雇主身份的流动人口月收入中位数最高,达到5000元,其次是有固定雇主的雇员,月收入中位数为3200元,自营劳动者、无固定雇主的雇员、其他就业身份的流动人口月收入中位数最低(3000元)。从平均月收入三分组来看,仅有7.5%的雇主身份流动人口平均月收入在1500元及以下,有48.3%的雇主平均月收入在5616元以上。84.3%的有固定雇主的员工的平均月收入分布在1500~5616元。对有固定雇主雇员的平均月收入进一步分析,男性雇员平均月收入为4390元,是女性雇员平均月收入(3045元)的1.44倍;居民户口雇员平均月收入最高(4623元),非农业户口雇员平均月收入4543元,是农业户口雇员平均月收入(3480元)的1.3倍。

表1-71 不同就业身份流入人群月平均收入三分组构成

| 就业身份 | 1500元及以下 |  | 1500~5616元 |  | 5616元以上 |  | 合计 |  | 平均值 | 中位数 |
|---|---|---|---|---|---|---|---|---|---|---|
|  | N | % | N | % | N | % | N | % |  |  |
| 有固定雇主的雇员 | 97 | 4.1 | 1997 | 84.3 | 274 | 11.6 | 2368 | 100.0 | 3780.9 | 3200 |
| 无固定雇主的雇员 | 42 | 11.7 | 280 | 79.1 | 32 | 9.2 | 355 | 100.0 | 3171.3 | 3000 |
| 雇主 | 14 | 7.5 | 85 | 44.3 | 93 | 48.3 | 193 | 100.0 | 7333.1 | 5000 |
| 自营劳动者 | 128 | 15.5 | 548 | 66.7 | 146 | 17.8 | 822 | 100.0 | 3902.6 | 3000 |
| 其他 | 7 | 16.1 | 35 | 76.6 | 3 | 7.3 | 46 | 100.0 | 3280.6 | 3000 |
| 合计 | 288 | 7.6 | 2946 | 77.9 | 549 | 14.5 | 3783 | 100.0 | 3925.2 | 3100 |

按性别分析(表1-72),不论是按月平均收入还是按月收入中位数,女性就业流动人口的月收入均明显低于男性就业人口,其中女性就业人口的月平均收入为3130.3元,比就业男性的月平均收入低了31.2%。从平均月收入三分组来看,95.1%的男性就业流动人口月平均收入分布在1500元以上,而仅有89%的女性就业流动人口月平均收入分布在1500元以上。

表1-72 不同性别的就业人群月平均收入三分组构成

| 性别 | 1500元及以下 |  | 1500~5616元 |  | 5616元以上 |  | 合计 |  | 平均值 | 中位数 |
|---|---|---|---|---|---|---|---|---|---|---|
|  | N | % | N | % | N | % | N | % |  |  |
| 男 | 104 | 4.9 | 1564 | 73.7 | 453 | 21.4 | 2121 | 100.0 | 4547.8 | 4000 |
| 女 | 183 | 11.0 | 1382 | 83.2 | 96 | 5.8 | 1661 | 100.0 | 3130.3 | 2923 |
| 合计 | 288 | 7.6 | 2946 | 77.9 | 549 | 14.5 | 3783 | 100.0 | 3925.2 | 3100 |

## 5.流入人口就业收入明显表现出随文化程度增高而上升的趋势，研究生学历人群月收入是未上过小学人群月收入的 3.57 倍

由表 1-73 可见，按文化程度分析，流动人口就业收入明显表现出随文化程度的增高而上升的趋势，未上过学的就业流动人口月平均收入最低，仅为 1831.4 元，高中/中专文化程度的就业流动人口月收入达到 3999.7 元，大学本科文化程度的就业流动人口月收入达到 5112.2 元，研究生文化程度的就业流动人口月收入最高，达到 6536.0 元。

从平均月收入三分组来看，未上过小学的流动人群在 1500 元及以下分组中占比最高，达 40.2%，研究生学历的人群在 5616 元以上分组中占比最高，达 40.7%。研究生学历人群月收入是未上过小学人群月收入的 3.57 倍。结果证明，教育程度高的就业流动人口拥有更高的职业技能，和现代技术发展的岗位需求更为吻合，相比能更容易地获得高收入和更多发展机遇的就业机会，其就业与收入呈现良性循环。

表 1-73 不同文化程度的就业人群月平均收入三分组构成

| 文化程度 | 1500 元及以下 N | % | 1500~5616 元 N | % | 5616 元以上 N | % | 合计 N | % | 平均值 | 中位数 |
| --- | --- | --- | --- | --- | --- | --- | --- | --- | --- | --- |
| 未上过小学 | 18 | 40.2 | 27 | 59.8 | 0 | 0.0 | 46 | 100.0 | 1831.4 | 1800 |
| 小学 | 98 | 19.1 | 381 | 74.2 | 35 | 6.7 | 513 | 100.0 | 2950.2 | 2500 |
| 初中 | 110 | 8.2 | 1073 | 79.5 | 166 | 12.3 | 1349 | 100.0 | 3728.6 | 3000 |
| 高中/中专 | 31 | 3.4 | 745 | 81.6 | 137 | 15.0 | 912 | 100.0 | 3999.7 | 3257 |
| 大学专科 | 17 | 3.1 | 438 | 78.3 | 104 | 18.6 | 559 | 100.0 | 4415.4 | 3779 |
| 大学本科 | 12 | 3.2 | 267 | 71.1 | 97 | 25.8 | 376 | 100.0 | 5112.2 | 4500 |
| 研究生 | 1 | 3.5 | 16 | 55.9 | 11 | 40.7 | 28 | 100.0 | 6536.0 | 5000 |
| 合计 | 288 | 7.6 | 2946 | 77.9 | 549 | 14.5 | 3783 | 100.0 | 3925.2 | 3100 |

## 6.城-城流动人口的收入水平高于乡-城流动人口，新生代流动人口的收入水平高于老一辈和 90 后

由表 1-74 可见，按户籍性质进行分析，非农业户籍的流动人口月均收入最高，达 4753.7 元，其次是居民的月均收入，达 4683.3 元，相比较来看，农业居民和农转居的居民月均收入最低，其中农业居民中位数最低，为 3000 元。数据表明，城-城流动人口的收入水平高于乡-城流动人口。

表 1-74 不同户口性质的就业人群月平均收入三分组构成

| 户口性质 | 1500 元及以下 N | % | 1500~5616 元 N | % | 5616 元以上 N | % | 合计 N | % | 平均值 | 中位数 |
| --- | --- | --- | --- | --- | --- | --- | --- | --- | --- | --- |
| 农业 | 242 | 9.0 | 2121 | 78.6 | 336 | 12.5 | 2699 | 100.0 | 3695.4 | 3000 |
| 非农业 | 17 | 3.0 | 418 | 74.3 | 128 | 22.7 | 563 | 100.0 | 4753.7 | 4000 |
| 农转居 | 15 | 6.8 | 185 | 81.7 | 26 | 11.6 | 227 | 100.0 | 3658.3 | 3200 |

续表

| 户口性质 | 1500元及以下 | | 1500~5616元 | | 5616元以上 | | 合计 | | 平均值 | 中位数 |
|---|---|---|---|---|---|---|---|---|---|---|
| | N | % | N | % | N | % | N | % | | |
| 非农转居 | 1 | 4.4 | 22 | 77.5 | 5 | 18.1 | 29 | 100.0 | 4384.3 | 4000 |
| 居民 | 11 | 4.2 | 199 | 75.8 | 52 | 20.0 | 263 | 100.0 | 4683.3 | 3500 |
| 其他 | 1 | 51.8 | 0 | 0.0 | 1 | 48.2 | 2 | 100.0 | 4634.3 | 4468 |
| 合计 | 288 | 7.6 | 2946 | 77.9 | 549 | 14.5 | 3783 | 100.0 | 3925.2 | 3100 |

由表1-75可见，按出生年代分析，新生代流动人口的月平均收入和中位数都是最高的，分别为4543.5元和4000元，老一辈流动人口和90后流动人口的收入中位数均为3000元。相比较，新生代平均月收入是90后平均月收入(3595.0元)的1.26倍。

表1-75 不同出生年代的就业人群月平均收入三分组构成

| 出生年代 | 1500元及以下 | | 1500~5616元 | | 5616元以上 | | 合计 | | 平均值 | 中位数 |
|---|---|---|---|---|---|---|---|---|---|---|
| | N | % | N | % | N | % | N | % | | |
| 老一辈 | 202 | 11.5 | 1331 | 75.7 | 226 | 12.9 | 1759 | 100.0 | 3625.8 | 3000 |
| 新生代 | 50 | 3.9 | 957 | 76.0 | 253 | 20.1 | 1260 | 100.0 | 4543.5 | 4000 |
| 90后 | 36 | 4.8 | 657 | 86.1 | 70 | 9.1 | 764 | 100.0 | 3595.0 | 3000 |
| 合计 | 288 | 7.6 | 2946 | 77.9 | 549 | 14.5 | 3783 | 100.0 | 3925.2 | 3100 |

**7.近三成流入人口月收入较去年同期有所减少，低文化程度者和非雇员的收入有着较大的下行压力**

由表1-76可见，流入就业人群的月收入与去年同期相比，54.4%的人表示基本不变，27.4%的人表示收入减少，还有16.2%的人表示月收入有所增加。从性别来看，56.4%的女性就业人群表示基本不变，和男性就业人群差异不显著。从出生年代来看，33.5%的老一辈就业人群表示月收入减少，55.8%的新生代表示基本不变，而22.2%的90后表示有所增加。从文化程度来看，学历较低的流入人口表示收入有所减少的占比较高，尤其是小学文化程度有40.7%表示收入有所减少。从就业身份来看，55.8%的自营劳动者和42.6%的雇主表示月收入减少。在劳动力市场对劳动者的学历技能要求越来越高，就业雇员化和正规化程度也越来越高的趋势下，低文化程度者和非雇员的收入有着较大的下行压力。

表1-76 就业流入人群月收入变化情况

| | | 与去年同期相比月收入变化情况 | | | | 合计 | |
|---|---|---|---|---|---|---|---|
| | | 减少(%) | 基本不变(%) | 增加(%) | 不适合(%) | N | % |
| 性别 | 男 | 30.3 | 52.9 | 15.7 | 1.1 | 2121 | 100.0 |
| | 女 | 23.8 | 56.4 | 16.8 | 3.0 | 1661 | 100.0 |
| 出生年代 | 老一辈 | 33.5 | 53.1 | 12.5 | 0.9 | 1759 | 100.0 |
| | 新生代 | 25.1 | 55.8 | 17.8 | 1.4 | 1260 | 100.0 |
| | 90后 | 17.4 | 55.3 | 22.2 | 5.0 | 764 | 100.0 |

续表

| | | 与去年同期相比月收入变化情况 | | | | 合计 | |
|---|---|---|---|---|---|---|---|
| | | 减少(%) | 基本不变(%) | 增加(%) | 不适合(%) | N | % |
| 文化程度 | 未上过小学 | 26.8 | 60.5 | 9.6 | 3.1 | 46 | 100.0 |
| | 小学 | 40.7 | 47.1 | 10.7 | 1.6 | 513 | 100.0 |
| | 初中 | 32.7 | 53.1 | 12.6 | 1.5 | 1349 | 100.0 |
| | 高中/中专 | 25.3 | 56.3 | 16.8 | 1.6 | 912 | 100.0 |
| | 大学专科 | 16.6 | 58.3 | 21.2 | 3.9 | 559 | 100.0 |
| | 大学本科 | 13.1 | 57.2 | 28.2 | 1.4 | 376 | 100.0 |
| | 研究生 | 9.2 | 69.4 | 21.5 | 0.0 | 28 | 100.0 |
| 就业身份 | 有固定雇主的雇员 | 16.3 | 60.9 | 20.5 | 2.2 | 2368 | 100.0 |
| | 无固定雇主的雇员 | 29.6 | 60.1 | 8.4 | 1.9 | 355 | 100.0 |
| | 雇主 | 42.6 | 41.6 | 15.7 | 0.0 | 193 | 100.0 |
| | 自营劳动者 | 55.8 | 35.8 | 7.3 | 1.0 | 822 | 100.0 |
| | 其他 | 12.0 | 64.2 | 17.1 | 6.7 | 46 | 100.0 |
| 合计 | | 27.4 | 54.4 | 16.2 | 1.9 | 3783 | 100.0 |

**8.流入人口内部就业收入存在一定差距，但处于相对合理状态**

流入人口就业收入存在一定差距。如表 1-68 所示，按收入 5 分组计算，困难户组(低于 1500 元的人群)占比 7.6%，其平均收入只有 848.9 元；而高收入组(5000 元以上的人群)占比为 15.8%，其月平均收入是 8695.1 元。高收入组月平均收入是困难户组月平均收入的 10.2 倍。

图 1-11 和图 1-12 表明，本次调查流入人群月收入的基尼系数为 0.32(基尼系数是指全部居民收入中用于不平均分配的百分比，在衡量全国居民之间的收入分配差距时，警戒线上限为 0.5)。与全国 2016 年城乡居民收入基尼系数(0.465)相比，重庆市流入就业人群内部收入分配还是处于相对合理的状态。

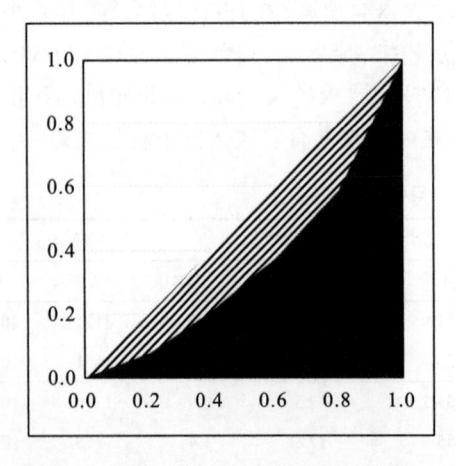

图 1-11 就业人员月收入洛伦兹曲线图

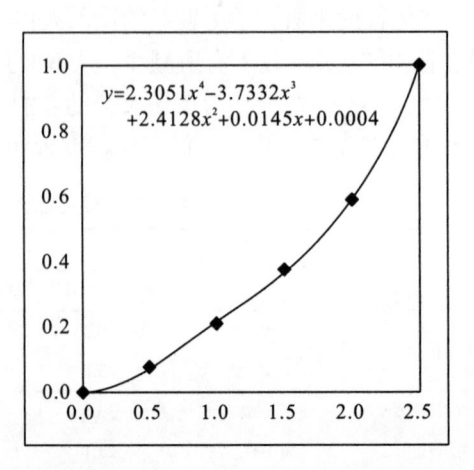

图 1-12 就业人员月收入分布基尼系数图

$y = 2.3051x^4 - 3.7332x^3 + 2.4128x^2 + 0.0145x + 0.0004$

9.劳动年龄段流入人口的就业率接近八成，受制于次级劳动力市场对体能和技能的要求，25~40岁流动人口的就业收入较高

对15~65岁劳动年龄段流入人群就业与收入进行分析，如表1-77所示，从不同年龄段的劳动参与率来看，40~50岁、30~40岁、25~30岁是劳动参与率排名最高的三个年龄段，其劳动参与率均在80%以上，50~65岁人群的劳动参与率则下降到了58.2%。

表1-77 65岁以下流入人群的就业收入

| 年龄(岁) | 调查对象 | 就业情况 | | |
|---|---|---|---|---|
| | | N | % | 平均收入(元) |
| 15~25 | 619 | 479 | 77.4 | 3407.1 |
| 25~30 | 816 | 654 | 80.1 | 4343.3 |
| 30~40 | 1272 | 1065 | 83.7 | 4448.0 |
| 40~50 | 1173 | 1009 | 86.0 | 3785.7 |
| 50~65 | 948 | 552 | 58.2 | 3221.1 |
| 合计 | 4828 | 3759 | 77.9 | 3939.2 |

从不同年龄段的平均收入来看，30~40岁流入人群的平均工资收入最高达4448.0元，其次为25~30岁组平均收入为4343.3元，40~50岁组虽劳动参与率最高，但其平均月收入却排在第三位，仅有3785.7元。15~25岁低劳动年龄段月收入平均为3407.1元，50~65岁年龄组收入最低为3221.1元。

数据分析表明，25~50岁的流入人群劳动参与率达到八成以上，尤其是25~40岁的流入人群因其较丰富的劳动技能和充沛的体力，与劳动力市场的耦合度最高，成为城市劳动力的生力军。25岁以下的流入人群由于工作经验和劳动技能的积累相对缺乏，其收入水平还相对较低。而50岁以上流入人群由于自身健康、劳动技能、受教育程度和家庭背景等因素，难以胜任以繁重体力劳动为主的工作，更难以实现职业层次的向上流动，大多只能逐渐离开流动人口聚集的二次劳动力市场。

## 1.7 流动人口家庭经济状况

### 1.7.1 流入人口家庭收支状况

1.重庆市流入人口家庭人均月收入高于全市居民家庭人均可支配收入，且家庭人均月收入基尼系数相对合理

从收入来看，重庆市流入人口家庭月收入为6778.5元，平均家庭人均月收入为3802元，中位数为2800元。与2016年重庆市居民家庭人均月可支配收入相比，重庆市流入人口家庭人均月收入是2016年全市居民家庭人均月可支配收入(1836.2元)的2.07倍。与2016年动态监测重庆市流入家庭人均月收入3550.6元相比，增幅为6.6%。

表 1-78 显示，按家庭人均收入 5 分组计算，低收入组(低于 1666.67 元的人群)占比 21.7%，其平均收入为 1250.4 元，而高收入家庭人均月收入组(5000 元及以上的人群)占比为 18.2%，其平均收入为 9202.6 元，家庭高收入组月平均收入是低收入组月平均收入的 7.36 倍。同时图 1-13 和图 1-14 也表明，本次调查流入人群家庭人均月收入基尼系数为 0.385，与全国 2016 年城乡居民收入基尼系数(0.465)和 2015 年重庆市基尼系数(0.462)相比，重庆市流入人群家庭人均月收入分配处于相对合理的状态。

表 1-78 家庭人均月收入分组构成表

| 收入分组 | N | % | 平均值(元) | 全体常住居民(2016 年) |
| --- | --- | --- | --- | --- |
| 低收入户(20%) | 1086 | 21.7 | 1250.4 | 572.7 |
| 中低收入户(20%) | 1214 | 24.3 | 2173.2 | 1092.3 |
| 中等收入户(20%) | 684 | 13.7 | 2920.0 | 1644.2 |
| 中高收入户(20%) | 1106 | 22.1 | 4203.4 | 2417.7 |
| 高收入户(20%) | 909 | 18.2 | 9202.6 | 3896.2 |
| 合计 | 5000 | 100.0 | 3802.0 | 1836.2 |

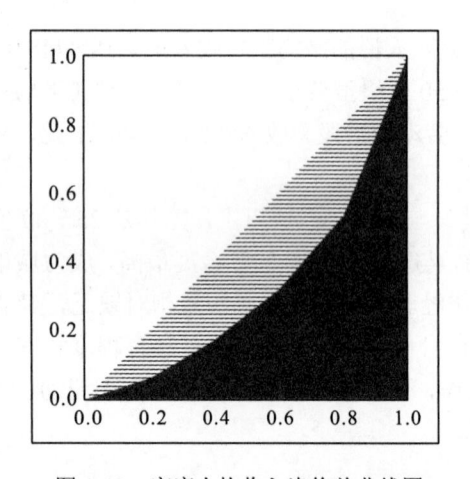

图 1-13 家庭人均收入洛伦兹曲线图 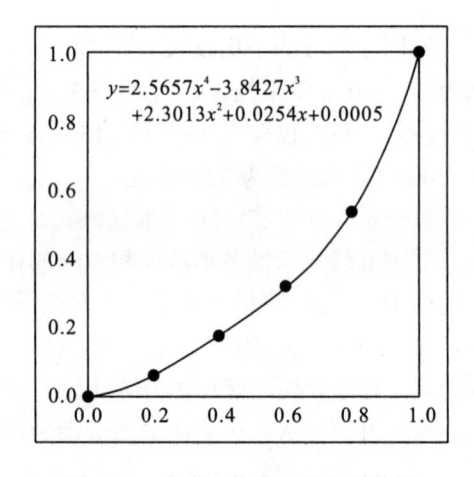　　图 1-14 家庭人均收入基尼系数图

**2.94.4%的流入人口家庭收支有盈余，家庭人均月支出 2047.8 元，其中住房支出占比近 1/4，较去年有所上升**

由表 1-79 可见，94.4%的流入人口家庭收支有盈余，表明绝大部分重庆市流入家庭的收入能够支撑其家庭生活需求，包括房租(贷)、食品、就医、教育等在流入地产生的费用以及老家家人所需要的基本费用。

从支出来看(表 1-79)，流入人口家庭月支出为 3662.6 元，其中住房支出占 22.6%，比 2016 年同指标上升了约 2.4 个百分点，随着更多的流入人群在城市已买房，流入家庭房租/房贷所产生的住房负担有上升趋势。流入人口家庭人均月支出为 2047.8 元，人均月支出占人均月收入比例为 53.9%。

表 1-79　重庆市流动人口家庭月收支状况

|  | 平均值 | % |
|---|---|---|
| 家庭月收入(元) | 6778.5 | — |
| #单位包吃(元) | 578.4 | — |
| #单位包住(元) | 314.0 | — |
| #单位包吃包住(元) | 892.4 | — |
| 家庭月支出(元) | 3662.6 | — |
| #住房支出(元) | 821.8 | 22.6 |
| 家庭人均月支出(元) | 2047.8 | |
| 家庭人均月收入(元) | 3802.0 | |
| 家庭月收支平衡状况 | | |
| 收支盈余 | | 94.4 |
| 收支平衡 | | 3.5 |
| 收不抵支 | | 2.0 |

**3.有 17.6%的流入人口由就业单位包吃包住，人均包吃包住费用多数在 500 元以内**

2017 年重庆市有 17.6%的流入人口由就业单位包吃包住，且在包吃包住的家庭中，包吃住的人员占家庭成员比为 53.5%。表 1-80 数据显示，单位平均每人月包吃在 500 元以内的占 69.7%，包住在 500 元以内的占 89.7%。平均折算，单位平均每人月包吃费用大概为 460.1 元，平均每人月包住费用大概为 246.5 元。

表 1-80　重庆市流入人群单位包吃包住费用分组及均值

| 费用分组 | 单位每人月包吃费用 N | % | 单位每人月包住费用 N | % |
|---|---|---|---|---|
| 500 元以下 | 613 | 69.7 | 788 | 89.7 |
| 501~1000 元 | 234 | 26.7 | 69 | 7.9 |
| 1001~1500 元 | 21 | 2.4 | 7 | 0.8 |
| 1500 元以上 | 11 | 1.2 | 15 | 1.7 |
| 合计 | 879 | 100 | 879 | 100 |
| 平均值 | 460.1 元 | | 246.5 元 | |

由表 1-64 显示，有固定雇主的雇员占全部流入就业人群的 62.6%，即便计入未就业流入人群，也远高于 17.6%包吃包住的比例。也就是说，在有固定雇主的雇员里面，还有部分单位未能为流入人口提供包吃包住的待遇，而在做零工、散工无固定雇主的雇员、雇主以及自营劳动者里面，更极少数能包吃包住。这一点从分就业身份流入人口中餐的就餐形式也可以看出，60.2%的流入人口的中餐形式为在家自做/带饭，10.4%的选择在快餐店吃中餐，仅有 18.8%的人在单位食堂吃中餐。吃住是流动人口在城市生存发展的刚性消费需求，能解决吃住的就业单位对于流动人口来说也更有吸引力。

## 1.7.2 流入人口老家收入与产权情况

1.七成老一辈、五成年轻一代农业和农业转居民户口流入人口在户籍地老家均有承包地，在流入地居住年限的延长并没有意味着承包地的放弃

表 1-81 表明，重庆市农业和农业转居民户籍的流入人口中，64.2%的人在老家有承包地，面积大约 0.78 亩（1 亩=666.67 平方米），中位数为 1 亩。还有 29%的人在老家没有承包地。从出生年代来看，72.9%的老一辈流入人口在老家有承包地，而新生代和 90 后仅有五成的人在老家有承包地。

表 1-81　不同出生年代的流入人群户籍地老家是否有承包地

| 出生年代 | 有 N | 有 % | 没有 N | 没有 % | 不清楚 N | 不清楚 % | 合计 N | 合计 % |
| --- | --- | --- | --- | --- | --- | --- | --- | --- |
| 老一辈 | 1425 | 72.9 | 474 | 24.3 | 56 | 2.8 | 1955 | 100.0 |
| 新生代 | 637 | 57.6 | 363 | 32.9 | 106 | 9.5 | 1106 | 100.0 |
| 90 后 | 398 | 51.7 | 272 | 35.3 | 100 | 13.0 | 769 | 100.0 |
| 合计 | 2460 | 64.2 | 1110 | 29.0 | 261 | 6.8 | 3831 | 100.0 |

一般说来，在流入地的居住时间越长，和老家承包地之间的联系就会越少，表 1-82 的数据并没有支持这种说法。随着流动人口在流入地的居住时间的延长，流动人口拥有承包地的比例反而增加了，这也说明了农村户籍流动人口和家乡土地之间的关系难以割舍。

表 1-82　不同居住时长的流入人群户籍地老家是否有承包地构成

| 居住时长 | 有 N | 有 % | 没有 N | 没有 % | 不清楚 N | 不清楚 % | 合计 N | 合计 % |
| --- | --- | --- | --- | --- | --- | --- | --- | --- |
| 1 年以下 | 403 | 60.3 | 207 | 31.0 | 58 | 8.7 | 669 | 100.0 |
| 1~3 年 | 712 | 61.4 | 358 | 30.9 | 90 | 7.7 | 1160 | 100.0 |
| 3~5 年 | 462 | 63.8 | 210 | 28.9 | 53 | 7.2 | 724 | 100.0 |
| 5~10 年 | 569 | 69.0 | 211 | 25.6 | 44 | 5.4 | 824 | 100.0 |
| 10 年及以上 | 314 | 69.2 | 124 | 27.3 | 16 | 3.5 | 454 | 100.0 |
| 合计 | 2460 | 64.2 | 1110 | 29.0 | 261 | 6.8 | 3831 | 100.0 |

2.流入人口老家承包地目前主要是亲朋耕种和自己/家人耕种，其收益低于转租给私人、村集体和企业的收益，农村承包地使用权流转有待加强

表 1-83 数据表明，流入人口老家承包地目前耕种前三种状态为亲朋耕种、自己/家人耕种和撂荒，分别占比 34.9%、34.1%和 20.3%。承包地目前属于自己/家人耕种、雇人代耕种、亲朋耕种、种树和其他的人表示承包地收益为 670.32 元/(亩·年)，而承包地目前转租给私人、转租给村集体和转租给企业的人表示承包地转租的收入大约为 983 元/(亩·年)。

表 1-83　流入人群老家的承包地目前耕种状态

| 承包地耕种状态 | N | % |
| --- | --- | --- |
| 自己/家人耕种 | 839 | 34.1 |
| 雇人代耕种 | 20 | 0.8 |
| 亲朋耕种 | 859 | 34.9 |
| 转租给私人 | 133 | 5.4 |
| 转租给村集体 | 18 | 0.7 |
| 转租给企业 | 22 | 0.9 |
| 撂荒 | 500 | 20.3 |
| 种树 | 54 | 2.2 |
| 其他 | 16 | 0.6 |
| 合计 | 2460 | 100.0 |

农民大多不愿意交出承包地的承包权（上文已有分析），由自己家人或亲朋耕种收益又较为低下，因此，保留承包权，转让使用权，结合重庆市大山区田块机械化规模化耕种困难的实际情况，探讨拥有土地承包经营权的农户如何将土地经营权（使用权）转让给其他种地大户或经济组织，提高农村土地收益，是解决流动人口和农村发展的重要问题。

3. 七成流入人群在老家有宅基地，老一辈在流入地居住时间达 10 年及以上的流入人口在老家拥有宅基地的比例更高

表 1-84 数据表明，重庆市农业和农业转居民户籍的流入人口中，72.8%的人在老家有宅基地，且人均宅基地大约 49.7 平方米。还有 24.6%的人没有宅基地。从出生年代来看，老一辈拥有宅基地的人占比最高，为 74.2%，90 后最少，为 69.7%。从居住时长来分析（表 1-85），居住时长在 3 年及以下的人在老家有宅基地的比例为 75%左右，居住时长在 10 年及以上的人在老家有宅基地的比例为 66%。

表 1-84　不同出生年代流入人群户籍地老家是否有宅基地

| 出生年代 | 有 N | 有 % | 没有 N | 没有 % | 不清楚 N | 不清楚 % | 合计 N | 合计 % |
| --- | --- | --- | --- | --- | --- | --- | --- | --- |
| 老一辈 | 1451 | 74.2 | 483 | 24.7 | 20 | 1.0 | 1955 | 100.0 |
| 新生代 | 801 | 72.4 | 269 | 24.3 | 37 | 3.3 | 1106 | 100.0 |
| 90 后 | 537 | 69.7 | 191 | 24.8 | 42 | 5.5 | 769 | 100.0 |
| 合计 | 2788 | 72.8 | 944 | 24.6 | 99 | 2.6 | 3831 | 100.0 |

表 1-85　不同居住时长流入人群户籍地老家是否有宅基地

| 居住时长 | 有 N | 有 % | 没有 N | 没有 % | 不清楚 N | 不清楚 % | 合计 N | 合计 % |
| --- | --- | --- | --- | --- | --- | --- | --- | --- |
| 1 年以下 | 497 | 74.3 | 145 | 21.6 | 27 | 4.0 | 669 | 100.0 |
| 1~3 年 | 871 | 75.1 | 260 | 22.4 | 29 | 2.5 | 1160 | 100.0 |
| 3~5 年 | 521 | 72.0 | 194 | 26.8 | 9 | 1.2 | 724 | 100.0 |

续表

| 居住时长 | 有 N | 有 % | 没有 N | 没有 % | 不清楚 N | 不清楚 % | 合计 N | 合计 % |
|---|---|---|---|---|---|---|---|---|
| 5～10年 | 599 | 72.7 | 199 | 24.1 | 26 | 3.2 | 824 | 100.0 |
| 10年及以上 | 299 | 66.0 | 146 | 32.2 | 8 | 1.8 | 454 | 100.0 |
| 合计 | 2788 | 72.8 | 944 | 24.6 | 99 | 2.6 | 3831 | 100.0 |

**4.近九成的流入人口在老家没有集体分红，个人的集体分红平均每年581.3元，老一辈流入人口拥有村里集体分红的比例较高**

表1-86数据表明，重庆市农业和农业转居民户籍的流入人口中，仅3.1%的人在老家有村里分配的集体分红，且个人的集体分红大约581.3元/年，有89.6%的人没有集体分红。从出生年代来看，老一辈拥有村里集体分红的占比最高，为3.7%，新生代和90后的占比均为2.5%。

表1-86  不同出生年代的流入人群老家是否有村里分配的集体分红

| 出生年代 | 有 N | 有 % | 没有 N | 没有 % | 不清楚 N | 不清楚 % | 合计 N | 合计 % |
|---|---|---|---|---|---|---|---|---|
| 老一辈 | 72 | 3.7 | 1818 | 93.0 | 65 | 3.3 | 1955 | 100.0 |
| 新生代 | 27 | 2.5 | 971 | 87.8 | 108 | 9.7 | 1106 | 100.0 |
| 90后 | 19 | 2.5 | 643 | 83.6 | 107 | 13.9 | 769 | 100.0 |
| 合计 | 119 | 3.1 | 3432 | 89.6 | 280 | 7.3 | 3831 | 100.0 |

**5.流入人口老家经济收入平均为2151.1元/年，老一辈和在流入地居住时间较短流入人口的老家经济收入相应较高**

调查数据显示，户籍性质是农业和农业转居民的流入人口老家经济收入（含承包地、转租、集体分红等收益）平均为2151.1元/年，中位数为1000元/年。由表1-87数据可见，有37.4%的人老家年平均收入在500元以下，仅有9.4%在5000元以上。从出生年代来看，老一辈流入人口的平均老家经济收入为2291.1元，高于新生代和90后，从老家经济收入水平可以看出老一辈流动人口和老家的经济联系最多。

表1-87  不同出生年代的流入人口老家经济收入情况

| 出生年代 | 500元及以下(%) | 500～1000元(%) | 1000～2000元(%) | 2000～5000元(%) | 5000元以上(%) | 合计 N | 合计 % | 平均值 |
|---|---|---|---|---|---|---|---|---|
| 老一辈 | 41.2 | 23.8 | 14.3 | 11.1 | 9.5 | 284 | 100.0 | 2292.1 |
| 新生代 | 28.5 | 27.4 | 17.0 | 18.6 | 8.5 | 160 | 100.0 | 2146.8 |
| 90后 | 41.0 | 25.9 | 15.5 | 7.0 | 10.5 | 92 | 100.0 | 1723.4 |
| 合计 | 37.4 | 25.3 | 15.3 | 12.6 | 9.4 | 536 | 100.0 | 2151.1 |

从居住时长来看(表1-88),在流入地居住时间为1～3年的,500元及以下组占比32.9%,老家平均经济收入为2529.5元,居住时长为10年及以上的,500元及以下组占比45.5%,老家平均经济收入仅1513.5元。随着流动人口在流入地居住时间的延长,与老家的经济联系一般也会相应减少,老家的经济收入会有所下降。

表1-88 不同居住时长的流入人群老家经济收入

| 居住时长 | 500元及以下(%) | 500～1000元(%) | 1000～2000元(%) | 2000～5000元(%) | 5000元以上(%) | N | % | 平均值 |
|---|---|---|---|---|---|---|---|---|
| 1年以下 | 42.8 | 18.3 | 19.7 | 9.1 | 10.1 | 94 | 100.0 | 1940.3 |
| 1～3年 | 32.9 | 30.8 | 12.2 | 15.4 | 8.7 | 158 | 100.0 | 2529.5 |
| 3～5年 | 33.7 | 25.1 | 19.5 | 14.3 | 7.3 | 91 | 100.0 | 2150.3 |
| 5～10年 | 36.6 | 29.1 | 10.6 | 11.5 | 12.3 | 113 | 100.0 | 2244.9 |
| 10年及以上 | 45.5 | 17.0 | 18.4 | 10.9 | 8.1 | 79 | 100.0 | 1513.5 |
| 合计 | 37.4 | 25.3 | 15.3 | 12.6 | 9.4 | 536 | 100.0 | 2151.1 |

## 1.8 流动人口健康与公共服务

### 1.8.1 流动人口健康状况与健康档案建立情况

1.流入人口的身体健康状况良好,八成流入老人身体健康,其中1/4的老人仍在从事着以保洁、保安为主的服务业工作

表1-89数据表明,95.5%的流入人口身体健康,4.5%的人身体不健康。从出生年代来看,99.7%的90后、99.0%的新生代都表示自己身体健康,老一辈流动人口有91.7%的人表示自己身体健康。

表1-89 不同出生年代流入人口的健康状况

| 出生年代 | 老一辈 N | 老一辈 % | 新生代 N | 新生代 % | 90后 N | 90后 % | 合计 N | 合计 % |
|---|---|---|---|---|---|---|---|---|
| 健康 | 1626 | 65.1 | 1334 | 88.0 | 914 | 93.0 | 3874 | 77.5 |
| 基本健康 | 665 | 26.6 | 167 | 11.0 | 66 | 6.7 | 899 | 18.0 |
| 不健康,但生活能自理 | 198 | 7.9 | 14 | 0.9 | 2 | 0.2 | 214 | 4.3 |
| 生活不能自理 | 10 | 0.4 | 1 | 0.1 | 1 | 0.1 | 12 | 0.2 |
| 合计 | 2499 | 100.0 | 1517 | 100.0 | 983 | 100.0 | 4999 | 100.0 |

对60岁及以上流入老人进行健康状况分析(表1-90),40.8%的老人表示自己身体健康,42.2%为基本健康,不健康能生活自理的占15.3%,生活不能自理的老人占1.7%。总体上来说83.0%的流入老人身体健康。

表 1-90　60 岁及以上流入老人的健康状况

| 健康状况 | N | % |
| --- | --- | --- |
| 健康 | 173 | 40.8 |
| 基本健康 | 179 | 42.2 |
| 不健康,但生活能自理 | 65 | 15.3 |
| 生活不能自理 | 7 | 1.7 |
| 合计 | 424 | 100.0 |

进一步分析 60 岁及以上流入老人在流入地的就业状况,调查数据显示,约 1/4 的老人仍在工作(25.5%),就业行业分布最多的是居民服务、修理和其他服务业(31.0%)以及批发零售(17.3%),就业职业主要以保洁(16.4%)和保安(12.7%)等为主。流入老人在身体允许的情况下,仍旧力所能及地参与到了次级劳动力市场。

2.近七成流入人口知晓国家基本公共卫生服务项目,近一半流入人口未建立居民健康档案,基本公共服务重点人群的建档率有待提高

表 1-91 数据表明,69.8%的流入人群听说过"国家基本公共卫生服务项目",还有 30.2%没听说过。应适当加大对项目的宣传与服务,提升流动人口对服务项目的知晓度。

表 1-91　流入人口对"国家基本公共卫生服务项目"的了解情况

| | N | % |
| --- | --- | --- |
| 听说过 | 3487 | 69.8 |
| 没听说过 | 1512 | 30.2 |
| 合计 | 4999 | 100.0 |

表 1-92 数据表明,重庆市流入人口中有 28.9%的人群建立了居民健康档案,不仅远低于重庆市户籍居民健康档案建档率(70%左右),也低于 2016 年流动人口健康档案建档率(49.9%)21 个百分点,2017 年没建居民健康档案的流入人群占 49.5%,不清楚自己是否建档的人群占 21.6%。

表 1-92　流入人口居民健康档案建立情况

| | N | % |
| --- | --- | --- |
| 是,已经建立 | 1320 | 28.9 |
| 没建,没听说过 | 1149 | 25.1 |
| 没建,但听说过 | 1116 | 24.4 |
| 不清楚 | 987 | 21.6 |
| 合计 | 4572 | 100.0 |

对 60 岁及以上流入老人做进一步分析(表 1-93),31.8%的老人建立了居民健康档案,高于平均水平(28.9%)近 3 个百分点。再来看已婚育龄妇女(15～49 岁)健康档案建立情况

(表1-94),29.1%的已婚育龄妇女已经建立健康档案,对居民健康档案有所耳闻的人群占24.9%。可以看出,基本公共服务的重点管理人群包括流入老人、流入育龄妇女的建档率和普通流入人群的差别不大。

表1-93 60岁及以上流入老人居民健康档案建立情况

|  | N | % |
| --- | --- | --- |
| 是,已经建立 | 127 | 31.8 |
| 没建,没听说过 | 104 | 26.2 |
| 没建,但听说过 | 86 | 21.5 |
| 不清楚 | 82 | 20.5 |
| 合计 | 399 | 100.0 |

表1-94 已婚育龄妇女健康档案建立情况

|  | N | % |
| --- | --- | --- |
| 是,已经建立 | 406 | 29.1 |
| 没建,没听说过 | 348 | 24.9 |
| 没建,但听说过 | 347 | 24.9 |
| 不清楚 | 295 | 21.1 |
| 合计 | 1396 | 100.0 |

居民建立健康档案是居民获得基本公共卫生服务和基本医疗服务的重要前提,尤其对于老人、小孩、育龄妇女等重点人群。目前流入人口建立居民健康档案存在的主要困难是基层公共卫生人员工作量太大,人手不够,以及流动人口普遍对建档的重视程度不够。因此对流动人口居民健康档案的建立还存在比较大的随意性。随着国家基本公共卫生服务项目的全面推进,对流动人口的建档宣传和服务工作应该逐步制度化、规范化,以早日实现流动人口基本公共服务均等化。

### 1.8.2 流动人口健康教育与医疗服务

1.一半以上流入人口接受过内容丰富的健康教育,获取方式主要为宣传资料、宣传栏/电子显示屏和公众健康咨询活动等传统方式

表1-95数据显示,流入人口接受健康教育内容排前三位的是控制吸烟、妇幼保健/优生优育和生殖健康与避孕,这三类应答人数占比分别为76.7%、72.0%和68.5%。流入人口有一半以上的人获得了职业病防治和性病/艾滋病防治等知识。

表1-95 流入人口接受健康教育内容构成(多选)

| 健康知识内容 | N | 应答次数(%) | 应答人数(%) |
| --- | --- | --- | --- |
| 职业病防治 | 1853 | 9.6 | 54.3 |
| 性病/艾滋病防治 | 1920 | 9.9 | 56.3 |

续表

| 健康知识内容 | N | 应答次数(%) | 应答人数(%) |
|---|---|---|---|
| 生殖健康与避孕 | 2338 | 12.1 | 68.5 |
| 结核病防治 | 1919 | 9.9 | 56.2 |
| 控制吸烟 | 2619 | 13.5 | 76.7 |
| 心理健康 | 1939 | 10.0 | 56.8 |
| 慢性病防治 | 2101 | 10.9 | 61.5 |
| 妇幼保健/优生优育 | 2458 | 12.7 | 72.0 |
| 突发公共事件自救 | 2213 | 11.4 | 64.8 |
| 合计 | 19361 | 100.0 | 567.1 |

由表 1-96 可见，流动人口接受健康教育方式排在前三位的均是传统渠道，即宣传资料、宣传栏/电子显示屏和公众健康咨询活动，分别占应答人数的 91.8%、83.6%和 60.1%，还有 54.4%的人通过健康知识讲座获得健康教育，不足四成的人能通过社区短信/微信/网站、个体化面对面咨询等现代社交网络方式获得健康教育。

表 1-96　流入人口接受健康教育的方式构成(多选)

| 接受方式 | N | 应答次数(%) | 应答人数(%) |
|---|---|---|---|
| 健康知识讲座 | 1795 | 15.0 | 54.4 |
| 宣传资料 | 3028 | 25.3 | 91.8 |
| 宣传栏/电子显示屏 | 2757 | 23.0 | 83.6 |
| 公众健康咨询活动 | 1983 | 16.6 | 60.1 |
| 社区短信/微信/网站 | 1257 | 10.5 | 38.1 |
| 个体化面对面咨询 | 1152 | 9.6 | 34.9 |
| 合计 | 11973 | 100.0 | 362.9 |

2.近三成 60 岁及以上流入老人患有高血压或糖尿病，流入老人的慢性病防治工作应引起重视

表 1-97 数据表明，5.6%的人患有高血压，1.1%的人患有糖尿病，0.9%的人患有高血压和糖尿病。对 60 岁以上流入老人进行分析发现(表 1-98)，59%的老人未患高血压或糖尿病，26.6%的老人患有高血压，5%的老人患有糖尿病，还有 5%的老人患有高血压和糖尿病，这部分流入老人的慢性病防治工作应引起流入地相关部门的重视。

表 1-97　流动人口患有医生确诊的高血压或 II 型糖尿病情况

| | N | % |
|---|---|---|
| 患有高血压 | 281 | 5.6 |
| 患有糖尿病 | 56 | 1.1 |
| 患有高血压和糖尿病 | 44 | 0.9 |

续表

| | N | % |
|---|---|---|
| 均未患有 | 4493 | 89.9 |
| 未就诊 | 125 | 2.5 |
| 合计 | 4999 | 100.0 |

表 1-98　60 岁以上流动老人患有医生确诊的高血压或 II 型糖尿病情况

| | N | % |
|---|---|---|
| 患有高血压 | 113 | 26.6 |
| 患有糖尿病 | 21 | 5.0 |
| 患有高血压和糖尿病 | 21 | 5.0 |
| 均未患有 | 250 | 59.0 |
| 未就诊 | 19 | 4.5 |
| 合计 | 424 | 100.0 |

3.流入人口医疗服务的交通可及性较高，但一半以上流入人口没有接受过本地卫生机构提供的免费健康体检

表 1-99 数据显示，45.2%的流入人口接受过本地服务机构免费提供的健康体检，但是还有 54.8%的流入人口没有接受过该类服务。从服务可及性来看（表 1-100），82.4%的流入人口从居住地到最近的医疗机构（包括社区卫生服务中心、村居医务室、医院等）需要的时间在 15 分钟以内，15.9%的人需要 15~30 分钟。

表 1-99　流入人口是否接受过本地卫生服务机构免费提供健康体检情况

| | N | % |
|---|---|---|
| 接受过 | 172 | 45.2 |
| 没有接受过 | 209 | 54.8 |
| 合计 | 381 | 100.0 |

表 1-100　流入人口医疗服务可及性

| | N | % |
|---|---|---|
| 15 分钟以内 | 4119 | 82.4 |
| 15(不含)~30 分钟(含) | 793 | 15.9 |
| 30(不含)~60 分钟(含) | 79 | 1.6 |
| 60 分钟以上 | 8 | 0.2 |
| 合计 | 4999 | 100.0 |

**4.流入人口大部分常见病症的就诊率不到五成，去医院看病麻烦、不如自己买药方便是未就诊的首要原因**

表 1-101 数据显示，最近一年内 69.5%的流入人口曾经感冒，17%的流入人口患有腹泻，11.7%的人患有发热，7.3%的人患有皮疹，4.6%的人患有结膜红肿，还有 0.2%的人患有黄疸。

表 1-101　流入人口最近一年患病情况

|  | 是 |  | 否 |  | 记不清 |  | 合计 |  |
|---|---|---|---|---|---|---|---|---|
|  | N | % | N | % | N | % | N | % |
| 腹泻 | 851 | 17.0 | 4044 | 80.9 | 104 | 2.1 | 4999 | 100.0 |
| 发热 | 585 | 11.7 | 4339 | 86.8 | 75 | 1.5 | 4999 | 100.0 |
| 皮疹 | 367 | 7.3 | 4613 | 92.3 | 19 | 0.4 | 4999 | 100.0 |
| 黄疸 | 9 | 0.2 | 4972 | 99.5 | 18 | 0.4 | 4999 | 100.0 |
| 结膜红肿 | 228 | 4.6 | 4749 | 95.0 | 22 | 0.4 | 4999 | 100.0 |
| 感冒 | 3477 | 69.5 | 1443 | 28.9 | 79 | 1.6 | 4999 | 100.0 |

表 1-102 数据显示，70.3%的流入人口患有黄疸的时候选择就诊，49.2%的流入人口患有发热和皮疹症状的时候选择就诊，37.6%的流入人口患有结膜红肿时选择就诊，32.0%的人感冒时选择就诊，28.3%的人腹泻时选择急诊。

表 1-102　流入人口最近一年患病就诊情况

|  | 是 |  | 否 |  | 记不清 |  | 合计 |  |
|---|---|---|---|---|---|---|---|---|
|  | N | % | N | % | N | % | N | % |
| 腹泻 | 241 | 28.3 | 606 | 71.2 | 5 | 0.5 | 851 | 100.0 |
| 发热 | 288 | 49.2 | 295 | 50.4 | 2 | 0.4 | 585 | 100.0 |
| 皮疹 | 181 | 49.2 | 186 | 50.8 | 0 | 0.0 | 367 | 100.0 |
| 黄疸 | 6 | 70.3 | 3 | 29.7 | 0 | 0.0 | 9 | 100.0 |
| 结膜红肿 | 86 | 37.6 | 141 | 61.9 | 1 | 0.6 | 228 | 100.0 |
| 感冒 | 1114 | 32.0 | 2348 | 67.5 | 14 | 0.4 | 3477 | 100.0 |

表 1-103 数据表明，流入人口发生腹泻时未选择就诊的主要原因是病症并不是很严重、去医院看病麻烦、不如自己买药方便和身体好能自愈，应答人数分别占比 51.2%、41.1%和 29.8%。流入人口发热时未选择就诊的主要原因是去医院看病麻烦、不如自己买药方便、病症并不是很严重和身体好能自愈，应答人数分别占比 54.4%、39%和 22%。流入人口有皮疹时未选择就诊的主要原因是去医院看病麻烦、不如自己买药方便、病症并不是很严重和身体好能自愈，应答人数分别占比 51.0%、44.6%和 17%。流入人口患有黄疸时 70%的人选择就诊，仅有少部分人未选择就诊，其主要原因是去医院看病麻烦、不如自己买药方便和缺钱，应答人数均占比 69.8%。流入人口患有感冒时未选择就诊主要原因是去医院看病

麻烦、不如自己买药方便、病症并不是很严重和身体好能自愈,应答人数分别占比 56.5%、49.4%和 23.9%。

表 1-103　流入人口患病未就诊原因

| 病症 | 原因 | N | 应答次数(%) | 应答人数(%) |
| --- | --- | --- | --- | --- |
| 腹泻 | 病症并不是很严重 | 310 | 36.2 | 51.2 |
|  | 以前得过或听说过,有治疗经验 | 40 | 4.6 | 6.6 |
|  | 身体好,能自愈 | 180 | 21.1 | 29.8 |
|  | 工作忙,没时间 | 30 | 3.5 | 5.0 |
|  | 缺钱 | 33 | 3.9 | 5.5 |
|  | 去医院看病麻烦,不如自己买药方便 | 249 | 29.1 | 41.1 |
|  | 其他 | 13 | 1.5 | 2.2 |
|  | 小计 | 856 | 100.0 | 141.2 |
| 发热 | 病症并不是很严重 | 115 | 27.3 | 39.0 |
|  | 以前得过或听说过,有治疗经验 | 30 | 7.0 | 10.0 |
|  | 身体好,能自愈 | 65 | 15.4 | 22.0 |
|  | 工作忙,没时间 | 22 | 5.3 | 7.5 |
|  | 缺钱 | 24 | 5.7 | 8.1 |
|  | 去医院看病麻烦,不如自己买药方便 | 160 | 38.1 | 54.4 |
|  | 其他 | 5 | 1.3 | 1.8 |
|  | 小计 | 421 | 100.0 | 142.9 |
| 皮疹 | 病症并不是很严重 | 83 | 31.4 | 44.6 |
|  | 以前得过或听说过,有治疗经验 | 29 | 11.0 | 15.6 |
|  | 身体好,能自愈 | 32 | 12.0 | 17.0 |
|  | 工作忙,没时间 | 9 | 3.3 | 4.7 |
|  | 缺钱 | 10 | 3.7 | 5.2 |
|  | 去医院看病麻烦,不如自己买药方便 | 95 | 35.9 | 51.0 |
|  | 其他 | 7 | 2.8 | 3.9 |
|  | 小计 | 264 | 100.0 | 142.0 |
| 黄疸 | 身体好,能自愈 | 1 | 17.8 | 30.2 |
|  | 缺钱 | 2 | 41.1 | 69.8 |
|  | 去医院看病麻烦,不如自己买药方便 | 2 | 41.1 | 69.8 |
|  | 小计 | 5 | 100.0 | 169.8 |
| 感冒 | 病症并不是很严重 | 1159 | 33.4 | 49.4 |
|  | 以前得过或听说过,有治疗经验 | 176 | 5.1 | 7.5 |
|  | 身体好,能自愈 | 561 | 16.2 | 23.9 |
|  | 工作忙,没时间 | 119 | 3.4 | 5.1 |
|  | 缺钱 | 99 | 2.8 | 4.2 |
|  | 去医院看病麻烦,不如自己买药方便 | 1326 | 38.2 | 56.5 |
|  | 其他 | 30 | 0.9 | 1.3 |
|  | 小计 | 3470 | 100.0 | 147.8 |

整体来看，去医院看病麻烦、不如自己买药方便是大多数流入人口的真实感受，"看病难看病贵"仍然真切地体现在老百姓的身上。去医院尤其是城市的大医院就诊，排队必不可少，挂号、住院床位、坐电梯、检查、交费结账等都要排队，往往是排队一整天、医生看病两三分钟。再者医院里面的高价无商量，使得大多数流动人口望而却步，一些感冒发烧常见病症往往自己买药而不去医院就诊。由于基层医疗资源配置比较落后，分级诊疗也还没有严格执行。实现医改过程中的资源合理配置，真正让公立医院回归公益性质而不是营利性质，才能让患者和社会有很好的体验与感受。

5.近六成流入人口在近一年内有过患病（负伤），其中60岁及以上老人患病的比例为65.1%，就诊医疗机构主要是本地药店和诊所

表1-104数据显示，最近一年内57.1%的流动人口患病（负伤）或身体不适。进一步分析60岁及以上流入老人的患病或负伤情况（表1-105），数据显示65.1%的60岁及以上流入老人在最近一年内曾经患病或者负伤。

表1-104　最近一年流动人口是否有患病（负伤）或身体不适情况

|  | N | % |
| --- | --- | --- |
| 是，最近一次发生在两周内 | 435 | 8.7 |
| 是，最近一次发生在两周前 | 2418 | 48.4 |
| 否 | 2145 | 42.9 |
| 合计 | 4999 | 100.0 |

表1-105　最近一年60岁以上流动老人是否有患病（负伤）或身体不适情况

|  | N | % |
| --- | --- | --- |
| 是，最近一次发生在两周内 | 76 | 18.0 |
| 是，最近一次发生在两周前 | 200 | 47.1 |
| 否 | 148 | 34.9 |
| 合计 | 424 | 100.0 |

表1-106数据表明，最近一次流入人口患病就诊的医疗机构排在前四位的是本地药店、本地个体诊所、本地社区卫生站和本地综合/专科医院，分别占比43.8%、17.5%、13.7%和13.6%，还有10.1%的流入人口没有进行任何治疗。数据也进一步印证了流入人口不去医院就诊的主要原因——"去医院看病麻烦、不如自己买药方便"。大医院看病难、看病贵使人望而生畏，本地药店、个体诊所成了流入人口看病的首要选择。

表1-106　最近一次流入人口患病就诊的医疗机构

|  | N | % |
| --- | --- | --- |
| 本地社区卫生站 | 391 | 13.7 |
| 本地个体诊所 | 500 | 17.5 |
| 本地综合/专科医院 | 388 | 13.6 |

续表

|  | N | % |
|---|---|---|
| 本地药店 | 1251 | 43.8 |
| 在老家治疗 | 27 | 0.9 |
| 本地和老家以外的其他地方 | 9 | 0.3 |
| 哪也没去，没治疗 | 288 | 10.1 |
| 合计 | 2854 | 100.0 |

## 1.9 流动人口婚姻及生育状况

### 1.9.1 流动人口婚姻状况

**1. 老一辈流动人口先成家、后流动且间隔期较长，年轻一代先流动、后成家且间隔期缩短**

表 1-107 数据表明，占流入人口 83.9% 的已婚流入人口平均初婚/同居年龄是 24.3 岁，其首次流出平均年龄是 28.5 岁。总体来看，流入人口平均结婚/同居 4.2 年后外出打工，呈现出"先成家、后流动"的态势。

表 1-107　不同类型流入人口初婚及首次外出流动情况

|  | 出生年代 |  |  | 合计 |
|---|---|---|---|---|
|  | 老一辈 | 新生代 | 90 后 |  |
| 调查人数 | 2460 | 1322 | 414 | 4196 |
| 首次流出平均年龄（岁） | 36.8 | 21.4 | 18.9 | 28.5 |
| 平均初婚/同居年龄（岁） | 24.3 | 25.0 | 22.4 | 24.3 |
| 未到法定结婚年龄占比（%） | 18.3 | 9.1 | 15.2 | 15.1 |
| 晚婚占比（%） | 35.3 | 60.5 | 29.5 | 42.7 |

注：我国法定结婚年龄指男满 22 周岁，女满 20 周岁。"晚婚"是指男 25 周岁以上，女 23 周岁以上结婚。

进一步分析不同年代流入人口成家与流动的顺序和间隔，发现三代人有着明显差别：老一辈流入人口平均初婚/同居年龄是 24.3 岁，但其首次流动年龄是 36.8 岁，即老一辈流动人口一般结婚后约 12.5 年才外出打工；新生代人口平均初婚/同居年龄是 25.0 岁，其首次流动年龄是 21.4 岁，即新生代流动人口是在流动后 3.6 年才成家；90 后人口平均初婚年龄是 22.4 岁，其首次流动年龄已提前到 18.9 岁，即 90 后流动人口也是在流动后 3.5 年才成家。

对比分析表明，老一辈和年轻一代流动人口流动和婚姻间隔期有着明显差异且顺序相反。老一辈流动人口表现为"先成家、后流动"且间隔期较长；而年轻一代表现为"先流动、后成家"且间隔期缩短。年轻一代流动人口在外出流动中一边就业一边完成婚恋大事的现象已较普遍,由此他们会面临双重的"城市生计问题"和"城市生育"问题。

三代人口相比较,90后人口首次流动年龄比老一辈人口提前了17.9岁,表明年轻一代流动人口受流动移民潮和举家迁移的影响,首次流动年龄有着明显的年轻化趋势,与前文的分析相吻合。

2.90后流入人口初婚/同居年龄提前至22.4岁,晚婚占比降低,15.2%的90后流入人口在法定结婚年龄前结婚

由表1-107可见,老一辈、新生代和90后人群初婚/同居年龄分别为24.3岁、25.0岁和22.4岁,呈现初婚年龄提前化趋势。有15.1%的流入人群在法定结婚年龄前结婚,三代人群中,老一辈、新生代和90后流入人群未到法定结婚年龄的占比分别为18.3%、9.1%和15.2%,90后相对于新生代在法定婚龄前结婚的增多。有42.7%的流入人群属于晚婚,其中新生代流入人群的晚婚占比最高(达到60.5%),而90后人群的晚婚占比最低(仅有29.5%)。

数据分析表明,重庆市流入人口呈现初婚年龄年轻化、晚婚占比降低的趋势,90后人群由于更小年龄地流入城市,其在外寻找伴侣获得感情慰藉的需求更高,同时受社会性开放风气以及城市流动男女性别不平衡所造成的"婚姻挤压"的双重影响,越来越多的年轻流入人口选择流出后较早结婚成家。

### 1.9.2 流动人口生育与子女

1.流入人口现有平均子女数1.5个,四成已婚流入人口有2个及以上孩子,乡-城流动人口、文化程度较低流动人口的平均子女数较多

表1-108数据显示,流入重庆市的已婚人群平均生育1.5个孩子,高于我国六普数据中的全国生育率水平1.18,比2016年动态监测1.4的生育水平也有所上升。数据还显示,只生育一个孩子的已婚人群占比为58.8%,生育2个孩子的育龄妇女占比为34.9%,有3个及以上孩子的已婚流入人口占比为6.3%。与2016年动态监测数据相比,生育2个孩子及以上的比例上升了2.2个百分点。

表1-108 不同类型流入已婚人群生育子女情况

| | 户口性质 | | | | | 出生年代 | | | 合计 |
|---|---|---|---|---|---|---|---|---|---|
| | 农业 | 非农业 | 农转居 | 非农转居 | 居民 | 老一辈 | 新生代 | 90后 | |
| 调查人数 | 2738 | 501 | 257 | 25 | 261 | 2378 | 1136 | 270 | 3784 |
| 平均孩子数(个) | 1.55 | 1.28 | 1.56 | 1.47 | 1.28 | 1.62 | 1.33 | 1.16 | 1.5 |
| 孩子性别比 | 110.2 | 106.1 | 102.0 | 117.6 | 87.1 | 110.9 | 101.6 | 99.4 | 107.7 |
| 1个孩子占比/(%) | 54.1 | 75.7 | 57.3 | 64.1 | 76.8 | 50.8 | 69.2 | 85.5 | 58.8 |
| 2个孩子占比/(%) | 38.8 | 21.6 | 34.4 | 24.5 | 20.3 | 40.5 | 28.3 | 13.4 | 34.9 |
| 3个及以上孩子占比/(%) | 7.1 | 2.7 | 8.3 | 11.4 | 2.9 | 8.7 | 2.5 | 1.1 | 6.3 |

按户口性质来看，农业流动人口和农业转居民流动人口家庭孩子数分别为 1.55 个和 1.56 个，均高于非农业、非农业转居民和居民流动人口家庭的孩子数。农业和农业转居民流动人口 2 个及以上孩子的比例分别为 45.9%和 42.7%，均高于非农业(24.3%)、非农业转居民(35.9%)和居民(23.2%)。乡-城流动人口的生育数量仍然高于城-城流动人口。

按不同年代来看，90 后流动人口家庭的孩子数为 1.16 个，新生代流动人口家庭的孩子数为 1.33 个，老一辈流动人口家庭的孩子数则为 1.62 个。90 后已婚流入人口生育 2 个及以上孩子的比例为 14.5%，低于新生代有偶流入人口同指标(30.8%)16.3 个百分点，更是远低于老一辈有偶流入人口同指标(40.5%)36 个百分点。当然，从年龄和健康方面考虑，新生代和 90 后较老一辈流入人口生育二孩的可能性要大。

按不同的文化程度来看(表 1-109)，文化程度越高的家庭孩子数越少，未上过学的流动人口平均孩子数为 2.46 个，而研究生学历的流动人口平均孩子数为 1.21 个，是未上过学的 1/2 倍。未上过学的已婚流入人口生育 2 个及以上孩子的比例最高，达 82.4%，高中/中专文化程度的已婚流入人口生育 2 个及以上孩子的比例均在 30%以下，比未上过学的已婚流入人口低 50 多个百分点。

表 1-109　不同文化程度流入已婚人群生育子女情况

| | 未上过学 | 小学 | 初中 | 高中/中专 | 大学专科 | 大学本科 | 研究生 | 合计 |
|---|---|---|---|---|---|---|---|---|
| 调查人数 | 122 | 746 | 1570 | 788 | 319 | 219 | 20 | 3784 |
| 平均孩子数(个) | 2.46 | 1.80 | 1.48 | 1.32 | 1.21 | 1.17 | 1.21 | 1.50 |
| 孩子性别比 | 123.1 | 101.7 | 113.1 | 100.6 | 105.9 | 106.5 | 140.0 | 107.7 |
| 1 个孩子占比/(%) | 17.6 | 37.8 | 58.2 | 70.7 | 78.7 | 83.8 | 79.3 | 58.8 |
| 2 个孩子占比/(%) | 49.6 | 49.3 | 36.7 | 26.6 | 21.3 | 15.7 | 20.7 | 34.9 |
| 3 个及以上孩子占比/(%) | 32.8 | 12.8 | 5.1 | 2.7 | 0.0 | 0.5 | 0.0 | 6.3 |

分析表明，在全面二孩政策背景下，城-城流动人口、年轻一代以及文化程度较高者的生育子女数仍然较低，尤其是处于生育旺盛期的年轻一代。在较大工作压力、较高孩子培育成本和低生育观念深入人心的条件下，如何配合全面二孩政策的实施及时出台生育配套政策，缓解政策目标人群生育二孩的后顾之忧，是需要下一步重点研究的课题。

**2.已生育一孩的流入育龄妇女仅有 10.7%的人有再生育意愿，其中 30～35 岁育龄妇女的二孩生育意愿达 16.3%为最高**

由表 1-110 可见，对 812 名 15～49 岁且仅生育一孩的流入育龄妇女进行调查，仅有 10.7%的人表示愿意再生育二孩，71.5%的人表示不愿意再生第二个孩子，17.8%的人持观望状态。

表 1-110 不同年龄段已生育一孩育龄妇女打算再生孩子意愿

| 年龄分组 | 是 N | 是 % | 否 N | 否 % | 没想好 N | 没想好 % | 合计 N | 合计 % |
|---|---|---|---|---|---|---|---|---|
| 20 岁以下 | 0 | 0.0 | 1 | 26.8 | 2 | 73.2 | 3 | 0.4 |
| 20~29 岁 | 39 | 14.3 | 157 | 57.5 | 77 | 28.3 | 274 | 33.7 |
| 30~35 岁 | 37 | 16.3 | 144 | 62.8 | 48 | 20.9 | 229 | 28.2 |
| 35 岁以上 | 10 | 3.3 | 278 | 91.0 | 17 | 5.7 | 306 | 37.7 |
| 合计 | 87 | 10.7 | 580 | 71.5 | 145 | 17.8 | 812 | 100.0 |

进一步分年龄组分析二孩生育意愿,由表 1-110 可见,30~35 岁年龄段流入育龄妇女打算再生育的意愿最高,但也仅有 16.3%;35 岁以上妇女打算生育二孩的意愿仅有 3.3%。经卡方检验,不同年龄组育龄妇女再生育意愿统计学上有显著差别($x^2$=193.2,$P$=0.000),以 30 岁为界,不处于生育黄金期的 30 岁及以上人群打算生育二孩的意愿明显高于 30 岁以下人群,我国生育政策的及时调整有望实现这部分人的二孩生育意愿。

3.流入家庭子女性别比为 107.7,农业户籍流入家庭子女性别比为 110.2,仍然偏高

由表 1-108 和表 1-109 数据发现,重庆市流入人口家庭子女性别比为 107.7,略高于 103~107 的正常区间,低于 2016 年同期调查数据(112.7),基本处于正常范围。

从户口性质来看,农业户口流动家庭子女性别比为 110.2,比居民流动家庭子女性别比(87.1)高出了 30.5。受传统生育观念的影响更深,农村户籍人口更愿意生育男孩,表现出更为强烈的男孩偏好,在其二孩生育中仍应进行政策监控以避免非法的胎儿性别鉴定。从出生年代来看,老一辈流动人口家庭的子女性别比最高,达到 110.9,新生代家庭的子女性别比为 101.6,90 后流动人口家庭子女性别比仅为 99.4。年轻一代流动人口更多接受了现代生育观念,男尊女卑不再是需要奉行的教条,生男生女顺其自然。

### 1.9.3 流动人口计生服务提供与利用现状

1.近 3/4 有偶育龄妇女采取现代避孕方式,避孕人群占比增加且避孕行为时间提前

由表 1-111 和表 1-112 可见,72.8%流动有偶育龄妇女采取现代避孕方法进行了避孕,一般是婚后/同居 4.89 年采取现代避孕措施。有 27.2%人群未避孕,主要原因是想要孩子(27.7%)和现孕状态(19.2%)。

表 1-111 不同出生年代的流动有偶育龄妇女避孕情况

| 出生年代 | 使用避孕方法 N | 使用避孕方法 % | 未避孕 N | 未避孕 % | 合计 N | 合计 % |
|---|---|---|---|---|---|---|
| 老一辈 | 439 | 75.2 | 145 | 24.8 | 585 | 100.0 |
| 新生代 | 482 | 76.8 | 146 | 23.2 | 628 | 100.0 |
| 90 后 | 166 | 58.9 | 116 | 41.1 | 282 | 100.0 |
| 合计 | 1088 | 72.8 | 407 | 27.2 | 1494 | 100.0 |

表1-112　不同出生年代的流动有偶育龄妇女未避孕原因

| 未避孕原因 | 老一辈 N | 老一辈 % | 新生代 N | 新生代 % | 90后 N | 90后 % | 合计 N | 合计 % |
|---|---|---|---|---|---|---|---|---|
| 现孕 | 2 | 1.5 | 37 | 25.2 | 39 | 33.8 | 78 | 19.2 |
| 想要孩子 | 13 | 8.9 | 58 | 40.0 | 41 | 35.5 | 112 | 27.7 |
| 绝经 | 45 | 31.2 | 0 | 0.0 | 1 | 0.6 | 46 | 11.3 |
| 子宫/卵巢/输卵管切除 | 6 | 4.1 | 1 | 0.6 | 0 | 0.0 | 7 | 1.7 |
| 不育 | 9 | 6.5 | 0 | 0.0 | 0 | 0.0 | 9 | 2.3 |
| 正在哺乳期 | 2 | 1.5 | 20 | 13.6 | 16 | 14.0 | 38 | 9.4 |
| 担心有副作用 | 16 | 11.4 | 14 | 9.6 | 4 | 3.7 | 35 | 8.6 |
| 有病不能避孕 | 12 | 8.1 | 0 | 0.0 | 0 | 0.0 | 12 | 2.9 |
| 其他原因 | 39 | 26.9 | 16 | 10.9 | 14 | 12.3 | 69 | 17.0 |
| 合计 | 145 | 100.0 | 146 | 100.0 | 116 | 100.0 | 407 | 100.0 |

从出生年代来看，75.2%的老一辈流动有偶育龄妇女使用现代避孕方法进行避孕，一般是婚后/同居7.5年采取现代避孕措施。有24.8%人群未避孕，主要原因是绝经(31.2%)和其他原因(26.9%)。76.8%的新生代流动有偶育龄妇女使用现代避孕方法进行避孕，一般是婚后/同居3.66年采取现代避孕措施。有23.2%人群未避孕，主要原因是想要孩子(40.0%)和现孕(25.2%)。而90后流动有偶育龄妇女使用现代避孕方法进行避孕的比例最低，仅有58.9%，一般是婚后/同居1.54年采取现代避孕措施。有41.1%的人群未避孕，主要原因是想要孩子(33.8%)和现孕(35.5%)。

与2016年相比，流动有偶育龄妇女中采取现代避孕方式进行避孕的比重有所增加(72.8%>66.6%)，避孕时间也有所提前(4.89<5.7)。由于全面二孩生育政策的实施以及年轻一代人群流动和成家时间间隔缩短，流入育龄妇女在城市的生育行为逐渐增多。同时由于年轻一代较低的二孩生育意愿，相应采取综合避孕措施的人群占比有所增加，采取综合避孕的时间也有所提前。

2.使用避孕套成为流入已婚有偶育龄妇女避孕方式的首要选择，老一辈流入人口仍以长效避孕方式为主，年轻一代流入人口则以短效避孕方式为主

表1-113数据表明，15~49岁流入已婚有偶育龄妇女使用最多的避孕方法是使用避孕套和放置宫内节育器，分别占比50.8%和25.8%。与2016年数据相比，使用避孕套的比例继续上升了7.7个百分点，一跃成为流入已婚有偶育龄妇女的首要选择，选择放置宫内节育器的比例却明显下降了26.6个百分点。

表1-113　不同出生年代的流动有偶育龄妇女避孕方法

| 避孕方法 | 老一辈 N | 老一辈 % | 新生代 N | 新生代 % | 90后 N | 90后 % | 合计 N | 合计 % |
|---|---|---|---|---|---|---|---|---|
| 男性绝育 | 11 | 2.4 | 1 | 0.2 | 0 | 0.0 | 11 | 1.1 |
| 女性绝育 | 24 | 5.4 | 5 | 1.0 | 0 | 0.0 | 29 | 2.6 |

续表

| 避孕方法 | 老一辈 | | 新生代 | | 90后 | | 合计 | |
|---|---|---|---|---|---|---|---|---|
| | N | % | N | % | N | % | N | % |
| 宫内节育器 | 175 | 39.8 | 93 | 19.2 | 12 | 7.5 | 280 | 25.8 |
| 皮下埋植 | 0 | 0.0 | 1 | 0.2 | 0 | 0.0 | 1 | 0.1 |
| 口服避孕药 | 10 | 2.2 | 13 | 2.7 | 2 | 0.9 | 24 | 2.2 |
| 避孕套 | 123 | 28.0 | 297 | 61.7 | 132 | 79.4 | 552 | 50.8 |
| 外用避孕药 | 0 | 0.0 | 3 | 0.7 | 0 | 0.0 | 3 | 0.3 |
| 避孕环 | 91 | 20.7 | 59 | 12.3 | 16 | 9.6 | 166 | 15.3 |
| 安全期避孕 | 1 | 0.3 | 3 | 0.7 | 2 | 0.9 | 6 | 0.6 |
| 体外射精 | 2 | 0.6 | 3 | 0.7 | 1 | 0.5 | 6 | 0.6 |
| 其他 | 3 | 0.6 | 3 | 0.6 | 2 | 1.2 | 8 | 0.7 |
| 合计 | 439 | 100.0 | 482 | 100.0 | 166 | 100.0 | 1087 | 100.0 |

从出生年代来看，三代流入人口中有偶已婚育龄妇女避孕方式有所差异，79.4%的90后和61.7%的新生代选择了避孕套避孕，而老一辈采取宫内节育器方式避孕的比例(39.8%)高于年轻一代。数据表明，随着生育政策的调整以及避孕知情选择工作的推进，更多的年轻一代流动人群为了自主决定生育时间而将短效避孕方式作为避孕的首选方式。

## 1.10 流动人口社会融合状况

### 1.10.1 流动人口融入本地状况

1.流入人口在本地参加的主要组织活动是同学会和老乡会，老一辈参加老乡会的比例高于年轻一代，年轻一代参加同学会的比例高于老一辈

表 1-114 数据表明，近一年以来流入人口在本地主要参加的组织活动是同学会，占65.1%；其次是老乡会，占 29.6%。从出生年代来看，三代人均以参加同学会为主，老乡会为次。相比较而言，老一辈参加同乡会的比重最高，90 后参加同学会的比重最高。其中老一辈参加同学会的比重为 46.7%，90 后达 70.4%；老一辈参加老乡会的比重达 38.4%，90 后仅为 22.4%。老一辈大多年岁已长，和读书期间同学的感情逐渐疏离，取而代之的是生活工作中经常接触的同乡。90 后由于离开同学和踏入社会的时间较短，接触工作生活中新的朋友还不太多，同窗之情还较为亲密，因而在流入地的组织活动以同学之间的聚会为主。

表 1-114 不同出生年代流入人口在本地参加的组织活动

| 活动组织 | 老一辈 | | 新生代 | | 90后 | | 合计 | |
|---|---|---|---|---|---|---|---|---|
| | N | % | N | % | N | % | N | % |
| 工会 | 210 | 24.5 | 228 | 29.3 | 123 | 24.6 | 150 | 22.7 |
| 志愿者协会 | 215 | 25.0 | 176 | 22.6 | 112 | 22.4 | 147 | 22.4 |

续表

| 活动组织 | 老一辈 N | 老一辈 % | 新生代 N | 新生代 % | 90后 N | 90后 % | 合计 N | 合计 % |
|---|---|---|---|---|---|---|---|---|
| 同学会 | 400 | 46.7 | 503 | 64.6 | 352 | 70.4 | 428 | 65.1 |
| 老乡会 | 329 | 38.4 | 233 | 29.9 | 112 | 22.4 | 195 | 29.6 |
| 家乡商会 | 66 | 7.7 | 28 | 3.6 | 12 | 2.5 | 24 | 3.7 |
| 其他 | 113 | 13.1 | 88 | 11.3 | 64 | 12.8 | 76 | 11.6 |
| 合计 | 1333 | 155.4 | 1255 | 161.2 | 777 | 155.1 | 1020 | 155.0 |

2.流入人口在本地参加同学会的比例随居住时间的推移逐渐降低，但参加老乡会的比例有增无减

表 1-115 数据表明，在流入地居住时间越久，参加同学会的占比越低，居住 1 年以下的流入人口参加同学会的占比为 64.4%，居住 10 年及以上的人群中参加同学会的占比则降到了 53.8%。随着在流入地居住时间的延长，流入人口的年龄不断增长，工作生活中交往的同事朋友也会越来越多，与同学之间的交往就会相应有所减少。

但是，在流入地居住时间延长，流入人口参加老乡会的比例并没有下降，居住 10 年及以上的流入人口，参加老乡会的比例仍然高达 35.1%，均高于居住 3 年及以下、5~10 年参加老乡会的比例(表 1-115)。工会活动是流入人口融入本单位和本地的重要活动，数据显示居住 10 年及以上的流入人口参加工会的比例比居住时间较短的还要低。这说明，不管在流入地居住时间的长短，流入人口和老乡之间的情谊只会有增无减，时间和距离都挡不住流动人口对家乡的认同和依恋，流入人口在流入地的融合之路还任重而道远。

表 1-115 不同居住时长流入人口在本地参加的组织活动(%)

| 组织活动 | 1 年以下 | 1~3 年 | 3~5 年 | 5~10 年 | 10 年及以上 |
|---|---|---|---|---|---|
| 工会 | 25.2 | 24.2 | 27.7 | 29.7 | 23.8 |
| 志愿者协会 | 16.2 | 23.4 | 24.8 | 27.5 | 24.0 |
| 同学会 | 64.4 | 60.0 | 58.7 | 55.3 | 53.8 |
| 老乡会 | 29.9 | 31.0 | 35.9 | 28.2 | 35.1 |
| 家乡商会 | 4.1 | 4.8 | 4.9 | 5.9 | 4.8 |
| 其他 | 13.8 | 9.6 | 11.4 | 13.8 | 18.0 |
| 合计 | 153.5 | 153.0 | 163.4 | 160.4 | 159.5 |

3.流入人口参与政府建议活动的比例较低，其中共产党员身份流入人口参与积极性相对较高

表 1-116 数据表明，88.2%的流入人口没有给所在单位/社区/村提建议或监督单位/社区/村务管理，仅有 0.7%的人群会经常给所在单位/社区/村提建议或监督单位/社区/村务管理。从党员性质来看，3.2%的共产党员流入人口经常给所在单位/社区/村提建议或监督单

位/社区/村务管理,共青团员流入人口仅有 0.6%经常提建议,不是党、团员的流入人口仅有 0.5%经常提建议。

表 1-116 不同党团性质流入人口给所在单位提建议或监督单位管理情况

| 党团性质 | 没有 N | 没有 % | 偶尔 N | 偶尔 % | 有时 N | 有时 % | 经常 N | 经常 % | 合计 N | 合计 % |
|---|---|---|---|---|---|---|---|---|---|---|
| 共产党员 | 233 | 71.1 | 61 | 18.7 | 23 | 7.0 | 10 | 3.2 | 327 | 100.0 |
| 共青团员 | 342 | 86.8 | 40 | 10.2 | 10 | 2.5 | 2 | 0.6 | 394 | 100.0 |
| 均不是 | 3832 | 89.6 | 329 | 7.7 | 96 | 2.2 | 20 | 0.5 | 4278 | 100.0 |
| 合计 | 4407 | 88.2 | 430 | 8.6 | 128 | 2.6 | 33 | 0.7 | 4999 | 100.0 |

表 1-117 数据表明,93.7%的流入人口没有通过各种方式向政府有关部门反映情况/提出政策建议,仅有 0.3%的人群经常提建议。从居住时长来看,居住 1 年以下的流入人口会通过各种方式向政府有关部门反映情况/提出政策建议的比例为 4.8%,而居住 10 年及以上的流入人口经常提建议的比例为 8.8%。从党员性质来看,18.8%的共产党员流入人口会通过各种方式向政府有关部门反映情况/提出政策建议,而党团员均不是的占比为 5.6%。

表 1-117 不同类型流入人口是否通过各种方式向政府有关部门反映情况

| | | 没有 N | 没有 % | 偶尔 N | 偶尔 % | 有时 N | 有时 % | 经常 N | 经常 % | 合计 N | 合计 % |
|---|---|---|---|---|---|---|---|---|---|---|---|
| 居住时长 | 1 年以下 | 825 | 95.2 | 30 | 3.5 | 8 | 0.9 | 3 | 0.4 | 867 | 100.0 |
| | 1~3 年 | 1499 | 94.3 | 68 | 4.3 | 19 | 1.2 | 4 | 0.2 | 1591 | 100.0 |
| | 3~5 年 | 875 | 92.8 | 54 | 5.7 | 12 | 1.3 | 2 | 0.2 | 943 | 100.0 |
| | 5~10 年 | 992 | 93.5 | 52 | 4.9 | 15 | 1.4 | 2 | 0.2 | 1061 | 100.0 |
| | 10 年及以上 | 490 | 91.2 | 28 | 5.3 | 16 | 2.9 | 3 | 0.6 | 537 | 100.0 |
| 党员性质 | 共产党员 | 266 | 81.2 | 43 | 13.0 | 12 | 3.8 | 7 | 2.0 | 327 | 100.0 |
| | 共青团员 | 377 | 95.5 | 13 | 3.2 | 5 | 1.3 | 0 | 0.0 | 394 | 100.0 |
| | 均不是 | 4040 | 94.4 | 178 | 4.2 | 52 | 1.2 | 7 | 0.2 | 4278 | 100.0 |
| | 合计 | 4682 | 93.7 | 233 | 4.7 | 70 | 1.4 | 14 | 0.3 | 4999 | 100.0 |

表 1-118 数据表明,93.9%的流入人口没有在网上就国家事务、社会事件等发表评论或参与讨论。仅有 0.5%的人群经常发表评论。从党员性质来看,1.1%的共产党员流入人口经常在网上就国家事务、社会事件等发表评论或参与讨论,占比最高。

表 1-118 不同党团性质流入人口在网上就国家事务等发表评论参与讨论情况

| 党团性质 | 没有 N | 没有 % | 偶尔 N | 偶尔 % | 有时 N | 有时 % | 经常 N | 经常 % | 合计 N | 合计 % |
|---|---|---|---|---|---|---|---|---|---|---|
| 共产党员 | 294 | 89.8 | 22 | 6.6 | 8 | 2.4 | 4 | 1.1 | 327 | 100.0 |
| 共青团员 | 346 | 87.8 | 34 | 8.6 | 12 | 3.1 | 2 | 0.5 | 394 | 100.0 |
| 均不是 | 4053 | 94.8 | 168 | 3.9 | 39 | 0.9 | 17 | 0.4 | 4278 | 100.0 |
| 合计 | 4693 | 93.9 | 223 | 4.5 | 59 | 1.2 | 23 | 0.5 | 4999 | 100.0 |

表 1-119 数据表明,58.6%的流入人口没有主动参与捐款、无偿献血、志愿者活动等。仅有 3%的人群经常主动参与捐款、无偿献血、志愿者活动等。从党员性质来看,9.3%的共产党员流入人口经常主动参与捐款、无偿献血、志愿者活动等,占比最高。

表 1-119　不同党团性质流入人口主动参与捐款、无偿献血、志愿者活动等情况

| 党团性质 | 没有 N | 没有 % | 偶尔 N | 偶尔 % | 有时 N | 有时 % | 经常 N | 经常 % | 合计 N | 合计 % |
|---|---|---|---|---|---|---|---|---|---|---|
| 共产党员 | 131 | 39.9 | 112 | 34.4 | 54 | 16.4 | 31 | 9.3 | 327 | 100.0 |
| 共青团员 | 198 | 50.2 | 131 | 33.1 | 52 | 13.2 | 14 | 3.5 | 394 | 100.0 |
| 均不是 | 2602 | 60.8 | 1104 | 25.8 | 465 | 10.9 | 106 | 2.5 | 4278 | 100.0 |
| 合计 | 2931 | 58.6 | 1347 | 26.9 | 571 | 11.4 | 151 | 3.0 | 4999 | 100.0 |

表 1-120 数据表明,92.6%的流入人口没有参与党/团组织活动,参加党支部会议。仅有3.2%的人群经常参与党/团组织活动,参加党支部会议。从党员性质来看,43.8%的共产党员流入人口经常参与党/团组织活动,参加党支部会议,占比最高。其次是共青团员,为 1.7%。

表 1-120　不同党团性质流入人口参与党/团组织活动和参加党支部会议情况

| 党团性质 | 没有 N | 没有 % | 偶尔 N | 偶尔 % | 有时 N | 有时 % | 经常 N | 经常 % | 合计 N | 合计 % |
|---|---|---|---|---|---|---|---|---|---|---|
| 共产党员 | 91 | 27.7 | 37 | 11.4 | 56 | 17.0 | 143 | 43.8 | 327 | 100.0 |
| 共青团员 | 351 | 89.1 | 20 | 5.2 | 16 | 4.0 | 7 | 1.7 | 394 | 100.0 |
| 均不是 | 4188 | 97.9 | 51 | 1.2 | 26 | 0.6 | 12 | 0.3 | 4278 | 100.0 |
| 合计 | 4630 | 92.6 | 109 | 2.2 | 98 | 2.0 | 162 | 3.2 | 4999 | 100.0 |

**4.九成流入人口喜欢、关注现在居住的城市/地方并很愿意融入本人人当中,且随着居住时间的推移喜欢关注所住城市并愿意融入的人员增多**

表 1-121 数据表明,97.7%的流入人口表示"我喜欢我现在居住的城市/地方",仅有2.3%的人不同意此观点。从居住时长来看,3.7%居住 1 年及以下的流入人口不同意"我喜欢我现在居住的城市/地方"这种说法,占比最高,流入地生活 5~10 年的流动人口占比最低,仅为 2.2%。即居住时间越长,喜欢现在居住的城市/地方的流入人口越多。

表 1-121　流入人口是否同意"我喜欢我现在居住的城市/地方"

| | | 完全不同意 N | 完全不同意 % | 不同意 N | 不同意 % | 基本同意 N | 基本同意 % | 完全同意 N | 完全同意 % | 合计 N | 合计 % |
|---|---|---|---|---|---|---|---|---|---|---|---|
| 出生年代 | 老一辈 | 24 | 1.0 | 29 | 1.2 | 910 | 36.4 | 1536 | 61.5 | 2499 | 100.0 |
| | 新生代 | 18 | 1.2 | 22 | 1.5 | 635 | 41.9 | 842 | 55.5 | 1517 | 100.0 |
| | 90 后 | 7 | 0.7 | 15 | 1.5 | 442 | 45.0 | 519 | 52.8 | 983 | 100.0 |
| | 小计 | 49 | 1.0 | 66 | 1.3 | 1987 | 39.7 | 2897 | 58.0 | 4999 | 100.0 |

续表

|  |  | 完全不同意 |  | 不同意 |  | 基本同意 |  | 完全同意 |  | 合计 |  |
|---|---|---|---|---|---|---|---|---|---|---|---|
|  |  | N | % | N | % | N | % | N | % | N | % |
| 居住时长 | 1年以下 | 13 | 1.5 | 19 | 2.2 | 356 | 41.1 | 479 | 55.2 | 867 | 100.0 |
|  | 1~3年 | 15 | 0.9 | 22 | 1.4 | 667 | 41.9 | 886 | 55.7 | 1590 | 100.0 |
|  | 3~5年 | 8 | 0.8 | 12 | 1.3 | 358 | 38.0 | 565 | 59.9 | 943 | 100.0 |
|  | 5~10年 | 7 | 0.7 | 7 | 0.7 | 423 | 39.9 | 624 | 58.8 | 1061 | 100.0 |
|  | 10年及以上 | 6 | 1.1 | 6 | 1.1 | 183 | 34.0 | 343 | 63.8 | 538 | 100.0 |
|  | 小计 | 49 | 1.0 | 66 | 1.3 | 1987 | 39.7 | 2897 | 58.0 | 4999 | 100.0 |

表1-122数据表明，95.4%的流入人口表示"我关注我现在居住城市/地方的变化"，仅有4.6%的人不同意此观点。从居住时长来看，9.4%居住1年及以下的流入人口不同意"我关注我现在居住城市/地方的变化"这种说法，占比最高。即居住时间越长，关注居住城市/地方变化的流入人口越多。

表1-122 流入人口是否同意"我关注我现在居住城市/地方的变化"

|  |  | 完全不同意 |  | 不同意 |  | 基本同意 |  | 完全同意 |  | 合计 |  |
|---|---|---|---|---|---|---|---|---|---|---|---|
|  |  | N | % | N | % | N | % | N | % | N | % |
| 出生年代 | 老一辈 | 37 | 1.5 | 88 | 3.5 | 940 | 37.6 | 1434 | 57.4 | 2499 | 100.0 |
|  | 新生代 | 16 | 1.1 | 31 | 2.0 | 613 | 40.5 | 855 | 56.4 | 1515 | 100.0 |
|  | 90后 | 14 | 1.4 | 43 | 4.4 | 408 | 41.5 | 518 | 52.7 | 983 | 100.0 |
|  | 小计 | 67 | 1.3 | 162 | 3.2 | 1961 | 39.2 | 2807 | 56.2 | 4997 | 100.0 |
| 居住时长 | 1年以下 | 25 | 2.9 | 56 | 6.5 | 331 | 38.2 | 455 | 52.5 | 867 | 100.0 |
|  | 1~3年 | 15 | 0.9 | 43 | 2.7 | 663 | 41.7 | 869 | 54.7 | 1590 | 100.0 |
|  | 3~5年 | 12 | 1.3 | 28 | 3.0 | 366 | 38.8 | 537 | 56.9 | 943 | 100.0 |
|  | 5~10年 | 12 | 1.1 | 25 | 2.4 | 420 | 39.6 | 603 | 56.8 | 1060 | 100.0 |
|  | 10年及以上 | 4 | 0.7 | 10 | 1.9 | 181 | 33.6 | 343 | 63.8 | 538 | 100.0 |
|  | 小计 | 68 | 1.4 | 162 | 3.2 | 1961 | 39.2 | 2807 | 56.2 | 4998 | 100.0 |

表1-123数据表明，94.6%的流入人口表示"我很愿意融入本地人当中，成为其中一员"，仅有5.4%的人不同意此观点。从居住时长来看，9.5%居住1年及以下的流入人口不同意"我很愿意融入本地人当中，成为其中一员"这种说法，占比最高。即居住时间越长，愿意融入本地的比例越高。

表1-123 流入人口是否同意"我很愿意融入本地人当中，成为其中一员"

|  |  | 完全不同意 |  | 不同意 |  | 基本同意 |  | 完全同意 |  | 合计 |  |
|---|---|---|---|---|---|---|---|---|---|---|---|
|  |  | N | % | N | % | N | % | N | % | N | % |
| 出生年代 | 老一辈 | 32 | 1.3 | 108 | 4.3 | 861 | 34.5 | 1498 | 59.9 | 2499 | 100.0 |
|  | 新生代 | 17 | 1.1 | 60 | 4.0 | 566 | 37.3 | 874 | 57.6 | 1517 | 100.0 |
|  | 90后 | 9 | 0.9 | 41 | 4.2 | 380 | 38.7 | 552 | 56.2 | 982 | 100.0 |
|  | 小计 | 58 | 1.2 | 209 | 4.2 | 1807 | 36.2 | 2924 | 58.5 | 4998 | 100.0 |

续表

|  |  | 完全不同意 N | 完全不同意 % | 不同意 N | 不同意 % | 基本同意 N | 基本同意 % | 完全同意 N | 完全同意 % | 合计 N | 合计 % |
|---|---|---|---|---|---|---|---|---|---|---|---|
| 居住时长 | 1年以下 | 16 | 1.8 | 67 | 7.7 | 311 | 35.9 | 472 | 54.5 | 866 | 100.0 |
|  | 1～3年 | 14 | 0.9 | 65 | 4.1 | 584 | 36.7 | 928 | 58.3 | 1591 | 100.0 |
|  | 3～5年 | 13 | 1.4 | 28 | 3.0 | 324 | 34.4 | 578 | 61.3 | 943 | 100.0 |
|  | 5～10年 | 11 | 1.0 | 33 | 3.1 | 402 | 37.9 | 615 | 58.0 | 1061 | 100.0 |
|  | 10年及以上 | 4 | 0.7 | 15 | 2.8 | 186 | 34.6 | 332 | 61.8 | 537 | 100.0 |
|  | 小计 | 58 | 1.2 | 208 | 4.2 | 1807 | 36.2 | 2925 | 58.5 | 4998 | 100.0 |

5.九成左右流入人口觉得本地人愿意接受他们并认为没有受到歧视，年轻一代对本地人的认可度更高，认可度随居住时间的延长呈现先升高后降低的变化过程

表 1-124 数据表明，96.3%的流入人口表示"我觉得本地人愿意接受我成为其中一员"，仅有 3.7%的人不同意此观点。从三个年龄段来看，老一辈对此观点不同意态度较高，占 4.3%，即更多年轻一代觉得本地人愿意接受其成为其中一员。从居住时长来看，随着居住时间的延长，流入人口觉得本地人愿意接受其成为其中一员的比例逐渐提高，至居住 3～5 年的时候达到最高，然后又逐渐下降。

表 1-124　流入人口是否同意"我觉得本地人愿意接受我成为其中一员"

|  |  | 完全不同意 N | 完全不同意 % | 不同意 N | 不同意 % | 基本同意 N | 基本同意 % | 完全同意 N | 完全同意 % | 合计 N | 合计 % |
|---|---|---|---|---|---|---|---|---|---|---|---|
| 出生年代 | 老一辈 | 29 | 1.2 | 77 | 3.1 | 988 | 39.5 | 1405 | 56.2 | 2499 | 100.0 |
|  | 新生代 | 11 | 0.7 | 44 | 2.9 | 616 | 40.6 | 845 | 55.7 | 1516 | 100.0 |
|  | 90后 | 7 | 0.7 | 21 | 2.1 | 402 | 40.9 | 553 | 56.3 | 983 | 100.0 |
|  | 小计 | 47 | 0.9 | 142 | 2.8 | 2006 | 40.1 | 2803 | 56.1 | 4998 | 100.0 |
| 居住时长 | 1年以下 | 8 | 0.9 | 36 | 4.2 | 361 | 41.6 | 462 | 53.3 | 867 | 100.0 |
|  | 1～3年 | 15 | 0.9 | 52 | 3.3 | 638 | 40.1 | 885 | 55.7 | 1590 | 100.0 |
|  | 3～5年 | 12 | 1.3 | 14 | 1.5 | 378 | 40.1 | 539 | 57.2 | 943 | 100.0 |
|  | 5～10年 | 8 | 0.8 | 23 | 2.2 | 447 | 42.2 | 582 | 54.9 | 1060 | 100.0 |
|  | 10年及以上 | 3 | 0.6 | 17 | 3.2 | 182 | 33.9 | 335 | 62.4 | 537 | 100.0 |
|  | 小计 | 46 | 0.9 | 142 | 2.8 | 2006 | 40.1 | 2803 | 56.1 | 4997 | 100.0 |

表 1-125 数据表明，10.1%的流入人口表示"我感觉本地人看不起外地人"，有 89.9%的人不同意此观点。从三个年龄段来看，老一辈对此观点同意态度较高，占 12.9%。从居住时长来看，居住时间在 5 年以上的流入人口有 12%左右的人感觉本地人看不起外地人，占比最高。

表 1-125　流入人口是否同意"我感觉本地人看不起外地人"

| | | 完全不同意 | | 不同意 | | 基本同意 | | 完全同意 | | 合计 | |
|---|---|---|---|---|---|---|---|---|---|---|---|
| | | N | % | N | % | N | % | N | % | N | % |
| 出生年代 | 老一辈 | 1090 | 43.6 | 1087 | 43.5 | 233 | 9.3 | 89 | 3.6 | 2499 | 100.0 |
| | 新生代 | 713 | 47.0 | 703 | 46.3 | 75 | 4.9 | 26 | 1.7 | 1517 | 100.0 |
| | 90后 | 487 | 49.5 | 416 | 42.3 | 50 | 5.1 | 30 | 3.1 | 983 | 100.0 |
| | 小计 | 2290 | 45.8 | 2206 | 44.1 | 358 | 7.2 | 145 | 2.9 | 4999 | 100.0 |
| 居住时长 | 1年以下 | 421 | 48.6 | 360 | 41.5 | 59 | 6.8 | 27 | 3.1 | 867 | 100.0 |
| | 1～3年 | 740 | 46.5 | 718 | 45.2 | 96 | 6.0 | 36 | 2.3 | 1590 | 100.0 |
| | 3～5年 | 421 | 44.6 | 438 | 46.4 | 69 | 7.3 | 16 | 1.7 | 944 | 100.0 |
| | 5～10年 | 456 | 43.0 | 468 | 44.1 | 99 | 9.3 | 38 | 3.6 | 1061 | 100.0 |
| | 10年及以上 | 252 | 46.9 | 222 | 41.3 | 35 | 6.5 | 28 | 5.2 | 537 | 100.0 |
| | 小计 | 2290 | 45.8 | 2206 | 44.1 | 358 | 7.2 | 145 | 2.9 | 4999 | 100.0 |

数据分析发现，居住时间在10年及以上的流入人口，长期和本地人在一起工作生活交往，对本地人的认可度反而下降了。随着在流入地生活时间的延长，对流入地的环境、制度以及生活模式有了更深层次的了解之后，初到流入地的新鲜感流失，渴望得到本地认同的感觉加深，对本地人的态度更为在乎和敏感，心中积聚的"被剥削感"也会有所加深，对本地人的认可度就会有一定程度下降。

**6.对本地人认可比不认可的流入人口打算继续留在本地的比例高出10个百分点左右，对本地人的认可度影响着流入人口的长期居留意愿**

进一步分析发现，在重庆市84.7%打算继续留在本地的流动人口中，觉得本地人愿意接受外地人的流入人口有85.1%的人打算继续留在本地，而觉得本地人不愿意接受外地人的流入人口中仅74.6%的人打算继续留在本地，即对本地人认可度高的流动人口打算留在本地的比例高出10个百分点左右。同样地，觉得和不觉得本地人看不起外地人的流入人口中，分别有76.2%和85.7%的人将打算继续留在本地，即未感到歧视的流动人口打算继续留在本地的比例要高出近10个百分点。

**7.年轻一代流入人口更容易移风易俗，八成流入人口的卫生习惯和本地市民相比没有较大差别**

表1-126数据表明，41.8%的流入人口表示"按照老家的风俗习惯办事对我比较重要"，有58.2%的人不同意此观点。从三个年龄段来看，老一辈对此观点同意态度较高(46.8%)，而90后最低(33.5%)。老一辈由于在老家生活的时间比年轻一代久，所以老家的风俗习惯对他们的影响也最大。从居住时长来看，居住时间越久的人越觉得"按照老家的风俗习惯办事对我比较重要"，其中52%居住时长在10年及以上的流入人口同意此观点，占比最高。居住时间在10年及以上的大多是老一辈流入人口，也是受老家风俗习惯影响最大的一代人。

表 1-126  流入人口是否同意"按照老家的风俗习惯办事对我比较重要"

| | | 完全不同意 | | 不同意 | | 基本同意 | | 完全同意 | | 合计 | |
|---|---|---|---|---|---|---|---|---|---|---|---|
| | | N | % | N | % | N | % | N | % | N | % |
| 出生年代 | 老一辈 | 456 | 18.3 | 873 | 34.9 | 757 | 30.3 | 412 | 16.5 | 2498 | 100.0 |
| | 新生代 | 297 | 19.6 | 632 | 41.7 | 439 | 28.9 | 149 | 9.8 | 1517 | 100.0 |
| | 90后 | 199 | 20.2 | 454 | 46.2 | 254 | 25.8 | 76 | 7.7 | 983 | 100.0 |
| | 小计 | 952 | 19.0 | 1959 | 39.2 | 1450 | 29.0 | 637 | 12.7 | 4998 | 100.0 |
| 居住时长 | 1年以下 | 182 | 21.0 | 324 | 37.4 | 233 | 26.9 | 128 | 14.8 | 867 | 100.0 |
| | 1~3年 | 325 | 20.4 | 649 | 40.8 | 438 | 27.5 | 179 | 11.3 | 1591 | 100.0 |
| | 3~5年 | 171 | 18.1 | 380 | 40.3 | 286 | 30.3 | 106 | 11.2 | 943 | 100.0 |
| | 5~10年 | 192 | 18.1 | 430 | 40.6 | 318 | 30.0 | 120 | 11.3 | 1060 | 100.0 |
| | 10年及以上 | 82 | 15.2 | 176 | 32.7 | 175 | 32.5 | 105 | 19.5 | 538 | 100.0 |
| | 小计 | 952 | 19.0 | 1959 | 39.2 | 1450 | 29.0 | 638 | 12.8 | 4999 | 100.0 |

表 1-127 数据表明,13.6%的流入人口表示"我的卫生习惯与本地市民存在较大差别",有 86.4%的人不同意此观点。从三个年龄段来看,老一辈对此观点同意态度较高(17.3%),而 90 后最低(8.8%)。从居住时长来看,居住时间越久的人越觉得"我的卫生习惯与本地市民存在较大差别",其中 20.5%居住时长在 10 年及以上的流入人口同意此观点,占比最高。在流入地居住时间较久的老一辈流入人口在流出地老家生活的时间最长,形成的卫生习惯和市民差别较大。

表 1-127  流入人口是否同意"我的卫生习惯与本地市民存在较大差别"

| | | 完全不同意 | | 不同意 | | 基本同意 | | 完全同意 | | 合计 | |
|---|---|---|---|---|---|---|---|---|---|---|---|
| | | N | % | N | % | N | % | N | % | N | % |
| 出生年代 | 老一辈 | 960 | 38.4 | 1109 | 44.4 | 322 | 12.9 | 109 | 4.4 | 2500 | 100.0 |
| | 新生代 | 644 | 42.5 | 714 | 47.1 | 117 | 7.7 | 42 | 2.8 | 1517 | 100.0 |
| | 90后 | 427 | 43.5 | 468 | 47.7 | 60 | 6.1 | 27 | 2.7 | 982 | 100.0 |
| | 小计 | 2031 | 40.6 | 2291 | 45.8 | 499 | 10.0 | 178 | 3.6 | 4999 | 100.0 |
| 居住时长 | 1年以下 | 388 | 44.8 | 368 | 42.5 | 82 | 9.5 | 28 | 3.2 | 866 | 100.0 |
| | 1~3年 | 664 | 41.7 | 748 | 47.0 | 135 | 8.5 | 44 | 2.8 | 1591 | 100.0 |
| | 3~5年 | 387 | 41.0 | 445 | 47.2 | 83 | 8.8 | 28 | 3.0 | 943 | 100.0 |
| | 5~10年 | 389 | 36.7 | 506 | 47.7 | 124 | 11.7 | 42 | 4.0 | 1061 | 100.0 |
| | 10年及以上 | 203 | 37.7 | 225 | 41.8 | 74 | 13.8 | 36 | 6.7 | 538 | 100.0 |
| | 小计 | 2031 | 40.6 | 2292 | 45.8 | 498 | 10.0 | 178 | 3.6 | 4999 | 100.0 |

8.近 9 成流入人口觉得自己是本地人,流入人口对自己是本地人的身份认同感随着在流入地居住时间的延长而增强

表 1-128 数据表明,89.5%的流入人口表示"我觉得我已经是本地人了",有 10.5%

的人不同意此观点。从三个年龄段来看，老一辈对此观点同意态度较高，占17.3%。从居住时长来看，居住时间越短，越不同意此观点。居住时长在1年以下的流入人口有16.1%左右的人并不觉得自己已经是本地人了，占比最高。

表1-128 流入人口是否同意"我觉得我已经是本地人了"

|  |  | 完全不同意 |  | 不同意 |  | 基本同意 |  | 完全同意 |  | 合计 |  |
|---|---|---|---|---|---|---|---|---|---|---|---|
|  |  | N | % | N | % | N | % | N | % | N | % |
| 出生年代 | 老一辈 | 46 | 1.8 | 200 | 8.0 | 1004 | 40.2 | 1249 | 50.0 | 2499 | 100.0 |
|  | 新生代 | 28 | 1.8 | 141 | 9.3 | 653 | 43.0 | 695 | 45.8 | 1517 | 100.0 |
|  | 90后 | 25 | 2.5 | 83 | 8.4 | 470 | 47.8 | 405 | 41.2 | 983 | 100.0 |
|  | 小计 | 99 | 2.0 | 424 | 8.5 | 2127 | 42.5 | 2349 | 47.0 | 4999 | 100.0 |
| 居住时长 | 1年以下 | 36 | 4.2 | 103 | 11.9 | 375 | 43.3 | 352 | 40.6 | 866 | 100.0 |
|  | 1~3年 | 29 | 1.8 | 153 | 9.6 | 681 | 42.8 | 728 | 45.8 | 1591 | 100.0 |
|  | 3~5年 | 11 | 1.2 | 66 | 7.0 | 405 | 43.0 | 460 | 48.8 | 942 | 100.0 |
|  | 5~10年 | 17 | 1.6 | 70 | 6.6 | 477 | 44.9 | 498 | 46.9 | 1062 | 100.0 |
|  | 10年及以上 | 6 | 1.1 | 32 | 5.9 | 189 | 35.1 | 311 | 57.8 | 538 | 100.0 |
|  | 小计 | 99 | 2.0 | 424 | 8.5 | 2127 | 42.5 | 2349 | 47.0 | 4999 | 100.0 |

### 1.10.2 流动人口社会权益保障情况

**1.流入人口的96.1%享有医疗保险，新农合、城乡居民医疗保险和城镇职工医疗保险各占三成，一半以上有固定雇主的雇员在流入地享有城镇职工医疗保险**

4999名调查人群中无任何医疗保险的人占3.9%。表1-129数据表明，流入人口中29.9%的人参加了新型农村合作医疗保险，31.3%的人参加了城乡居民合作医疗保险，31.1%的人参加了城镇职工医疗保险，4.2%的人参加了城镇居民医疗保险，还有2.1%的人享有公费医疗。

表1-129 不同类型流入人口参加社会保障情况

| 就业身份 | 新型农村合作医疗保险(%) | 城乡居民合作医疗保险(%) | 城镇居民医疗保险(%) | 城镇职工医疗保险(%) | 公费医疗(%) |
|---|---|---|---|---|---|
| 有固定雇主的雇员 | 20.7 | 21.5 | 3.1 | 53.5 | 3.3 |
| 无固定雇主的雇员 | 39.0 | 43.8 | 5.0 | 6.4 | 0.0 |
| 雇主 | 34.7 | 35.9 | 8.9 | 13.7 | 0.7 |
| 自营劳动者 | 44.4 | 41.1 | 5.4 | 3.8 | 0.4 |
| 其他 | 16.2 | 14.7 | 3.3 | 60.3 | 12.3 |
| 小计 | 29.9 | 31.3 | 4.2 | 31.1 | 2.1 |

从就业身份方面来分析，一半以上的有固定雇主的雇员参加了城镇职工医疗保险，无固定雇主的雇员、雇主和自营劳动者均不同程度地以新农合和城乡居民合作医疗保险为

主。不同医疗保险的参保地点各有差异,新型农村合作医疗保险和城乡居民合作医疗保险主要参保地点是户籍地,城镇居民医疗保险、城镇职工医疗保险和公费医疗主要是在流入地(表1-130)。因此,一半以上有固定雇主的雇员在流入地参加了城镇居民医疗保险,其他就业身份流入人口在流入地参保的比例相对较少。

表1-130 流入人口各类医疗保险的参保地点

| 社会保障种类 | 本地 N | 本地 % | 户籍地 N | 户籍地 % | 其他地方 N | 其他地方 % | 合计 N | 合计 % |
|---|---|---|---|---|---|---|---|---|
| 新型农村合作医疗保险 | 205 | 13.7 | 1284 | 85.9 | 7 | 0.4 | 1495 | 100.0 |
| 城乡居民合作医疗保险 | 651 | 41.5 | 913 | 58.2 | 4 | 0.2 | 1567 | 100.0 |
| 城镇居民医疗保险 | 110 | 52.2 | 98 | 46.6 | 2 | 1.2 | 210 | 100.0 |
| 城镇职工医疗保险 | 1302 | 83.9 | 192 | 12.3 | 59 | 3.8 | 1553 | 100.0 |
| 公费医疗 | 75 | 72.0 | 21 | 20.7 | 8 | 7.3 | 104 | 100.0 |

2.近九成流入人口办理了个人社会保障卡,近一半流入人口没有办理暂住证/居住证,难以依法享有城镇基本公共服务和便利

表1-131数据表明,88.5%的流入人口已经办理了个人社会保障卡,而有6.8%的人有所耳闻,还有1.9%的人没办理。从就业身份来看,有固定雇主的雇员身份流动人口的办理率较高,达到了91.7%,而自营劳动者办理人占比最低,仅81.8%。

表1-131 不同类型流入人口办理个人社会保障卡情况

| | | 没办,没听说过 N | 没办,没听说过 % | 没办,但听说过 N | 没办,但听说过 % | 已经办理 N | 已经办理 % | 不清楚 N | 不清楚 % | 合计 N | 合计 % |
|---|---|---|---|---|---|---|---|---|---|---|---|
| 就业身份 | 有固定雇主的雇员 | 33 | 1.4 | 115 | 4.8 | 2172 | 91.7 | 48 | 2.0 | 2368 | 100.0 |
| | 无固定雇主的雇员 | 6 | 1.6 | 35 | 9.9 | 308 | 86.8 | 6 | 1.7 | 355 | 100.0 |
| | 雇主 | 4 | 2.1 | 21 | 10.9 | 162 | 84.0 | 6 | 3.0 | 193 | 100.0 |
| | 自营劳动者 | 27 | 3.3 | 86 | 10.4 | 672 | 81.8 | 37 | 4.5 | 822 | 100.0 |
| | 其他 | 0 | 0.0 | 1 | 1.6 | 43 | 93.9 | 2 | 4.5 | 46 | 100.0 |
| | 小计 | 97 | 1.9 | 340 | 6.8 | 4426 | 88.5 | 137 | 2.7 | 4999 | 100.0 |

表1-132数据显示,43.3%的流入人口办理了暂住证/居住证,还有49%的人没有办理暂住证/居住证。从出生年代来看,新生代流动人口办理暂住证/居住证的占比最高,为46.3%,而90后最低,为40.5%。从居住时长来看,居住3~5年的流入人口办理暂住证/居住证的占比最高,为48.6%,而居住在1年以下的人办理率最低,仅32.4%。从就业身份来看,自营劳动者办理暂住证/居住证的比例最高,50.1%,而有固定雇主的雇员身份流动人口办理此类证件的占比较低。

表1-132 不同类型流入人口办理暂住证/居住证情况

| | | 是 | | 否 | | 不清楚 | | 不合适 | | 合计 | |
|---|---|---|---|---|---|---|---|---|---|---|---|
| | | N | % | N | % | N | % | N | % | N | % |
| 出生年代 | 老一辈 | 1067 | 42.7 | 1213 | 48.5 | 55 | 2.2 | 164 | 6.6 | 2499 | 100.0 |
| | 新生代 | 702 | 46.3 | 722 | 47.6 | 19 | 1.3 | 74 | 4.9 | 1517 | 100.0 |
| | 90后 | 398 | 40.5 | 513 | 52.2 | 22 | 2.2 | 50 | 5.1 | 983 | 100.0 |
| | 小计 | 2167 | 43.3 | 2448 | 49.0 | 96 | 1.9 | 288 | 5.8 | 4999 | 100.0 |
| 居住时长 | 1年以下 | 281 | 32.4 | 496 | 57.3 | 17 | 2.0 | 72 | 8.3 | 866 | 100.0 |
| | 1~3年 | 673 | 42.3 | 793 | 49.8 | 33 | 2.1 | 92 | 5.8 | 1591 | 100.0 |
| | 3~5年 | 459 | 48.6 | 430 | 45.6 | 14 | 1.5 | 41 | 4.3 | 944 | 100.0 |
| | 5~10年 | 497 | 46.8 | 492 | 46.4 | 14 | 1.3 | 58 | 5.5 | 1061 | 100.0 |
| | 10年及以上 | 257 | 47.9 | 237 | 44.1 | 17 | 3.2 | 26 | 4.8 | 537 | 100.0 |
| | 小计 | 2167 | 43.3 | 2448 | 49.0 | 95 | 1.9 | 289 | 5.8 | 4999 | 100.0 |
| 就业身份 | 有固定雇主的雇员 | 1062 | 44.9 | 1148 | 48.5 | 40 | 1.7 | 117 | 4.9 | 2367 | 100.0 |
| | 无固定雇主的雇员 | 168 | 47.5 | 155 | 43.8 | 10 | 2.8 | 21 | 5.9 | 354 | 100.0 |
| | 雇主 | 92 | 47.9 | 85 | 44.3 | 4 | 2.1 | 11 | 5.7 | 192 | 100.0 |
| | 自营劳动者 | 411 | 50.1 | 351 | 42.8 | 14 | 1.7 | 45 | 5.5 | 821 | 100.0 |
| | 其他 | 17 | 37.8 | 26 | 57.8 | 0 | 0.0 | 2 | 4.4 | 45 | 100.0 |
| | 小计 | 1750 | 46.3 | 1765 | 46.7 | 68 | 1.8 | 196 | 5.2 | 3779 | 100.0 |

2016年11月1日，《重庆市居住证实施办法》正式实施，在渝登记且实际居住6个月以上，同时有合法稳定就业、合法稳定住所或连续就读即可申请，持证人将在渝依法享有义务教育、就业、住房、卫生、文化体育等10类基本公共服务，居住证持有人可享受选举与被选举、参与公共决策和社区事务管理等5类权利，以及满足条件可就地参加高考、在居住地应征入伍等9类便利。调查数据显示，重庆市接近一半的流入人口还没有办理暂住证/居住证，因此也难以依法享有应享有的基本公共服务和便利。

## 1.11 流动人口重点疾病流行影响因素

### 1.11.1 流动人口的居住环境

1.流入人口居住较为稳定，一半以上流入人口不曾搬家，90后、在流入地居住时间较短的流入人口搬家频次相对较高

表1-133数据表明，居住超过一个月的流入人口平均搬家0.64次，55.2%的流入人口未曾搬家，31.5%的流入人口搬过一次家，8.5%的人口搬了两次家，4.8%的人口搬家三次及以上。从出生年代来看，61.7%的老一辈流入人口未曾搬家，90后搬家较频繁，仅42.1%的人口未曾搬家，且20%的90后搬家次数在2次及以上。从居住时长来看，居住时间越

短，搬家频次越高。居住时长 1 年以下的人口仅有 19.5%的人未曾搬过家，居住 3 年以上的人口有 74%以上都未曾搬家。

表 1-133 不同类型流入人口的搬家频次

|  |  | 0 次 |  | 1 次 |  | 2 次 |  | 3 次及以上 |  | 合计 |  |
| --- | --- | --- | --- | --- | --- | --- | --- | --- | --- | --- | --- |
|  |  | N | % | N | % | N | % | N | % | N | % |
| 出生年代 | 老一辈 | 235 | 61.7 | 107 | 28.1 | 24 | 6.3 | 15 | 3.9 | 381 | 100.0 |
|  | 新生代 | 130 | 52.8 | 81 | 32.9 | 23 | 9.3 | 12 | 4.9 | 246 | 100.0 |
|  | 90 后 | 61 | 42.1 | 55 | 37.9 | 19 | 13.1 | 10 | 6.9 | 145 | 100.0 |
|  | 小计 | 426 | 55.2 | 243 | 31.5 | 66 | 8.5 | 37 | 4.8 | 772 | 100.0 |
| 居住时长 | 1 年以下 | 24 | 19.5 | 63 | 51.2 | 21 | 17.1 | 15 | 12.2 | 123 | 100.0 |
|  | 1~3 年 | 73 | 30.3 | 119 | 49.4 | 33 | 13.7 | 16 | 6.6 | 241 | 100.0 |
|  | 3~5 年 | 150 | 83.8 | 22 | 12.3 | 4 | 2.2 | 3 | 1.7 | 179 | 100.0 |
|  | 5~10 年 | 124 | 80.5 | 24 | 15.6 | 4 | 2.6 | 2 | 1.3 | 154 | 100.0 |
|  | 10 年及以上 | 54 | 74.0 | 14 | 19.2 | 4 | 5.5 | 1 | 1.4 | 73 | 100.0 |
|  | 小计 | 425 | 55.2 | 242 | 31.4 | 66 | 8.6 | 37 | 4.8 | 770 | 100.0 |

2.98%以上流入人口居住房屋类型为楼房且未与外人合住，90 后与外人合住的比例较高，雇主的居住面积较大

表 1-134 和表 1-135 数据表明，98%以上的流入人口居住楼房，93.7%的人没有与外人合租，平均居住面积为 64.9 平方米。居住房屋类型在不同出生年代和不同就业身份流入人口之间的差异不大。但 90 后流入人口与外人合租的占比最高，达 14.6%，新生代和老一辈与外人合租房屋的占比均不到 5%。居住面积方面，雇主身份流入人口的居住面积(79.2平方米)最大，其余身份流入人口的居住面积均不到 65 平方米。

表 1-134 不同类型流入人口所住房屋类型

|  |  | 楼房 |  | 平房 |  | 工棚 |  | 地下室 |  | 其他 |  | 合计 |  |
| --- | --- | --- | --- | --- | --- | --- | --- | --- | --- | --- | --- | --- | --- |
|  |  | N | % | N | % | N | % | N | % | N | % | N | % |
| 出生年代 | 老一辈 | 374 | 98.0 | 6 | 1.5 | 1 | 0.2 | 0 | 0.0 | 1 | 0.2 | 382 | 100.0 |
|  | 新生代 | 244 | 99.5 | 1 | 0.2 | 0 | 0.0 | 1 | 0.3 | 0 | 0.0 | 246 | 100.0 |
|  | 90 后 | 143 | 98.7 | 1 | 0.9 | 0 | 0.0 | 0 | 0.0 | 0 | 0.4 | 143 | 100.0 |
|  | 小计 | 761 | 98.6 | 8 | 1.0 | 1 | 0.1 | 1 | 0.1 | 1 | 0.1 | 772 | 100.0 |
| 就业身份 | 有固定雇主的雇员 | 320 | 98.8 | 2 | 0.6 | 1 | 0.3 | 0 | 0.0 | 1 | 0.3 | 324 | 100.0 |
|  | 无固定雇主的雇员 | 51 | 96.2 | 1 | 1.9 | 0 | 0.0 | 1 | 1.9 | 0 | 0.0 | 53 | 100.0 |
|  | 雇主 | 35 | 97.2 | 1 | 2.8 | 0 | 0.0 | 0 | 0.0 | 0 | 0.0 | 36 | 100.0 |
|  | 自营劳动者 | 158 | 98.1 | 2 | 1.2 | 0 | 0.0 | 0 | 0.0 | 1 | 0.6 | 161 | 100.0 |
|  | 其他 | 5 | 83.3 | 1 | 16.7 | 0 | 0.0 | 0 | 0.0 | 0 | 0.0 | 6 | 100.0 |
|  | 小计 | 569 | 98.1 | 7 | 1.2 | 1 | 0.2 | 1 | 0.2 | 2 | 0.3 | 580 | 100.0 |

表 1-135　不同类型流入人口所住房屋面积及与外人合租情况

| | | 是否与外人合租 | | | | | | 居住面积（平方米） |
|---|---|---|---|---|---|---|---|---|
| | | 是 | | 否 | | 合计 | | |
| | | N | % | N | % | N | % | |
| 出生年代 | 老一辈 | 18 | 4.7 | 363 | 95.0 | 382 | 100.0 | 62.3 |
| | 新生代 | 10 | 4.1 | 236 | 95.9 | 246 | 100.0 | 68.3 |
| | 90后 | 21 | 14.6 | 124 | 86.1 | 144 | 100.0 | 66.2 |
| | 小计 | 49 | 6.3 | 723 | 93.7 | 772 | 100.0 | 64.9 |
| 就业身份 | 有固定雇主的雇员 | 32 | 9.9 | 291 | 90.1 | 323 | 100.0 | 63.7 |
| | 无固定雇主的雇员 | 3 | 5.8 | 49 | 94.2 | 52 | 100.0 | 64.7 |
| | 雇主 | 2 | 5.6 | 34 | 94.4 | 36 | 100.0 | 79.2 |
| | 自营劳动者 | 6 | 3.8 | 154 | 96.3 | 160 | 100.0 | 61.0 |
| | 其他 | 1 | 16.7 | 5 | 83.3 | 6 | 100.0 | 55.3 |
| | 小计 | 44 | 7.6 | 533 | 92.4 | 577 | 100.0 | 64.9 |

**3. 九成流动人口每天都室内通风，有 5.7%的人使用空气净化器，90 后、文化程度高的流入人口使用空气净化器较多**

表 1-136 数据表明，90%的流入人口会每天都室内通风，9.5%的人经常通风，仅有 0.1%的人从不通风。

表 1-136　流入人口的室内通风情况

| | N | % |
|---|---|---|
| 每天都通风 | 692 | 90.0 |
| 经常通风 | 73 | 9.5 |
| 偶尔通风 | 6 | 0.8 |
| 从不通风 | 1 | 0.1 |
| 合计 | 772 | 100.0 |

表 1-137 数据表明，94.3%的流入人口都不使用空气净化器，仅有 5.7%的人使用空气净化器。2017 年重庆市全市空气质量优良天数为 268 天，同比增加 4 天，为 5 年来最好，因此重庆市使用空气净化器的人员并不多。从出生年代来看，新生代流入人口使用空气净化器的占比最高，为 7.3%，而老一辈流入人口使用空气净化器的占比最低，为 4.5%。从文化程度来看，学历越高的人使用空气净化器的人越多，33.3%的研究生文化程度的流入人口使用空气净化器，小学文化程度以下的流入人口仅有 5%左右的人使用空气净化器。

表1-137 不同类型流入人口空气净化器的使用情况

|  |  | 是 | | 否 | | 合计 | |
|---|---|---|---|---|---|---|---|
|  |  | N | % | N | % | N | % |
| 出生年代 | 老一辈 | 17 | 4.5 | 365 | 95.8 | 381 | 100.0 |
|  | 新生代 | 18 | 7.3 | 228 | 92.7 | 246 | 100.0 |
|  | 90后 | 10 | 6.9 | 134 | 93.1 | 144 | 100.0 |
|  | 小计 | 45 | 5.8 | 727 | 94.2 | 772 | 100.0 |
| 文化程度 | 未上过小学 | 1 | 5.6 | 17 | 94.4 | 18 | 100.0 |
|  | 小学 | 4 | 3.2 | 121 | 96.8 | 125 | 100.0 |
|  | 初中 | 16 | 5.9 | 256 | 94.1 | 272 | 100.0 |
|  | 高中/中专 | 10 | 5.8 | 163 | 94.2 | 173 | 100.0 |
|  | 大学专科 | 8 | 7.1 | 105 | 92.9 | 113 | 100.0 |
|  | 大学本科 | 3 | 4.6 | 62 | 95.4 | 65 | 100.0 |
|  | 研究生 | 2 | 33.3 | 4 | 66.7 | 6 | 100.0 |
|  | 合计 | 44 | 5.7 | 728 | 94.3 | 772 | 100.0 |

**4. 九成左右的流入人口使用的厕所类型是户内蹲式，近两成是户内坐式**

表1-138数据表明，89.7%的流入人口使用户内蹲式厕所，17.8%的人使用的户内坐式，1.8%的人使用户外共用冲水式，0.1%的人使用的是户外共用旱厕。

表1-138 流入人口居住房屋的厕所类型构成（多选）

| 厕所类型 | N | 应答人数(%) | 应答次数(%) |
|---|---|---|---|
| 户内坐式 | 138 | 16.3 | 17.8 |
| 户内蹲式 | 693 | 82.0 | 89.7 |
| 户外共用冲水式 | 14 | 1.6 | 1.8 |
| 户外共用旱厕 | 1 | 0.1 | 0.1 |
| 合计 | 845 | 100.0 | 109.4 |

**5. 一半以上流入人口所住小区蚊子多，近1/4流入人口居住小区中经常有蟑螂蝇鼠**

表1-139数据表明，在流入人口居住的小区中，52%的人表示蚊子多，48%的人表示蚊子较少。21.7%的人表示经常有蟑螂、苍蝇或老鼠出没在小区中，还有23.1%的人表示基本没有蟑螂蝇鼠。

表1-139 流入人口居住小区的蚊虫情况

|  | 所在小区蚊虫情况 | N | % |
|---|---|---|---|
| 蚊子情况 | 非常多 | 94 | 12.2 |
|  | 多 | 307 | 39.8 |
|  | 不多 | 341 | 44.1 |
|  | 基本没有 | 30 | 3.9 |
|  | 合计 | 772 | 100.0 |

续表

| | 所在小区蚊虫情况 | N | % |
|---|---|---|---|
| 蟑螂、苍蝇或老鼠情况 | 经常有 | 167 | 21.7 |
| | 偶尔有 | 427 | 55.3 |
| | 基本没有 | 178 | 23.1 |
| | 合计 | 772 | 100.0 |

**6.约85%的流入人口家庭没有饲养任何动物**

表1-140数据表明,84.9%的流入人口家中没有饲养动物;5.3%的人养狗,且100%都给狗打了疫苗;4.8%的人家中养猫,仅有41.2%的人给猫打疫苗。

表1-140 一年内流入人口家中饲养动物情况(多选)

| 动物类型 | N | 应答人数/(%) | 应答次数/(%) |
|---|---|---|---|
| 猫 | 37 | 4.7 | 4.8 |
| 狗 | 41 | 5.2 | 5.3 |
| 鸟 | 4 | 0.5 | 0.5 |
| 乌龟 | 16 | 2.0 | 2.0 |
| 鱼 | 25 | 3.2 | 3.3 |
| 昆虫 | 1 | 0.1 | 0.1 |
| 兔子 | 4 | 0.5 | 0.5 |
| 其他 | 2 | 0.3 | 0.3 |
| 无 | 656 | 83.5 | 84.9 |
| 合计 | 785 | 100.0 | 101.7 |

### 1.11.2 流动人口的饮食

**1.流入人口的一日三餐主要以在家自做/带饭为主,但早餐在街边摊、中餐在快餐店就餐的比例均在10%以上**

表1-141数据表明,72.5%的流入人口的早餐形式为在家自做/带饭,仅有2.2%的人不吃早餐。从出生年代来看,八成老一辈流入人口早餐在家自做/带饭,年轻一代流入人口除了在家自做/带饭,街边摊也是他们的主要选择。从就业身份来看,有固定雇主的雇员早餐就餐形式以在家自做/带饭、街边摊和单位食堂为主。有固定雇主的雇员虽然有单位食堂可以提供早餐,但是也还有17.6%的雇员去街边摊吃早餐,其卫生情况令人担忧。无固定雇主的雇员、自营劳动者由于时间较为自由,均以在家自做/带饭为主,雇主则以在家自做/带饭和外卖为主。

表 1-141　不同类型流入人口的早餐就餐形式

| | 早餐就餐形式 | 调查人数 | 在家自做/带饭(%) | 单位食堂(%) | 外卖(%) | 街边摊(%) | 快餐店(%) | 不吃(%) |
|---|---|---|---|---|---|---|---|---|
| 出生年代 | 老一辈 | 381 | 82.9 | 3.4 | 1.8 | 7.3 | 3.7 | 0.8 |
| | 新生代 | 246 | 67.5 | 6.9 | 5.3 | 12.6 | 5.3 | 2.4 |
| | 90后 | 145 | 53.8 | 8.3 | 6.9 | 18.6 | 6.9 | 5.5 |
| | 小计 | 772 | 72.5 | 5.4 | 3.9 | 11.1 | 4.8 | 2.2 |
| 就业身份 | 有固定雇主的雇员 | 323 | 56.7 | 12.4 | 4.6 | 17.6 | 6.2 | 2.5 |
| | 无固定雇主的雇员 | 53 | 75.5 | 1.9 | 1.9 | 7.5 | 9.4 | 3.8 |
| | 雇主 | 36 | 63.9 | 5.6 | 11.1 | 5.6 | 8.3 | 5.6 |
| | 自营劳动者 | 161 | 82.0 | 0.0 | 3.7 | 9.9 | 3.1 | 1.2 |
| | 其他 | 6 | 66.7 | 0.0 | 16.7 | 16.7 | 0.0 | 0.0 |
| | 小计 | 579 | 66.0 | 7.4 | 4.7 | 13.8 | 5.7 | 2.4 |

表 1-142 数据表明，60.2%的流入人口的中餐形式为在家自做/带饭，18.8%的人在单位食堂吃中餐，10.4%的选择在快餐店吃中餐。从出生年代来看，老一辈流入人口中餐主要是在家自做/带饭(72.7%)，年轻一代流入人口除了以在家自做/带饭为主(50%左右)，在单位食堂和快餐店就餐的也比较多。从就业身份来看，有固定雇主的雇员中餐形式有12.7%在快餐店，无固定雇主的雇员中有近20%的在街边摊吃中餐，雇主中有22.2%选择在快餐店吃中餐，街边摊与快餐店所售餐饮的卫生监管需要加强，营养与卫生条件匮乏对流入人口健康的负面影响也不容忽视。

表 1-142　不同类型流入人口的中餐就餐形式

| | 中餐就餐形式 | 调查人数 | 在家自做/带饭(%) | 单位食堂(%) | 外卖(%) | 街边摊(%) | 快餐店(%) | 不吃(%) |
|---|---|---|---|---|---|---|---|---|
| 出生年代 | 老一辈 | 381 | 72.7 | 12.1 | 1.8 | 5.8 | 7.6 | 0.0 |
| | 新生代 | 246 | 49.0 | 24.5 | 8.6 | 6.1 | 11.8 | 0.0 |
| | 90后 | 145 | 46.2 | 26.9 | 8.3 | 2.8 | 15.2 | 0.7 |
| | 小计 | 772 | 60.2 | 18.8 | 5.2 | 5.3 | 10.4 | 0.1 |
| 就业身份 | 有固定雇主的雇员 | 323 | 35.2 | 39.8 | 6.8 | 5.6 | 12.7 | 0.0 |
| | 无固定雇主的雇员 | 53 | 49.0 | 11.8 | 3.9 | 19.6 | 15.7 | 0.0 |
| | 雇主 | 36 | 47.2 | 8.3 | 13.9 | 8.3 | 22.2 | 0.0 |
| | 自营劳动者 | 161 | 79.5 | 1.9 | 4.3 | 5.0 | 9.3 | 0.0 |
| | 其他 | 6 | 66.7 | 0.0 | 0.0 | 16.7 | 16.7 | 0.0 |
| | 小计 | 579 | 49.8 | 24.4 | 6.2 | 6.9 | 12.6 | 0.0 |

表 1-143 数据表明，90%的流入人口的晚餐形式为在家自做/带饭，5.7%的人在单位食堂吃晚餐。从出生年代来看，93.7%的老一辈流入人口晚餐主要是在家自做/带饭，90后流入人口以在家自做/带饭为主，其次为单位食堂(占比 13.3%)。从就业身份来看，83.9%的

有固定雇主的员工身份的流入人口在家自做/带饭，10.8%的人在单位食堂吃晚餐。无固定雇主的员工、雇主、自营劳动者身份流入人口的晚餐形式均以在家自做/带饭为主。

表1-143 不同类型流入人口的晚餐就餐形式

| | 晚餐就餐形式 | 调查人数 | 在家自做/带饭(%) | 单位食堂(%) | 外卖(%) | 街边摊(%) | 快餐店(%) | 不吃(%) |
|---|---|---|---|---|---|---|---|---|
| 出生年代 | 老一辈 | 381 | 93.7 | 3.9 | 0.5 | 1.0 | 0.8 | 0.0 |
| | 新生代 | 246 | 89.8 | 4.1 | 1.2 | 2.0 | 2.4 | 0.4 |
| | 90后 | 145 | 80.4 | 13.3 | 1.4 | 2.1 | 2.1 | 0.7 |
| | 小计 | 772 | 90.0 | 5.7 | 0.9 | 1.6 | 1.6 | 0.3 |
| 就业身份 | 有固定雇主的雇员 | 323 | 83.9 | 10.8 | 1.2 | 1.9 | 1.9 | 0.3 |
| | 无固定雇主的雇员 | 53 | 88.5 | 3.8 | 0.0 | 3.8 | 1.9 | 1.9 |
| | 雇主 | 36 | 91.7 | 5.6 | 2.8 | 0.0 | 0.0 | 0.0 |
| | 自营劳动者 | 161 | 93.1 | 1.3 | 1.3 | 1.3 | 2.5 | 0.6 |
| | 其他 | 6 | 83.3 | 0.0 | 0.0 | 16.7 | 0.0 | 0.0 |
| | 小计 | 579 | 87.3 | 7.1 | 1.2 | 1.9 | 1.9 | 0.5 |

**2.九成左右流入人群不接触天然水，平时饮用烧开的自来水，年轻一代饮用桶装水、自家有水净化设施/措施的比例较多、饮用水烧开的比例较低**

表1-144数据显示，90.8%的流入人群平时不接触天然水，7.7%的人接触河水，3.8%的人接触井水。

表1-144 流入人群接触的天然水类型

| 天然水类型 | N | 应答人数/(%) | 应答次数/(%) |
|---|---|---|---|
| 井水 | 29 | 3.6 | 3.8 |
| 河水 | 59 | 7.3 | 7.7 |
| 池塘水 | 16 | 2.0 | 2.1 |
| 水窖水 | 6 | 0.7 | 0.7 |
| 海水 | 5 | 0.7 | 0.7 |
| 不接触 | 701 | 85.8 | 90.8 |
| 合计 | 817 | 100.0 | 105.9 |

表1-145数据表明，89.5%的流入人群平时的饮水类型是自来水，10.2%的人是桶装水。从出生年代来看，94%的老一辈流入人群平水饮水为自来水，79.2%的90后流入人口平时饮水为自来水，还有20.1%的90后饮水类型为桶装水。进一步分析发现，12.7%的流入人口有水净化设施/措施，从出生年代来看，10.2%老一辈流入人口有水净化设施/措施，16.7%的新生代有水净化设施/措施，而90后占比为12.5%。

表 1-145　不同出生年代流入人群平时饮水类型

| 出生年代 | 自来水 N | 自来水 % | 桶装水 N | 桶装水 % | 其他 N | 其他 % | 合计 N | 合计 % |
|---|---|---|---|---|---|---|---|---|
| 老一辈 | 358 | 94.0 | 22 | 5.8 | 1 | 0.3 | 381 | 100.0 |
| 新生代 | 218 | 88.6 | 28 | 11.4 | 0 | 0.0 | 246 | 100.0 |
| 90 后 | 114 | 79.2 | 29 | 20.1 | 1 | 0.7 | 144 | 100.0 |
| 合计 | 690 | 89.5 | 79 | 10.2 | 2 | 0.3 | 771 | 100.0 |

表 1-146 数据表明，96.9%的流入人群平时总是烧开之后饮用，老一辈烧开饮用水的比例更高。

表 1-146　不同出生年代流入人群平时饮用水是否烧开

| 出生年代 | 总是烧开 N | 总是烧开 % | 偶尔不烧 N | 偶尔不烧 % | 从不烧 N | 从不烧 % | 合计 N | 合计 % |
|---|---|---|---|---|---|---|---|---|
| 老一辈 | 374 | 98.2 | 4 | 1.0 | 3 | 0.8 | 381 | 100.0 |
| 新生代 | 237 | 96.0 | 8 | 3.2 | 2 | 0.8 | 247 | 100.0 |
| 90 后 | 137 | 95.1 | 6 | 4.2 | 1 | 0.7 | 144 | 100.0 |
| 合计 | 748 | 96.9 | 18 | 2.3 | 6 | 0.8 | 772 | 100.0 |

3.九成流入人口不经常在外吃凉菜，一半以上流入人口做饭时生菜和熟菜刀和砧板都分开

表 1-147 数据表明，仅有 2.4%的流入人口经常吃外面卖的凉菜。从出生年代来看，年轻一代在外吃凉菜的比例比老一辈多 1 个多百分点。

表 1-147　不同出生年代流入人群在外吃凉菜频次

| 出生年代 | 调查人数 | 每天吃(%) | 经常吃(%) | 偶尔吃(%) | 很少吃(%) | 从不吃(%) |
|---|---|---|---|---|---|---|
| 老一辈 | 381 | 0.0 | 1.8 | 27.3 | 50.1 | 20.7 |
| 新生代 | 246 | 0.4 | 2.8 | 50.0 | 37.0 | 9.8 |
| 90 后 | 145 | 0.0 | 2.8 | 50.3 | 36.6 | 10.3 |
| 合计 | 772 | 0.1 | 2.3 | 38.9 | 43.4 | 15.3 |

表 1-148 数据表明，57.2%的流入人口在做饭时生菜和熟菜刀和砧板都分开，还有 35.7%的人刀和砧板都不分，老一辈和年轻一代差异不明显。

表 1-148　不同出生年代流入人群做饭时是否生熟分开

| 出生年代 | 调查人数 | 刀和砧板都分开(%) | 刀分开(%) | 砧板分开(%) | 不分(%) | 不做饭(%) |
|---|---|---|---|---|---|---|
| 老一辈 | 381 | 58.5 | 1.8 | 2.6 | 35.2 | 1.8 |
| 新生代 | 246 | 57.7 | 0.8 | 1.2 | 37.0 | 3.3 |
| 90 后 | 145 | 52.8 | 2.1 | 0.7 | 34.7 | 9.7 |
| 合计 | 772 | 57.2 | 1.6 | 1.8 | 35.7 | 3.8 |

### 1.11.3 流动人口生活卫生及疫苗等

**1.三成流入人口和他人共用洗脸盆，一成流入人口和他人共用水杯，要谨防生活用品共用可能带来的疾病交叉感染**

表 1-149 数据显示，92%的流入人群不与他人共用洗脸毛巾，分性别来看，女性共用洗脸毛巾的比例高于男性 0.9 个百分点。59.7%的人不与他人共用洗脸盆，分性别来看，男性共用洗脸盆的比例高于女性 2.9 个百分点。55.7%的人不与他人共用剃须刀，男性中 93.6%的人不与他人共用剃须刀。86.8%的人不与他人共用水杯，然而女性共用水杯的人比男性高 2.8 个百分点。分析表明，重庆市流入人口共用日常生活用品的比例不高，但仍要谨防少部分人口共用生活用品可能带来的疾病交叉感染问题。

表 1-149　不同性别流入人群与他人共用洗脸毛巾/洗脸盆/剃须刀/水杯情况

|  |  | 男 N | 男 % | 女 N | 女 % | 合计 N | 合计 % |
|---|---|---|---|---|---|---|---|
| 共用洗脸毛巾 | 是 | 29 | 7.5 | 33 | 8.4 | 62 | 8.0 |
|  | 否 | 352 | 92.5 | 359 | 91.6 | 710 | 92.0 |
|  | 小计 | 380 | 100.0 | 392 | 100.0 | 772 | 100.0 |
| 共用洗脸盆 | 是 | 124 | 32.5 | 116 | 29.6 | 240 | 31.0 |
|  | 否 | 224 | 58.8 | 237 | 60.5 | 461 | 59.7 |
|  | 不使用脸盆 | 33 | 8.7 | 39 | 9.8 | 72 | 9.3 |
|  | 小计 | 380 | 100.0 | 392 | 100.0 | 772 | 100.0 |
| 共用剃须刀 | 是 | 20 | 5.2 | 0 | 0.0 | 20 | 2.5 |
|  | 否 | 356 | 93.6 | 74 | 18.8 | 430 | 55.7 |
|  | 不适用 | 5 | 1.2 | 318 | 81.2 | 323 | 41.8 |
|  | 小计 | 380 | 100.0 | 392 | 100.0 | 772 | 100.0 |
| 共用水杯 | 是 | 45 | 11.8 | 57 | 14.6 | 102 | 13.2 |
|  | 否 | 335 | 88.2 | 335 | 85.4 | 670 | 86.8 |
|  | 小计 | 380 | 100.0 | 392 | 100.0 | 772 | 100.0 |

**2.流入人口接种疫苗类型最多的为乙肝疫苗，年轻一代接种疫苗的比例相对较高，九成流入人口家庭给孩子接种了疫苗且从无漏种**

表 1-150 数据显示，流入人群接种的疫苗主要为乙肝疫苗、甲肝疫苗和流感疫苗，分别占 34.8%、16.1%和 10.8%。还有 39.1%的人不清楚疫苗情况，22.8%的人未接种疫苗。分不同出生年代来看，年轻一代接种疫苗的比例明显高于老一辈流入人口。

表 1-150　不同出生年代流入人群接种疫苗类型

| 疫苗种类 | 老一辈 N | 老一辈 % | 新生代 N | 新生代 % | 90后 N | 90后 % | 合计 N | 合计 % |
|---|---|---|---|---|---|---|---|---|
| 乙肝疫苗 | 96 | 25.3 | 103 | 41.9 | 69 | 47.8 | 268 | 34.8 |
| 甲肝疫苗 | 47 | 12.2 | 42 | 17.2 | 35 | 24.6 | 125 | 16.1 |
| 流感疫苗 | 28 | 7.3 | 31 | 12.8 | 24 | 16.7 | 83 | 10.8 |
| 百日咳疫苗 | 9 | 2.4 | 23 | 9.3 | 15 | 10.3 | 47 | 6.1 |
| 乙脑疫苗 | 15 | 3.9 | 22 | 8.9 | 14 | 9.9 | 51 | 6.6 |
| 狂犬病疫苗 | 18 | 4.7 | 13 | 5.2 | 14 | 9.4 | 44 | 5.7 |
| 流脑疫苗 | 9 | 2.5 | 16 | 6.3 | 11 | 7.9 | 36 | 4.7 |
| 出血热疫苗 | 3 | 0.7 | 9 | 3.5 | 6 | 3.8 | 17 | 2.2 |
| 破伤风疫苗 | 15 | 3.9 | 14 | 5.7 | 15 | 10.5 | 44 | 5.7 |
| 未接种 | 122 | 31.9 | 34 | 13.9 | 20 | 13.6 | 176 | 22.8 |
| 不清楚 | 148 | 38.9 | 103 | 41.8 | 51 | 35.1 | 302 | 39.1 |
| 合计 | 510 | 133.8 | 410 | 166.5 | 274 | 189.6 | 1194 | 154.6 |

表 1-151 数据显示，有 44.1%流入人群家中的孩子接种了疫苗且从无漏种。在有孩子且孩子小于等于 7 岁的流入人口家庭中，给孩子接种了疫苗且从无漏种的比例达 91.7%。

表 1-151　流入人群家中孩子接种疫苗情况

| 孩子疫苗接种情况 | N | % |
|---|---|---|
| 无孩子或孩子大于 7 岁 | 401 | 51.9 |
| 是，且从无漏种 | 341 | 44.1 |
| 是，但偶尔有漏种 | 21 | 2.7 |
| 很少按要求接种 | 3 | 0.3 |
| 从未接种 | 6 | 0.8 |
| 无疫苗接种卡 | 1 | 0.1 |
| 合计 | 772 | 100 |

## 1.12　流动人口社区管理情况

本次调查统计时间截至 2016 年底，抽样调查了 32 个区县的 229 个社区，其中主城区共抽查 10 个区的 173 个社区(占样本社区的 75.5%)，非主城区共抽查 22 个区县的 56 个社区(占样本社区的 24.5%)。主城区社区中，九龙坡区社区占 20.1%，渝北区社区占 9.2%，沙坪坝区社区占 9.6%，南岸区社区占 7.9%，巴南区社区占 7%，渝中区社区占 5.2%，两江新区社区占 3.9%，江北区社区占 5.2%，北碚区社区占 4.8%，大渡口区社区占 2.6%。

## 1.12.1 调查社区基本情况

1.2016 年调查社区流入人口规模占户籍人口比是 2012 年的 1.92 倍,主城区的两江新区是流入人口的主要接收地,江北区和渝中区户籍人口规模最大

由表 1-152 和表 1-153 可见,本次 229 个抽样社区中,2012 年底户籍人口总计为 1134211 人,流入人口为 373772 人,流入人口规模是户籍人口的 32.95%;2016 年底户籍人口总计为 1328102 人,流入人口为 841735 人,流入人口规模占比是户籍人口的 63.38%,是 2012 年的 1.92 倍。

表 1-152　2012 年底社区人口基本情况

| 区域划分 | 调查社区数 | 户籍人口 总数 | 户籍人口 每社区平均人口数 | 流入人口 总数 | 流入人口 每社区平均人口数 |
| --- | --- | --- | --- | --- | --- |
| 主城区 | 173 | 801062 | 4630 | 332036 | 1919 |
| 渝中区 | 12 | 88926 | 7411 | 17985 | 1499 |
| 大渡口区 | 6 | 17675 | 2946 | 6231 | 1039 |
| 江北区 | 12 | 83012 | 6918 | 20731 | 1728 |
| 沙坪坝区 | 22 | 84037 | 3820 | 21635 | 983 |
| 九龙坡区 | 46 | 222797 | 4843 | 101180 | 2200 |
| 南岸区 | 18 | 116363 | 6465 | 23515 | 1306 |
| 北碚区 | 11 | 45148 | 4104 | 10860 | 987 |
| 渝北区 | 21 | 60331 | 2873 | 34824 | 1658 |
| 巴南区 | 16 | 55950 | 3497 | 28828 | 1802 |
| 两江新区 | 9 | 26823 | 2980 | 66247 | 7361 |
| 非主城区 | 56 | 333149 | 5949 | 41736 | 745 |
| 小计 | 229 | 1134211 | 4953 | 373772 | 1632 |

表 1-153　2016 年底社区人口基本情况

| 区域划分 | 调查社区数 | 户籍人口 总数 | 户籍人口 每社区平均人口数 | 流入人口 总数 | 流入人口 每社区平均人口数 |
| --- | --- | --- | --- | --- | --- |
| 主城区 | 173 | 953749 | 5513 | 707829 | 4091 |
| 渝中区 | 12 | 89522 | 7460 | 27742 | 2312 |
| 大渡口区 | 6 | 17715 | 2953 | 7774 | 1296 |
| 江北区 | 12 | 92787 | 7732 | 35798 | 2983 |
| 沙坪坝区 | 22 | 115761 | 5262 | 32536 | 1479 |
| 九龙坡区 | 46 | 256586 | 5578 | 217975 | 4739 |
| 南岸区 | 18 | 129955 | 7220 | 89583 | 4977 |
| 北碚区 | 11 | 61340 | 5576 | 45127 | 4102 |
| 渝北区 | 21 | 92080 | 4385 | 75363 | 3589 |

续表

| 区域划分 | 调查社区数 | 户籍人口 总数 | 户籍人口 每社区平均人口数 | 流入人口 总数 | 流入人口 每社区平均人口数 |
| --- | --- | --- | --- | --- | --- |
| 巴南区 | 16 | 61663 | 3854 | 82083 | 5130 |
| 两江新区 | 9 | 36340 | 4038 | 93848 | 10428 |
| 非主城区 | 56 | 374353 | 6685 | 133906 | 2391 |
| 小计 | 229 | 1328102 | 5800 | 841735 | 3676 |

分区域比较，2012年底主城区的户籍人口数801062人，流入人口332036人，流入人口规模是户籍人口的41.45%；非主城区的户籍人口数333149人，流入人口41736人，流入人口规模是户籍人口的12.52%。2016年底主城区的户籍人口数953749人，流入人口707829人，流入人口规模是户籍人口的74.21%，是2012年底的1.79倍；非主城区的户籍人口数374353人，流入人口133906人，流入人口规模是户籍人口的35.77%，是2012年底的2.86倍。

对主城区分区县来看，2012年底渝中区的社区平均户籍人口数7411人，位于第一位；江北区的社区平均户籍人口数6918人，位于第二位；2016年底江北区的社区平均户籍人口数7732人，位于第一位；而渝中区的社区平均户籍人口数7460人，位于第二位。2012年底和2016年底两江新区的社区平均流入人口数均远远高于其他区县，分别为7361人和10428人。

《2013年重庆统计年鉴》数据表明，2012年重庆市65岁及以上人口占比为11.58%，本次抽样社区户籍人口中65岁及以上老人占比为14.3%，已超过了2012年全市占比值，然而流入人口中65岁及以上人口占比为7.5%，远低于全市老龄人占比。2017年重庆统计年鉴数据表明，2016年重庆市65岁及以上人口占比为12.53%，本次抽样社区户籍人口中65岁及以上老人占比为14.6%，已超过了2016年全市占比值，略高于2012年抽样社区户籍老人占比，然而流入人口中65岁及以上人口占比为6.6%，低于2012年抽样社区流入老人占比，也远低于全市老龄人占比。数据表明，从现况来看，作为年轻劳动力的流入人口缓解了城市严峻的人口老龄化问题，但是，随着流入人口的年龄老化趋势，未来城市社区将可能承载更多的城乡"二元养老人群"，成为社区养老亟待解决的关键问题。

2.调查社区中主城区的行政区划面积远远小于非主城区

由表1-154可知，重庆市社区行政区划平均面积为2.47平方公里（1公里=1千米），主城区社区行政区划平均面积为1.82平方公里，其中沙坪坝区平均面积最大（7.02平方公里），渝中区最小（0.3平方公里）；非主城区社区行政区划平均面积为4.46平方公里。

表1-154 社区行政区划面积情况

| 区域划分 | 调查社区数 | 平均面积（平方公里） |
| --- | --- | --- |
| 主城区 | 173 | 1.82 |
| 渝中区 | 12 | 0.30 |
| 大渡口区 | 6 | 0.71 |

续表

| 区域划分 | 调查社区数 | 平均面积(平方公里) |
|---|---|---|
| 江北区 | 12 | 0.78 |
| 沙坪坝区 | 22 | 7.02 |
| 九龙坡区 | 46 | 1.03 |
| 南岸区 | 18 | 1.18 |
| 北碚区 | 11 | 1.78 |
| 渝北区 | 21 | 0.61 |
| 巴南区 | 16 | 1.69 |
| 两江新区 | 9 | 1.81 |
| 非主城区 | 56 | 4.46 |
| 小计 | 229 | 2.47 |

**3.调查社区流入人口主要集中在集贸市场、连片出租屋和建筑工地**

由表1-155可知，流入人口比较集中场所主要为集贸市场(57.4%)、连片出租屋(28.4%)和建筑工地(26.5%)，这一结果与大部分流入人口从事传统五大行业的分布较为一致。

表1-155　本村/居流动人口比较集中的场所

| 居住/工作场所 | $N$ | 应答次数(%) | 应答人数(%) |
|---|---|---|---|
| 连片出租屋 | 58 | 15.8 | 28.4 |
| 工业园区 | 21 | 5.7 | 10.3 |
| 集贸市场 | 117 | 31.8 | 57.4 |
| 较大企业/工厂 | 31 | 8.4 | 15.2 |
| 流动人口宿舍 | 28 | 7.6 | 13.7 |
| 建筑工地 | 54 | 14.7 | 26.5 |
| 开发区 | 12 | 3.3 | 5.9 |
| 小区 | 47 | 12.8 | 23.0 |
| 合计 | 368 | 100.0 | 180.4 |

**4.调查社区拥有的设施主要为公告栏、小商店/小卖部和图书室**

由表1-156可知，流动人口生活场所中主要的设施有村/居公告栏(98.7%)、小商店/小卖部(97.8%)和图书室(92.1%)。

表1-156　本村/居拥有的设施

| 社区设施 | $N$ | 应答次数(%) | 应答人数(%) |
|---|---|---|---|
| 小商店/小卖部 | 224 | 9.5 | 97.8 |
| 幼儿园 | 197 | 8.4 | 86.0 |
| 小学 | 106 | 4.5 | 46.3 |
| 中学 | 49 | 2.1 | 21.4 |
| 医院/诊所 | 182 | 7.8 | 79.5 |

续表

| 社区设施 | N | 应答次数(%) | 应答人数(%) |
|---|---|---|---|
| 药店 | 203 | 8.7 | 88.6 |
| 村卫生室 | 46 | 2.0 | 20.1 |
| 社区卫生服务站 | 66 | 2.8 | 28.8 |
| 社区卫生服务中心 | 59 | 2.5 | 25.8 |
| 老年活动场所 | 157 | 6.7 | 68.6 |
| 敬老院/养老院 | 53 | 2.3 | 23.1 |
| 公园 | 63 | 2.7 | 27.5 |
| 体育健身场所 | 180 | 7.7 | 78.6 |
| 儿童游乐场所 | 79 | 3.4 | 34.5 |
| 村/居公告栏 | 226 | 9.6 | 98.7 |
| 社区网站 | 60 | 2.6 | 26.2 |
| 无障碍设施 | 185 | 7.9 | 80.8 |
| 图书室 | 211 | 9.0 | 92.1 |
| 合计 | 2346 | 100.0 | 1024.5 |

**5.调查社区五公里范围内影响健康的主要因素是垃圾处理厂和臭水河**

由表1-157可见，调查社区五公里范围内影响健康的主要因素有垃圾处理厂(60%)、臭水河(37.8%)和化工厂(12.2%)。

表1-157 本村/居中5公里范围内健康影响因素构成

| 健康影响因素 | N | 应答次数(%) | 应答人数(%) |
|---|---|---|---|
| 化工厂 | 11 | 10.5 | 12.2 |
| 冶炼厂 | 4 | 3.8 | 4.4 |
| 造纸厂 | 2 | 1.9 | 2.2 |
| 臭水河 | 34 | 32.4 | 37.8 |
| 垃圾处理厂 | 54 | 51.4 | 60.0 |
| 合计 | 105 | 100.0 | 116.7 |

**6.调查社区的垃圾回收形式以有分类的垃圾箱/池为主**

由表1-158可见，调查社区垃圾回收主要形式是有分类的垃圾箱/池(53.7%)。

表1-158 本村/居垃圾回收形式构成

| 垃圾回收形式 | N | % |
|---|---|---|
| 有分类的垃圾箱/池 | 123 | 53.7 |
| 有垃圾箱/池,但未分类 | 105 | 45.9 |
| 没有公共垃圾箱/池 | 1 | 0.4 |
| 合计 | 229 | 100.0 |

7.调查社区灭蚊虫措施平均每年 4.5 次以上

由表 1-159 可见，调查社区灭鼠和灭蟑措施比较强，平均每年分别能达到 4.8 次和 4.6 次。

表 1-159　本村/居蚊虫消灭措施及频率

| 措施 | N | 应答次数(%) | 应答人数(%) | 平均频率(次/年) |
| --- | --- | --- | --- | --- |
| 灭蚊 | 201 | 31.9 | 88.9 | 4.5 |
| 灭蟑 | 205 | 32.5 | 90.7 | 4.6 |
| 灭鼠 | 225 | 35.7 | 99.6 | 4.8 |
| 合计 | 631 | 100.0 | 279.2 | — |

## 1.12.2　调查社区公共卫生服务管理情况

1.调查社区每社区平均拥有计划生育工作人员 1 人和流动人口协管员 1 人

由表 1-159 可见，2016 年与 2012 年比较，每个抽样社区至少拥有计划生育工作人员 1 人，计划生育工作人员平均数量有微量下调(从 2012 年的 1.12 人下降为 2016 年的 1.1 人)。主城区社区计划生育工作人员平均数量有所下调(从 2012 年的 1.13 人下降为 2016 年的 1.11 人)，其中渝北区社区计划生育工作人员平均数量一直居于首位(2012 年 1.93 人，2016 年 1.57 人)；非主城区社区计划生育工作人员平均数量有微量下调(从 2012 年的 1.08 人下降为 2016 年的 1.07 人)。

由表 1-160 可见，2016 年与 2012 年比较，抽样社区每社区至少拥有流动人口协管员 1 人，流动人口协管员平均数量有所增加(从 2012 年的 1.08 人增加至 2016 年的 1.12 人)。主城区社区流动人口协管员平均数量稍微有所增加(从 2012 年的 1.08 人增加至 2016 年的 1.10 人)，其中江北区和南岸区流动人口协管员平均数量居于前两位，江北区社区流动人口协管员平均数量有所下调(从 2012 年的 1.50 人下降为 2016 年的 1.33 人)，而南岸区社区流动人口协管员平均数量有所增加(从 2012 年的 1.38 人增加至 2016 年的 1.50 人)；非主城区社区流动人口协管员平均数量有所增加(从 2012 年的 1.06 人增加至 2016 年的 1.18 人)。

表 1-160　不同区域计划生育工作人员和流动人口协管员平均人数

| 区域划分 | 计划生育工作人员 2012 年底 | 计划生育工作人员 2016 年底 | 流动人口协管员 2012 年底 | 流动人口协管员 2016 年底 |
| --- | --- | --- | --- | --- |
| 主城区 | 1.13 | 1.11 | 1.08 | 1.10 |
| 渝中区 | 1.08 | 1.00 | 1.00 | 1.00 |
| 大渡口区 | 1.00 | 1.00 | 1.00 | 1.00 |
| 江北区 | 1.36 | 1.17 | 1.50 | 1.33 |
| 沙坪坝区 | 1.00 | 1.00 | 1.00 | 1.00 |

续表

| 区域划分 | 计划生育工作人员 2012年底 | 计划生育工作人员 2016年底 | 流动人口协管员 2012年底 | 流动人口协管员 2016年底 |
| --- | --- | --- | --- | --- |
| 九龙坡区 | 1.00 | 1.02 | 1.00 | 1.05 |
| 南岸区 | 1.06 | 1.00 | 1.38 | 1.50 |
| 北碚区 | 1.00 | 1.30 | 1.00 | 1.00 |
| 渝北区 | 1.93 | 1.57 | 1.00 | 1.00 |
| 巴南区 | 1.00 | 1.00 | 1.00 | 1.12 |
| 两江新区 | 1.00 | 1.11 | 1.00 | 1.00 |
| 非主城区 | 1.08 | 1.07 | 1.06 | 1.18 |
| 合计 | 1.12 | 1.10 | 1.08 | 1.12 |

**2.调查社区固定宣传栏平均2.7个，每社区平均1.5月左右更新一次**

由表1-161数据可见，2016年度调查社区共拥有固定的卫生/计生/健康教育宣传栏627个，每社区平均有2.7个宣传栏。主城区社区平均拥有宣传栏2.9个，其中沙坪坝区社区平均拥有宣传栏个数最多，为4.1个，渝中区次之，3.9个；非主城区社区平均拥有宣传栏2.3个。

2016年调查社区共更新健康教育宣传内容2182次，平均每社区更新9.5次，主城区社区平均更新康教育宣传内容10.3次，其中沙坪坝社区平均更新宣传栏内容次数最多，为19.6次，渝中区次之，为15.7次；非主城区社区平均更新康教育宣传内容7.2次。

表1-161 社区固定卫生/计生/健康教育宣传栏情况

| 区域划分 | 应答社区数量 | 每社区平均拥有固定宣传栏数量 | 平均每社区更新宣传栏内容次数 |
| --- | --- | --- | --- |
| 主城区 | 173 | 2.9 | 10.3 |
| 渝中区 | 12 | 3.9 | 15.7 |
| 大渡口区 | 6 | 2.5 | 8.3 |
| 江北区 | 12 | 2.1 | 7.3 |
| 沙坪坝区 | 22 | 4.1 | 19.6 |
| 九龙坡区 | 46 | 3.0 | 9.3 |
| 南岸区 | 18 | 2.3 | 8.5 |
| 北碚区 | 11 | 1.6 | 5.4 |
| 渝北区 | 21 | 3.2 | 9.5 |
| 巴南区 | 16 | 2.1 | 8.6 |
| 两江新区 | 9 | 2.4 | 4.9 |
| 非主城区 | 56 | 2.3 | 7.2 |
| 合计 | 229 | 2.7 | 9.5 |

### 3.主城区平均健康教育经费和平均工作经费是非主城区两倍以上

由表 1-162 可见，2016 年度调查社区健康教育经费共 129.4 万元，平均每社区健康教育经费 0.57 万元。主城区平均健康教育经费 0.67 万元，其中渝中区平均健康教育经费最高，为 2.25 万元；非主城区平均健康教育经费 0.25 万元。

2016 年度调查社区工作经费总额共 2041 万元，每社区平均工作经费 8.91 万元（表 1-162）。主城区平均工作经费 10.16 万元。其中两江新区平均工作经费最高，为 24 万元；渝中区次之，为 18.67 万元；沙坪坝居第三，为 15.82 万元。非主城区平均健康教育经费 0.25 万元。

表 1-162　调查社区平均健康教育经费和工作经费情况　　　　　（单位：万元）

| 区域划分 | 平均健康教育费用支出 | 平均工作经费总额 |
| --- | --- | --- |
| 主城区 | 0.67 | 10.16 |
| 渝中区 | 2.25 | 18.67 |
| 大渡口区 | 0.71 | 4.99 |
| 江北区 | 0.46 | 8.14 |
| 沙坪坝区 | 0.66 | 15.82 |
| 九龙坡区 | 0.56 | 8.48 |
| 南岸区 | 0.60 | 7.73 |
| 北碚区 | 0.25 | 5.09 |
| 渝北区 | 0.51 | 8.26 |
| 巴南区 | 0.40 | 5.21 |
| 两江新区 | 0.80 | 24.00 |
| 非主城区 | 0.25 | 5.06 |
| 合计 | 0.57 | 8.91 |

### 4.调查社区主要组织机构是志愿者组织和工青妇组织

由表 1-163 可见，2016 年度调查社区主要组织为志愿者组织(94.8%)、工青妇组织(85.2%)和户籍人口党团组织(79.9%)。

表 1-163　社区组织机构构成

| 社区组织 | N | 应答次数(%) | 应答人数(%) |
| --- | --- | --- | --- |
| 工青妇组织 | 195 | 20.0 | 85.2 |
| 流动人口党团组织 | 94 | 9.6 | 41.0 |
| 户籍人口党团组织 | 183 | 18.8 | 79.9 |
| 志愿者组织 | 217 | 22.3 | 94.8 |
| 法律援助室 | 157 | 16.1 | 68.6 |
| 流动人口之家 | 129 | 13.2 | 56.3 |
| 合计 | 975 | 100.0 | 425.8 |

**5.调查社区平均每社区拥有10名全职医生**

由表1-164可见,2016年度共156个调查社区参与基本公共服务的调查,其中全职医生共1588名,平均每个社区拥有10.2名。主城区全职医生平均数量为9.7名,非主城区为11.3名。进一步分析主城区各区县发现,渝北区全职医生平均数量最多,为14.3名;南岸区次之,为13.7名;江北区居于第三位,为11.8名。

表1-164 社区全职医生构成

| 区域划分 | 应答社区数量 | 全职医生平均数量 |
| --- | --- | --- |
| 主城区 | 108 | 9.7 |
| 渝中区 | 3 | 5.3 |
| 大渡口区 | 5 | 4.6 |
| 江北区 | 6 | 11.8 |
| 沙坪坝区 | 9 | 9.2 |
| 九龙坡区 | 24 | 9.2 |
| 南岸区 | 16 | 13.7 |
| 北碚区 | 10 | 7.5 |
| 渝北区 | 21 | 14.3 |
| 巴南区 | 5 | 1.6 |
| 两江新区 | 9 | 3.3 |
| 非主城区 | 48 | 11.3 |
| 合计 | 156 | 10.2 |

**6.非主城区社区流动育龄妇女健康体检人数占比是主城区的1.93倍**

由表1-165可见,2016年度调查社区平均有流动育龄妇女1107.6人,主城区社区平均有流动育龄妇女1236.8人,非主城区社区平均有流动育龄妇女708.5人。进一步分析主城区各区县发现,两江新区社区平均有流动育龄妇女人数最多,为2312.7人;南岸区次之,为1851.8人;九龙坡区居于第三位,为1544.7人。

表1-165 调查社区流动育龄妇女分布及健康体检情况

| 区域划分 | 应答社区数量 | 流动育龄妇女平均人数 | 参加健康体检平均人数 | 健康体检人数占比(%) |
| --- | --- | --- | --- | --- |
| 主城区 | 173 | 1236.8 | 399.8 | 32.0 |
| 渝中区 | 12 | 931.7 | 255.4 | 27.4 |
| 大渡口区 | 6 | 346.3 | 141.3 | 40.8 |
| 江北区 | 12 | 686.0 | 333.0 | 48.5 |
| 沙坪坝区 | 22 | 527.1 | 79.7 | 15.1 |
| 九龙坡区 | 46 | 1544.7 | 307.4 | 19.9 |
| 南岸区 | 18 | 1851.8 | 365.6 | 19.7 |
| 北碚区 | 11 | 1268.7 | 336.6 | 26.5 |

续表

| 区域划分 | 应答社区数量 | 流动育龄妇女平均人数 | 参加健康体检平均人数 | 健康体检人数占比(%) |
|---|---|---|---|---|
| 渝北区 | 21 | 991.4 | 262.6 | 26.5 |
| 巴南区 | 16 | 1306.0 | 841.9 | 64.5 |
| 两江新区 | 9 | 2312.7 | 1654.3 | 71.5 |
| 非主城区 | 56 | 708.5 | 439.2 | 62.0 |
| 合计 | 229 | 1107.6 | 413.2 | 37.0 |

2016年度调查社区流动育龄妇女参加健康体检413.2人，健康体检的育龄妇女占比为37.0%。主城区社区流动育龄妇女参加健康体检399.8人，健康体检的育龄妇女占比为32.0%；非主城区社区流动育龄妇女参加健康体检439.2人，健康体检的育龄妇女占比为62.0%，这一指标是主城区的1.93倍。进一步分析主城区各个区县发现，两江新区社区流动育龄妇女参加健康体检人数和占比最高，分别为1654.3人和71.5%，巴南区次之，分别为841.9人和64.5%。

## 1.13 主要结论

1.优质资源集中的主城区人口集聚效应持续增强，流动人口用脚投票走出集中型城市化道路

2016年，重庆市主城区常住人口规模达851.8万人，按照《关于调整城市规模划分标准的通知》里新的城市规模划分标准，重庆市主城区属于城区常住人口为500万～1000万的特大城市。其他区县则分别属于大城市、中等城市和小城市，以中等城市居多。从流动人口的区域分布来看，75.2%的流入人口分布在主城区特大城市，主城区以其先进制造业、高端服务业为主的产业发展和社会事业的进步，对流动人口有强大的吸纳能力。在中国特色城镇化道路的选择上，流动人口用脚投票，以大城市为主的集中型城市化道路成为现阶段的理性选择。

在目前来说，一方面，规模越大的城市，产业承载能力越大，创造的收入和机会越高，而财政收入越高，城市就可以以更低的价格和更高的质量提供各种公共服务，其吸纳资本、人才、技术、人口等的能力，相比于中小城市优势非常明显。另一方面，城市的基础设施投入需要有人口和产业规模来支撑，对小城镇或者规模略大的小城市而言，基础设施投入很难有可持续的回报，从而导致更多的资本不会进入到这些小城市，最终还是回到特大城市里，分享规模效应带来的可持续回报。当然，特大城市也面临着人口超载、交通拥挤、空气污染等一系列城市病问题。

解决特大城市人口"落不下"和中小城市"没人去"困境的最佳路径，对重庆来说就是大力推动以成都、重庆特大城市为龙头的成渝城市群建设，以妥善解决特大城市、中小城市、小城镇、乡村合理布局和融合的问题，实现城镇化和农业现代化的良性互动，既解决城市发展减少成本的需要，也可以尽最大可能实现生态、集约发展。

## 2.以劳动年龄为主的人口流入为重庆市带来了丰富的劳动力资源和成本优势,人口红利成为重庆市经济增长的有力助推剂

人口红利逐步衰竭导致经济增长减缓是一个不容忽视的话题。然而在2017年的重庆市流入人口中,15~64岁劳动年龄人口占据了82.9%,这一指标比2016年重庆市常住人口劳动年龄人口(15~64岁)占比(70.91%)高出11.99个百分点。劳动年龄人口的加入,还直接导致了少儿抚养比和老人抚养比的降低,形成一个劳动力资源相对丰富、抚养负担轻、于经济发展十分有利的黄金时期,即人口红利阶段。

人口红利不一定意味着经济增长,但经济增长一旦步入快车道,人口红利势必会成为经济增长的有力助推剂。人口流动带来的人口红利对经济增长的影响主要体现在生产领域对劳动供给的影响方面。从劳动供给来看,当城市劳动力数量不足、劳动力价格上涨时,数量庞大的人口流动仍然能够在相当长的时间内为城镇提供丰富廉价的劳动力资源,继续推动经济高速增长。流入人口向重庆市的快速集聚,使重庆市仍处于人口红利的窗口期和经济发展的快车道。

当前,流入劳动力素质普遍偏低、社会保障和福利待遇低下制约着人口红利对经济发展的促进作用。流动劳动力素质普遍偏低决定着转化为现实劳动生产力的实现程度不可能太高,只有大力发展基础教育和技能培训,提高劳动力素质,才能更好地兑现人口红利。流入人口不能同等享受工作所在地的社保、医疗、子女入托和受教育等福利和权利,影响着流入人口在流入地工作生活的稳定和社会融合程度,人口流动的优势便不能充分发挥,人口红利对经济的促进作用便会减弱。因此,应该大力促进农村基础教育和流入劳动力技能培训,改进社会保障和医疗保险体系,逐步赋予流动人口和户籍人口统一的国民待遇,最大限度地发挥人口红利对经济发展的助推作用。

## 3.重庆市人口流动的家庭化进程正处于由夫妻共同流动向核心家庭整体流动的过渡阶段,随迁子女的教育、心理健康和社会适应等问题引人关注

随着重庆市人口流动的家庭化进程由夫妻共同流动向核心家庭流动过渡,越来越多的留守儿童转变为随迁子女,随迁子女在流入地的教育、心理健康和社会适应等成为迫待解决的问题。

随迁子女教育存在的问题主要是教育公平问题,教育公平又主要体现在教育起点、教育过程和教育结果三个方面。就流入人口随迁子女和城市本地学生而言,他们应该同样地拥有进入公办学校就读的权利和机会,同样享有公办学校优质教育资源和良好学习环境的平等待遇,他们在完成学业、取得学业成就等方面的机会和权利是均等的。而现实中不管是在教育起点、教育过程还是教育结果方面,他们往往入学困难,上学过程中受到歧视且学习成绩较差。《国务院办公厅转发教育部等部门关于进一步做好进城务工就业农民子女义务教育工作意见的通知》里面,对做好进城务工就业农民子女义务教育工作的有关问题提出了相关意见。2017年,《重庆市人民政府关于统筹推进区县域内城乡义务教育一体化改革发展的实施意见》明确提出,要保障随迁子女平等接受教育,公办和民办学校均不得向随迁子女收取有别于本地户籍学生的任何费用。

随迁子女的心理健康和城市融入问题也应引起高度重视。随迁子女初入城市，对城市有着一种美好的憧憬和向往，但是随着在城市生活时间的推移，他们逐渐意识到自己的居住环境差、社会地位低，与城市本地学生有着极大的差距，从而感觉低人一等，对生活和学习失去信心，情绪低落。同时他们在城市中没有一个明确的身份定位，感觉城市人看不起自己，没有归属感，又因其处于心理敏感、情感脆弱时期，从而会产生自卑心理。另外，他们在城市中的人际交往状况并不理想，本地同学甚至是老师的差别对待，使他们更加压抑，为了维护自己的自尊和避免受到伤害，他们把自己封闭起来，而又因缺乏与家长的沟通（偶尔的沟通也都是一些强制性的命令与打骂），他们也不愿主动去诉说，久而久之，随迁子女的心理问题逐渐加剧。随迁子女存在的情绪低落、自我封闭、自卑等心理问题，不但对其身体健康发展极为不利，还严重阻碍了他们融入城市生活，必须引起高度重视。

4.流动人口"不流动"，应重新审视"以流动人口为过客"为假设的各种相关政策与制度

2017年重庆市的动态数据分析表明，近九成的流入人口只流动过1~3个城市，一半以上的流入人口没有搬过家，流动人口实际上已变成流入地城市的稳定居住者和稳定就业者。调查中重庆市流入人口的长期居留意愿也表明，八成以上流入人口打算继续留在本地，流动人口定居在大城市的意愿和倾向非常明显。

流动人口的稳定居住与就业对一直以来的人口流动相关政策提出了挑战，现有的政策体系大多是建立在流动人口终会回乡的假设之上的，体现出"重就业、轻服务""重经济、轻保障"等特征，当大部分流动人口，尤其是年轻一代流动人口不再回到农村，而将在城市长期居住时，很多政策尤其是社会保障和福利相关政策需要重新设计。特别是那些主要的流入地城市不要再奢望流动人口会马上离开，把流动人口当作城市的过客，而应该彻底铲除以前基于"流动人口不断流动"假设而设计的相关政策，为流动人口扎根于城市创造更有利的条件。只有让流动人口真正成为城市的一分子，更稳定地扎根于城市，才能使他们更好地为城市发展做出自己的贡献，同时流动人口自身也能获得更好地转变和提升。

5.老家的老人赡养问题是流入人口面临的主要困难，农村空巢老人养老形势严峻

调查数据显示，重庆市27.2%的流入人口表示在老家的主要困难是赡养老人，在所有困难中位列第一。正如本书所述，重庆市人口流动的家庭化进程正处于夫妻流动向核心家庭流动的过渡阶段，老人跟随子女一起流动的比例目前还比较低。随着越来越多的流动人口核心家庭整体迁移到城市，农村空巢老人的养老问题不仅仅是流动人口家庭面临的主要困难，也是建设社会主义新农村、全面建设小康社会、构建社会主义和谐社会需要助力解决的重要民生问题。

农村空巢老人的困境有以下几方面：①劳动和经济负担较重。青壮年外出务工者对留守老人的经济支持往往很有限，以至于大部分老人还要靠劳动来维持生计。同时，外出打工的子女多数也将承包的土地交由父母耕种，这样一来无疑加重了农村空巢老人的劳作负担。②身体状况令人担忧。伴随年龄的增长，老人的身体机能衰退，健康状况明显下降，患病率也随之上升，而且他们没有退休金，新农合和新农保的保障能力也比较有限。③缺

乏幸福感与孤独无助。子女和孙辈的相继外出，留守老人不但在生活上受影响，连起码的精神慰藉也没有了。留守老人长期独处，和外界接触越来越少，心里话没处诉说，最容易产生孤独感。加之农村精神文化生活单调，他们迫切需要思想交流、语言沟通，更需要亲情的慰藉。④照料服务供求矛盾突出。农村老人一直是由家庭提供其养老保障的，子女外出的结果是老人需要照料时子女的缺位。空巢家庭老人一旦患病，既没有儿女在身边照料起居，也没有足够的经济能力请保姆来代劳。因此，必须切实重视和解决空巢老人的养老问题，否则，建设和谐社会也就无从谈起。

解决农村空巢老人的养老问题，可以考虑从以下方面入手：①加快推进农村社会养老保险，逐步实现农村养老的社会化；②加强农村社区引导，发挥社区为空巢老人提供生活照料和精神慰藉的作用；③提高农村空巢老人的社会适应能力，扩充他们的社交领域，鼓励他们积极参与社会活动；④加大财政投入，制定扶持规划；⑤建立各类社区民间组织，为农村空巢老人营造温暖的家庭氛围。

**6. 女性流入人口未工作的主要原因为照顾家庭，应重视其无酬劳动价值的体现和在家庭中的权益保护**

调查数据显示，男性流入人口未工作主要原因 25.7%是因为退休，15.0%是因为没有找到工作；而女性流入人口未工作的主要原因五成以上是因为料理家务、带孩子、怀孕或哺乳等家庭因素。繁重的家务劳动使得很多女性不能出去工作，其劳动价值却不能用货币来衡量，在新的政策法律下女性家庭劳动的价值体现和权益保护需要引起关注。

家务劳动作为一种私人劳动，总是和女性联系在一起的，女性一直以来都是家务劳动的主体。家务劳动的私人性质使其成为女性传统生活方式的主要内容和特点，女性被紧紧地束缚在繁重的家务劳动中。但是，家务劳动的无酬劳性导致女性在家庭权益保护中往往处于弱势。因此，可以探索进行无酬家务劳动价值的估算，完善家务劳动补偿制度，保护女性的劳动价值和正当权益。

虽然家务劳动无法直接商品化，从而无法体现出其经济价值，但是可以通过社会成员等量的同性质劳动的经济价值估量出来。就受益方丈夫来说，妇女家务劳动的价值应体现在他的工资里，也就是说，他的工资里含有对妇女家务劳动价值的肯定部分，即妇女的家务劳动节省了丈夫的时间和精力，由此提高的工作数量和质量的那一部分。

《婚姻法》规定家务劳动补偿请求权仅限于夫妻约定实行分别财产制的当事人，这种限制使家务劳动补偿制度在实践中被适用的情况很少，而且关于家务劳动补偿的具体数额的计算，法律没有明确规定，只能交由法院自由裁量，再者在实践中对家务劳动补偿制度的直接适用非常鲜见。所以我国可以参考世界其他国家的立法，增设通则性夫妻财产关系的一般规定，扩大有关家务劳动补偿制度的范围，以补充我国有关立法的不足。

**7. 制造业是重庆市流入人口就业人数最多的行业，年轻一代流入人口应抓住现代制造业的发展机遇提升自身能力素质**

重庆作为国家老工业基地之一，以制造业为核心的工业一直以来在国民经济中处于基础性地位。随着新型工业化、信息化、城镇化、农业现代化同步推进，国家"一带一路"

和长江经济带战略的深入实施，需求潜力加速释放，为重庆制造业的发展提供了广阔空间。当前，新一代信息技术与制造业深度融合，正在引发制造模式、生产组织方式和产业形态的深刻变革，数字化、网络化、智能化、服务化与绿色化成为制造业发展新趋势。数据分析表明，2017年重庆市吸纳流动人口最多的行业就是制造业，其中又以吸纳适应中高端制造业的年轻一代流动人口较多，大多老一辈流动人口被需要先进技术的第二产业所淘汰而不得不转向第三产业中的传统服务业。

2017年，《重庆市建设国家重要现代制造业基地"十三五"规划》（以下简称《规划》）明确提出，"十三五"时期，重庆将强力推动"重庆制造"变为"重庆智造"，加快打造国家重要现代制造业基地。《规划》提出了优化空间布局、提高创新能力、加快制造业供给侧结构性改革、推动制造业开放发展、推进信息化与工业化深度融合、强化工业基础能力、加强质量品牌建设、深入推进绿色制造、大力发展服务型制造和生产性服务业、提高园区发展水平等任务。重庆市现代制造业尤其是汽车、电子两大产业的大力发展，将为重庆市留住更多技能型人才，为流动人口创造更多就业岗位。流入人口尤其是年轻一代流入人口，应该迎难而上抓住机遇，提升自身能力素质以适应现代就业岗位的需要。

**8.流入人口老家承包地收益低下，农地使用权流转问题亟待解决**

调查数据显示，重庆市七成老一辈、五成年轻一代农业和农业转居民户口流入人口在户籍地老家均有承包地，且主要耕种人为亲朋和家人，其收益低于转租给其他经济组织的收益。土地是农民的"传家宝"和"命根子"，除非极端情况，农民绝不会放弃土地和土地经营。但是，流动人口把承包地交由亲朋和家人耕种，土地零散分割，农户经营规模狭小，无法实现土地的规模效益和集约化经营，得到的收益也较少。因此，应该在保证农村流动人口原有承包权的基础上，探索农地使用权的有序流转问题，以实现规模经营，提高流动人口老家的经济收入。

国务院办公厅2015年1月发布的《关于引导农村产权流转交易市场健康发展的意见》明确规定了农村产权现阶段可交易的品种，品种包含承包土地经营权、林权、农村集体经营性资产等八项内容。农户承包土地经营权是指以家庭承包方式承包的耕地、草地、养殖水面等经营权，可以采取出租、入股等方式流转交易，流转期限由流转双方在法律规定范围内协商确定。

在实际操作过程中，土地流转行为不规范，纠纷较多，农民的土地产权不明晰，土地对于农民的生存保障功能依然没有改变，农业收益低，土地流转后"非粮化"现象严重，规模化经营的前期往往需要大规模资金，另外农业投资回收期较长，而农村土地使用权流转双方融资困难等，都成为农村土地使用权流转过程中的阻碍因素。因此要规范流转行为，保障农民的流转权利主体地位，健全农村社会保障体系，保证粮食供给量，实施优惠扶持政策，解决土地流转后双方的资金短缺问题。

# 第 2 章 重庆市 2017 年九龙坡区流动人口与户籍人口卫生计生动态监测数据对比分析报告

2017 年九龙坡区流动人口动态监测调查数据(以下简称动态数据)共抽样调查 2000 户,包括流入人口 1000 户和户籍人口 1000 户,涉及家庭人口数量 6197 人,其中流入 3156 人,户籍 3041 人。现居住地在九龙坡区的流入人口为 2394 人,占流入人口总量的 75.9%;现居住在九龙坡区的户籍人口为 3006 人,占户籍人口总量的 98.8%。

## 2.1 家庭成员基本情况

### 2.1.1 基本社会学特征

1.流入人口年轻一代的比例比户籍人口高 4 个百分点,平均年龄小 1.7 岁,流入人口的加入可以在一定程度上减缓城市户籍人口老龄化趋势

由表 2-1 可见,九龙坡区流入人口中,流入人口的平均年龄为 34.0 岁。其中老一辈流入人口(1980 年以前出生的人)占比 41.6%,平均年龄为 50.2 岁;新生代流入人口(1980~1990 年出生的人)占比 24.8%,平均年龄为 31.4 岁;90 后(1990 年及以后出生的人)流入人口占比 33.7%,平均年龄为 16.0 岁。九龙坡区户籍人口中,户籍人口的平均年龄为 35.7 岁,比流入人口大 1.7 岁。其中老一辈户籍人口占比 45.6%,平均年龄为比流入人口大两岁;新生代户籍人口(1980~1990 年出生的人)占 23.1%,平均年龄为 31.4 岁,与流入人口年龄基本一致;90 后(1990 年及以后出生的人)户籍人口占 31.3%,平均年龄为 14.5 岁,比流入人口小 1.5 岁。

表 2-1 不同出生年代流入人口/户籍人口的平均年龄

| 出生年代 | 流入人口 N | % | 平均年龄(岁) | 户籍人口 N | % | 平均年龄(岁) |
| --- | --- | --- | --- | --- | --- | --- |
| 老一辈 | 995 | 41.6 | 50.2 | 1371 | 45.6 | 52.4 |
| 新生代 | 593 | 24.8 | 31.4 | 695 | 23.1 | 31.6 |
| 90 后 | 806 | 33.7 | 16.0 | 940 | 31.3 | 14.5 |
| 合计 | 2394 | 100.0 | 34.0 | 3006 | 100.0 | 35.7 |

对比分析表明,流入人口年轻一代的比例高于户籍人口,平均年龄低于户籍人口。流入人口的加入,使得城市人口年龄结构朝年轻化方向偏移。在城市户籍人口老龄化

趋势日益明显的情况下，流入人口的加入可以在一定程度上减缓城市户籍人口的老龄化趋势。

2.流入人口劳动年龄段人口占比高于户籍人口，降低了城市人口的抚养比，为城市经济的可持续发展提供了有利的人口条件

九龙坡区流入人口和户籍人口调查中，15～64岁劳动年龄人口分别占比82.4%和79.5%。流入人口和户籍人口家庭成员性别-年龄数据显示（图2-1和图2-2），流入人口和户籍人口均以25～29岁年龄段占比最高（达到13%～16%），尤其是25～29岁的年轻女性占比达到14%～18%。

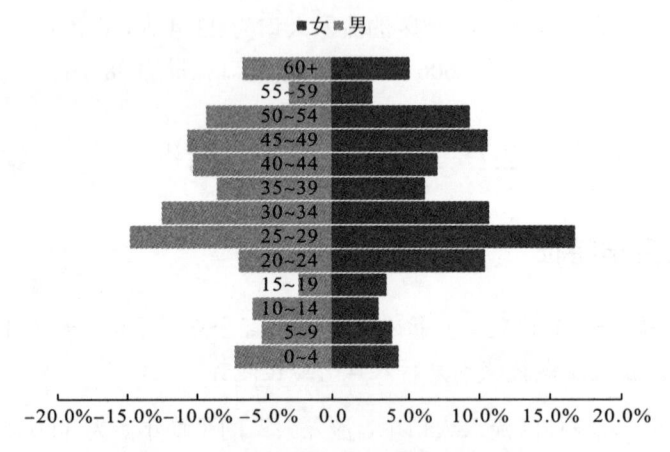

图2-1　九龙坡区流入人口的性别-年龄分布

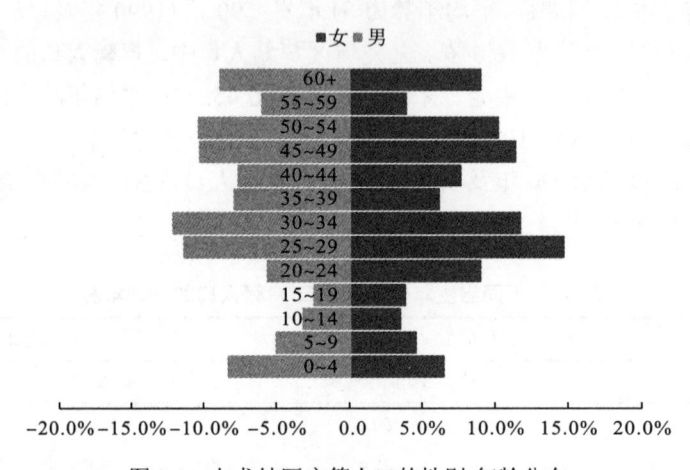

图2-2　九龙坡区户籍人口的性别-年龄分布

流入人口相对户籍人口更高的劳动年龄人口占比，使得由于流入人口的到来，城市人口中非劳动年龄人口与劳动年龄人口的比例降低，即抚养比或负担系数降低，为流入地的经济可持续发展创造了有利的人口条件，注入了强劲的发展活力。

3.流入人口和户籍人口的性别比分别为98.7和92.7,性别比低下的大城市中的"剩女"现象值得关注

由表2-2数据可见,现居住在九龙坡区的流入人口性别比为98.7,户籍人口中性别比为92.7。图2-1和图2-2也显示,25～29岁适婚年龄段人口中,流动/户籍女性的比例已明显高于男性。利用动态数据进一步计算得知,25～29年龄段的流动人口性别比为95.6,户籍人口性别比则低至62.6。流入人口的到来,在一定程度上提高了流入地人口总性别比。

表2-2 九龙坡区流入人口/户籍人口基本社会学特征

| | 流入人口 | 户籍人口 |
| --- | --- | --- |
| 户数(户) | 1000 | 1000 |
| 家庭人口数(人) | 3156 | 3041 |
| 现居住人口(人) | 2394 | 3006 |
| 家庭规模(人) | 3.18 | 3.04 |
| 现居住地户均规模(人) | 2.42 | 3.01 |
| 平均年龄(岁) | 34.0 | 35.7 |
| 性别比 | 98.7 | 92.7 |
| 已婚/同居育龄妇女占比(%) | 29.2 | 25.5 |

经验数据表明,世界上绝大多数国家总人口的性别比为95～103。户籍人口尤其是适婚年龄段人口过低的性别比,揭示了大城市人口中女多男少的性别失调现象,尤其是适婚年龄段人口,性别失调使得"城市剩女"的婚恋问题更加严峻。而相对较多男性流入人口的到来,对于"城市剩女"婚恋问题的解决成效甚微。

4.流入人口已婚/同居育龄妇女占比高于户籍人口,全面二孩政策背景下对于城市医疗机构妇幼保健、孕产服务提出了更高的要求

育龄妇女一直是卫生计生部门重点关注的人群。本次动态数据发现,15～49岁流入已婚/同居育龄妇女数为699人,占现居住地流入人口(2394人)的29.2%。15～49岁户籍已婚/同居育龄妇女数为766人,占现居住地户籍人口(3006人)的25.5%。流入已婚/同居育龄妇女人数占比高于户籍人口。在全面二孩政策背景下,流动育龄妇女在户籍地以外生育的比例逐年提高,对于流入地妇幼保健、孕产服务提出了更高要求。

5.流入人口和户籍人口的农业户口占比分别为79.8%和15.5%,以农民工为主体的流入人口面临着各方面的生活习惯适应与城市融入问题

由表2-3可见,非农业和农业户口性质的流入人群占比分别为10.1%和79.8%,数据表明九龙坡区人口流动以乡-城流动为主。而户籍人口与流入人口截然相反,主要由本地居民和非农户籍构成,其中居民户口人群占比35.1%,非农业户口人群占比31.3%。以前以耕地劳作为主的流入人口,到了交通、基础设施、基本公共服务配套更为完善,以工业和服务业为主的城市,将要面临较长时期的工作技能、生活习惯、语言交流、社会交往等方面的适应与融入阶段。

表 2-3　不同流入人口/户籍人口的户口性质

| 户口性质 | 流入人口 N | % | 户籍人口 N | % |
| --- | --- | --- | --- | --- |
| 农业 | 1910 | 79.8 | 467 | 15.5 |
| 非农业 | 241 | 10.1 | 941 | 31.3 |
| 农转居 | 102 | 4.3 | 527 | 17.5 |
| 非农转居 | 1 | 0.0 | 15 | 0.5 |
| 居民 | 138 | 5.8 | 1055 | 35.1 |
| 其他 | 2 | 0.1 | 1 | 0.0 |
| 合计 | 2394 | 100.0 | 3006 | 100.0 |

### 6.流入人口的平均受教育程度低于户籍人口

表 2-4 数据显示，九龙坡区流入人口文化程度以初中为主，占比 35.6%，小学文化程度流入人群占比 22.6%，受中等教育（高中/中专）的比例为 20.4%，大学文化程度以上占比 19.2%。而户籍人口大学文化程度以上人群占比 32%，比流入人群高 10 个百分点以上，受中等教育（高中/中专）的比例为 28.3%，比流入人口同指标高接近 8 个百分点。分析表明，流动人口初中及以下文化程度占比高于户籍人口，高中及以上文化程度占比低于户籍人口，流动人口的平均受教育程度低于户籍人口。

表 2-4　不同流入人口/户籍人口的文化程度

| 受教育程度 | 流入人口 N | % | 户籍人口 N | % |
| --- | --- | --- | --- | --- |
| 未上过小学 | 50 | 2.2 | 41 | 1.5 |
| 小学 | 505 | 22.6 | 350 | 12.7 |
| 初中 | 796 | 35.6 | 701 | 25.5 |
| 高中/中专 | 456 | 20.4 | 777 | 28.3 |
| 大学专科 | 274 | 12.3 | 514 | 18.7 |
| 大学本科 | 143 | 6.4 | 336 | 12.2 |
| 研究生 | 11 | 0.5 | 30 | 1.1 |
| 合计 | 2235 | 100.0 | 2749 | 100.0 |

### 7.流入人口同居比例高于户籍人口，婚前同居、生殖健康问题比较突出

表 2-5 数据显示，九龙坡区流入人口未婚人群占比 13.4%，户籍人口未婚人员占比 15.9%。流入人口初婚和再婚人群占比 81.5%，高于户籍人口（74.8%）。流入人口离异占比 1.5%，而户籍人口为 5.5%，离异流入人口的占比低户籍人口 4 个百分点。流入人口同居比例为 1.5%，比户籍人口高 1 个百分点。以年轻一代为主体的流动人口大多处于青春期和婚育期，由于地域变迁，他们的生活环境、生活方式和交往人群都发生了变化，婚前同居、婚前怀孕以及生殖健康等问题比较突出。

表 2-5  不同流入人口/户籍人口的婚姻状况

| 婚姻状况 | 流入人口 N | 流入人口 % | 户籍人口 N | 户籍人口 % |
| --- | --- | --- | --- | --- |
| 未婚 | 273 | 13.4 | 405 | 15.9 |
| 初婚 | 1597 | 78.4 | 1801 | 70.8 |
| 再婚 | 63 | 3.1 | 103 | 4.0 |
| 离婚 | 31 | 1.5 | 141 | 5.5 |
| 丧偶 | 42 | 2.1 | 82 | 3.2 |
| 同居 | 31 | 1.5 | 12 | 0.5 |
| 合计 | 2037 | 100.0 | 2544 | 100.0 |

8.流入人口的党员比例低于户籍人口，应充分发挥流动党员的模范带头作用，积极培育流动基层党组织

表 2-6 数据表明，流入人口中有 5.1%是共产党员，低于流动人口(12.4%)7.3 个百分点，流入人口中党团员均不是的人数占比 84%，高出户籍人口 5.6 个百分点。大多流动人口已告别"钟摆式"的流动，工作、居住逐渐稳定，有条件在流动人口中培育基层党组织，发挥流动党员的模范带头作用，吸收更多优秀积极的流动人员入党。

表 2-6  不同流入人口/户籍人口党员性质构成

| 是否共产党员或共青团员 | 流入人口 N | 流入人口 % | 户籍人口 N | 户籍人口 % |
| --- | --- | --- | --- | --- |
| 共产党员 | 105 | 5.1 | 318 | 12.4 |
| 共青团员 | 225 | 10.9 | 236 | 9.2 |
| 均不是 | 1732 | 84.0 | 2005 | 78.4 |
| 合计 | 2062 | 100.0 | 2559 | 100.0 |

### 2.1.2 家庭规模与结构

1.流动家庭和户籍家庭均以"三人户"和"二人户"为家庭主体

由表 2-7 可见，九龙坡区流动家庭和户籍家庭规模分别为 3.18 人/户（包含调查者本身及其在本地、老家和其他地方的配偶、子女配偶、子女以及在本户同住的家庭其他成员）和 3.04 人/户。

表 2-7  流入人口/户籍人口的家庭规模

| 居住本地家庭规模 | 流动人口 N | 流动人口 % | 户籍人口 N | 户籍人口 % |
| --- | --- | --- | --- | --- |
| 1 人 | 274 | 27.4 | 64 | 6.4 |
| 2 人 | 277 | 27.7 | 203 | 20.3 |
| 3 人 | 283 | 28.3 | 492 | 49.2 |

续表

| 居住本地家庭规模 | 流动人口 N | % | 户籍人口 N | % |
|---|---|---|---|---|
| 4人 | 111 | 11.1 | 158 | 15.8 |
| 5人及以上 | 55 | 5.5 | 83 | 8.3 |
| 合计 | 1000 | 100 | 1000 | 100 |
| 平均家庭户规模 | 3.18 | | 3.04 | |

在1000户现居住本地的流入人口家庭中，三人户流入家庭占比排第一(28.3%)，其次为二人户流入家庭(27.7%)，单身户家庭占比为27.4%，四人户流入家庭占比11.1%，其余五人及以上的多人户流入家庭占比为5.5%。数据表明，九龙坡区流动家庭规模以三人户和二人户为主。

在1000户本地户籍人口家庭中，三人户户籍家庭占比排第一(为49.2%)，其次为二人户户籍家庭(20.3%)，四人户户籍家庭占比15.8%，五人及以上的多人户户籍家庭占比为8.3%，单身户家庭占比为6.4%。数据表明，九龙坡区户籍家庭规模也是以三人户和二人户为主。

2.流入人口和户籍人口的家庭成员共同居住在本地的比例分别为64.7%和98.3%，流入人口的家庭化迁移进程正处于夫妻流动向核心家庭流动的过渡时期

由表2-8可见，对2156个流入人口的家庭成员(不含调查对象本身)分析，流动人口举家迁移现象明显，其中有64.7%的家庭成员与调查对象一同流动后居住在本地，32%的家庭成员居住在户籍地，还有3.3%的家庭成员居住在其他城市。对2006个户籍人口的家庭成员(不含调查对象本身)分析，有98.3%的户籍家庭成员就在本地，1.7%的家庭成员居住在其他城市。

在2156人的流入家庭成员中，其主要构成是子女(占调查家庭人数的40.8%)，其次为配偶(占调查家庭人数的37.6%)。1000户流入家庭中，核心家庭(本人携带配偶和子女一起居住)占比为23.4%，占三人户家庭的82.7%。两人户家庭中携配偶一同流动的占比84.8%。2041人的户籍家庭成员中，其主要构成是配偶(占调查家庭人数的33.9%)，其次为子女(占调查家庭人数的33.5%)。

表2-8　流入/户籍调查对象家庭成员关系结构及携带情况

| | 与被访者关系 | 家庭成员结构 N | % | 本地 N | % | 户籍地 N | % | 其他 N | % |
|---|---|---|---|---|---|---|---|---|---|
| 流入人口 | 配偶 | 811 | 37.6 | 556 | 68.6 | 243 | 30.0 | 12 | 1.5 |
| | 子女 | 879 | 40.8 | 466 | 53.0 | 360 | 41.0 | 53 | 6.0 |
| | 媳婿 | 53 | 2.5 | 39 | 73.6 | 13 | 24.5 | 1 | 1.9 |
| | 父母公婆岳父母 | 264 | 12.2 | 213 | 80.7 | 46 | 17.4 | 5 | 1.9 |
| | (外)祖父母 | 3 | 0.1 | 2 | 66.7 | 1 | 33.3 | 0 | 0.0 |
| | 孙辈 | 71 | 3.3 | 51 | 71.8 | 20 | 28.2 | 0 | 0.0 |

续表

| 　 | 与被访者关系 | 家庭成员结构 | | 本地 | | 户籍地 | | 其他 | |
|---|---|---|---|---|---|---|---|---|---|
| | | N | % | N | % | N | % | N | % |
| | 兄弟姐妹及配偶 | 38 | 1.8 | 32 | 84.2 | 5 | 13.2 | 1 | 2.6 |
| | 侄子女/外甥子女 | 3 | 0.1 | 3 | 100.0 | 0 | 0.0 | 0 | 0.0 |
| | 其他 | 34 | 1.6 | 32 | 94.1 | 2 | 5.9 | 0 | 0.0 |
| | 小计 | 2156 | 100.0 | 1394 | 64.7 | 690 | 32.0 | 72 | 3.3 |
| 户籍人口 | 配偶 | 692 | 33.9 | 676 | 97.7 | 0 | 0.0 | 16 | 2.3 |
| | 子女 | 683 | 33.5 | 669 | 98.0 | 0 | 0.0 | 14 | 2.0 |
| | 媳婿 | 24 | 1.2 | 23 | 95.8 | 0 | 0.0 | 1 | 4.2 |
| | 父母公婆岳父母 | 558 | 27.3 | 557 | 99.8 | 0 | 0.0 | 1 | 0.2 |
| | (外)祖父母 | 21 | 1 | 21 | 100.0 | 0 | 0.0 | 0 | 0.0 |
| | 孙辈 | 29 | 1.4 | 27 | 93.1 | 0 | 0.0 | 2 | 6.9 |
| | 兄弟姐妹及配偶 | 16 | 0.8 | 16 | 100.0 | 0 | 0.0 | 0 | 0.0 |
| | 侄子女/外甥子女 | 2 | 0.1 | 1 | 50.0 | 0 | 0.0 | 1 | 50.0 |
| | 其他 | 16 | 0.8 | 16 | 100.0 | 0 | 0.0 | 0 | 0.0 |
| | 小计 | 2041 | 100 | 2006 | 98.3 | 0 | 0.0 | 35 | 1.7 |

**3.流动人口和户籍人口获得非农/居民户口的时长均为23年左右,户口获取途径有所差异**

流入人口获得非农/居民户口的平均时长为22.4年,户籍人口为23.3年。由表2-9可见,流动人口获得非农/居民户口的途径主要是升学(16.2%),其次是家庭随转(12.9%)和购房落户(12.8%)。而户籍人口获得居民户口的途径主要是购房落户(30%),其次是征地(17.9%)。

除了购房落户是流动人口和户籍人口获取非农/居民户口的共同途径以外,升学和家庭随转也是流动人口户口获取的主要途径,而户籍人口由于地缘优势,在城镇化快速发展的进程中,由于征地而获取非农/居民户口的占比也较高。

表2-9 流动/户籍人口非农户口/居民户口的获得途径

| 户口获得途径 | 流动人口 | | 户籍人口 | |
|---|---|---|---|---|
| | N | % | N | % |
| 升学 | 20 | 16.2 | 45 | 8.8 |
| 参军 | 3 | 2.5 | 6 | 1.2 |
| 工作(招工等) | 11 | 9.0 | 15 | 2.9 |
| 征地(包括村改居) | 15 | 12.1 | 92 | 17.9 |
| 家属随转(包括通过婚姻) | 16 | 12.9 | 72 | 14.0 |
| 购房落户 | 16 | 12.8 | 154 | 30.0 |
| 户口改革,当地不再有农业户口 | 9 | 7.2 | 48 | 9.3 |
| 其他 | 34 | 27.2 | 82 | 16.0 |
| 合计 | 124 | 100.0 | 514 | 100.0 |

## 2.2 就业与收入情况

### 2.2.1 就业与职业分布情况

**1.流入人口和户籍人口未就业比例均为25%左右，较多女性流入人口因为怀孕或哺乳而不就业，应该强化流入人口的生育保险政策促进妇女平等就业**

表2-10表明，流入人口1000名调查人口中，有750人(75.0%)在调查时点处于就业状态(即调查前一周有做过一小时以上有收入的工作)，有250人(25.0%)处于未工作状态。而在1000名户籍人口中有756人(75.6%)就业，有244人(24.4%)处于未工作状态。

表2-10 流动/户籍人口"五一"前一周是否有1小时以上有收入的工作

| 是否有工作 | 流动人口 N | 流动人口 % | 户籍人口 N | 户籍人口 % |
|---|---|---|---|---|
| 是 | 750 | 75.0 | 756 | 75.6 |
| 否 | 250 | 25.0 | 244 | 24.4 |
| 合计 | 1000 | 100.0 | 1000 | 100.0 |

进一步分析未工作原因，由表2-11可见，料理家务/带孩子(44.6%)、怀孕或哺乳(15.4%)和退休(12.2%)是流入人口未工作的主要原因；而户籍人口未工作的主要原因为退休(27.9%)、料理家务/带孩子(19.7%)和没找到工作(13.9%)。分性别来看，流动人口中男性未就业主要原因为退休和没找到工作，分别占比26.1%和20.0%；女性未就业主要原因为料理家务/带孩子和怀孕或哺乳，分别占比56.0%和20.3%。户籍人口中男性未就业主要原因为退休和没找到工作，分别占比32.1%和23.5%，这点与男性流动人群未就业主要原因一致。户籍人口中女性未就业主要原因为料理家务/带孩子和退休，分别占比28.8%和25.8%，与女性流动人群未就业主要原因稍有差异。

表2-11 不同性别流动/户籍人口的未工作原因

| 未工作原因 | 流动人口 男 N | 流动人口 男 % | 流动人口 女 N | 流动人口 女 % | 流动人口 合计 N | 流动人口 合计 % | 户籍人口 男 N | 户籍人口 男 % | 户籍人口 女 N | 户籍人口 女 % | 户籍人口 合计 N | 户籍人口 合计 % |
|---|---|---|---|---|---|---|---|---|---|---|---|---|
| 学习培训 | 4 | 6.7 | 3 | 1.7 | 7 | 2.8 | 6 | 7.4 | 14 | 8.6 | 20 | 8.2 |
| 料理家务/带孩子 | 5 | 8.6 | 107 | 56.0 | 112 | 44.8 | 1 | 1.2 | 47 | 28.8 | 48 | 19.7 |
| 怀孕或哺乳 | 0 | 0.0 | 39 | 20.3 | 39 | 15.6 | 0 | 0.0 | 22 | 13.5 | 22 | 9.0 |
| 生病 | 2 | 3.5 | 5 | 2.9 | 7 | 2.8 | 10 | 12.3 | 8 | 4.9 | 18 | 7.4 |
| 已经找到工作等待上岗 | 1 | 1.6 | 0 | 0.0 | 1 | 0.4 | 1 | 1.2 | 1 | 0.6 | 2 | 0.8 |
| 因本人原因失去工作 | 3 | 5.1 | 1 | 0.4 | 4 | 1.6 | 1 | 1.2 | 2 | 1.2 | 3 | 1.2 |
| 临时性停工或季节性歇业 | 5 | 8.4 | 1 | 0.7 | 6 | 2.4 | 1 | 1.2 | 0 | 0.0 | 1 | 0.4 |

续表

| 未工作原因 | 流动人口 ||||||  户籍人口 ||||||
|---|---|---|---|---|---|---|---|---|---|---|---|---|
| | 男 || 女 || 合计 || 男 || 女 || 合计 ||
| | N | % | N | % | N | % | N | % | N | % | N | % |
| 没找到工作 | 12 | 20.0 | 4 | 2.0 | 16 | 6.4 | 19 | 23.5 | 15 | 9.2 | 34 | 13.9 |
| 不想工作 | 3 | 5.0 | 4 | 2.3 | 7 | 2.8 | 6 | 7.4 | 3 | 1.8 | 9 | 3.7 |
| 退休 | 16 | 26.1 | 15 | 7.8 | 31 | 12.4 | 26 | 32.1 | 42 | 25.8 | 68 | 27.9 |
| 丧失劳动能力 | 2 | 3.5 | 6 | 3.1 | 8 | 3.2 | 4 | 4.9 | 5 | 3.1 | 9 | 3.7 |
| 其他 | 5 | 8.5 | 5 | 2.8 | 10 | 4.0 | 3 | 3.7 | 1 | 0.6 | 4 | 1.6 |
| 企业/单位裁员 | 0 | 0.0 | 0 | 0.0 | 0 | 0.0 | 1 | 1.2 | 0 | 0.0 | 1 | 0.4 |
| 企业/单位倒闭 | 1 | 1.6 | 0 | 0.0 | 1 | 0.4 | 2 | 2.5 | 1 | 0.6 | 3 | 1.2 |
| 因单位其他原因失去工作 | 1 | 1.6 | 0 | 0.0 | 1 | 0.4 | 0 | 0.0 | 2 | 1.2 | 2 | 0.8 |
| 合计 | 60 | 100.0 | 190 | 100.0 | 250 | 100.0 | 81 | 100.0 | 163 | 100.0 | 244 | 100.0 |

不管是流入人口还是户籍人口，以就业为主的男性未就业的原因除了退休就是没找到合适的工作。以家务为主的女性未就业的原因除了料理家务/带孩子以外，流入女性第二个未就业的原因是怀孕或哺乳，户籍女性排第二位的未就业原因是退休。此差异反映了流入女性与户籍女性年龄结构的差异：以年轻一代为主体的流入人口处于孕产期的比例相对较高，而处于孕产期的户籍人口除了法定产假以外不工作的比例也相对较低。

生育保险是国家通过立法，在怀孕和分娩的妇女劳动者暂时中断劳动时，由国家和社会提供医疗服务、生育津贴和产假的一种社会保险制度，是国家或社会对生育的职工给予必要的经济补偿和医疗保健的社会保险制度。《国务院办公厅关于印发生育保险和职工基本医疗保险合并实施试点方案的通知》将重庆列入了生育保险和职工基本医疗保险合并实施的试点地区，并指出"参加职工基本医疗保险的在职职工同步参加生育保险"。女性流入人口参加生育保险和职工基本医疗保险的比例不高，一旦怀孕生孩子便难以享受到相应的生育津贴和生育医疗待遇，大多只能弃业全职在家。

2.流入人口从事的行业以工业和传统服务业为主，户籍人口则主要从事现代新兴服务业和工业

表2-12数据显示，九龙坡区流入人口从事的行业主要集中在传统的五大行业，按占比从高到低排序分别为制造业(22.8%)、批发零售(21.3%)、居民服务、修理和其他服务业(13.1%)、住宿餐饮(10.7%)和建筑(8.8%)，这五大行业人群占比高达76.7%。

表2-12 流动/户籍人口就业人员的行业分布

| 工作行业 | 流动人口 || 户籍人口 ||
|---|---|---|---|---|
| | N | % | N | % |
| 制造业 | 172 | 22.8 | 127 | 16.8 |
| 教育 | 19 | 2.5 | 133 | 17.6 |
| 交通运输、仓储和邮政 | 38 | 5.0 | 111 | 14.7 |

续表

| 工作行业 | 流动人口 N | 流动人口 % | 户籍人口 N | 户籍人口 % |
|---|---|---|---|---|
| 国际组织 | 1 | 0.2 | 92 | 12.2 |
| 信息传输、软件和信息技术服务 | 11 | 1.5 | 45 | 6.0 |
| 批发零售 | 160 | 21.3 | 42 | 5.6 |
| 住宿餐饮 | 80 | 10.7 | 41 | 5.4 |
| 社会工作 | 10 | 1.3 | 35 | 4.6 |
| 租赁和商务服务 | 5 | 0.7 | 27 | 3.6 |
| 卫生 | 19 | 2.6 | 24 | 3.2 |
| 文体和娱乐 | 10 | 1.3 | 20 | 2.6 |
| 金融 | 8 | 1.0 | 18 | 2.4 |
| 居民服务、修理和其他服务业 | 98 | 13.1 | 9 | 1.2 |
| 公共管理、社会保障和社会组织 | 9 | 1.2 | 9 | 1.2 |
| 房地产 | 33 | 4.3 | 8 | 1.1 |
| 水利、环境和公共设施管理 | 2 | 0.2 | 5 | 0.7 |
| 建筑 | 66 | 8.8 | 4 | 0.5 |
| 农林牧渔 | 5 | 0.7 | 3 | 0.4 |
| 科研和技术服务 | 1 | 0.2 | 2 | 0.3 |
| 电煤水热生产供应 | 3 | 0.4 | 1 | 0.1 |
| 合计 | 750 | 100.0 | 756 | 100.0 |

九龙坡区户籍人口从事的行业，按占比从高到低排序前五位分别为教育(17.6%)、制造业(16.8%)、交通运输、仓储和邮政(14.7%)、国际组织(12.2%)和信息传输、软件和信息技术服务(6.0%)，前五大行业人群占比高达67.3%。

对比来看，流入人口和户籍人口从事的行业分布差异明显。流入人口从事的行业以工业和传统服务业为主，四成以上流入人口从事批发零售、居民服务修理和住宿餐饮等传统服务业。户籍人口从事的行业则以现代服务业和制造业为主，三成以上户籍人口从事教育、国际组织和信息技术服务等现代新兴服务业。

由表2-13可见，流入九龙坡区流动人口职业分布主要是经商(16.3%)、专业技术人员(10.0%)、生产(7.9%)、餐饮(7.6%)和装修(5.0%)，共有46.8%的流入人口就业集中在这五大职业。户籍人口职业主要是公务员、办事人员和有关人员(17.3%)、专业技术人员(12.4%)、经商(8.7%)、生产(4.0%)等，流入人口与户籍人口的职业分布与行业分布基本一致，相比较而言，流入人口的职业层次较为低端。

表2-13 流动/户籍人口就业人员的主要职业构成

| 主要职业 | 流动人口 N | 流动人口 % | 户籍人口 N | 户籍人口 % |
|---|---|---|---|---|
| 其他商业、服务业人员 | 155 | 20.7 | 178 | 23.5 |
| 经商 | 122 | 16.3 | 66 | 8.7 |
| 专业技术人员 | 75 | 10.0 | 94 | 12.4 |

续表

| 主要职业 | 流动人口 N | 流动人口 % | 户籍人口 N | 户籍人口 % |
|---|---|---|---|---|
| 生产 | 60 | 7.9 | 30 | 4.0 |
| 餐饮 | 57 | 7.6 | 30 | 4.0 |
| 装修 | 38 | 5.0 | 13 | 1.7 |
| 商贩 | 32 | 4.2 | 18 | 2.4 |
| 其他 | 31 | 4.1 | 40 | 5.3 |
| 运输 | 27 | 3.6 | 30 | 4.0 |
| 建筑 | 27 | 3.6 | 18 | 2.4 |
| 其他生产、运输设备操作人员及有关人员 | 27 | 3.6 | 22 | 2.9 |
| 无固定职业 | 26 | 3.5 | 21 | 2.8 |
| 保洁 | 21 | 2.9 | 7 | 0.9 |
| 公务员、办事人员和有关人员 | 19 | 2.6 | 131 | 17.3 |
| 保安 | 17 | 2.2 | 26 | 3.4 |
| 快递 | 7 | 0.9 | 8 | 1.1 |
| 国家机关、党群组织、企事业单位负责人 | 4 | 0.5 | 15 | 2.0 |
| 家政 | 4 | 0.6 | 7 | 0.9 |
| 农、林、牧、渔、水利业生产人员 | 1 | 0.1 | 2 | 0.3 |
| 合计 | 750 | 100.0 | 756 | 100.0 |

**3.流入人口在私营企业和个体工商户就业的比例高于户籍人口，在国有单位和股份/联营企业就业的比例低于户籍人口**

表2-14数据显示，就业流动人口主要集中在私营企业和个体工商户，占比为70.4%，比户籍人口在私营企业和个体工商户的比例(46.8%)高出23.6个百分点。流动人口在国有单位就业的比例为8.2%，比户籍人口在国有单位就业的比例(21.2%)低13个百分点。流动人口在股份/联营企业就业的比例为3.6%，比户籍人口的这一比例(6.0%)低2.4个百分点。对比分析表明，流入人口在私营企业和个体工商户就业的比例高于户籍人口，在国有单位和股份/联营企业就业的比例低于户籍人口，流入人口的就业正规化程度低于户籍人口。

表2-14 流动/户籍人口就业人员单位性质构成

| 单位性质 | 流动人口 N | 流动人口 % | 户籍人口 N | 户籍人口 % |
|---|---|---|---|---|
| 私营企业 | 265 | 35.3 | 198 | 26.2 |
| 个体工商户 | 263 | 35.1 | 156 | 20.6 |
| 国有单位 | 63 | 8.2 | 160 | 21.2 |
| #国有及国有控股企业 | 39 | 5.1 | 71 | 9.4 |
| #机关、事业单位 | 24 | 3.1 | 89 | 11.8 |
| 股份/联营企业 | 27 | 3.6 | 45 | 6.0 |
| 集体企业 | 7 | 0.9 | 26 | 3.4 |

续表

| 单位性质 | 流动人口 N | 流动人口 % | 户籍人口 N | 户籍人口 % |
| --- | --- | --- | --- | --- |
| 社团/民办组织 | 7 | 0.9 | 69 | 9.1 |
| 外资企业 | 11 | 1.5 | 10 | 1.4 |
| #中外合资企业 | 6 | 0.7 | 6 | 0.8 |
| #外商独资企业 | 3 | 0.5 | 2 | 0.3 |
| #港澳台独资企业 | 2 | 0.3 | 2 | 0.3 |
| 其他 | 17 | 2.3 | 61 | 8.1 |
| 无单位 | 90 | 12.1 | 31 | 4.1 |
| 合计 | 750 | 100.0 | 756 | 100.0 |

4.流动人口有固定雇主的雇员的比例、签订就业合同的人数比例，以及平均工作年限均低于户籍人口

由表 2-15 可见，流入就业和户籍就业人口中有固定雇主的雇员分别占 56.0%和 71.8%，流入人口低 15.8 个百分点，但流动人口中其余身份就业人员的比例均高于户籍人口。

表 2-15　流动/户籍人口就业人员就业身份构成

| 就业身份 | 流动人口 N | 流动人口 % | 户籍人口 N | 户籍人口 % |
| --- | --- | --- | --- | --- |
| 有固定雇主的雇员 | 420 | 56.0 | 543 | 71.8 |
| 无固定雇主的雇员 | 68 | 9.0 | 34 | 4.5 |
| 雇主 | 46 | 6.2 | 24 | 3.2 |
| 自营劳动者 | 208 | 27.8 | 104 | 13.8 |
| 其他 | 8 | 1.0 | 51 | 6.7 |
| 合计 | 750 | 100.0 | 756 | 100.0 |

由表 2-16 可见，目前是雇员身份的流入人口，仅有 54%的人与工作单位签订了有固定期限的劳动合同，而户籍就业雇员中 74.9%的人与单位签订了有固定期限的劳动合同。流入人口中未签订劳动合同者占 34.7%，户籍人口未签订劳动合同者占 16.8%。

表 2-16　流动/户籍人口就业人员签订合同种类构成

| 签订合同种类 | 流动人口 N | 流动人口 % | 户籍人口 N | 户籍人口 % |
| --- | --- | --- | --- | --- |
| 有固定期限 | 263 | 54.0 | 432 | 74.9 |
| 无固定期限 | 44 | 9.0 | 43 | 7.5 |
| 完成一次性工作任务 | 5 | 1.0 | 3 | 0.5 |
| 试用期 | 2 | 0.4 | 1 | 0.2 |

续表

| 签订合同种类 | 流动人口 N | 流动人口 % | 户籍人口 N | 户籍人口 % |
|---|---|---|---|---|
| 未签订劳动合同 | 169 | 34.7 | 97 | 16.8 |
| 不清楚 | 5 | 0.9 | 1 | 0.2 |
| 合计 | 487 | 100.0 | 577 | 100.0 |

从工作时长分布来看(表2-17),工作时长在3年及以下的流动人口和户籍人口分别占52.7%和40.0%,工作时长在3年以上的流动人口和户籍人口分别占47.3%和60%。流动人口的平均工作时长低于户籍人口。

表2-17 流动/户籍人口就业人员的工作时长

| 工作时长 | 流动人口 N | 流动人口 % | 户籍人口 N | 户籍人口 % |
|---|---|---|---|---|
| 1年以下 | 103 | 22.0 | 78 | 13.9 |
| 1～3年 | 144 | 30.7 | 147 | 26.1 |
| 3～5年 | 68 | 14.5 | 97 | 17.2 |
| 5～10年 | 98 | 20.9 | 153 | 27.2 |
| 10年及以上 | 56 | 11.9 | 88 | 15.6 |
| 合计 | 469 | 100.0 | 563 | 100.0 |

5.流入人口雇主做生意时长为10年及以上的比例低于户籍人口,近两年雇佣人员数量减少的比例高于户籍人口

从做生意时长来看,雇主身份的流入人口和户籍人口平均做生意时长分别为5.32年和6.1年。由表2-18数据可见,做生意时长在10年及以上的雇主,流动人口比户籍人口低12.7个百分点。

表2-18 雇主身份流动/户籍人口做生意时长

| 生意时长 | 流动人口 N | 流动人口 % | 户籍人口 N | 户籍人口 % |
|---|---|---|---|---|
| 1年以下 | 7 | 16.1 | 3 | 13.0 |
| 1～3年 | 11 | 23.4 | 3 | 13.0 |
| 3～5年 | 7 | 15.5 | 6 | 26.1 |
| 5～10年 | 16 | 36.0 | 6 | 26.1 |
| 10年及以上 | 4 | 9.0 | 5 | 21.7 |
| 合计 | 45 | 100.0 | 23 | 100.0 |

从表2-19可知,近两年雇佣人员数量基本不变和增加的,流动人口占77.7%,户籍人口占94.4%,流动人口低16.7个百分点。

表 2-19 雇主身份流动/户籍人口雇佣人员数量变化情况

| 雇佣人员数量变化 | 流动人口 N | % | 户籍人口 N | % |
| --- | --- | --- | --- | --- |
| 数量减少 | 8 | 22.3 | 1 | 5.6 |
| 数量基本不变 | 27 | 74.9 | 15 | 83.3 |
| 数量增加 | 1 | 2.8 | 2 | 11.1 |
| 合计 | 36 | 100.0 | 18 | 100.0 |

对比分析可以发现，雇主身份的流入人口在流入地做生意的稳定性与发展情况均不及户籍人口，流入人口在流入地的创业较户籍人口更加艰难。

### 2.2.2 就业人口收入情况

1.流入人口月平均工资高出户籍人口 330 元，但分别有 82.8%和 85.5%的流入就业人口和户籍就业人口月收入低于 2016 年度重庆市职工平均月工资

九龙坡区流入人口最低月收入为 0 元，最高月收入为 3 万元，流入就业人口月平均收入（工资）为 4259.3 元，收入中位数为 3326.2 元。由表 2-20 可见，按重庆市 2017 年职工平均工资和最低工资标准将流入人口收入分成三组(2016 年重庆市职工平均工资为 5616 元/月，重庆市最低工资标准为 1500 元/月)。结果发现，76.0%的流入人口就业收入为 1500～5616 元，并且有 6.8%的人收入低于全市最低工资标准，也就是说，有 82.8%的流入人口月收入明显低于同年度重庆市职工平均工资。

表 2-20 流动人口月平均工资收入及分组

| 分组 1 | N | % | 平均月收入（元） | 分组 2 | N | % | 平均月收入（元） |
| --- | --- | --- | --- | --- | --- | --- | --- |
| 低收入户(20%) | 158 | 21.1 | 1668.9 | 1500 元及以下 | 51 | 6.8 | 1075.8 |
| #困难户(5%) | 51 | 6.8 | 1075.8 | 1500～5616 元 | 570 | 76.0 | 3314.7 |
| 中低收入户(20%) | 203 | 27.1 | 2809.6 | 5616 元以上 | 129 | 17.1 | 9718.8 |
| 中等收入户(20%) | 142 | 18.9 | 3737.2 | | | | |
| 中高收入户(20%) | 110 | 14.6 | 4872.2 | | | | |
| 高收入户(20%) | 137 | 18.3 | 9450.5 | | | | |
| 合计 | 750 | 100.0 | 4259.3 | 合计 | 750 | 100.0 | 4259.3 |

对比来看，九龙坡区户籍人口最低月收入为 0 元，最高月收入为 4 万元，户籍就业人口月平均收入（工资）为 3928.5 元，收入中位数为 3000 元。表 2-21 可见，按重庆市 2017 年职工平均工资和最低工资标准将流入人口收入分成三组(2016 年重庆市职工平均工资为 5616 元/月，重庆市最低工资标准为 1500 元/月)。结果发现，81%的户籍人口就业收入为 1500～5616 元，并且有 4.5%的人收入低于全市最低工资标准，也就是说，有 85.5%的户籍人口月收入明显低于 2016 年度重庆市职工平均工资。

表 2-21 户籍人口月平均工资收入及分组

| 分组 1 | $N$ | % | 平均月收入(元) | 分组 2 | $N$ | % | 平均月收入(元) |
|---|---|---|---|---|---|---|---|
| 低收入户(20%) | 152 | 20.1 | 1751.7 | 1500 元及以下 | 34 | 4.5 | 1169.9 |
| #困难户(5%) | 43 | 5.7 | 1254.6 | 1500~5616 元 | 612 | 81.0 | 3169.7 |
| 中低收入户(20%) | 251 | 33.2 | 2707.8 | 5616 元以上 | 110 | 14.6 | 9002.7 |
| 中等收入户(20%) | 58 | 7.7 | 3432.8 | | | | |
| 中高收入户(20%) | 180 | 23.8 | 4485.6 | | | | |
| 高收入户(20%) | 115 | 15.2 | 8847.8 | | | | |
| 合计 | 756 | 100.0 | 3928.5 | 合计 | 756 | 100.0 | 3928.5 |

2.流入就业人口和户籍就业人口的内部收入存在一定差距，但均处于相对合理状态

流入就业人口收入存在一定差距。由表 2-20 可见，按收入 5 分组计算，困难户组(低于 1500 元的人群)占比 6.8%，其平均收入只有 1075.8 元；而高收入组(5000 元以上的人群)占比为 18.3%，其月平均收入是 9450.5 元。结果表明，高收入组月平均收入是困难户月平均收入的 8.78 倍。图 2-3 和图 2-4 表明，本次调查就业流入人群月收入基尼系数为 0.33，九龙坡区流入就业人群内部收入分配还是处于相对合理的状态。

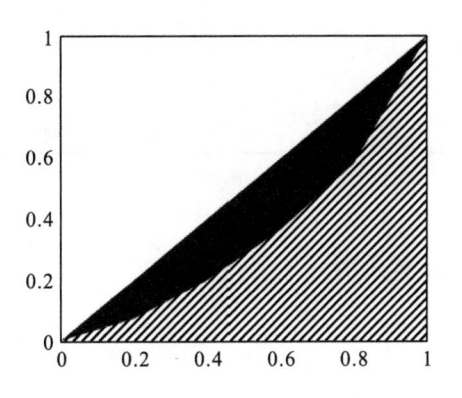

图 2-3 流动就业人员月收入洛伦兹曲线 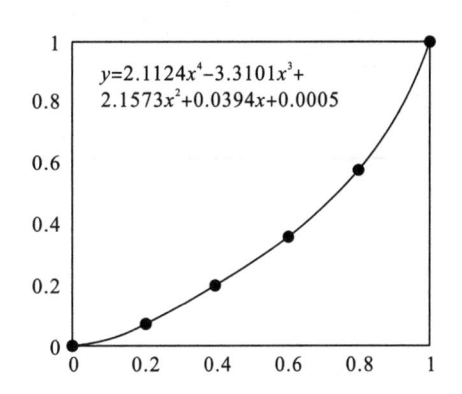　　图 2-4 流动就业人员月收入分布基尼系数图

$y=2.1124x^4-3.3101x^3+2.1573x^2+0.0394x+0.0005$

户籍就业人口收入也存在一定差距。由表 2-21 可见，按收入 5 分组计算，困难户组(低于 1600 元的人群)占比 5.7%，其平均收入只有 1254.6 元；而高收入组(5000 元以上的人群)占比为 15.2%，其月平均收入是 8847.8 元。结果表明，高收入组月平均收入是困难户月平均收入的 7.05 倍。图 2-5 和图 2-6 表明，本次调查就业户籍人群月收入基尼系数为 0.32，九龙坡区户籍就业人群的内部收入分配还是处于相对合理的状态。

图 2-5　户籍就业人员月收入洛伦兹曲线　　图 2-6　户籍就业人员月收入分布基尼系数图

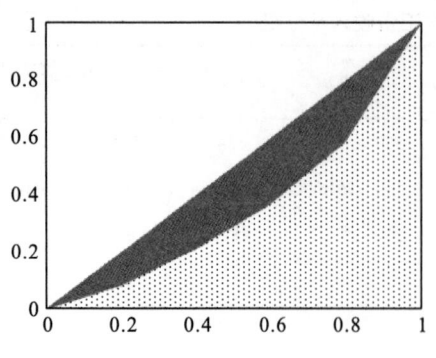

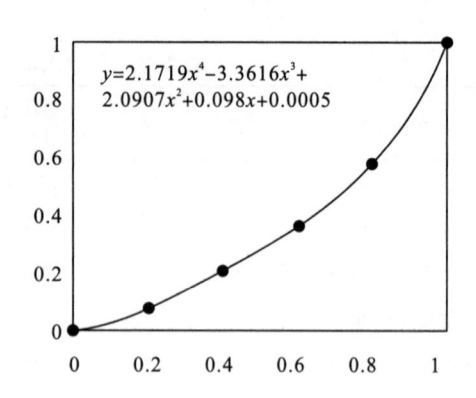

**3.流动人口的就业收入稳定性低于户籍就业人口**

表 2-22 数据显示，表示收入基本不变的流动人口和户籍人口分别占 47.9%和 62.0%，前者比后者低 14.1 个百分点。而表示收入减少和增加的流动人口的比例均高出户籍人口。

表 2-22　流动/户籍人口就业收入的变化情况

| 收入变化情况 | 流动人口 N | 流动人口 % | 户籍人口 N | 户籍人口 % |
| --- | --- | --- | --- | --- |
| 减少 | 260 | 34.6 | 147 | 19.4 |
| 基本不变 | 359 | 47.9 | 469 | 62.0 |
| 增加 | 121 | 16.1 | 120 | 15.9 |
| 不适合 | 10 | 1.4 | 20 | 2.6 |
| 合计 | 750 | 100.0 | 756 | 100.0 |

## 2.3　家庭经济状况

### 2.3.1　收入支出情况

**1.流入人口的家庭人均收入高于户籍人口，但其更高的基本生存需求消费尤其是住房消费使得其在流入地的生存成本更高**

表 2-23 数据表明，流动人口家庭月收入 7228.3 元，家庭月支出 4270.6 元，其中住房支出占比 24.7%。户籍人口家庭月收入 7332.6 元，家庭月支出 4251.5 元，住房支出占比 11.6%，这一指标低于流动人口 13.1 个百分点。从家庭人均月支出和收入来看，流动人口的家庭人均月支出(2285.6 元)和收入(3884.5 元)均高于户籍人口，其中流动人口的家庭人均月收入是户籍人口的 1.73 倍。流动人口的人均消费倾向(58.84%)也要略高于户籍人口的人均消费倾向(58.27%)。从家庭月收支平衡情况来看，94.2%的流动人口收支盈余，而户籍人口为 93.7%，略低于流动人口。

表 2-23　流动/户籍家庭的收支情况

| 家庭收支情况 | 流动人口 平均值 | % | 户籍人口 平均值 | % |
|---|---|---|---|---|
| 家庭月收入(元) | 7228.3 | | 7332.6 | |
| 家庭月支出(元) | 4270.6 | | 4251.5 | |
| #住房支出(元) | 1082.6 | 24.7 | 643.1 | 11.6 |
| 家庭人均月支出(元) | 2285.6 | | 1499.5 | |
| 家庭人均月收入(元) | 3884.5 | | 2573.5 | |
| 家庭月收支平衡状况 | | | | |
| #收支盈余 | | 94.2 | | 93.7 |
| #收支平衡 | | 4.4 | | 4.0 |
| #收不抵支 | | 1.4 | | 2.3 |

对比分析来看，流入人口比户籍人口的收入水平高，但支出水平也高，尤其是住房支出，高出了 13.1 个百分点。这说明，在流入人口的收入中，用于基本生存需求的占比较高，较高的生存成本在一定程度上限制了其发展性消费需求的增长。

**2.流入人口家庭人均月收入的内部分化程度高于户籍人口**

表 2-24 数据显示，流动人口按家庭人均收入 5 分组计算，低收入组(低于 1666.67 元的人群)占比 23.0%，其平均收入为 1285.4 元；而高收入家庭人均月收入组(5000 元以上的人群)占比为 18.4%，其平均收入为 9881.8 元，流动人口家庭高收入组月平均收入是低收入组月平均收入的 5.93 倍。

九龙坡区户籍人口按家庭人均收入 5 分组计算，低收入组(低于 1500 元的人群)占比 23.3%，其平均收入为 1143.7；而高收入家庭人均月收入组(3333.34 元以上的人群)占比为 22.5%，其平均收入为 4757.2 元，户籍人口家庭高收入组月平均收入是低收入组月平均收入的 3.17 倍。

表 2-24　流动/户籍家庭人均月收入五分组构成

| 收入分组 | 流动人口 N | % | 平均值(元) | 户籍人口 N | % | 平均值(元) |
|---|---|---|---|---|---|---|
| 低收入户(20%) | 230 | 23.0 | 1285.4 | 233 | 23.3 | 1143.7 |
| 中低收入户(20%) | 185 | 18.5 | 2055.9 | 236 | 23.6 | 1850.5 |
| 中等收入户(20%) | 199 | 19.9 | 2744.9 | 156 | 15.6 | 2373.8 |
| 中高收入户(20%) | 202 | 20.2 | 4185.2 | 150 | 15.0 | 2863.8 |
| 高收入户(20%) | 184 | 18.4 | 9881.8 | 225 | 22.5 | 4757.2 |
| 合计 | 1000 | 100.0 | 3884.5 | 1000 | 100.0 | 2573.5 |

## 2.3.2 老家经济收入与产权情况

1.流入人口在老家拥有承包地的比例比户籍人口高,转租给村集体和企业的比例和收益却远低于户籍人口

表 2-25 数据表明,九龙坡区户口为农业和农转居的流动人口中有 61.6%的人老家有承包地,平均面积为 0.73 亩;户籍人口家中有 28.9%的人有承包地,平均面积为 0.35 亩。流动人口老家有承包地的占比高出户籍人口 32.7 个百分点。

表 2-25 流动人口老家/户籍人口家中是否有承包地

| 是否有承包地 | 流动人口 N | 流动人口 % | 户籍人口 N | 户籍人口 % |
|---|---|---|---|---|
| 有 | 503 | 61.6 | 88 | 28.9 |
| 没有 | 252 | 30.8 | 202 | 66.4 |
| 不清楚 | 62 | 7.6 | 14 | 4.6 |
| 合计 | 816 | 100.0 | 304 | 100.0 |

然而,流动人口老家承包地转租给村集体和企业的比例远远低于户籍人口。表 2-26 数据表明,流动人口承包地的耕种者主要是亲朋耕种、自己/家人耕种和撂荒,分别占比 34.9%、32.2%和 19.6%。户籍人口家中承包地主要是自己/家人耕种、转租给企业和转租给村集体,分别占比为 39.8%、25.0%和 20.5%。流动人口中老家承包地转租给村集体和企业的仅占 2.5%,户籍人口中的这一比例却高达 45.5%,前者低出 43 个百分点。

表 2-26 流动人口老家/户籍人口家中承包地的耕种者

| 承包地耕种者 | 流动人口 N | 流动人口 % | 户籍人口 N | 户籍人口 % |
|---|---|---|---|---|
| 自己/家人耕种 | 162 | 32.2 | 35 | 39.8 |
| 雇人代耕种 | 3 | 0.7 | 0 | 0.0 |
| 亲朋耕种 | 175 | 34.9 | 3 | 3.4 |
| 转租给私人 | 24 | 4.8 | 3 | 3.4 |
| 转租给村集体 | 3 | 0.6 | 18 | 20.5 |
| 转租给企业 | 10 | 1.9 | 22 | 25.0 |
| 撂荒 | 98 | 19.6 | 6 | 6.8 |
| 种树 | 23 | 4.5 | 1 | 1.1 |
| 其他 | 4 | 0.9 | 0 | 0.0 |
| 合计 | 503 | 100.0 | 88 | 100.0 |

流动人口承包地的收益也低于户籍人口。流动人口承包地的平均收益为 570.56 元/(亩·年),而户籍人口则为 1006.67 元/(亩·年)。流动人口中将承包地转租给企业和转租给私人的收入为 1104.83 元/(亩·年),户籍人口则为 2175.21 元/(亩·年)。

由于老家所处地理环境和经济发展环境的不同，流入人口老家大多地处偏远，城镇化发展的进程还远未波及其老家，其经济发展条件也相对较差。家中还有承包地的户籍人口，其老家大多离流入地城市较近，经济发展条件相对较好，受城镇化发展的影响较大，村周边所办企业也较多，土地也更为紧俏，因此户籍人口将承包地转租给村集体和企业的可能性更大，因地租原因其收益也更高。

2.流入人口和户籍人口老家有宅基地的占比分别为 71.7%和 28.6%，流入人口老家的宅基地仍然是他们的安身立命所在

表 2-27 表明，在户口为农业和农转居户口性质的流入人口中有 71.7%的人表明老家有宅基地，平均约 38.99 平方米，而户籍人口有 28.6%的人表明家中有宅基地，平均约 38.82 平方米。绝大部分户籍人口在本地已置房扎根，享有本地社会保障和基本公共服务，老家即便有宅基地也很少回去。流入人口则相对和老家保留了更为紧密的联系，宅基地为他们留下了"根"，有条件的流入人口还将宅基地翻新改造得可以和城里人住的别墅媲美，使得他们在有需要的时候随时可回家乡居住。

表 2-27　流动人口老家/户籍人口家中是否有宅基地

| 是否有宅基地 | 流动人口 | | 户籍人口 | |
| --- | --- | --- | --- | --- |
| | N | % | N | % |
| 有 | 585 | 71.7 | 87 | 28.6 |
| 没有 | 212 | 26.0 | 210 | 69.1 |
| 不清楚 | 19 | 2.3 | 7 | 2.3 |
| 合计 | 816 | 100.0 | 304 | 100.0 |

3.流入人口和户籍人口中有集体分红的比例分别为 1.7%和 13.8%，且分红金额前者只有后者的约 1/8

表 2-28 表明，流动人口中农业和农转居户口性质的人群中有 1.7%的人有集体分红，分红金额约为 164.25 元/年；户籍人口中农业和农转居户口性质的人群中有 13.8%的人有集体分红，分红金额约为 1303.48 元/年。对比来看，流动人口的分红金额只占户籍人口分红金额的 1/8。

表 2-28　流动人口老家/户籍人口村中是否有集体分红

| 是否有集体分红 | 流动人口 | | 户籍人口 | |
| --- | --- | --- | --- | --- |
| | N | % | N | % |
| 有 | 14 | 1.7 | 42 | 13.8 |
| 没有 | 759 | 93.0 | 250 | 82.2 |
| 不清楚 | 43 | 5.3 | 12 | 3.9 |
| 合计 | 816 | 100.0 | 304 | 100.0 |

如前所述，流入人口老家大多地处偏远，集体企业较少，土地收益并不高。户籍人口老家大多离城镇较近，地租价格较高，相对集体经济也更为发达，土地收益也较高。

## 2.4 健康、公共服务与婚姻生育情况

### 2.4.1 健康状况与健康档案建立情况

**1.九成以上人口身体健康，流入人口身体健康的占比低于户籍人口**

表2-29表明，94.1%的流动人口身体健康，比户籍人口（96.6%）低2.5个百分点。

表2-29 流动/户籍人口的健康状况

| 健康状况 | 流动人口 N | 流动人口 % | 户籍人口 N | 户籍人口 % |
| --- | --- | --- | --- | --- |
| 健康 | 757 | 75.7 | 847 | 84.7 |
| 基本健康 | 184 | 18.4 | 119 | 11.9 |
| 不健康，但生活能自理 | 58 | 5.8 | 34 | 3.4 |
| 生活不能自理 | 1 | 0.1 | 0 | 0.0 |
| 合计 | 1000 | 100.0 | 1000 | 100.0 |

**2.流入人口对国家基本公共卫生服务项目的知晓度和居民健康档案的建档率均低于户籍人口**

表2-30表明，流入人口没听说过国家基本公共卫生服务项目的人群占比为31.3%，而户籍人口为27.9%。调查数据还显示，流动人口建立居民档案的比例为23.9%，比户籍人口的建档比例（35.0%）低11.1个百分点，如表2-31数据所示。

表2-30 流动/户籍人口是否听说过"国家基本公共卫生服务项目"构成

| 是否听说过"国家基本公共卫生服务项目" | 流动人口 N | 流动人口 % | 户籍人口 N | 户籍人口 % |
| --- | --- | --- | --- | --- |
| 听说过 | 687 | 68.7 | 721 | 72.1 |
| 没听说过 | 313 | 31.3 | 279 | 27.9 |
| 合计 | 1000 | 100.0 | 1000 | 100.0 |

表2-31 流动/户籍人口是否建立居民健康档案构成

| 是否建立居民健康档案 | 流动人口 N | 流动人口 % | 户籍人口 N | 户籍人口 % |
| --- | --- | --- | --- | --- |
| 是，已经建立 | 218 | 23.9 | 350 | 35.0 |
| 没建，没听说过 | 293 | 32.0 | 209 | 20.9 |

续表

| 是否建立居民健康档案 | 流动人口 N | 流动人口 % | 户籍人口 N | 户籍人口 % |
|---|---|---|---|---|
| 没建，但听说过 | 253 | 27.6 | 249 | 24.9 |
| 不清楚 | 151 | 16.5 | 192 | 19.2 |
| 合计 | 916 | 100.0 | 1000 | 100.0 |

无论是城市或农村居民，都应该能享受到国家提供的基本公共卫生服务。流入人口的知晓度和建档率都低于户籍人口，应该加大服务项目的宣传与服务力度，使更多流动人口能享受到其应有的服务。

### 2.4.2 公共服务状况

1.流动人口接受健康知识教育内容丰富，宣传资料、宣传栏/电子显示屏等传统方式仍然在户籍/流动人口健康知识普及中占有举足轻重作用

表2-32数据显示，流动人口接受健康教育内容排前三位的是控制吸烟、妇幼保健/优生优育和生殖健康与避孕，这三类应答人数占比分别为83.2%、76.0%和71.5%。而户籍人口排在前三位的是控制吸烟、生殖健康与避孕和妇幼保健/优生优育，这三类应答人数占比分别为84.3%、76.1%和73.7%。户籍人口与流动人口接受控制吸烟、妇幼保健/优生优育和生殖健康与避孕知识占比均为最高，一方面因为上述三类知识对于流动/户籍人口最为重要，流动/户籍人口在接受健康知识教育的时候有一定选择性；另一方面也说明了今后在进行健康知识普及时，需要加强职业病防治、性病/艾滋病防治等知识的普及，提高流动/户籍人口健康知识面，进而促进基本公共卫生计生服务工作效果的提升。

表2-32 流动/户籍人口接受健康知识内容构成（多选）

| 健康知识内容 | 流动人口 N | 流动人口 % | 户籍人口 N | 户籍人口 % |
|---|---|---|---|---|
| 职业病防治 | 350 | 54.1 | 482 | 62.4 |
| 性病/艾滋病防治 | 364 | 56.3 | 503 | 65.1 |
| 生殖健康与避孕 | 462 | 71.5 | 588 | 76.1 |
| 结核病防治 | 364 | 56.3 | 441 | 57.1 |
| 控制吸烟 | 538 | 83.2 | 652 | 84.3 |
| 心理健康 | 365 | 56.5 | 444 | 57.4 |
| 慢性病防治 | 382 | 59.1 | 475 | 61.4 |
| 妇幼保健/优生优育 | 492 | 76.0 | 570 | 73.7 |
| 突发公共事件自救 | 431 | 66.7 | 536 | 69.3 |
| 合计 | 3748 | 579.7 | 4691 | 606.9 |

由表 2-33 数据表明，在接受健康教育的方法上，宣传资料、宣传栏/电子显示屏等传统方式仍然起着举足轻重的作用，91.3%、85.6%的流动人口，95.4%、91.3%的户籍人口分别通过宣传资料和宣传栏/电子显示屏方式接收到健康知识教育，而社区短信/微信/网站等"新媒体"在健康知识传播中所起的作用相对不大，仅有 35.6%的流动人口和 36.2%的户籍人口通过此种方式获得健康知识。后期需要加强"新媒体""互联网+"等方式方法的运用，提高健康知识对于两类人群的可及性。

表 2-33 流动/户籍人口接受健康教育方式构成（多选）

| 健康教育方式 | 流动人口 N | 流动人口 % | 户籍人口 N | 户籍人口 % |
| --- | --- | --- | --- | --- |
| 健康知识讲座 | 295 | 46.7 | 507 | 66.4 |
| 宣传资料 | 576 | 91.3 | 728 | 95.4 |
| 宣传栏/电子显示屏 | 540 | 85.6 | 697 | 91.3 |
| 公众健康咨询活动 | 379 | 60.0 | 447 | 58.6 |
| 社区短信/微信/网站 | 225 | 35.6 | 320 | 41.9 |
| 个体化面对面咨询 | 232 | 36.7 | 276 | 36.2 |
| 合计 | 2246 | 355.8 | 2975 | 389.9 |

2.流动人口接受健康体检比例低于户籍人口，在接受医疗卫生服务的方便程度上，"15分钟城市社区卫生服务圈/30分钟乡村卫生服务圈"基本形成

表 2-34 数据表明，6%和 0.7%的流动人口分别患有高血压和糖尿病，而 5.5%和 1.0%的户籍人口分别患有上述两种疾病。同时患有糖尿病和高血压的两类人群占比相同，均为 0.7%。

表 2-34 流动/户籍人口患有医生确诊的高血压或Ⅱ型糖尿病构成

| 是否患有高血压或糖尿病 | 流动人口 N | 流动人口 % | 户籍人口 N | 户籍人口 % |
| --- | --- | --- | --- | --- |
| 患有高血压 | 60 | 6.0 | 55 | 5.5 |
| 患有糖尿病 | 7 | 0.7 | 10 | 1.0 |
| 患有高血压和糖尿病 | 7 | 0.7 | 7 | 0.7 |
| 均未患有 | 897 | 89.7 | 914 | 91.4 |
| 未就诊 | 29 | 2.9 | 14 | 1.4 |
| 合计 | 1000 | 100.0 | 1000 | 100.0 |

表 2-35 数据表明，在接受健康体检方面，46.2%的流动人口接受过本地卫生服务机构提供的免费健康体检，而户籍人口接受健康体检占比相对流动人口较高，达到了 65.3%。流动人口由于居住地点没有长期固定，相关公共卫生服务知晓率还不高，导致接受免费健康体检比例低于户籍人口。因此，提高流动人口对基本公共卫生计生服务知晓率，进而提高流动人口接受基本公共卫生计生服务的覆盖面意义重大。

表 2-35　流动/户籍人口是否接受过本地卫生服务机构免费提供健康体检

| 是否接受过本地卫生服务机构免费提供健康体检 | 流动人口 N | 流动人口 % | 户籍人口 N | 户籍人口 % |
|---|---|---|---|---|
| 接受过 | 34 | 46.2 | 47 | 65.3 |
| 没有接受过 | 40 | 53.8 | 25 | 34.7 |
| 合计 | 74 | 100.0 | 72 | 100.0 |

表 2-36 数据表明，87.5%的流动人口、84.9%的户籍人口从居住地到最近的医疗服务机构(包括社区卫生服务中心、村居医务室、医院等)需要的时间在 15 分钟以内；11.5%的流动人口和 14.5%的户籍人口到达最近医疗卫生机构时间为 15~30 分钟。当前各地均在开展"15 分钟城市社区卫生服务圈/30 分钟乡村卫生服务圈"建设，基于表 2-36 数据，绝大多数流动/户籍人口均能够在 30 分钟之内达到最近医疗卫生机构，"15 分钟城市社区卫生服务圈/30 分钟乡村卫生服务圈"在九龙坡区基本建成。

表 2-36　流动/户籍人口医疗服务可及性构成

| 医疗服务可及性 | 流动人口 N | 流动人口 % | 户籍人口 N | 户籍人口 % |
|---|---|---|---|---|
| 15 分钟以内 | 875 | 87.5 | 849 | 84.9 |
| 15(不含)~30 分钟(含) | 115 | 11.5 | 145 | 14.5 |
| 30(不含)~60 分钟(含) | 10 | 1.0 | 4 | 0.4 |
| 1 小时以上 | 0 | 0.0 | 2 | 0.2 |
| 合计 | 1000 | 100.0 | 1000 | 100.0 |

3.七成左右流动人口在近一年内患过感冒，仅不足三成前去就诊，未就诊的最主要原因是去医院看病麻烦，不如自己买药方便

表 2-37 数据显示，最近一年内流动人口中有 72.3%曾患过感冒，20.9 曾患过腹泻，11.8 曾患过发热；感冒、腹泻、发热同样是户籍人口近一年类患病比例最高的疾病，分别为 65.5%、14.3%和 7.5%。在近一年内各种疾病的患病率中，户籍人口均低于流动人口，一定程度可以说明相对户籍人口，流动人口在居住条件、食物营养、日常健康保健方面较差，导致流动人口患各种疾病的比率高于户籍人口。

表 2-37　流动/户籍人口最近一年内患病症状构成

| 患病症状 | 流动人口 N | 流动人口 % | 户籍人口 N | 户籍人口 % |
|---|---|---|---|---|
| 腹泻 | 209 | 20.9 | 143 | 14.3 |
| 发热 | 118 | 11.8 | 75 | 7.5 |
| 皮疹 | 73 | 7.3 | 46 | 4.6 |

续表

| 患病症状 | 流动人口 N | 流动人口 % | 户籍人口 N | 户籍人口 % |
|---|---|---|---|---|
| 黄疸 | 2 | 0.2 | 1 | 0.1 |
| 结膜红肿 | 39 | 3.9 | 30 | 3.0 |
| 感冒 | 723 | 72.3 | 655 | 65.5 |

表 2-38 数据显示患各种疾病后两类人群就诊比例。对于流动人口来说，结膜红肿、发热患病后就诊比例最高，分别为 46.6%和 46.2%；而户籍人口在患皮疹和发热后就诊比例最高，分别为 47.8%和 46.7%。总的来看，流动人口患病后就诊比例高于户籍人口。

表 2-38　流动/户籍人口患病就诊情况构成

| 患病症状 | 流动人口 N | 流动人口 % | 户籍人口 N | 户籍人口 % |
|---|---|---|---|---|
| 腹泻 | 59 | 28.3 | 21 | 14.7 |
| 发热 | 55 | 46.2 | 35 | 46.7 |
| 皮疹 | 29 | 39.6 | 22 | 47.8 |
| 黄疸 | 0 | 0.0 | 0 | 0.0 |
| 结膜红肿 | 18 | 46.6 | 9 | 30.0 |
| 感冒 | 204 | 28.2 | 151 | 23.1 |

表 2-39 表明，流动人口腹泻时未就诊的主要原因为"病症并不是很严重，去医院看病麻烦""不如自己买药方便"和"身体好能自愈"，占比分别为 51.3%、31.3%和 23.1%。户籍人口腹泻时未就诊的主要原因和流动人口一样，还是"病症并不是很严重""去医院看病麻烦，不如自己买药方便"和"身体好能自愈"，分别占比 67.2%、34.4%和 23.8%。

表 2-39　流动/户籍人口患病未就诊原因构成（多选）

| | 未就诊原因 | 流动人口 N | 流动人口 % | 户籍人口 N | 户籍人口 % |
|---|---|---|---|---|---|
| 腹泻 | 病症并不是很严重 | 77 | 51.3 | 82 | 67.2 |
| | 以前得过或听说过，有治疗经验 | 9 | 6.2 | 7 | 5.7 |
| | 身体好，能自愈 | 35 | 23.1 | 29 | 23.8 |
| | 工作忙，没时间 | 1 | 0.7 | 6 | 4.9 |
| | 缺钱 | 7 | 4.5 | 1 | 0.8 |
| | 去医院看病麻烦，不如自己买药方便 | 47 | 31.3 | 42 | 34.4 |
| | 其他 | 3 | 1.8 | 1 | 0.8 |
| | 小计 | 179 | 118.9 | 168 | 137.7 |

续表

| | 未就诊原因 | 流动人口 N | 流动人口 % | 户籍人口 N | 户籍人口 % |
|---|---|---|---|---|---|
| 发热 | 病症并不是很严重 | 29 | 45.4 | 17 | 42.5 |
| | 以前得过或听说过，有治疗经验 | 9 | 13.9 | 2 | 5.0 |
| | 身体好，能自愈 | 8 | 12.6 | 11 | 27.5 |
| | 工作忙，没时间 | 2 | 3.7 | 3 | 7.5 |
| | 缺钱 | 2 | 2.7 | 3 | 7.5 |
| | 去医院看病麻烦，不如自己买药方便 | 34 | 53.5 | 21 | 52.5 |
| | 其他 | 1 | 1.6 | 1 | 2.5 |
| | 小计 | 85 | 133.4 | 58 | 145.0 |
| 皮疹 | 病症并不是很严重 | 13 | 28.8 | 8 | 33.3 |
| | 以前得过或听说过，有治疗经验 | 7 | 15.1 | 3 | 12.5 |
| | 身体好，能自愈 | 8 | 17.2 | 7 | 29.2 |
| | 工作忙，没时间 | 1 | 2.6 | 1 | 4.2 |
| | 缺钱 | 3 | 6.9 | 1 | 4.2 |
| | 去医院看病麻烦，不如自己买药方便 | 21 | 46.9 | 11 | 45.8 |
| | 其他 | 2 | 4.2 | 0 | 0.0 |
| | 小计 | 53 | 121.7 | 31 | 129.2 |
| 黄疸 | 病症并不是很严重 | 0 | 0.0 | 1 | 100.0 |
| | 身体好，能自愈 | 1 | 52.0 | 0 | 0.0 |
| | 缺钱 | 1 | 48.0 | 0 | 0.0 |
| | 去医院看病麻烦，不如自己买药方便 | 1 | 48.0 | 0 | 0.0 |
| | 小计 | 3 | 148.0 | 1 | 100.0 |
| 结膜红肿 | 病症并不是很严重 | 0 | 0.0 | 5 | 23.8 |
| | 以前得过或听说过，有治疗经验 | 1 | 5.9 | 2 | 9.5 |
| | 身体好，能自愈 | 5 | 33.5 | 5 | 23.8 |
| | 工作忙，没时间 | 3 | 18.7 | 2 | 9.5 |
| | 缺钱 | 1 | 6.4 | 1 | 4.8 |
| | 去医院看病麻烦，不如自己买药方便 | 8 | 50.1 | 12 | 57.1 |
| | 小计 | 19 | 114.7 | 27 | 128.6 |
| 感冒 | 病症并不是很严重 | 234 | 45.5 | 254 | 50.6 |
| | 以前得过或听说过，有治疗经验 | 45 | 8.8 | 44 | 8.8 |
| | 身体好，能自愈 | 111 | 21.5 | 102 | 20.3 |
| | 工作忙，没时间 | 19 | 3.7 | 19 | 3.8 |
| | 缺钱 | 22 | 4.2 | 8 | 1.6 |
| | 去医院看病麻烦，不如自己买药方便 | 274 | 53.2 | 287 | 57.2 |
| | 其他 | 9 | 1.7 | 5 | 1.0 |
| | 小计 | 713 | 138.5 | 719 | 143.2 |

流动人口发热时未就诊的主要原因是"去医院看病麻烦，不如自己买药方便"和"病症并不是很严重"，占比分别为53.5%和45.4%。户籍人口发热时未就诊原因和流动人口一样，也是"去医院看病麻烦，不如自己买药方便"和"病症并不是很严重"，分别占比45.8%和33.3%。

流动人口患有皮疹时未就诊主要原因是"去医院看病麻烦，不如自己买药方便"和"病症并不是很严重"，占比分别为46.9%和28.8%。户籍人口患有皮疹时未就诊原因和流动人口一样，也是"去医院看病麻烦，不如自己买药方便"和"病症并不是很严重"，分别占比45.8%和33.3%。

流动人口患有黄疸时未就诊主要原因是"身体好能自愈""缺钱"和"去医院看病麻烦，不如自己买药方便"，分别占比52%、48%和48%。户籍人口患有黄疸时未就诊主要原因是"病症并不是很严重"，占比100%。

流动人口患有结膜红肿时未就诊主要原因是"去医院看病麻烦，不如自己买药方便""身体好能自愈"和"工作忙没时间"，占比分别为50.1%、33.5%和18.7%。户籍人口患有结膜红肿时未就诊主要原因是"去医院看病麻烦，不如自己买药方便""身体好能自愈"和"病症并不是很严重"，分别占比57.1%、23.8%和23.8%。

流动人口感冒时未就诊主要原因为"去医院看病麻烦，不如自己买药方便""病症并不是很严重"和"身体好能自愈"，占比分别为53.2%、45.5%和21.5%。户籍人口感冒时未就诊主要原因和流动人口一样，也是"去医院看病麻烦，不如自己买药方便""病症并不是很严重"和"身体好能自愈"，分别占比57.2%、50.6%和20.3%。

对两类人群患病后未就诊原因进行分析，"病症并不是很严重"和"去医院看病麻烦，不如自己买药方便"占比最高，"身体好、能自愈"同样占有相当高比例，这说明了两类人群在患病后均没有第一时间想到前往医疗卫生机构接受专业人士诊疗，而是先通过自己吃药或硬抗来对抗疾病。一方面能够体现出当前医疗卫生服务可及性较低，"看病难、看病贵"问题依然存在；另一方面也体现出当前两类人群健康意识、健康素养仍然有待提高。

**4.71.8%的流动人口在一年内患过病，户籍人口近一年内患病比例稍低，两类人群患病后均主要前往药店、个体诊所和本地综合/专科医院**

表2-40数据表明，61.3%的流动人口最近一次患病（负伤）或身体不适发生在一年内且在两周前，10.5%的流动人口最近一次患病发生在一年内且在两周内。户籍人口最近一年内患病（负伤）概率稍低，发生在两周内为8.4%，两周前为58%。流动人口近一年内患病率高于户籍人口能够一定程度上反映出流动人口健康状况差于户籍人口。

表2-40 流动/户籍人口最近一年患病（负伤）或身体不适情况构成

| 最近一年患病情况 | 流动人口 N | 流动人口 % | 户籍人口 N | 户籍人口 % |
| --- | --- | --- | --- | --- |
| 是，最近一次发生在两周内 | 105 | 10.5 | 84 | 8.4 |
| 是，最近一次发生在两周前 | 613 | 61.3 | 580 | 58.0 |
| 否 | 282 | 28.2 | 336 | 33.6 |
| 合计 | 1000 | 100.0 | 1000 | 100.0 |

表 2-41 数据表明，流动人口和户籍人口患病时主要的医疗机构均为本地药店，分别占比 48.9%和 55.4%。其次是本地个体诊所，分别占比 17.4%和 13.4%。流动人口在本地接受服务的比例为 87.6%，户籍人口为 87.9%，两类人群相差不大，说明了流动人口能够较好地利用流入地的医疗卫生资源。值得注意的是在老家治疗比例，户籍人口为 0，而流动人口为 0.5%。回老家治疗一定程度可以节约看病间接费用(看护成本、食宿费用等)，体现出流动人口目前依然面临着医疗卫生负担过重的问题。

表 2-41 流动/户籍人口患病时看病的机构构成

| 患病时看病机构 | 流动人口 N | 流动人口 % | 户籍人口 N | 户籍人口 % |
| --- | --- | --- | --- | --- |
| 本地社区卫生站 | 71 | 9.9 | 58 | 8.7 |
| 本地个体诊所 | 125 | 17.4 | 89 | 13.4 |
| 本地综合/专科医院 | 82 | 11.4 | 69 | 10.4 |
| 本地药店 | 351 | 48.9 | 368 | 55.4 |
| 在老家治疗 | 3 | 0.5 | 0 | 0.0 |
| 本地和老家以外的其他地方 | 1 | 0.2 | 3 | 0.5 |
| 哪也没去，没治疗 | 84 | 11.7 | 77 | 11.6 |
| 合计 | 718 | 100.0 | 664 | 100.0 |

## 2.4.3 婚姻及生育状况

1.流动人口结婚/同居年龄低于户籍人口，且流动人口未到法定年龄结婚的人群占比高于户籍人口 10 个百分点

表 2-42 数据表明，占流入人群 88.3%的已婚流入人群平均初婚/同居年龄是 24.2 岁，而户籍人口是 25.3 岁。流动人口未到法定结婚年龄占比为 14.8%，而户籍人口为 4.4%，远远低于流动人口。流动人口晚婚人群占比 44.7%，而户籍人口为 56.6%。流动人口初婚未到法定结婚年龄占比远高于户籍人口，一方面因为流动人口整体接受教育水平相对较低，另一方面流动人口变换工作概率相对较高，再加上工作、居住地点不固定，充分了解结婚对象的时间较短，造成了流动人口在婚姻问题上相对草率，未到法定结婚年龄便结婚的比例较高。

表 2-42 流动/户籍人口初婚年龄情况

|  | 流动人口 | 户籍人口 |
| --- | --- | --- |
| 调查人数 | 883 | 792 |
| 平均初婚/同居年龄(岁) | 24.2 | 25.3 |
| 未到法定结婚年龄占比(%) | 14.8 | 4.4 |
| 晚婚占比(%) | 44.7 | 56.6 |

注：我国法定结婚年龄指男满 22 周岁，女满 20 周岁。晚婚是指男 25 周岁以上，女 23 周岁以上结婚。

## 2.流动人口养育后代数量高于户籍人口，哺育两个和三个后代的流动人口占比高于户籍人口

表 2-43 数据表明，流动人口平均有 1.5 个孩子，而户籍人口有 1.2 个孩子。从孩子性别比来看，流动人口后代性别比(男：女)为 102.3，而户籍人口为 104。从生育后代数量上来看，流动人口 1 个孩子占比为 57.1%，户籍人口为 83.7%。流动人口 2 个孩子占比为 37%，户籍人口为 14.7%。流动人口有 3 个及以上孩子占比为 5.9%，户籍人口为 1.6%。流动人口生育两个和三个孩子占比高于户籍人口的原因为：①流动人口大部分处于生育旺盛期，自然生育后代数量较多；②流动人口受教育水平相对低于户籍人口，"养儿防老""传宗接代"等传统观念依然根深蒂固。

表 2-43 流动/户籍人口已婚人群生育子女情况

|  | 流动人口 | 户籍人口 |
| --- | --- | --- |
| 调查人数 | 795 | 687 |
| 平均孩子数(个) | 1.5 | 1.2 |
| 孩子男：女性别比(女=100) | 102.3 | 104.0 |
| 1 个孩子占比(%) | 57.1 | 83.7 |
| 2 个孩子占比(%) | 37.0 | 14.7 |
| 3 个及以上孩子占比(%) | 5.9 | 1.6 |

## 3.76.7%的流动人口近一两年没有生育计划，比例稍高于户籍人口

表 2-44 数据表明，仅有 14.4%的有偶育龄妇女在今明两年有生育打算，20.2%的户籍育龄妇女有生育打算。76.7%的流动育龄妇女明确表示最近两年没有生育计划，而户籍育龄妇女占比略低于流动人口，为 69.9%。流动人口因为工作更换率高、居住地点不固定、享受的社会福利水平低于户籍人口等原因，在生育后代的意愿上相对低于户籍人口，同时因为处于生育期的流动人口正是工作最为繁忙、正处于职业生涯奋斗时期，因此缺乏照料后代的空余闲暇时间也进一步削弱其生育意愿。目前我国人口老龄化趋势明显，为应对今后可能出现的劳动力短缺，我国实施"全面两孩"政策主要目的就是鼓励生育。提高流动人口生育意愿，关键在于解决流动人口哺育后代的后顾之忧，主要着力点在于公共服务和社会福利保障与户籍常住人口的均等化。

表 2-44 流动/户籍育龄有偶妇女近一两年是否有生育打算

| 是否有生育打算 | 流动人口 N | 流动人口 % | 户籍人口 N | 户籍人口 % |
| --- | --- | --- | --- | --- |
| 是 | 48 | 14.4 | 57 | 20.2 |
| 否 | 256 | 76.7 | 197 | 69.9 |
| 没想好 | 30 | 8.9 | 28 | 9.9 |
| 合计 | 334 | 100.0 | 282 | 100.0 |

**4.约七成有偶育龄妇女选择避孕，未避孕的原因主要是现孕状态和想要孩子**

表 2-45 数据表明，72.5%的流动育龄妇女选择使用避孕方法，68.8%的户籍育龄妇女选择避孕，两类人群相差不大。

**表 2-45　流动/户籍有偶育龄妇女是否避孕构成**

| 是否避孕 | 流动人口 N | 流动人口 % | 户籍人口 N | 户籍人口 % |
| --- | --- | --- | --- | --- |
| 使用避孕方法 | 242 | 72.5 | 194 | 68.8 |
| 未避孕(或不适用) | 92 | 27.5 | 88 | 31.2 |
| 合计 | 334 | 100.0 | 282 | 100.0 |

在避孕方法的选择上，避孕套是两类人群最为普遍使用的方法，其中流动育龄妇女选择避孕套避孕占比 53.6%，户籍育龄妇女为 60.3%；其次是宫内节育器和避孕环，流动/户籍育龄妇女的占比分别为 25.0%、14.1%和 20.1%、14.4%，两类人群占比相差不大(表 2-46)。

**表 2-46　流动/户籍有偶育龄妇女避孕方法选择构成**

| 避孕方法 | 流动人口 N | 流动人口 % | 户籍人口 N | 户籍人口 % |
| --- | --- | --- | --- | --- |
| 男性绝育 | 2 | 1.0 | 1 | 0.5 |
| 女性绝育 | 5 | 1.9 | 2 | 1.0 |
| 宫内节育器 | 61 | 25.0 | 39 | 20.1 |
| 皮下埋植 | 0 | 0.0 | 3 | 1.5 |
| 口服避孕药 | 3 | 1.2 | 0 | 0.0 |
| 避孕套 | 130 | 53.6 | 117 | 60.3 |
| 外用避孕药 | 2 | 0.8 | 2 | 1.0 |
| 避孕环 | 34 | 14.1 | 28 | 14.4 |
| 体外射精 | 1 | 0.3 | 0 | 0.0 |
| 其他 | 5 | 2.1 | 2 | 1.0 |
| 合计 | 242 | 100.0 | 194 | 100.0 |

表 2-47 数据表明，在未避孕原因构成方面，流动育龄妇女未避孕原因主要为现孕(26.3%)、想要孩子(18.9%)和正在哺乳期(13.8%)；户籍育龄妇女未避孕主要原因同样为现孕(33.0%)、想要孩子(29.5%)和正在哺乳期(19.3%)。值得关注的是在想要孩子的原因方面，户籍育龄妇女占比大大高于流动育龄妇女，同样反映出户籍人口生育意愿高于流动人口。户籍人口因为居住地相对固定，工作生活稳定，同时社会福利保障水平高于流动人口，因此生育后代有较好的物质基础，自然生育意愿较高；流动人口在物质条件方面相对户籍人口差一些，生育意愿较低。

表 2-47 流动/户籍有偶育龄妇女未避孕原因构成

| 未避孕原因 | 流动人口 N | % | 户籍人口 N | % |
| --- | --- | --- | --- | --- |
| 现孕 | 24 | 26.3 | 29 | 33.0 |
| 想要孩子 | 17 | 18.9 | 26 | 29.5 |
| 绝经 | 10 | 10.5 | 6 | 6.8 |
| 子宫/卵巢/输卵管切除 | 2 | 2.6 | 1 | 1.1 |
| 不育 | 2 | 2.6 | 0 | 0.0 |
| 正在哺乳期 | 13 | 13.8 | 17 | 19.3 |
| 担心有副作用 | 7 | 7.5 | 3 | 3.4 |
| 有病不能避孕 | 2 | 2.6 | 1 | 1.1 |
| 其他原因 | 14 | 15.1 | 5 | 5.7 |
| 合计 | 92 | 100.0 | 88 | 100.0 |

## 2.5 社会融合状况

### 2.5.1 本地人与外地人融合状况

1.流动人口在本地参加的活动主要为同学会、老乡会组织，户籍人口则主要参加同学会、志愿者协会和工会组织的活动

表 2-48 数据表明，近一年以来流入人口在本地参加的活动主要为同学会(62.4%)、老乡会(28.8)组织；户籍人口参加的活动主要为同学会(79.7%)、志愿者协会(38.9%)和工会(36.4%)组织。由此看出，同学、老乡关系在流动人口的社会关系中占有绝对重要的地位，毕竟流动人口一般在出生地之外打拼，工作居住地点的相对不固定使得流动人口融入当地人群的难度较大，而与同学老乡相处时间较长，所以关系密切。对于户籍人口来说，由于工作居住地点的长期固定，能够形成基于兴趣爱好、相同职业的朋友圈，因此参与志愿者协会、工会组织的活动次数较多。

表 2-48 流动/户籍人口在本地参加以下组织的活动构成

| 活动组织 | 流动人口 N | % | 户籍人口 N | % |
| --- | --- | --- | --- | --- |
| 工会 | 75 | 18.3 | 240 | 36.4 |
| 志愿者协会 | 82 | 19.9 | 257 | 38.9 |
| 同学会 | 257 | 62.4 | 526 | 79.7 |
| 老乡会 | 119 | 28.8 | 47 | 7.1 |
| 家乡商会 | 24 | 5.9 | 9 | 1.4 |
| 其他 | 62 | 15.1 | 98 | 14.8 |
| 合计 | 619 | 150.4 | 1177 | 178.3 |

## 2.流动人口比户籍人口参与建言献策、社团组织等政治生活的比例要低

表 2-49 数据表明，89.3%的流动人口近一年以来没有给所在单位/社区/村提建议或监督单位/社区/村务管理，仅有 0.3%的流动人口经常给所在单位/社区/村提建议或监督单位/社区/村务管理。82.7%的户籍人口近一年以来没有给所在单位/社区/村提建议或监督单位/社区/村务管理，有 1.5%的户籍人口经常给所在单位/社区/村提建议或监督单位/社区/村务管理，这一比例略高于流动人口。

表 2-49 流动/户籍人口近一年以来行为构成

| 活动行为 | | 流动人口 N | 流动人口 % | 户籍人口 N | 户籍人口 % |
|---|---|---|---|---|---|
| 是否给所在单位/社区/村提建议或监督单位/社区/村务管理 | 没有 | 893 | 89.3 | 827 | 82.7 |
| | 偶尔 | 79 | 7.9 | 128 | 12.8 |
| | 有时 | 25 | 2.5 | 30 | 3.0 |
| | 经常 | 3 | 0.3 | 15 | 1.5 |
| | 小计 | 1000 | 100.0 | 1000 | 100.0 |
| 是否通过各种方式向政府有关部门反映情况/提出政策建议 | 没有 | 940 | 94.0 | 900 | 90.0 |
| | 偶尔 | 47 | 4.7 | 75 | 7.5 |
| | 有时 | 12 | 1.2 | 16 | 1.6 |
| | 经常 | 1 | 0.1 | 9 | 0.9 |
| | 小计 | 1000 | 100.0 | 1000 | 100.0 |
| 是否在网上就国家事务、社会事件等发表评论，参与讨论 | 没有 | 952 | 95.2 | 952 | 95.2 |
| | 偶尔 | 38 | 3.8 | 42 | 4.2 |
| | 有时 | 7 | 0.7 | 4 | 0.4 |
| | 经常 | 3 | 0.3 | 2 | 0.2 |
| | 小计 | 1000 | 100.0 | 1000 | 100.0 |
| 是否主动参与捐款、无偿献血、志愿者活动等 | 没有 | 605 | 60.5 | 509 | 50.9 |
| | 偶尔 | 243 | 24.3 | 329 | 32.9 |
| | 有时 | 117 | 11.7 | 125 | 12.5 |
| | 经常 | 35 | 3.5 | 37 | 3.7 |
| | 小计 | 1000 | 100.0 | 1000 | 100.0 |
| 是否参加党/团组织活动，参与党支部会议 | 没有 | 947 | 94.7 | 782 | 78.2 |
| | 偶尔 | 13 | 1.3 | 46 | 4.6 |
| | 有时 | 15 | 1.5 | 35 | 3.5 |
| | 经常 | 25 | 2.5 | 137 | 13.7 |
| | 小计 | 1000 | 100.0 | 1000 | 100.0 |

94%的流动人口近一年以来没有通过各种方式向政府有关部门反映情况/提出政策建议，仅有 0.1%的流动人口经常通过各种方式向政府有关部门反映情况/提出政策建议。90%的户籍人口近一年以来没有通过各种方式向政府有关部门反映情况/提出政策建议，有 0.9%的户籍人口经常通过各种方式向政府有关部门反映情况/提出政策建议，这一比例同

样略高于流动人口。

95.2%的流动人口和户籍人口近一年以来没有在网上就国家事务、社会事件等发表评论，参与讨论，仅有 0.2%~0.3%的人口经常在网上就国家事务、社会事件等发表评论，参与讨论。

60.5%的流动人口近一年以来没有主动参与捐款、无偿献血、志愿者活动等，仅有 3.5%的流动人口经常主动参与捐款、无偿献血、志愿者活动等。50.9%的户籍人口近一年以来没有主动参与捐款、无偿献血、志愿者活动等，仅有 3.7%的户籍人口经常主动参与捐款、无偿献血、志愿者活动等，这一比例与流动人口几乎持平。

94.7%的流动人口近一年以来没有参与党/团组织活动，参与党支部会议，仅有 2.5%的流动人口经常参与党/团组织活动，参与党支部会议。78.2%的户籍人口近一年以来没有参与党/团组织活动，参与党支部会议，有 13.7%的户籍人口经常参与党/团组织活动，参与党支部会议，这一比例高于流动人口 11.2 个百分点。

由上述分析可知，流动人口参与日常社会政治生活较少，原因可能在于流动人口忙于生计，无暇顾及其他；同时也因为从事体力劳动的流动人口占比相对较高，受教育水平有限，也没有相关的意识和能力参加到社会政治生活中。

3.流动人口能够较好地融入流入地，户籍人口愿意接纳流入人口

基于表 2-50 和表 2-51，流动人口完全同意"我喜欢我现在居住的城市/地方"说法的占比为 62.0%；接受"我关注我现在居住城市/地方的变化"说法的占比为 60.0%；接受"我很愿意融入本地人当中，成为其中的一员"说法的占比为 62.4%；对于"我感觉本地人看不起外地人"的说法表示"不同意"和"完全不同意"的占比达到 84.6%；对于"按照老家的风俗习惯办事对我而言非常重要"也较为反对，55.4%的流动人口表示"完全不同意"和"不同意"；对于"我的卫生习惯与本地市民存在较大差别"说法同样非常反对，"完全不同意"和"不同意"的占比达到了 86.7%；而对于"我觉得我已经是本地人了"的说法认可度较高，"基本同意"和"完全同意"的占比共达到了 89.6%。基于上述结果能够看出，当前流入人口已经能够很好地融入流入地工作、生活中，对于流入地的生活风俗习惯能够较好地接受。

表 2-50　流动人口是否同意以下说法构成(%)

| 流动人口说法 | 完全不同意 | 不同意 | 基本同意 | 完全同意 | 合计 |
| --- | --- | --- | --- | --- | --- |
| 我喜欢我现在居住的城市/地方 | 0.6 | 1.5 | 35.9 | 62.0 | 100.0 |
| 我关注我现在居住城市/地方的变化 | 1.4 | 5.3 | 33.3 | 60.0 | 100.0 |
| 我很愿意融入本地人当中，成为其中一员 | 0.7 | 4.0 | 32.9 | 62.4 | 100.0 |
| 我觉得本地人愿意接受我成为其中一员 | 0.6 | 2.7 | 38.8 | 57.9 | 100.0 |
| 我感觉本地人看不起外地人 | 36.6 | 48.0 | 10.3 | 5.1 | 100.0 |
| 按照老家的风俗习惯办事对我比较重要 | 14.7 | 40.7 | 31.7 | 12.8 | 100.0 |
| 我的卫生习惯与本地市民存在较大差别 | 37.1 | 49.6 | 8.4 | 4.9 | 100.0 |
| 我觉得我已经是本地人了 | 1.8 | 8.6 | 38.5 | 51.1 | 100.0 |

表 2-51　户籍人口是否同意以下说法构成(%)

| 户籍人口说法 | 完全不同意 | 不同意 | 基本同意 | 完全同意 | 合计 |
| --- | --- | --- | --- | --- | --- |
| 我愿意与外地人做邻居 | 0.8 | 2.3 | 38.6 | 58.3 | 100.0 |
| 我愿意与外地人做朋友 | 0.5 | 2.2 | 36.5 | 60.8 | 100.0 |
| 我觉得外地人愿意融入本地成为其中一员 | 0.2 | 1.6 | 42.2 | 56.0 | 100.0 |
| 我愿意自己或亲人与外地人通婚 | 0.9 | 5.5 | 39.3 | 54.3 | 100.0 |
| 我愿意接受外地人，成为我们中的一员 | 0.4 | 2.2 | 38.4 | 59.0 | 100.0 |
| 我感觉外地人愿意扎堆居住 | 3.0 | 30.5 | 42.8 | 23.7 | 100.0 |
| 有些本地人不喜欢/看不起外地人 | 19.8 | 53.9 | 19.7 | 6.6 | 100.0 |
| 我觉得本地人对外地人都比较友好 | 0.5 | 3.1 | 43.9 | 52.5 | 100.0 |

对于户籍人口来说，其对于"我愿意与外地人做邻居"的说法表示"基本同意"和"完全同意"的占比达到了 96.9%；对于"我愿意与外地人做朋友"的说法同样比较赞同，97.3%的户籍人口表示"基本同意"和"完全同意"；对于"我觉得外地人愿意融入本地，成为其中一员"的说法表示赞同，其中"基本同意"占比 42.2%，"完全同意"占比 56%；对于"我愿意自己或亲人与外地人通婚"的说法也表示认可，93.6%的户籍人口表示"基本同意"和"完全同意"；对于"我愿意接受外地人，成为我们中的一员"的说法同样较为认可，59%的户籍人口表示"完全同意"，38.4%的流动人口表示"基本同意"；对于"我感觉外地人愿意扎堆居住"的说法呈现出不一致确定性，30.5%表示"不同意"，42.8%表示"基本同意"，23.7%表示"完全同意"；对于"有些本地人不喜欢/看不起外地人"的说法则较为一致地抵触，73.7%的户籍人口表示"完全不同意"和"不同意"；对于"我觉得本地人对外地人都比较友好"的说法则基本一致认可，"基本同意"和"完全同意"的占比达到了 96.4%。基于上述结果能够看出，户籍人口对于流入人口包容性较高，也愿意流动人口在流入地较好的工作生活。

### 2.5.2　社会权益保障情况

1.流动人口主要参加新型农村合作医疗保险和城乡居民合作医疗保险，户籍人口主要参加城镇职工医疗保险和城乡居民合作医疗保险

表 2-52 数据显示，流动人口主要参加的医疗保险类型为新型农村合作医疗保险(32.7%)、城乡居民合作医疗保险(34.2%)和城镇职工医疗保险(27.3%)；而户籍人口主要参加的医疗保险种类为城镇职工医疗保险(55.7%)、城乡居民合作医疗保险(29.6%)。

流动人口主要参加新型农村合作医疗保险和城乡居民合作医疗保险一定程度表明了流动人口主要户籍地是农村，而户籍人口主要参加的医疗保险类别为城镇职工医疗保险则说明户籍人口工作(工作单位为国有企业、集体企业、外商投资企业、机关、事业单位、社会团体、民办非企业)相对稳定；因为城镇职工医疗保险在住院费用报销、统筹病种门诊费用和支付门诊医疗费的个人账户待遇方面报销比例高于"新农合"和城乡居民合作医疗保险，也反映出流动人口在社会保障水平尤其是医疗保险保障水平方面低于户籍人口。

表 2-52　流动/户籍人口参保类型构成

| 参保类型 | | 流动人口 N | 流动人口 % | 户籍人口 N | 户籍人口 % |
|---|---|---|---|---|---|
| 新型农村合作医疗保险 | 是 | 327 | 32.7 | 47 | 4.7 |
| | 否 | 662 | 66.2 | 940 | 94.0 |
| | 不清楚 | 11 | 1.1 | 13 | 1.3 |
| | 小计 | 1000 | 100.0 | 1000 | 100.0 |
| 城乡居民合作医疗保险 | 是 | 342 | 34.2 | 296 | 29.6 |
| | 否 | 645 | 64.5 | 691 | 69.1 |
| | 不清楚 | 13 | 1.3 | 13 | 1.3 |
| | 小计 | 1000 | 100.0 | 1000 | 100.0 |
| 城镇居民医疗保险 | 是 | 22 | 2.2 | 91 | 9.1 |
| | 否 | 959 | 95.9 | 900 | 90.0 |
| | 不清楚 | 19 | 1.9 | 9 | 0.9 |
| | 小计 | 1000 | 100.0 | 1000 | 100.0 |
| 城镇职工医疗保险 | 是 | 273 | 27.3 | 557 | 55.7 |
| | 否 | 715 | 71.5 | 436 | 43.6 |
| | 不清楚 | 12 | 1.2 | 7 | 0.7 |
| | 小计 | 1000 | 100.0 | 1000 | 100.0 |
| 公费医疗 | 是 | 13 | 1.3 | 21 | 2.1 |
| | 否 | 952 | 95.2 | 929 | 92.9 |
| | 不清楚 | 35 | 3.5 | 50 | 5.0 |
| | 小计 | 1000 | 100.0 | 1000 | 100.0 |

2.流动人口参加各类社会医疗保险(公费医疗除外)的参保地主要在户籍地,而户籍人口基本在本地

表 2-53 数据表明,83.7%的流动人口参加新型农村合作医疗保险的地点在户籍地,16.1%在本地,而 95.7%的户籍人口参加此种保险的地点在本地。58.7%的流动人口参加城乡居民医疗保险的地点在本地,还有 41.3%的人群在户籍地,而 99.7%的户籍人口参加此种医疗保险的地点在本地。46.2%的流动人口参加城镇居民医疗保险的地点在户籍地,还有 46%的人群在本地,而 95.6%的户籍人口参加此种医疗保险的地点在本地。85.7%的流动人口参加城镇职工医疗保险的地点在本地,还有 11.2%的人在户籍地参保,而 98.9%的户籍人口参加此种保险的地点在本地。84.4%的流动人口参加公费医疗的地点在本地,还有 15.6%的人在户籍地参保,而 100%的户籍人口都在本地参保公费医疗。

表 2-53　流动/户籍人口参保地点构成

| 参保地点 | | 流动人口 N | % | 户籍人口 N | % |
|---|---|---|---|---|---|
| 新型农村合作医疗保险 | 本地 | 53 | 16.1 | 45 | 95.7 |
| | 户籍地 | 274 | 83.7 | 0 | 0.0 |
| | 其他地方 | 1 | 0.2 | 2 | 4.3 |
| | 小计 | 327 | 100.0 | 47 | 100.0 |
| 城乡居民合作医疗保险 | 本地 | 201 | 58.7 | 295 | 99.7 |
| | 户籍地 | 141 | 41.3 | 0 | 0.0 |
| | 其他地方 | 0 | 0.0 | 1 | 0.3 |
| | 小计 | 342 | 100.0 | 296 | 100.0 |
| 城镇居民医疗保险 | 本地 | 10 | 46.0 | 87 | 95.6 |
| | 户籍地 | 10 | 46.2 | 0 | 0.0 |
| | 其他地方 | 2 | 7.7 | 4 | 4.4 |
| | 小计 | 22 | 100.0 | 91 | 100.0 |
| 城镇职工医疗保险 | 本地 | 234 | 85.7 | 551 | 98.9 |
| | 户籍地 | 31 | 11.2 | 0 | 0.0 |
| | 其他地方 | 8 | 3.1 | 6 | 1.1 |
| | 小计 | 273 | 100.0 | 557 | 100.0 |
| 公费医疗 | 本地 | 11 | 84.4 | 21 | 100.0 |
| | 户籍地 | 2 | 15.6 | 0 | 0.0 |
| | 其他地方 | 0 | 0.0 | 0 | 0.0 |
| | 小计 | 13 | 100.0 | 21 | 100.0 |

3.89.6%的流动人口办理了个人社会保障卡，户籍人口办理个人社会保障卡比例高出流动人口 8 个百分点

表 2-54 数据表明，89.6%的流动人口已经办理个人社会保障卡，而 97.6%的户籍人口已经办理了社会保障卡，比流动人口高出 8 个百分点。个人社会保障卡办理比例的差异一定程度说明了流动人口在社会保障水平方面依然低于户籍人口。

表 2-54　流动/户籍人口是否办理过个人社会保障卡构成

| 是否办理过个人社会保障卡 | 流动人口 N | % | 户籍人口 N | % |
|---|---|---|---|---|
| 没办，没听说过 | 21 | 2.1 | 3 | 0.3 |
| 没办，但听说过 | 57 | 5.7 | 14 | 1.4 |
| 已经办理 | 896 | 89.6 | 976 | 97.6 |
| 不清楚 | 27 | 2.7 | 7 | 0.7 |
| 合计 | 1000 | 100.0 | 1000 | 100.0 |

## 2.6 重点疾病流行影响因素

### 2.6.1 居住环境影响因素

1.流动人口搬家频率高于户籍人口

表 2-55 数据表明，居住超过一个月的流入人群最近 3 年内有 55.2%未曾搬家，31.4%搬过一次家，8.5%搬过两次家，4.9%搬家三次及以上。而户籍人口搬家频率低于流动人口，其中 3 年内搬家 0 次的占比 77.7%，搬家 1 次的占比 17.7%，搬家两次及以上的仅占比 4.6%。

流动人口搬家频率高于户籍人口频率说明在居住稳定性方面，流动人口低于户籍人口，进而影响到流动人口生活工作的其他方面。

表 2-55　流动/户籍人口最近 3 年内搬家次数构成

| 搬家次数 | 流动人口 N | 流动人口 % | 户籍人口 N | 户籍人口 % |
| --- | --- | --- | --- | --- |
| 0 次 | 552 | 55.2 | 777 | 77.7 |
| 1 次 | 314 | 31.4 | 177 | 17.7 |
| 2 次 | 85 | 8.5 | 35 | 3.5 |
| 3 次及以上 | 49 | 4.9 | 11 | 1.1 |
| 合计 | 1000 | 100.0 | 1000 | 100.0 |

2.流动人口居住在平房、工棚、地下室、与非本家庭人合住的比例均高于户籍人口，平均居住面积低于户籍人口

表 2-56 数据显示，98.6%的流入人群居住楼房，户籍人口居住楼房的比例为 99.6%。值得注意的是居住平方、工棚、地下室的比例，流动人口为 1.2%，而户籍人口仅有 0.3%，能够直接反映出部分流动人口居住条件较为恶劣，赶不上户籍人口。

表 2-56　流动/户籍人口居住房屋类型构成

| 居住房屋类型 | 流动人口 N | 流动人口 % | 户籍人口 N | 户籍人口 % |
| --- | --- | --- | --- | --- |
| 楼房 | 986 | 98.6 | 996 | 99.6 |
| 平房 | 10 | 1.0 | 3 | 0.3 |
| 工棚 | 1 | 0.1 | 0 | 0.0 |
| 地下室 | 1 | 0.1 | 0 | 0.0 |
| 其他 | 2 | 0.2 | 1 | 0.1 |
| 合计 | 1000 | 100.0 | 1000 | 100.0 |

在平均居住面积方面，流动人口平均居住面积64.91平方米，而户籍人口平均居住面积为76.82平方米，户籍人口平均居住面积高于流动人口。

表2-57数据显示，流动人口有6.3%是与非本家庭人合住，而户籍人口仅为0.8%，与非本家庭人合住一般为租住房屋，一定程度能够说明流动人口在居住地址确定性方面还赶不上户籍人口，流动性较高。

表2-57　流动/户籍人口是否与非本家庭的人合住构成

| 是否与非本家庭的人合住 | 流动人口 N | 流动人口 % | 户籍人口 N | 户籍人口 % |
| --- | --- | --- | --- | --- |
| 是 | 63 | 6.3 | 8 | 0.8 |
| 否 | 937 | 93.7 | 992 | 99.2 |
| 合计 | 1000 | 100.0 | 1000 | 100.0 |

3.流动人口较为关注室内空气情况，但购买空气净化器比例低于户籍人口

表2-58数据表明，89.6%的流入人口会每天都室内通风，9.5%的人经常通风，仅有0.1%的人从不通风；与此相比，94.3%的户籍人口会每天都室内通风，5.2%的人经常通风。两类人群均较为重视室内空气环境。

表2-58　流动/户籍人口是否注意室内开窗通风构成

| 是否注意室内开窗通风 | 流动人口 N | 流动人口 % | 户籍人口 N | 户籍人口 % |
| --- | --- | --- | --- | --- |
| 每天都通风 | 896 | 89.6 | 943 | 94.3 |
| 经常通风 | 95 | 9.5 | 52 | 5.2 |
| 偶尔通风 | 8 | 0.8 | 5 | 0.5 |
| 从不通风 | 1 | 0.1 | 0 | 0.0 |
| 合计 | 1000 | 100 | 1000 | 100 |

在使用空气净化器方面，表2-59数据表明，94.2%的流入人口都不使用空气净化器，仅有5.8%的人使用空气净化器。而10.9%的户籍人口使用空气净化器。流动人口使用空气净化器比例低于户籍人口，既一定程度说明户籍人口相比流动人口更为重视室内空气环境，也说明户籍人口经济条件较好，能够负担空气净化器的开支。

表2-59　流动/户籍人口家中是否使用空气净化器构成

| 家中是否使用空气净化器 | 流动人口 N | 流动人口 % | 户籍人口 N | 户籍人口 % |
| --- | --- | --- | --- | --- |
| 是 | 58 | 5.8 | 109 | 10.9 |
| 否 | 942 | 94.2 | 891 | 89.1 |
| 合计 | 1000 | 100 | 1000 | 100 |

### 4.流动人口使用户内坐式厕所比例低于户籍人口

表 2-60 数据表明，89.7%的流入人口使用户内蹲式厕所，17.8%的人使用的户内坐式，1.8%的人使用户外共用冲水式，0.1%的人使用的是户外共用旱厕。

表 2-60 流动/户籍人口居住房屋的厕所类型构成（多选）

| 厕所类型 | 流动人口 N | 流动人口 % | 户籍人口 N | 户籍人口 % |
| --- | --- | --- | --- | --- |
| 户内坐式 | 178 | 17.8 | 274 | 27.4 |
| 户内蹲式 | 897 | 89.7 | 894 | 89.4 |
| 户外共用冲水式 | 18 | 1.8 | 5 | 0.5 |
| 户外共用旱厕 | 1 | 0.1 | 1 | 0.1 |
| 合计 | 1094 | 109.4 | 1174 | 117.4 |

89.4%的户籍人口使用户内蹲式厕所，27.4%的人使用的户内坐式，0.5%的人使用户外共用冲水式，0.1%的人使用的是户外共用旱厕。

两类人群使用户内蹲式厕所的比例大致相同，但在户内坐式厕所使用比例上，户籍人口高于流动人口，反映出户籍人口居住条件好于流动人口。

### 5.流动人口居住小区相比户籍人口居住小区有更大的概率有蚊子、蟑螂、苍蝇和老鼠

表 2-61 数据表明，在流入人群居住的小区中，52%的人表示蚊子多，48%的人表示蚊子较少。而在户籍人群居住的小区中，43.5%的人表示蚊子多，56.5%的人表示蚊子较少。

表 2-61 流动/户籍人口居住小区夏天的蚊子情况构成

| 居住小区夏天蚊子 | 流动人口 N | 流动人口 % | 户籍人口 N | 户籍人口 % |
| --- | --- | --- | --- | --- |
| 非常多 | 122 | 12.2 | 56 | 5.6 |
| 多 | 398 | 39.8 | 379 | 37.9 |
| 不多 | 441 | 44.1 | 539 | 53.9 |
| 基本没有 | 39 | 3.9 | 26 | 2.6 |
| 合计 | 1000 | 100.0 | 1000 | 100.0 |

表 2-62 数据表明，21.7%的流动人口表示经常有蟑螂、苍蝇或老鼠出没在小区中，而14.6%的户籍人口表示经常有蟑螂、苍蝇或老鼠出没在小区中。

表 2-62 流动/户籍人口居住小区蟑螂、苍蝇或老鼠情况构成

| 居住小区蟑螂、苍蝇或老鼠 | 流动人口 N | 流动人口 % | 户籍人口 N | 户籍人口 % |
| --- | --- | --- | --- | --- |
| 经常有 | 217 | 21.7 | 146 | 14.6 |
| 偶尔有 | 553 | 55.3 | 652 | 65.2 |
| 基本没有 | 231 | 23.1 | 202 | 20.2 |
| 合计 | 1000 | 100.0 | 1000 | 100.0 |

两类人群居住小区有蚊子、蟑螂、苍蝇、老鼠的比例差别同样体现出流动人口居住环境差于户籍人口。

**6.约84%的流入人口家庭没有饲养动物，两类人群中养狗家庭给狗打疫苗比例较高，而给猫打疫苗的比例较低**

表2-63数据表明，84.9%的流入人口家中没有饲养动物，5.3%的人养狗，且有100%的人给狗打了疫苗。4.8%的人家中养猫，仅有41.2%的人给猫打疫苗。83.6%的户籍人口家中没有饲养动物，6.8%的人养狗，且有92.6%的人都给狗打了疫苗。4.1%的人家中养猫，仅有56.1%的人给猫打疫苗。

两类人群给家庭宠物打疫苗的比例说明两类人群对于家庭宠物防疫工作开展较好，但相对狗打疫苗的高比例，猫打疫苗的比例较低，还需要注意。

表2-63 流动/户籍人口家中饲养动物类型构成（多选）

| 动物类型 | 流动人口 N | 流动人口 % | 户籍人口 N | 户籍人口 % |
| --- | --- | --- | --- | --- |
| 猫 | 48 | 4.8 | 41 | 4.1 |
| 狗 | 53 | 5.3 | 68 | 6.8 |
| 鸟 | 5 | 0.5 | 5 | 0.5 |
| 乌龟 | 20 | 2.0 | 22 | 2.2 |
| 鱼 | 33 | 3.3 | 55 | 5.5 |
| 昆虫 | 1 | 0.1 | 0 | 0.0 |
| 兔子 | 5 | 0.5 | 1 | 0.1 |
| 其他 | 3 | 0.3 | 5 | 0.5 |
| 无 | 849 | 84.9 | 836 | 83.6 |
| 合计 | 1017 | 101.7 | 1033 | 103.3 |

## 2.6.2 饮食影响因素

**1.两类人群主要就餐形式为在家自做/带饭**

表2-64数据表明，72.5%的流入人口的早餐形式为在家自做/带饭，仅有2.3%的人不吃早餐。而73.6%的户籍人口的早餐形式为在家自做/带饭，也有2.3%的人不吃早餐。

60.1%的流入人口的中餐形式为在家自做/带饭，有18.8%的人在单位食堂就餐，仅有0.1%的人不吃中餐。而55.2%的户籍人口的中餐形式为在家自做/带饭，有22.2%的人在单位食堂就餐，还有0.1%的人不吃中餐。

89.9%的流入人口的晚餐形式为在家自做/带饭，仅有0.2%的人不吃晚餐。而93.3%的户籍人口的晚餐形式为在家自做/带饭，还有0.6%的人不吃晚餐。

表 2-64　流动/户籍人口早中晚就餐形式构成

| 就餐形式 | | 流动人口 N | 流动人口 % | 户籍人口 N | 户籍人口 % |
|---|---|---|---|---|---|
| 早餐 | 在家自做/带饭 | 725 | 72.5 | 736 | 73.6 |
| | 单位食堂 | 55 | 5.5 | 48 | 4.8 |
| | 外卖 | 39 | 3.9 | 38 | 3.8 |
| | 街边摊 | 112 | 11.2 | 119 | 11.9 |
| | 快餐店 | 47 | 4.7 | 36 | 3.6 |
| | 不吃 | 23 | 2.3 | 23 | 2.3 |
| | 合计 | 1000 | 100.0 | 1000 | 100.0 |
| 中餐 | 在家自做/带饭 | 601 | 60.1 | 552 | 55.2 |
| | 单位食堂 | 188 | 18.8 | 222 | 22.2 |
| | 外卖 | 53 | 5.3 | 63 | 6.3 |
| | 街边摊 | 53 | 5.3 | 39 | 3.9 |
| | 快餐店 | 104 | 10.4 | 123 | 12.3 |
| | 不吃 | 1 | 0.1 | 1 | 0.1 |
| | 合计 | 1000 | 100.0 | 1000 | 100.0 |
| 晚餐 | 在家自做/带饭 | 899 | 89.9 | 933 | 93.3 |
| | 单位食堂 | 57 | 5.7 | 25 | 2.5 |
| | 外卖 | 10 | 1.0 | 5 | 0.5 |
| | 街边摊 | 15 | 1.5 | 7 | 0.7 |
| | 快餐店 | 16 | 1.6 | 24 | 2.4 |
| | 不吃 | 2 | 0.2 | 6 | 0.6 |
| | 合计 | 1000 | 100.0 | 1000 | 100.0 |

2.两类人群日常接触天然水类型构成大致相同；在日常饮用水构成类型上，流动人口更多饮用桶装水，自家拥有水净化设施比例低于户籍人口家庭；流动人口日常饮水偶尔不烧的比例高于户籍人口

表 2-65 数据表明，90.8%的流入人群平时不接触天然水，7.7%的人接触的是河水，还有 3.8%的人接触的是井水。90.3%的户籍人群平时不接触天然水，7.9%的人接触的是河水，还有 2.6%的人接触的是井水。

表 2-65　流动/户籍人口平时接触天然水类型构成（多选）

| 天然水类型 | 流动人口 N | 流动人口 % | 户籍人口 N | 户籍人口 % |
|---|---|---|---|---|
| 井水 | 38 | 3.8 | 26 | 2.6 |
| 河水 | 77 | 7.7 | 79 | 7.9 |
| 池塘水 | 21 | 2.1 | 23 | 2.3 |

续表

| 天然水类型 | 流动人口 N | 流动人口 % | 户籍人口 N | 户籍人口 % |
|---|---|---|---|---|
| 水窖水 | 7 | 0.7 | 0 | 0.0 |
| 海水 | 7 | 0.7 | 4 | 0.4 |
| 不接触 | 908 | 90.8 | 903 | 90.3 |
| 合计 | 1059 | 105.9 | 1035 | 103.5 |

表2-66和表2-67数据表明，89.4%的流入人群平时的饮水类型是自来水，10.3%的人是桶装水，仅有12.7%的流动人口家中有水净化设施/措施。93.1%的户籍人口平时的饮水类型是自来水，5.6%的人是桶装水，有19.9%的户籍人口家中有水净化设施/措施。

表2-66 流动/户籍人口平时饮水类型构成

| 平时饮水类型 | 流动人口 N | 流动人口 % | 户籍人口 N | 户籍人口 % |
|---|---|---|---|---|
| 自来水 | 894 | 89.4 | 931 | 93.1 |
| 桶装水 | 103 | 10.3 | 56 | 5.6 |
| 井水 | 0 | 0.0 | 2 | 0.2 |
| 其他 | 3 | 0.3 | 11 | 1.1 |
| 合计 | 1000 | 100.0 | 1000 | 100.0 |

表2-67 流动/户籍人口自家是否有水净化设施/措施构成

| 自家是否有水净化设施/措施 | 流动人口 N | 流动人口 % | 户籍人口 N | 户籍人口 % |
|---|---|---|---|---|
| 有 | 127 | 12.7 | 199 | 19.9 |
| 无 | 873 | 87.3 | 801 | 80.1 |
| 合计 | 1000 | 100.0 | 1000 | 100.0 |

表2-68数据表明，96.9%的流入人群平时总是烧开之后饮用，但有2.3%的流动人口偶尔不烧水直接饮用。98.6%的户籍人口平时总是烧开之后饮用，也有1.4%的人表示饮用的水偶尔不烧。流动人口偶尔不烧和从不少水的比例为3.1%，大大高于户籍人口的1.4%，说明流动人口在健康观念方面还有待提高。

表2-68 流动/户籍人口平时饮用水是否烧开构成

| 平时饮用水是否烧开 | 流动人口 N | 流动人口 % | 户籍人口 N | 户籍人口 % |
|---|---|---|---|---|
| 总是烧开 | 969 | 96.9 | 986 | 98.6 |
| 偶尔不烧 | 23 | 2.3 | 14 | 1.4 |
| 从不烧 | 8 | 0.8 | 0 | 0.0 |
| 合计 | 1000 | 100.0 | 1000 | 100.0 |

### 3.两类人群在外吃凉菜比例大致相同，做饭时生熟分开的比例也大致相同

表 2-69 数据表明，58.7%的流入人口很少吃或者不吃外面的凉菜，仅有 2.5%的人经常吃外面卖的凉菜。53.6%的户籍人口很少吃或者不吃外面的凉菜，有 4.2%的人经常吃外面卖的凉菜。

表 2-69 流动/户籍人口是否在外吃凉菜构成

| 是否在外吃凉菜 | 流动人口 N | 流动人口 % | 户籍人口 N | 户籍人口 % |
| --- | --- | --- | --- | --- |
| 每天吃 | 1 | 0.1 | 7 | 0.7 |
| 经常吃 | 24 | 2.4 | 35 | 3.5 |
| 偶尔吃 | 389 | 38.9 | 422 | 42.2 |
| 很少吃 | 434 | 43.4 | 448 | 44.8 |
| 从不吃 | 153 | 15.3 | 88 | 8.8 |
| 合计 | 1000 | 100.0 | 1000 | 100.0 |

表 2-70 数据表明，57.1%的流入人口在做饭时刀和砧板都分开，还有 35.8%的人表示不分。57.2%的户籍人口在做饭时刀和砧板都分开，还有 34.6%的人表示不分。

表 2-70 流动/户籍人口是否在做饭时将生熟分开构成

| 是否生熟分开 | 流动人口 N | 流动人口 % | 户籍人口 N | 户籍人口 % |
| --- | --- | --- | --- | --- |
| 刀和砧板都分开 | 571 | 57.1 | 572 | 57.2 |
| 刀分开 | 16 | 1.6 | 33 | 3.3 |
| 砧板分开 | 18 | 1.8 | 14 | 1.4 |
| 不分 | 358 | 35.8 | 346 | 34.6 |
| 不做饭 | 37 | 3.7 | 35 | 3.5 |
| 合计 | 1000 | 100.0 | 1000 | 100.0 |

## 2.6.3 生活卫生及疫苗等影响因素

### 1.流动人口共用洗脸毛巾、洗脸盆、剃须刀、水杯的比例均高于户籍人口，需加强教育，提高流动人口健康意识

表 2-71 数据表明，8%的流动人口与他人共用毛巾；31%的流动人口与他人共用洗脸盆；2.5%的流动人口与他人共用剃须刀；13.2%的流动人口与他人共用水杯。户籍人口与他人共用洗脸毛巾、洗脸盆、剃须刀和水杯的比例分别为 2.8%、19.6%、0.4%和 7.5%。

流动人口与他人共用毛巾、洗脸盆、剃须刀和水杯的比例均高于户籍人口，说明流动人口健康意识弱于户籍人口，需要进一步加强对流动人口尤其是外来务工人员的健康教育。

表 2-71　流动/户籍人口与他人共用洗脸毛巾/洗脸盆/剃须刀/水杯情况

|  |  | 流动人口 |  | 户籍人口 |  |
| --- | --- | --- | --- | --- | --- |
|  |  | N | % | N | % |
| 共用洗脸毛巾 | 是 | 80 | 8.0 | 28 | 2.8 |
|  | 否 | 920 | 92.0 | 972 | 97.2 |
|  | 小计 | 1000 | 100.0 | 1000 | 100.0 |
| 共用洗脸盆 | 是 | 310 | 31.0 | 196 | 19.6 |
|  | 否 | 597 | 59.7 | 690 | 69.0 |
|  | 不使用脸盆 | 93 | 9.3 | 114 | 11.4 |
|  | 小计 | 1000 | 100.0 | 1000 | 100.0 |
| 共用剃须刀 | 是 | 25 | 2.5 | 4 | 0.4 |
|  | 否 | 557 | 55.7 | 549 | 54.9 |
|  | 不适用 | 418 | 41.8 | 447 | 44.7 |
|  | 小计 | 1000 | 100.0 | 1000 | 100.0 |
| 共用水杯 | 是 | 132 | 13.2 | 75 | 7.5 |
|  | 否 | 868 | 86.8 | 925 | 92.5 |
|  | 小计 | 1000 | 100.0 | 1000 | 100.0 |

2.流动人口接种各类疫苗比例均低于户籍人口，但流动人口对子女疫苗按时接种率高于户籍人口

表 2-72 为两类人群接种疫苗构成，数据显示在各类疫苗接种构成情况方面，户籍人口疫苗接种率高于流动人口，未接种任何疫苗的比例流动人口高于户籍人口，说明流动人口健康意识低于户籍人口。

表 2-72　流动/户籍人口接种的疫苗构成（多选）

| 疫苗种类 | 流动人口 |  | 户籍人口 |  |
| --- | --- | --- | --- | --- |
|  | N | % | N | % |
| 乙肝疫苗 | 348 | 34.8 | 443 | 44.3 |
| 甲肝疫苗 | 161 | 16.1 | 259 | 25.9 |
| 流感疫苗 | 108 | 10.8 | 164 | 16.4 |
| 百日咳疫苗 | 61 | 6.1 | 87 | 8.7 |
| 乙脑疫苗 | 66 | 6.6 | 93 | 9.3 |
| 狂犬病疫苗 | 57 | 5.7 | 74 | 7.4 |
| 流脑疫苗 | 47 | 4.7 | 66 | 6.6 |
| 出血热疫苗 | 22 | 2.2 | 35 | 3.5 |
| 破伤风疫苗 | 57 | 5.7 | 76 | 7.6 |
| 未接种 | 228 | 22.8 | 171 | 17.1 |
| 不清楚 | 391 | 39.1 | 350 | 35.0 |
| 合计 | 1546 | 154.6 | 1818 | 181.8 |

表 2-73 数据表明，流动人口子女疫苗按时接种率为 44.1%，户籍人口为 31.0%；流动人口子女疫苗按时接种但偶尔有漏种率为 2.7%，户籍人口为 0.7%。总体看来流动人口子女疫苗按时接种情况好于户籍人口，说明了虽然流动人口自身健康意识相对户籍人口较低，但对于子女健康却非常关注，能够及时地接种疫苗。

表 2-73 流动/户籍人口孩子疫苗接种情况构成

| 孩子疫苗接种情况 | 流动人口 N | 流动人口 % | 户籍人口 N | 户籍人口 % |
| --- | --- | --- | --- | --- |
| 无孩子或孩子大于 7 岁 | 519 | 51.9 | 675 | 67.5 |
| 是，且从无漏种 | 441 | 44.1 | 310 | 31.0 |
| 是，但偶尔有漏种 | 27 | 2.7 | 7 | 0.7 |
| 很少按要求接种 | 3 | 0.3 | 1 | 0.1 |
| 从未接种 | 8 | 0.8 | 6 | 0.6 |
| 无疫苗接种卡 | 1 | 0.1 | 1 | 0.1 |
| 合计 | 1000 | 100.0 | 1000 | 100.0 |

## 2.7 主要结论

**1. 流入人口的加入提高了城市人口性别比，但无助于大城市"剩女"问题的解决**

调查数据表明，相对于农村大量男光棍，大城市确实存在女多男少的现象，且在适婚年龄阶段这一现象尤甚。流入人口的到来，虽然提高了城市人口性别比，但由于社会地位、经济收入、学历等方面的原因，对大城市"剩女"问题的解决仍无以为助。

我国传统的择偶观念中存在着一种默认公式——"择偶梯度"，即在择偶过程中，男性倾向于选择社会地位相当或较低且年龄小于自己的女性，而女性往往更多地要求配偶的受教育程度、职业阶层和薪金收入与自己相当或高于自己，年龄最好相当或大于自己，造成婚姻配对的"男高女低"模式。而实际情况是，大城市中的优秀女性往往因追求事业成功耗用了美好的青春时光，但她们的择偶观仍深受传统"梯度理论"的影响，择偶标准更加水涨船高，结果出现了符合要求的男性早已结婚。城市"剩女"可选择的男性往往也是相对被"剩"下来的男性。

男性流入人口的到来虽然在一定程度上提高了性别比，但是由于单身男性流入人口的自身素质、家庭背景、学历条件等因素，即便不是"丁男[①]"，各方面条件都处于金字塔尖的"甲女[①]"，也根本不屑于考虑与外来单身男性流入人口结合，使城市"剩女"问题仍然难以得到解决。

---

[①] 将男性和女性按照社会地位、经济收入、学历等分为甲、乙、丙、丁四个档次，那么未婚的大龄女青年属于"甲女"的居多，而未婚大龄男青年则大多是"丁男"。

**2.应注重年轻一代流入人口的技能培训，以适应现代新兴产业对人才的需求**

调查数据显示，流入人口仍旧以制造业、服务业和建筑业等传统产业为主，户籍人口则以教育业、国际组织和信息技术业等新兴产业为主。虽然流入人口的月平均工资高于户籍人口，但在传统行业里面，其较高的工资水平是用更长的工作时间、更强的工作强度以及更差的工作环境等换来的。

新兴产业主要是指由电子、信息、生物、新材料、新能源、海洋、空间等新技术的发展而产生和发展起来的一系列新兴产业部门。传统制造业和服务业企业，也都在和互联网相结合打造智能产业。新兴产业的出现，对人才的需求提出了相应的要求。流入人口由于平均受教育程度比较低，接受专业技能培训的也不多，所以在产业从劳动密集型转型升级的过程中处于劣势地位。

但是，年轻一代流动人口大多具有吃苦耐劳、学习能力强、适应性强的优点。目前许多企业正在由电商服务向技术研发转型，传统制造也在向智能制造转型，对互联网技术人才的需要量较大。年轻一代流动人口应该抓住新兴产业对人才需要的机遇，以各种方式为自己充电，实现自己就业质量的提升。

**3.应加大基本公共卫生服务项目的宣传和服务力度，提高流入人口的知晓度和居民健康档案的建档率**

国家基本公共卫生服务项目，是促进基本公共卫生服务逐步均等化的重要内容，是深化医药卫生体制改革的重要工作，是我国政府针对当前城乡居民存在的主要健康问题，以儿童、孕产妇、老年人、慢性疾病患者为重点人群，面向全体居民免费提供的最基本的公共卫生服务。开展服务项目所需资金主要由政府承担，城乡居民可直接受益。凡是中华人民共和国的公民，无论是城市或农村、户籍或非户籍的常住人口，都能享受国家基本公共卫生服务。

统一建立居民健康档案、健康教育服务、传染病及突发公共卫生服务事件报告和处理，以及卫生监督协管服务，是面向所有人群的公共卫生服务。调查数据显示，流入人口对国家基本公共卫生服务项目的知晓度只有68.7%，同时，只有两成流入人口建立了居民健康档案，且比户籍人口的比例低，说明还需要加大基本公共卫生服务项目的宣传力度，提高服务项目的效率和质量。

**4.优化方式方法，突出"新媒体"作用，拓宽流动人口获取健康知识渠道，使流动人口健康教育覆盖面更广，效果更好**

当前流动人口获取健康知识仍旧主要通过传统渠道，如宣传资料(91.3%)、宣传栏/电子显示屏(85.6%)等，通过社区短信/微信/网站等渠道获得健康知识的占比(35.6%)相对不高。

因此，在流动人口基本公共卫生计生服务中，首先应强化宣传教育方式优化，着重增加微博、微信、互联网论坛等网络工具的使用，通过年轻人喜闻乐见的方式提高年轻流动人群健康知识覆盖率；其次应在区域内流动人口集中的企业、集贸市场、建筑工地等场所设立计生服务咨询点,提高流动人口接受健康教育知识的便利性。

5.保障流动人口经济权利,提高流动人口素质,促进流动人口更多参与流入地政治生活

当前流动人口参与日常社会政治生活较少,因此应采取措施,促进流动人口更多融入流入地公共事务决策,参与到流入地政治生活中。

①保障流动人口经济权利。地方政府要将提高流动人口经济利益放在工作首位,减少由经济造成的不稳定,为流动人口政治参与提供物质保障。②提高流动人口素质。提高流动人口整体素质,赋予流动人口平等的受教育机会,提升流动人口受教育水平。③培育政治文化。构建与区域社会主义市场经济相适应,与社会主义法律规范相协调的社会主义政治文化体系,为流动人口政治参与创造良好的文化氛围。

6.加强公租房、廉租房等类型社会保障房建设,增加流动人口配租比例,提高流动人口居住质量

流动人口当前居住质量相比户籍人口还有一定差距,因此应加强公租房、廉租房等类型的社会保障房建设,减少居住在工棚、地下室等场所的流动人口占比,确保流动人口在流入地安居乐业。

①制度先行,为公租房、廉租房建设提供制度保障。以政府为主导,扩大经济适用房、公租房、廉租房等类型社会保障房建设规模。②合理优化资金来源,多渠道筹集资金,包括财政投资、机构投资、企业投资、社会投资等渠道。③加强公租房、廉租房等类型住宅的服务和管理,适当增加流动人口尤其是流动低收入群体的配租比例。

# 第 3 章　重庆市 2017 年流动人口动态监测数据政策研究报告

## 3.1　重庆市流动人口的就业收入决定——基于个体和省际层面的考察

### 3.1.1　研究问题的提出

2017 年全国流动人口动态监测调查数据显示,重庆市流出人口的受教育程度以初中、小学和高中/中专为主,占比分别为 47.26%、20.28%、19.55%。且随着受教育程度的逐渐提高,流出人口的平均小时工资也依次增加(由未上过小学、小学、初中、高中到大学专科、本科、研究生,平均小时工资依次为 12.79 元/小时、15.54 元/小时、18.34 元/小时、23.65 元/小时、26.21 元/小时、32.33 元/小时和 55.62 元/小时)。与大多文献讨论的结果一样,在微观个体视角,受教育程度对收入的正向效应显露无遗(王德文等,2008;谭江蓉,2016)。

然而,在宏观组织视角的比较结果中却未能发现受教育程度对收入的正向效应。重庆市市外和市内流动人口的平均小时工资分别为 20.07 元/小时和 19.96 元/小时,两者的差异性并不显著。但是,流动人口高中及以上文化程度者和初中及以下文化程度者的比例市外为 23.60%和 76.40%,市内为 49.20%和 50.80%,市内外流动人口的受教育程度存在显著差异。这说明,市外流动人口的平均受教育程度显著低于市内流动人口,但市内外流动人口的工资水平不存在显著差异,市内外区域间流动人口受教育程度对收入的正向效应并没有发挥出来。具体到流出地省份来看,流出最多的三个省市为浙江省、广东省和福建省,其高中及以上文化程度者比例仅为 16.60%、27.60%和 17.40%,初中及以上文化程度者的比例分别为 83.40%、72.50%和 82.60%,受教育程度显著均低于重庆市内流动人口的受教育程度。但重庆市内流动人口的平均小时工资显著低于流出到广东省的流动人口的水平,而显著高于流出到浙江省和福建省流动人口的水平。

不仅仅是受教育程度对于收入具有影响效应,已有大量文献基于个体调研数据对流动人口收入水平的其他决定因素包括正规就业、土地保障、就业特征等也进行了深入的定量分析(杨凡,2015;余敬文、徐升艳,2013;李中建,2013)。然而微观个体视角单一的分析结论似乎并不同样适用于宏观组织视角(国家卫生和计划生育委员会流动人口司,2017)。微观个体视角和宏观组织视角比较结果的差异性,使得对流动人口收入水平决定的分析不得不跳出单一个体视角,站到更高层次的组织视角来重新审视可能存在的影响流动人口收入水平的其他宏观因素。也有文献从微观个体和宏观两个层面共同分析流动人口的收入决定,但宏观层面的分析大多采用定性分析方法分析包括户籍制度、就业制度、劳动力市场发展等方面的原因(王春光,2006;肖文韬,2004)。因此,有必要同时从微观和宏观两个视角共同定量探讨流动人口收入水平的决定因素。

### 3.1.2 重庆市流动人口的就业收入状况

1.数据来源与样本基本特征

本部分利用数据来源于国家卫生和计划生育委员会《2017 年全国流动人口卫生计生动态监测调查流动人口问卷(A)》的"重庆市流出人口数据部分",总样本量为 6710 人。调查采取分层不等比例抽样方法,调查对象为在本地居住一个月及以上、非本区(县、市)户口、15 周岁及以上的男性和女性流动人口,调查内容涉及流动人口的家庭成员与收支情况、就业情况、流动及居留意愿、健康与公共服务及社会融合等方面。由于本报告分析的是重庆市流出人口的就业收入及其决定,因此剔除了调查时不在业的流出人口,最后的总样本量为 5616 人。样本的基本特征如表 3-1 所示。

表 3-1 样本基本特征

| 基本特征 | 属性 | 频数(均值) | 比重(标准差)(%) |
| --- | --- | --- | --- |
| 性别 | 男 | 3103 | 55.25 |
|  | 女 | 2513 | 44.75 |
| 婚姻 | 有配偶 | 4597 | 81.86 |
|  | 单身 | 1019 | 18.14 |
| 受教育程度 | 未上过小学 | 81 | 1.44 |
|  | 小学 | 1139 | 20.28 |
|  | 初中 | 2654 | 47.26 |
|  | 高中/中专 | 1098 | 19.55 |
|  | 大学专科 | 369 | 6.57 |
|  | 大学本科 | 249 | 4.43 |
|  | 研究生 | 27 | 0.48 |
| 就业职业 | 专技人员 | 423 | 7.53 |
|  | 经商人员 | 882 | 15.71 |
|  | 生产类人员 | 2364 | 42.09 |
|  | 服务业及其他人员 | 1947 | 34.67 |
| 就业行业 | 信息技术类行业 | 117 | 2.08 |
|  | 建筑业 | 676 | 12.04 |
|  | 其他生产类行业 | 229 | 4.08 |
|  | 制造业 | 2210 | 39.35 |
|  | 传统服务业 | 2109 | 37.55 |
|  | 文教体卫行业 | 275 | 4.90 |

续表

| 基本特征 | 属性 | 频数(均值) | 比重(标准差)(%) |
|---|---|---|---|
| 就业单位性质 | 国有集体合资独资企业 | 1022 | 18.20 |
|  | 私营企业 | 2146 | 38.21 |
|  | 个体工商户 | 1781 | 31.71 |
|  | 无单位 | 667 | 11.88 |
| 就业身份 | 雇主 | 295 | 5.25 |
|  | 有固定雇主的雇员 | 3404 | 60.61 |
|  | 自营劳动者 | 1251 | 22.28 |
|  | 其他 | 63 | 1.12 |
|  | 无固定雇主的雇员 | 603 | 10.74 |
| 年龄(岁) |  | 38.61 | 10.57 |
| 周工作时间(小时) |  | 56.51 | 17.54 |

注：表中数据均为加权以后的数值。

从表 3-1 所列的样本特征来看，在性别分布上，男性占样本数的 55.25%；从婚姻状况来看，有配偶的流动人口占样本数的 81.16%，单身者占 18.14%。从就业特征来看，90%以上的流动人口职业为生产人员和商业服务业人员，从事行业类型最多的前三位分别为制造业(39.35%)、以批发零售为代表的传统服务业(37.55%)以及建筑业(12.04%)，接近 70%的流动人口就业单位性质为私营企业和个体工商户，就业身份类型以有固定雇主的雇员和自营劳动者为主，分别占总样本的 60.61%和 22.28%。就业者的平均年龄为 38.61 岁，每周平均工作时间为 56.51 小时。

2.重庆市流动人口的平均小时工资

重庆市流出到各省份人口的平均小时工资如表 3-2 所示。重庆市市外流出人口的平均小时工资为 20.04 元，市内流动人口为 19.96 元，略低于平均水平。从流入地样本量为 50 人以上的来看，平均小时工资排名前三位的依次是北京市、广东省和上海市。重庆市内流动人口的平均小时工资水平位列流入地省(市)的第五位。

表 3-2  2017 年重庆市流出到各省份人口的平均小时工资            (单位：元)

|  | 流出地省份 | 样本量 | 均值 | 极小值 | 极大值 | 标准差 |
|---|---|---|---|---|---|---|
| 1 | 重庆 | 1609 | 19.96 | -2.33 | 777.78 | 24.78 |
| 2 | 浙江 | 1157 | 17.35 | 0.00 | 291.67 | 16.84 |
| 3 | 广东 | 1096 | 23.38 | 0.00 | 287.18 | 27.07 |
| 4 | 福建 | 345 | 16.87 | 1.67 | 66.67 | 9.34 |
| 5 | 上海 | 266 | 23.00 | 0.00 | 175.00 | 20.68 |
| 6 | 贵州 | 213 | 16.90 | -10.00 | 119.26 | 17.04 |
| 7 | 四川 | 203 | 18.30 | -5.13 | 233.33 | 20.53 |
| 8 | 江苏 | 187 | 18.54 | 5.00 | 116.67 | 14.34 |

续表

| | 流出地省份 | 样本量 | 均值 | 极小值 | 极大值 | 标准差 |
|---|---|---|---|---|---|---|
| 9 | 云南 | 138 | 16.03 | -9.33 | 291.67 | 20.60 |
| 10 | 新疆 | 80 | 22.78 | 0.00 | 291.67 | 29.88 |
| 11 | 北京 | 77 | 42.67 | 6.41 | 466.67 | 72.40 |
| 12 | 湖北 | 51 | 20.46 | 0.00 | 291.67 | 32.35 |
| 13 | 湖南 | 26 | 19.08 | 3.89 | 62.22 | 11.28 |
| 14 | 广西 | 21 | 19.26 | -8.33 | 145.83 | 28.11 |
| 15 | 陕西 | 18 | 13.33 | 0.00 | 93.33 | 14.81 |
| 16 | 山西 | 14 | 11.51 | 2.50 | 30.33 | 6.69 |
| 17 | 甘肃 | 14 | 18.55 | 0.00 | 175.00 | 29.37 |
| 18 | 河南 | 13 | 14.63 | 3.33 | 40.00 | 8.47 |
| 19 | 海南 | 13 | 23.23 | 6.67 | 124.44 | 18.83 |
| 20 | 天津 | 12 | 17.77 | 1.56 | 125.00 | 24.48 |
| 21 | 河北 | 10 | 16.58 | -1.67 | 77.78 | 17.80 |
| 22 | 西藏 | 7 | 50.58 | 0.00 | 1400.00 | 153.63 |
| 23 | 辽宁 | 5 | 14.86 | 5.83 | 37.33 | 9.04 |
| 24 | 青海 | 5 | 15.85 | 0.00 | 68.06 | 15.53 |
| 25 | 内蒙古 | 3 | 12.56 | 5.56 | 23.33 | 7.37 |
| 26 | 山东 | 3 | 15.70 | 5.13 | 29.17 | 8.51 |
| 27 | 安徽 | 2 | 24.58 | 5.19 | 84.85 | 39.06 |
| 28 | 江西 | 2 | 16.04 | 5.56 | 36.67 | 9.77 |
| 29 | 吉林 | 1 | 54.66 | 13.33 | 87.50 | |
| 30 | 黑龙江 | 1 | 12.47 | 3.33 | 33.33 | 16.28 |
| 31 | 宁夏 | 1 | 16.56 | 3.33 | 38.89 | |
| | 总计 | 5593 | 20.04 | -10.00 | 1400.00 | 24.34 |

表3-3列出了重庆市不同特征流动人口的平均小时工资状况。从性别来看，男性流动人口的平均小时工资显著高出女性 4.30 元。受教育程度越高，平均小时工资也越高。家里有承包地的流动人口，自己或者家人耕种的，比亲朋耕种的平均小时工资高 0.41 元，比撂荒的高 0.61 元(其差异性在 10%的显著性水平下显著)。从就业职业来看，专技人员的平均小时工资最高为 25.44 元，其他依次为经商人员、生产类人员和服务业人员。从就业行业来看，信息技术类行业的平均小时工资最高达 32.16 元，排名靠前的依次为建筑业(25.43 元)、其他生产类行业(24.14 元)和制造业(18.84 元)，服务业行业收入水平最低。从就业身份来看，雇主的平均小时工资最高达 38.58 元，有固定雇主的雇员为 19.79 元。按照就业正规化的衡量(就业雇员化)，正规就业身份者的收入高于非正规就业身份者的收入。

表 3-3　重庆市不同特征流动人口的平均小时工资　　　　（单位：元）

| 特征 | 类别 | 样本 | 均值 | 极小值 | 极大值 | 标准差 | P 值 |
|---|---|---|---|---|---|---|---|
| 性别 | 女 | 2499 | 17.11 | -9.33 | 1166.67 | 20.83 | |
| | 男 | 3094 | 22.41 | -10.00 | 1400.00 | 26.61 | 0.000 |
| | 总计 | 5593 | 20.04 | -10.00 | 1400.00 | 24.34 | |
| 受教育程度 | 未上过小学 | 81 | 12.80 | 0.00 | 1166.67 | 25.66 | |
| | 小学 | 1137 | 15.54 | -6.67 | 466.67 | 23.61 | |
| | 初中 | 2643 | 18.35 | -8.33 | 777.78 | 18.76 | |
| | 高中/中专 | 1092 | 23.65 | -10.00 | 466.67 | 32.49 | 0.000 |
| | 大学专科 | 369 | 26.21 | -5.56 | 291.67 | 22.80 | |
| | 大学本科 | 245 | 32.34 | 0.00 | 1400.00 | 26.20 | |
| | 研究生 | 26 | 55.62 | 8.53 | 175.00 | 45.96 | |
| | 总计 | 5593 | 20.04 | -10.00 | 1400.00 | 24.34 | |
| 承包地耕种人 | 自己/家人耕种 | 1016 | 18.41 | -10.00 | 247.92 | 14.23 | |
| | 亲朋耕种 | 785 | 18.00 | -2.33 | 466.67 | 21.33 | |
| | 撂荒 | 546 | 17.80 | -1.67 | 116.67 | 12.21 | 0.093 |
| | 其他 | 443 | 20.74 | -6.67 | 777.78 | 34.45 | |
| | 总计 | 2790 | 18.54 | -10.00 | 777.78 | 20.49 | |
| 就业职业 | 专技人员 | 421 | 25.44 | 2.92 | 155.56 | 18.66 | |
| | 经商人员 | 881 | 23.01 | -10.00 | 583.33 | 40.66 | |
| | 生产类人员 | 2355 | 19.16 | 0.00 | 777.78 | 17.54 | 0.000 |
| | 服务业及其他人员 | 1936 | 18.58 | -8.33 | 1400.00 | 22.29 | |
| | 总计 | 5593 | 20.04 | -10.00 | 1400.00 | 24.34 | |
| 就业行业 | 信息技术类行业 | 113 | 32.16 | 4.17 | 233.33 | 25.18 | |
| | 建筑业 | 671 | 25.43 | -5.56 | 466.67 | 33.03 | |
| | 其他生产类行业 | 228 | 24.14 | 0.00 | 440.74 | 28.33 | |
| | 制造业 | 2204 | 18.84 | 0.00 | 777.78 | 18.87 | 0.000 |
| | 传统服务业 | 2103 | 18.35 | -10.00 | 777.78 | 24.86 | |
| | 文教体卫行业 | 274 | 21.05 | 0.00 | 1400.00 | 26.73 | |
| | 总计 | 5593 | 20.04 | -10.00 | 1400.00 | 24.34 | |
| 就业身份 | 雇主 | 293 | 38.58 | -8.33 | 466.67 | 53.97 | |
| | 有固定雇主的雇员 | 3387 | 19.79 | 0.00 | 777.78 | 16.96 | |
| | 自营劳动者 | 1249 | 16.70 | -10.00 | 777.78 | 22.85 | 0.000 |
| | 其他 | 63 | 35.85 | 0.00 | 1400.00 | 90.41 | |
| | 无固定雇主的劳动者 | 601 | 17.70 | 0.00 | 440.74 | 18.11 | |
| | 总计 | 5593 | 20.04 | -10.00 | 1400.00 | 24.34 | |

### 3.1.3 重庆市流动人口的就业收入决定

1. 理论基础

根据第一章的分析，本报告认为影响流动人口收入决定的主要因素可以分为两个层面：第一层，基于微观个体视角，来自流动人口个体层面。流动人口的人力资本、物质资本以及就业特征在不同程度上影响着流动人口的就业收入水平，表3-3中列举了大部分变量的描述性特征。第二层，基于宏观组织视角，来自流动人口群体层面(本报告指流动人口流入地嵌套所属的省、自治区和直辖市)。流动人口流入地的经济发展水平和经济就业结构在很大程度上影响着流动人口的就业收入。

一方面，流入地经济水平的发展和流动人口的收入水平息息相关。往往流入地经济发展水平越高，流动人口的平均工资水平也会相对较高，这也是流动人口往东南沿海经济发达地区集聚的重要原因。

另一方面，流入地经济结构的优化尤其是二、三产业的良好发展有助于流动人口就业正规化程度的提高和收入水平的提升。往往工业化程度越高，流动人口的就业正规化程度和收入水平也会越高。就业雇员化是就业正规化程度的一种测量手段，而就业雇员化从就业者的就业身份可窥见一斑。通常就业身份为"雇主"和"有固定雇主的雇员"的比例越高，就业身份为"无固定雇主的雇员"和"自营劳动者"的比例越低，其地域的就业雇员化程度或者就业正规化程度也就越高。不同就业身份流动人口的收入水平差异是显著的。重庆市流出人口数据分析表明，雇主的收入水平比无固定雇主的劳动者和自营劳动者要显著高出3000元以上，有固定雇主的雇员的收入水平要显著高出无固定雇主的雇员500元以上。重庆市市内流动人口中"有固定雇主的雇员"的比例为65.40%，这一比例在流出到上海市和北京市的流动人口中分别达73.90%和68.80%；重庆市市内流动人口中"自营劳动者"的比例为18.20%，流出到上海市和福建省的这一比例分别为11.60%和10.70%，从就业身份上的差异来看，重庆市流动人口的就业正规化程度低于上海市、北京市和福建省。同时，第三产业的良性发展也会对流动人口收入产生重要影响。第三产业不仅可以吸引大量流动人口就业，其信息技术类行业从业流动人口的收入水平还较高。从重庆市流出人口的就业行业分布来看，重庆市流出人口中从事制造业、建筑业以及其他生产类行业的比例为55.50%，其余基本分布在传统服务业、文教体卫行业以及信息技术类行业。同时，以信息传输、软件和信息技术服务业、金融业和科研技术服务类行业为主的信息技术类行业的收入水平在所有行业中位列最高，每小时工资水平达32.16元，而制造业的平均小时工资(18.84元)不到信息技术类行业平均小时工资的60%。

第三个方面，流入地的就业结构尤其是制造业从业人员比例也会不同程度影响到流动人口的就业及其收入。制造业的快速发展是中国经济起飞的重要推动力和未来中国经济转型和可持续发展的关键基础，制造业也是吸纳流动人口最多的行业。2017年重庆市流出人口的就业行业主要分布在制造业(39.35%)和传统服务业(37.55%)，其中制造业的月平均工资在4000元以上，服务类行业月平均工资低于4000元。重庆市市内流动人口在制造业就业的比例为24.80%，市外流动人口的比例达到45.30%，其中流出到广东省、福建省和上海市的比例分别为 51.00%、48.00% 和 46.30%。

因此,本报告将在考虑微观个体的基础之上,结合流入地省(市、区)的经济发展水平和就业结构分两层分析流动人口的就业收入决定因素。

**2. 模型介绍**

分层线性模型(hierarchical liner modeling, HLM)是一种处理嵌套数据的统计方法。通过定义不同水平(层)的模型,将随机变异分解为两个部分,其一是第一水平个体间差异带来的误差,另一个是第二水平组织间差异带来的误差。可以假设第一水平个体间的测量误差相互独立,第二水平组织间带来的误差在不同组织之间相互独立。多水平分析法同时考虑到了不同水平的变异。当数据存在于不同层级时,先以第一层级的变量建立回归方程,然后把该方程中的截距和斜率作为因变量,使用第二层数据中的变量作为自变量,再建立两个新的方程。通过这种处理,可以探索不同层级变量对因变量的影响。

分层线性模型的基本形式有零模型、完整模型、协方差模型、随机效应回归模型和发展模型等。既包含了第一层的自变量,又包含了第二层的自变量,可以通过理论构建来解释因变量的总体变异是怎样受第一层和第二层因素影响的模型称为简单二层完整模型。由于本章是要解释第一层的个体变量和第二层的区域组织变量是如何影响流动人口的就业收入的,所以采用简单二层完整模型形式。

第一层:$Y_{ij} = \beta_{0j} + \beta_{1j} X_{ij} + e_{ij}$

第二层:$\beta_{0j} = \gamma_{00} + \gamma_{01} W_j + u_{0j}$

$\beta_{1j} = \gamma_{10} + \gamma_{11} W_j + u_{1j}$

在第一层模型中,下标 $i$ 表示第一层单位,通常指被研究的个体;下标 $j$ 表示第二层单位,指个体所嵌套的群体;$Y_{ij}$ 是指个体 $i$ 在 $j$ 群体中的结果变量;$X_{ij}$ 是第一层中的自变量;$\beta_{0j}$ 和 $\beta_{1j}$ 则分别表示每个 $j$ 群体分别被估计出的截距和斜率;$e_{ij}$ 为第一层模型的残差项。第二层模型中 $W_j$ 是指第二层的预测变量,即群体层次的变量;$\gamma_{00}$ 和 $\gamma_{10}$ 为第二层模型的截距项;$\gamma_{01}$ 和 $\gamma_{11}$ 则是连接第二层预测变量 $W_j$ 与第一层模型中截距项和斜率项的斜率;$u_{0j}$ 和 $u_{1j}$ 为第二层模型中第一式与第二式的残差项。

因此,在第一层模型中,可以检验出第一层变量和因变量间的关系;而在第二层模型中,可检验出第二层变量与因变量间的关系,以及第二层变量如何调节第一层变量间的关系。

**3. 指标选择与变量说明**

本部分数据包括两个层面,第一层是关于重庆市流出人口的个体调查数据,数据来源于《国家卫生和计划生育委员会 2017 年全国流动人口卫生计生动态监测调查流动人口问卷(A)》的"重庆市流出人口数据部分"。第二层是重庆市流动人口流入地各省(市、区)经济发展类数据,数据来源于《2017 年重庆统计年鉴》。

1) 第一层指标选择

模型的因变量为流动人口的就业收入,由于流动人口的每周工作小时数差异显著,考虑到不同流动人口的工作时间长度差异,具体指标选择为流动人口的小时工资更为合适。

通过《2017 年全国流动人口卫生计生动态监测调查流动人口问卷(C)》第 215 题"您个人上个月(或上次就业)工资收入/纯收入为多少?"的数据和第 201 题"您今年五一节前一周做过多少小时一小时以上有收入的工作?"的数据计算得到(按照每月平均 30 天进行计算),在进入模型时为了便于解释对小时工资取了自然对数。

第一层中的影响因素包括人力资本特征、物质资本特征和就业特征,另加入影响流动人口就业收入的个体特征作为控制变量。个体特征包括年龄、性别、婚姻状况等变量,分别考查不同年龄流动人口的就业收入是否有显著差异、性别歧视在流动人口的就业收入中是否存在、婚姻状况是否对流动人口中的就业收入产生影响。人力资本特征包括受教育程度、工作经验和流动经历,主要考查流动人口的受教育水平、劳动技术技能的积累和流动阅历是否对其收入产生影响。有文献专门探讨过土地保障对流动人口就业收入的逆向激励(余敬文等,2013),因此物质资本特征着重考虑流动人口在流出地老家所拥有的土地、资金以及享受待遇对其就业收入的影响,根据流动人口监测问卷分别选取承包地、宅基地和集体分红,具体为户籍地老家是否有承包地以及承包地耕种人的选择,是否有宅基地和集体分红。就业资本特征包括就业职业、就业行业、就业单位性质以及就业身份等变量,分析其不同就业类型的就业收入差异。考虑到多重共线性的影响,进入模型的变量排除了年龄、承包地、宅基地、集体分红和就业单位性质。各个变量的描述及说明如表 3-4 所示。

表 3-4 主要变量含义及赋值

| | 变量 | 含义或赋值 |
|---|---|---|
| 因变量 | 收入 | 被调查者上个月在流入地的收入(不含包吃包住费)除以月工作小时数,取自然对数进入模型 |
| 自变量 | 个体特征 | |
| | 年龄 | 2017-出生年份 |
| | 性别 | 虚拟变量,男=1,女=0 |
| | 婚姻 | 虚拟变量,有配偶=1,单身=0 |
| | 人力资本 | |
| | 受教育程度 | 未上过学=1,小学=2,初中=3,高中/中专=4,大学专科=5,大学本科=6,研究生=7 |
| | 工作经验 | 工作年限=2017-开始此项工作的年份 |
| | 流动经历 | 流动年限=2017-第一次离开户籍地的年份 |
| | 物质资本 | |
| | 承包地 | 有承包地=1,没有或不清楚=0 |
| | 承包地耕种人 | 自己/家人耕种=1,亲朋耕种=2,撂荒=3,其他=4 |
| | 宅基地 | 有宅基地=1,没有或不清楚=0 |
| | 集体分红 | 有村里分配的集体分红=1,没有或不清楚=0 |
| | 就业特征 | |
| | 就业职业 | 专业技术人员=1,经商人员=2,生产人员=3,服务业及其他人员=4 |
| | 就业行业 | 信息技术类行业=1,建筑业=2,其他生产业行业=3,制造业=4,传统服务业=5,文教体卫行业=6 |
| | 就业单位性质 | 国有集体合资独资事业单位=1,私营企业=2,个体工商户=3,无单位=4 |
| | 就业身份 | 雇主=1,有固定雇主的雇员=2,自营劳动者=3,其他=4,无固定雇主的劳动者=5 |

2)第二层指标选择

根据前面的理论基础分析,在讨论影响流动人口收入水平的宏观组织层面,将主要考虑各个流入地省份的经济发展水平、产业经济结构和就业结构等各个方面对流动人口就业收入的影响。具体选取指标包括重庆市流动人口流入地省(市、区)的人均地区生产总值、第三产业的比重以及制造业从业人员比重等变量,表3-5列出了2017年重庆市流动人口流入地各省(市、区)的变量数值。

表3-5 2017年重庆市流动人口流入地各省(市、区)的相关数值

|  | 省份 | 人均GDP(元) | 第三产业比重(%) | 制造业从业人员比重(%) |
| --- | --- | --- | --- | --- |
| 1 | 北京 | 118198 | 80.2 | 10.98 |
| 2 | 天津 | 115053 | 56.4 | 34.76 |
| 3 | 河北 | 43062 | 41.5 | 21.31 |
| 4 | 山西 | 35532 | 55.5 | 14.82 |
| 5 | 内蒙古 | 72064 | 43.8 | 14.97 |
| 6 | 辽宁 | 50791 | 51.5 | 23.50 |
| 7 | 吉林 | 53868 | 42.5 | 25.43 |
| 8 | 黑龙江 | 40432 | 54.0 | 12.24 |
| 9 | 上海 | 116562 | 69.8 | 28.83 |
| 10 | 江苏 | 96887 | 50.0 | 37.89 |
| 11 | 浙江 | 84916 | 51.0 | 29.78 |
| 12 | 安徽 | 39561 | 41.0 | 23.67 |
| 13 | 福建 | 74707 | 42.9 | 34.14 |
| 14 | 江西 | 40400 | 42.0 | 30.07 |
| 15 | 山东 | 68733 | 46.7 | 33.17 |
| 16 | 河南 | 42575 | 41.8 | 31.73 |
| 17 | 湖北 | 55665 | 43.9 | 25.87 |
| 18 | 湖南 | 46382 | 46.4 | 19.23 |
| 19 | 广东 | 74016 | 52.0 | 49.02 |
| 20 | 广西 | 38027 | 39.6 | 18.04 |
| 21 | 海南 | 44347 | 54.3 | 8.00 |
| 22 | 重庆 | 58502 | 48.1 | 21.63 |
| 23 | 四川 | 40003 | 47.2 | 18.83 |
| 24 | 贵州 | 33246 | 44.7 | 12.95 |
| 25 | 云南 | 31093 | 46.7 | 15.82 |
| 26 | 西藏 | 35184 | 52.7 | 2.86 |
| 27 | 陕西 | 51015 | 42.3 | 19.95 |
| 28 | 甘肃 | 27643 | 51.4 | 12.87 |
| 29 | 青海 | 43531 | 42.8 | 16.80 |
| 30 | 宁夏 | 47194 | 45.4 | 17.26 |
| 31 | 新疆 | 40564 | 45.1 | 11.17 |

## 4.基于个体和省际层面的实证分析

根据以上分析,流动人口社会融合影响因素的 HLM 模型如下。

(1)层－1 模型:Y＝B0+B1*(性别)+B2*(工作年限)+B3*(流动年限)+B4*(承包地耕种人)+B5*(就业职业)+B6*(就业行业)+B7*(受教育程度)+ B8*(就业身份)+R

(2)层－2 模型:B0=G00+G01*(人均地区生产总值)+G02*(第三产业比重)+G03*(制造业就业人员比重)+U0

B1＝G10+U1

B2＝G20+U2

B3＝G30+U3

B4＝G40+U4

B5＝G50+U5

B6＝G60+G61*(人均地区生产总值)+G62*(第三产业比重)+G63*(制造业就业人员比重)+U6

B7＝G70+G71*(人均地区生产总值)+G72*(第三产业比重)+G73*(制造业就业人员比重)+U7

B8＝G80+G81*(人均地区生产总值)+G82*(第三产业比重)+G83*(制造业就业人员比重)+U8

首先将第一层和第二层的自变量进行中心化处理。中心化(centering)是 HLM 建模中的关键议题之一。中心化有两个作用,一是改变截距的意义以便于解释,二是减小 HLM 模型中多个自变量之间的多重共线性问题。常用的中心化方法包括不中心化、组均值中心化和总均值中心化。本模型中的第一层自变量采用组均值中心化处理,第二层自变量采用总均值中心化处理。

然后将中心化处理过后的数据建立回归模型。本报告采用 HLM6.08 软件进行分层线性模型的分析。由于有的变量进入如"承包地耕种人"只限于家有耕地的流动人口,就会产生缺失数据。对于缺失数据,软件在生成 MDM 文件时作自动删除处理。不包括第二层变量的回归输出结果如表 3-6 所示。

表 3-6　不包括第二层变量的回归分析

| 解释变量 | 回归系数 | 标准误差 | t 值 |
| --- | --- | --- | --- |
| 性别 | 0.189 | 0.025 | 7.496[***] |
| 受教育程度 | 0.167 | 0.012 | 13.746[***] |
| 工作年限 | 0.006 | 0.002 | 2.704[***] |
| 流动年限 | 0.006 | 0.002 | 3.607[***] |
| 承包地耕种人 | 0.022 | 0.011 | 2.076[**] |
| 职业分类 | -0.050 | 0.015 | -3.272[***] |
| 行业分类 | -0.089 | 0.012 | -7.579[***] |
| 就业身份 | -0.054 | 0.011 | -4.740[***] |

根据表 3-6 结果可知，各个自变量包括性别、受教育程度、工作年限、流动年限、承包地耕种人、就业职业、就业行业和就业身份对流动人口小时工资的影响均是显著的，回归系数分别为 0.189、0.006、0.006、0.022、-0.050、-0.089、0.167 和-0.054。数据表明，男性流动人口相比于女性流动人口的小时工资更高，流动人口就业收入的性别差异明显。受教育程度越高、工作经验越丰富、流动经历越多的流动人口小时工资越高，印证了微观个体的流动人口人力资本对其就业收入的正向效应。流动人口老家的承包地由自己或者家人耕种相比交给亲朋耕种或者撂荒的小时工资更高，说明土地耕种对流动人口就业收入没有产生显著的逆向激励。专业技术人员和经商人员相比生产类和服务类人员，信息技术类行业和制造建筑类生产行业人员相比服务业从业人员，雇主和有固定雇主的雇员相比自营劳动者和无固定雇主的雇员，其小时工资更高，表明流动人口自身拥有的技术技能和物质资本对于收入有较大贡献。

固定效应输出结果表 3-7 所示。当第二层变量的回归系数与第一层变量的系数符号相同时，表明第二层变量对第一层预测变量的影响是加强作用，且作用方向与第一层系数的方向一致。当第二层变量的回归系数与第一层符号相反时，则说明第二层变量对第一层的关联影响起减弱作用，且作用方向与第一层系数的方向相反。

表 3-7  第二层变量对个体水平回归的固定效应

| 固定效应 | | 回归系数 | 标准误差 | $t$ 检验 | 自由度 |
| --- | --- | --- | --- | --- | --- |
| 截距 1-流动人口小时工资 | | | | | |
| 截距 2 | G00 | 2.668626 | 0.033815 | 78.918*** | 24 |
| 人均地区生产总值 | G01 | 0.033992 | 0.123445 | 0.275 | 24 |
| 第三产业比重 | G02 | 0.006249 | 0.004777 | 1.308 | 24 |
| 制造业从业人员比重 | G03 | 0.002554 | 0.003124 | 0.818 | 24 |
| 性别-流动人口小时工资 | | | | | |
| 截距 2 | G10 | 0.272232 | 0.036763 | 7.405*** | 27 |
| 工作年限-流动人口小时工资 | | | | | |
| 截距 2 | G20 | 0.007396 | 0.001311 | 5.643*** | 27 |
| 流动年限-流动人口小时工资 | | | | | |
| 截距 2 | G30 | 0.002347 | 0.001798 | 1.305 | 27 |
| 承包地耕种人-流动人口小时工资 | | | | | |
| 截距 2 | G40 | 0.016028 | 0.010061 | 1.593 | 27 |
| 就业职业-流动人口小时工资 | | | | | |
| 截距 2 | G50 | -0.100618 | 0.029171 | -3.449*** | 27 |
| 就业行业-流动人口小时工资 | | | | | |
| 截距 2 | G60 | -0.076142 | 0.014046 | -5.421*** | 24 |
| 人均地区生产总值 | G61 | 0.3202280 | 0.037230 | 8.601*** | 24 |
| 第三产业比重 | G62 | -0.006940 | 0.001480 | -4.69*** | 24 |
| 制造业从业人员比重 | G63 | -0.010166 | 0.001113 | -9.135*** | 24 |

续表

| 固定效应 | | 回归系数 | 标准误差 | t检验 | 自由度 |
|---|---|---|---|---|---|
| 受教育程度-流动人口小时工资 | | | | | |
| 截距2 | G70 | 0.120194 | 0.017738 | 6.776*** | 24 |
| 人均地区生产总值 | G71 | -0.121951 | 0.046974 | -2.596** | 24 |
| 第三产业比重 | G72 | 0.004706 | 0.001822 | 2.583** | 24 |
| 制造业从业人员比重 | G73 | 0.004272 | 0.001072 | 3.984*** | 24 |
| 就业身份-流动人口小时工资 | | | | | |
| 截距2 | G80 | -0.066587 | 0.017369 | -3.834*** | 24 |
| 人均地区生产总值 | G81 | 0.382488 | 0.073917 | 5.175*** | 24 |
| 第三产业比重 | G82 | -0.008792 | 0.003249 | -2.706** | 24 |
| 制造业从业人员比重 | G83 | -0.009857 | 0.001810 | -5.445*** | 24 |

注：***、**、*分别表示在1%、5%和10%的水平上显著。

表3-7的分析结果显示，从流动人口流入地所属省（市、区）的背景层面上看，回归系数均为正值，表示第三产业比重、制造业从业人员比重、人均地区生产总值越高，流动人口的小时工资水平越高。但是各变量对流动人口小时工资的影响不显著。

除了变量流动年限和承包地耕种人以外，其他各项变量的平均值对流动人口小时工资的影响均是显著的，且影响方向与第一层的结果一致。其中，性别对流动人口小时工资的影响程度最高，回归系数为0.272232，表明男性比女性流动人口的小时工资平均高出27.22%。其次是受教育程度对流动人口小时工资的影响也很高，回归系数为0.12019，表明受教育程度每提升1个层次（如从小学到初中、初中到高中），流动人口的小时工资平均上涨12.02%[①]。而工作年限对流动人口小时工资的平均影响较小，回归系数为0.007396，即工作年限每增加1年，流动人口的小时工资平均增加0.74%。

人均地区生产总值对受教育程度、就业行业和就业身份的影响显著，但与第一层中的受教育程度、就业行业和就业身份的回归系数方向相反，说明人均地区生产总值削弱了受教育程度、就业行业和就业身份对流动人口小时工资的影响程度。流入地人均地区生产总值削弱了受教育程度对流动人口小时工资的正向效应，在一定程度上反映出流动人口的工资水平不仅取决于流动人口的自身劳动者素质，还与地区经济发展需求有关，劳动力需求侧的积极因素相应弥补了劳动力供给侧的人力资本相对不足。近些年来东南沿海经济发达地区形成了规模庞大的劳动密集型传统加工产业，吸引了大量欠发达地区低文化程度、低技能的流动人口前来就业，为流入地地区生产总值的增加做出了极大贡献。虽然企业产业结构亟待升级，但对低素质劳动力的需求仍在一段时间内存在。同样地，劳动密集型加工产业对低素质劳动力的大量需求，从就业行业和就业身份上来说，也一定程度上削减了技术类人员和雇主所拥有的技术和资金对收入的边际贡献。

第三产业增加值占地区生产总值的比重对受教育程度、就业行业、就业身份的影响显著，且由于其与第一层中受教育程度、就业行业和就业身份的回归系数符号方向相同，表

---

[①] 不同教育阶段的提升对收入的增加效应是不一样的，这里只是近似平均值。

明第三产业增加值比重加强了受教育程度、就业行业和就业身份与流动人口小时工资的关联作用。

制造业从业人员比重对受教育程度、就业行业和就业身份的影响显著,且与第一层中的受教育程度、就业行业和就业身份的回归系数方向一致,说明制造业从业人员比重强化了受教育程度、就业行业和就业身份对流动人口小时工资的作用程度。

表3-8给出了第二层完全回归模型的随机效应部分输出结果。可以看出,在第一层模型中流动人口就业收入个体差异的方差成分很大(R=0.24259),能够解释流动人口就业收入的85.25%;各省市地区之间的差异(U0=0.01765)即省级层面的背景可以解释流动人口就业收入差异的6.13%;性别的随机效应(U1=0.01011)大约可以解释流动人口就业收入差异的3.51%,就业职业的随机效应(U5=0.00750)大约可以解释流动人口就业收入差异的2.61%。

表3-8 第二层变量对个体水平回归的随机效应

| 随机效应 |  | 标准误差 | 方差成分 | 自由度 | 卡方值 | P值 |
| --- | --- | --- | --- | --- | --- | --- |
| 第二层模型-截距 | U0 | 0.13286 | 0.01765 | 10 | 38.77773 | 0.000 |
| 性别-流动人口小时工资 | U1 | 0.10057 | 0.01011 | 13 | 27.46539 | 0.011 |
| 就业职业-流动人口小时工资 | U5 | 0.08658 | 0.00750 | 13 | 28.23836 | 0.009 |
| 就业行业-流动人口小时工资 | U6 | 0.03519 | 0.00124 | 10 | 21.78011 | 0.016 |
| 受教育程度-流动人口小时工资 | U7 | 0.04192 | 0.00176 | 10 | 20.58714 | 0.024 |
| 就业身份-流动人口小时工资 | U8 | 0.06476 | 0.00419 | 10 | 16.43737 | 0.087 |
| 第一层模型 | R | 0.49527 | 0.24529 |  |  |  |

### 3.1.4 研究结论与建议

本报告结合2017年国家卫生和计划生育委员会组织的全国流动人口卫生计生动态监测调查重庆市流出人口数据和反映31个省市自治区经济发展水平和经济就业结构的指标数据,建立两层线性模型,从流动人口个体和省级层面考察影响重庆市流动人口就业收入的因素和作用程度。研究结论主要表现在以下几个方面。

首先,重庆市流动人口的个体因素包括性别、受教育程度、工作年限、流动年限、承包地耕种人、就业职业、就业行业和就业身份等,显著影响着流动人口的就业收入,各省经济发展水平和经济就业结构对流动人口的就业收入没有直接的显著影响作用。

其次,从个体层面来看,流动人口个体对流动人口就业收入变异的解释程度达到85.25%。男性、受教育程度越高、工作经验丰富、流动经历多、承包地由自己或者家人耕种、专业技术人员和经商人员、信息技术类行业和制造建筑类生产行业人员、雇主和有固定雇主的雇员的小时工资更高。在考虑地区差异的情况下,性别和受教育程度对流动人口就业收入的平均影响程度最高。

最后,从省级层面来看,各省(市、区)可以解释流动人口就业收入差异的6.13%。虽然各区域的人均地区生产总值、第三产业比重以及制造业从业人员比重对流动人口的就业收入没有产生直接的显著影响,但是,各区域变量的调查效应显著。第三产业的比重和制造业从业人员的比重均显著加强了受教育程度、就业行业、就业身份和流动人口就业收入的关联作用,而人均地区生产总值则显著削弱了受教育程度、就业行业和就业身份对流动人口的影响作用。

根据以上研究结论,本报告认为提高流动人口的就业收入,既需要提升劳动者供给侧——流动劳动力的个体素质,也需要促进和优化劳动者需求侧——流入地省份的经济发展和经济就业结构。具体来说可以考虑以下几个方面:第一,增强农村基础教育硬件设施和师资能力建设,加大农村人口人力资本积累的转移支付力度。第二,建立健全城乡合一的劳动力就业市场服务信息网络体系,提高流动人口的就业正规化程度。第三,大力发展科学技术,促进地区经济水平的提高,以产业结构优化促进流动人口优质就业。发挥后发优势,重庆市应积极主动迎接发达国家和地区的适用产业和技术向市内转移,发展有一定科技含量的现代新兴产业,矫正和提高文化程度和技术技能在收入方面的贡献率,引领流动人口自主学习新技术技能的良好风气,吸引更多流动人口实现市内优质就业。

## 参考文献

李萌,2004.劳动力市场分割下乡城流动人口的就业分布与收入的实证分析——以武汉市为例[J].人口研究,6:70-75.

李中建,2013.农村迁移劳动力的就业身份与收入差异——基于对北京市流动人口的调查[J].经济经纬,5:30-34.

罗俊峰,童玉芬,2015.流动人口就业者工资性别差异及影响因素研究——基于2012年流动人口动态监测数据的经验分析[J].经济经纬,1:131-136.

国家卫生和计划生育委员会流动人口司,2017.人口流动模式与劳动力市场发展:城市层面观察[R].中国流动人口发展报告2017,中国人口出版社.

谭江蓉,2016.乡城流动人口的收入分层与人力资本回报[J].农业经济问题,2:59-66.

王春光,2016.我国城市就业制度对进城农村流动人口生存和发展的影响[J].浙江大学学报(人文社会科学版),5:5-14.

王德文,蔡昉,张国庆,2008.农村迁移劳动力就业与工资决定:教育与培训的重要性[J].经济学(季刊),4:1131-1148.

肖文韬,2004.工业化力度、人口流动行为与户籍改革[J].人口与经济,3:1-7.

杨凡,2015.流动人口正规就业与非正规就业的工资差异研究——基于倾向值方法的分析[J].人口研究,6:94-104.

余敬文,徐升艳,2013.土地保障、逆向激励与农村流动人口就业行为研究——以上海市为例[J].中国人口科学,1:109-117,128.

## 3.2 重庆市流动人口基本公共卫生计生服务获得感研究

2016 年，全国流动人口总量为 2.45 亿，占全国人口总量的 17.72%[①]。重庆市流动人口总量(流入+流出)657.88 万人，占常住人口总量的 21.58%[②]。流动人口作为我国户籍制度下形成的特殊人口群体类型，在总人口中占据相当份额比重。流动人口的安居乐业是全体人民群众安居乐业的重要保证。基本公共服务对于流动人口安居乐业具有重要作用，但流动人口获得的基本公共服务与城镇户籍人口相比还有较大差距[③](王培安，2012)。因此，如党的十九大报告所强调的"完善公共服务体系，保障群众基本生活，使人民群众获得感、幸福感、安全感更加充实"[④]，提升流动人口基本公共服务获得感，是转变政府职能，创新社会治理体制的内在要求，也是形成良好社会秩序，不断满足人民日益增长的美好生活需求的重要基础。

流动人口基本公共卫生计生服务是流动人口基本公共服务的重要组成部分。2016 年全国卫生与健康大会、《"健康中国 2030"规划纲要》《"十三五"卫生与健康规划》《"十三五"全国流动人口卫生计生服务管理规划》等重要会议和文件精神均将流动人口基本公共卫生计生服务放在重要位置，尤其是在当前全面深化医药卫生体制改革、实施全面两孩政策、改革完善计划生育服务管理体制、推进流动人口基本公共卫生计生服务均等化等背景下，为流动人口提供高质量、全覆盖、均等化、连续性的基本公共卫生计生服务是保障流动人口合法权益、促进流动人口社会融合，进而构建和谐社会、实现社会公平正义的必然要求。因此，了解当前流动人口基本公共卫生计生服务开展状况，对流动人口基本公共卫生计生服务获得感进行研究无疑具有重要的现实意义。

本报告以"理论框架构建→实证分析→结论归纳→对策设计"为研究思路，在对获得感内涵深入阐释、流动人口基本公共卫生计生服务获得感构成要素明确界定基础上，构建流动人口基本公共卫生计生服务获得感评价体系，并以重庆为例进行实证研究，最后提出提升重庆市流动人口基本公共卫生计生服务获得感的针对性对策建议。本报告力图回答以下四个问题：①流动人口基本公共卫生计生服务获得感如何界定，体现在哪些具体方面？②如何构建一个科学、合理、可操作性强的流动人口基本公共卫生计生服务获得感评价体系？③当前重庆市流动人口基本公共卫生计生服务的获得感如何？④如何进一步提升重庆流动人口基本公共卫生计生服务获得感？

### 3.2.1 "获得感"

1. "获得感"概念的由来

2015 年 2 月 27 日，习近平总书记在中央全面深化改革领导小组第十次会议上指出：

---
① 数据来源于 2017 年《中国卫生和计划生育统计年鉴》。
② 数据来源于《2016 年重庆市国民经济和社会发展统计公报》。
③ 王培安. 推进人口和计划生育基本公共服务均等化[N]. 光明日报，2012-09-24.
④ http://www.china.com.cn/cppcc/2017-10/18/content_41752399.htm.

"要科学统筹各项改革任务,把改革方案的含金量充分展示出来,让人民群众有更多获得感"[①]。"获得感"一词首次出现在人们的视野中。2016年2月23日召开的中央全面深化改革领导小组第二十一次会议上,以习近平同志为核心的党中央提出改革评价的新标准:"把是否促进经济社会发展、是否给人民群众带来实实在在的获得感,作为改革成效的评价标准"[②]。习总书记的"两个是否"将"获得感"作为改革成效的评价标准之一,进一步强调了"获得感"的重要性。

此后,"获得感"这一概念在党中央会议和文件中被频频提及,也成了新闻媒体、民众关心的热词。但基于文献梳理,目前对于"获得感"的研究存在两点不足:①从外延角度,对于"获得感"这一概念与过去被提及较多的"幸福感"等同类概念指代是否一致,差别在何处的相关研究较少;②从内涵角度,当前对于"获得感"具体指代内容缺乏细致深入的归纳和总结,"获得感"究竟包含了哪些内容,在各个具体领域体现在哪些方面还缺乏相关研究。

2. "获得感"概念的内涵

1) "获得感"概念的提出背景

任何概念的提出总有一定的历史背景。"获得感"的提出,正处于当前我国全面深化改革的关键时期。改革开放以来,中国在取得高速发展辉煌成就的同时,也积累了较多矛盾,这些矛盾集中表现在居民收入差距过大、城乡二元分割严重、地区发展差异过大等方面,导致经济社会发展不平衡、不全面、不可持续。针对这些问题,中共中央在《关于制定国民经济和社会发展第十三个五年规划的建议》中提出了"创新、协调、绿色、开放、共享"的发展理念,而这五大发展理念的归宿和落脚点即"共享"发展理念的根本目标就是要提高人民群众的获得感(秦国文,2016;蒋永穆等,2016)。因此,中共中央审时度势,提出"获得感"这一全新概念,作为新时期我国社会主义建设衡量改革发展成效和人民群众福利水平的两个根本性依据(两个"是否")之一,无疑是契合改革发展实际的。深入理解和运用"获得感"这一概念,必须放在我国全面深化改革,转变经济社会发展模式,实现共享发展的时代背景下来进行。

2) "获得感"的含义及特征

就字面含义来讲,"获得感"是对"获得"的主观感受,它是建立在"客观获得"基础之上的对"客观获得"的"主观感觉"(丁元竹,2016)。结合"获得感"提出的时代背景和已有研究,"获得感"包含以下两个层面的含义。

第一,"获得感"以"客观获得"为根本。就"客观获得"来说,"获得感"要以获得实实在在的物质利益、经济利益为绝对根本基础,这体现在人民群众收入增长,能够享有充分的社会保障、良好的公共服务等。但"客观获得"并不局限于物质利益与经济利益上的"获得",还包括获得知情权、参与权、表达权、监督权等政治权利(蒋永穆等,2016;赵玉华等,2016),享受文化、社会、生态等方面的发展成果(赵玉华等,2016;林怀艺等,2016)以及感受到伟大祖国的尊严和荣誉(林怀艺等,2016)。不仅如此,它还体现为人民

---

① http://theory.people.com.cn/n1/2017/0609/c40531-29329063.html.
② http://www.chinanews.com/gn/2016/02-29/7776424.shtml.

群众能够有梦想、有追求，活得更有尊严、更体面，能够享受公平公正权利，获得实现自我价值、参与到经济社会发展进程中的机会(赵玉华等，2016；周海涛等，2016；翟慎良，2016)。更重要的是，"客观获得"还包含了未来维度——在拥有"当下获得"的基础上，能够确认"获得"是可持续的、不断发展的，"当下获得"在未来不仅不会消失，还会更多、更好(秦国文，2016)。

第二，"获得感"是在"客观获得"基础上产生的"主观感觉"。就"主观感觉"而言，"获得感"不能脱离其"客观获得"的基础，"主观感觉"必须建立在"客观获得"基础之上，必须以客观实实在在的获得为基础，凭借"客观获得"而得到"绝对满足感"，这点类似于"幸福感"，即通过实实在在的"客观物质获得"(比如收入水平提升，享受更优惠条件的社会福利保障、更好的教育医疗条件)而导致内心产生的"绝对愉悦和满足感"。但不同的是，"幸福感"更多的是强调"个体绝对满足感"，而"获得感"更多强调一种共性，即绝大多数人所拥有的"共同绝对满足感"。个体的"绝对满足感"不能完全体现"获得感"，最大化数量的个体都能够在改革中获得实惠，并且都产生"个体绝对满足感"，最终"个体绝对满足感"加总后形成"共同绝对满足感"才能称之为"获得感"，这是"幸福感"所不具有的含义。"获得感"相对"幸福感"在含义上另一个不同之处是，"获得感"不仅是针对"多数人共同绝对获得"，即最大数量"个体绝对满足感"加总，也强调"少数人绝对获得"，即因为发展不均衡、改革红利分配不公平导致部分弱势群体、少数群体"获得"较少甚至没有"获得"进而被边缘化，这些少数群体就会产生"失去感(张航，2016)""失落感(张品，2016)"和"相对剥夺感(蒋永穆等，2016)"，这些少数群体产生的上述消极感觉会极大地降低甚至消解掉全体人民群众的"共同绝对满足感"，进而使"获得感"降低。

因此，"获得感"内在的包含了两个特征：①"获得感"强调最多数量个体均能够有"获得感"，不是"个别人"的获得感，而是"所有人"的获得感。"获得感"必须具有公平公正的特征，保证社会中的每一个人都能够公平公正地共享发展成果。②"获得感"同样强调少数群体不能掉队，必须保证少数弱势群体也能够拥有"获得感"。弱势群体、边缘群体能否得到"获得感"格外重要，"获得感"必须具有包容性、普适性的特征。习近平总书记强调的"全面实现小康，少数民族一个都不能少，一个都不能掉队[①]"以及李克强总理强调的"全面建成小康社会，决不让残疾人掉队[②]"，正是对这一特征生动具体的表述。

综上所述，"获得感"包括两个部分含义，即"客观获得+主观感觉"，其中"客观获得"包括了实实在在的物质利益、经济利益，政治权利，作为社会成员之一享受的文化、社会、生态发展成果，祖国荣誉，自我价值的实现，以及今后长期"获得"的持续性。"主观感觉"体现为普遍性的因为"客观获得"而产生的"满足"感觉，"满足"包括两个部分内容：①"绝对满足"，强调最大化数量的个体都能够通过"客观获得"产生"绝对满足感"，进而形成"共同绝对满足"的局面；②"相对满足"，强调弱势群体、少数群体都能够同样"获得"而产生"满足感"，"获得"有全社会群体性共性，绝不遗漏少数群体。

---

① 习近平总书记于2015年1月29日在国家民委一份简报上的批示。
② 李克强总理于2015年10月29日在亚欧会议框架下残疾人合作暨全球辅助器具产业发展大会开幕式致辞。

## 3.2.2 流动人口基本公共卫生计生服务获得感界定

基于前文对"获得感"内涵的理解，将其运用到流动人口基本公共卫生计生服务领域，对流动人口基本公共卫生计生服务获得感进行具体内容界定，作为"获得感"概念在流动人口基本公共卫生计生服务领域的延伸应用。

1.流动人口基本公共卫生计生服务具体内容

在进行流动人口基本公共卫生计生服务获得感内容界定之前，有必要对国家和重庆市为流动人口提供的基本公共卫生和计划生育服务内容及开展情况进行梳理。流动人口基本公共卫生计生服务内容及开展情况作为流动人口基本公共卫生计生服务获得感内容界定的客观物质基础，是"获得感"存在的前提；流动人口对基本公共卫生计生服务获得感逐步提升反过来促进、引导流动人口基本公共卫生计生服务内容不断优化，工作开展更为有序高效，使流动人口基本公共卫生计生服务工作迈上新台阶。

目前流动人口获得的基本公共卫生和计划生育服务与国家为全体公民提供的基本公共卫生服务和基本项目计划生育服务一致。具体规定为：在流入地(以街道、乡镇为单位)居住半年以上的居民能够获得与流入地户籍人口同等的国家规定的基本公共卫生服务和基本项目计划生育服务。

1)基本公共卫生服务内容

如表 3-9 所示，目前基本公共卫生服务[①]包括建立居民健康档案、健康教育、预防接种、儿童健康管理、孕产妇健康管理、老年人健康管理、慢性病患者健康管理、严重精神障碍患者管理、结核病患者健康管理、传染病及突发公共卫生事件报告和处理、中医药健康管理、卫生计生监督协管、免费提供避孕药具、健康素养促进行动共 14 大类、55 小类项目。三类人群(特定年龄、性别人群，慢病患者，所有人群)享受基本公卫服务。从服务提供的关注程度来看有一定区别，分为普通关注(普通人群)和重点关注(老年人、孕产妇、0～6 岁儿童、特殊疾病患者)。提供服务的主体为基层医疗卫生机构(乡镇卫生院、村卫生室、社区卫生服务中心)。个人享受基本公卫服务免费，国家按标准对基本公卫服务进行补助(标准从 2009 年的 15 元/人上升至 2017 年的 50 元/人)。基本公共卫生服务对促进居民健康起到较大作用(居民健康意识、健康素质得以提高，特殊人群健康状况得到关注；不良生活方式得以改变；传染病及慢性病发生与流行得以预防和控制)。

重庆市依据国家卫计委文件精神，为辖区居民提供基本公共卫生服务，各区县依据自身财力、居民年龄结构、性别比例、常见病多发病种类、经济社会发展水平等因素的不同，提供的服务内容与国家规定有细微差别，但均在国家规定基础上做"加法"，增加服务内容，创新服务形式，以进一步契合辖区内居民健康需求，更好促进辖区居民健康水平和健康素养的提升。

---

① 基于《关于做好 2017 年国家基本公共卫生服务项目工作的通知》(国卫基层发[2017]46 号)。

表3-9 国家基本公共卫生服务项目

| 序号 | 类别 | 服务对象 | 项目及内容 |
| --- | --- | --- | --- |
| 一 | 建立居民健康档案 | 辖区内常住居民，包括居住半年以上非户籍居民 | 1.建立健康档案<br>2.健康档案维护管理 |
| 二 | 健康教育 | 辖区内常住居民 | 1.提供健康教育资料<br>2.设置健康教育宣传栏<br>3.开展公众健康咨询服务<br>4.举办健康知识讲座<br>5.开展个体化健康教育 |
| 三 | 预防接种 | 辖区内0~6岁儿童和其他重点人群 | 1.预防接种管理<br>2.预防接种<br>3.疑似预防接种异常反应处理 |
| 四 | 儿童健康管理 | 辖区内常住的0~6岁儿童 | 1.新生儿家庭访视<br>2.新生儿满月健康管理<br>3.婴幼儿健康管理<br>4.学龄前儿童健康管理 |
| 五 | 孕产妇健康管理 | 辖区内常住的孕产妇 | 1.孕早期健康管理<br>2.孕中期健康管理<br>3.孕晚期健康管理<br>4.产后访视<br>5.产后42天健康检查 |
| 六 | 老年人健康管理 | 辖区内65岁及以上常住居民 | 1.生活方式和健康状况评估<br>2.体格检查<br>3.辅助检查<br>4.健康指导 |
| 七 | 慢性病患者健康管理（高血压） | 辖区内35岁及以上常住居民中原发性高血压患者 | 1.检查发现<br>2.随访评估和分类干预<br>3.健康体检 |
| | 慢性病患者健康管理（2型糖尿病） | 辖区内35岁及以上常住居民中2型糖尿病患者 | 1.检查发现<br>2.随访评估和分类干预<br>3.健康体检 |
| 八 | 严重精神障碍患者管理 | 辖区内常住居民中诊断明确、在家居住的严重精神障碍患者 | 1.患者信息管理<br>2.随访评估和分类干预<br>3.健康体检 |
| 九 | 结核病患者健康管理 | 辖区内确诊的常住肺结核患者 | 1.筛查及推介转诊<br>2.第一次入户随访<br>3.督导服药和随访管理<br>4.结案评估 |

续表

| 序号 | 类别 | 服务对象 | 项目及内容 |
| --- | --- | --- | --- |
| 十 | 传染病和突发公共卫生事件报告和处理 | 辖区内服务人口 | 1.传染病疫情和突发公共卫生事件风险管理<br>2.传染病和突发公共卫生事件的发现和登记<br>3.传染病和突发公共卫生事件相关信息报告<br>4.传染病和突发公共卫生事件的处理 |
| 十一 | 中医药健康管理 | 辖区内65岁及以上常住居民和0~36个月儿童 | 1.老年人中医体质辨识<br>2.儿童中医调养 |
| 十二 | 卫生计生监督协管 | 辖区内居民 | 1.食源性疾病及相关信息报告<br>2.计划生育相关信息报告<br>3.饮用水卫生安全巡查<br>4.学校卫生服务<br>5.非法行医和非法采供血信息报告 |
| 十三 | 免费提供避孕药具 | | 1.省级卫生计生部门作为本地区免费避孕药具采购主体依法实施避孕药具采购<br>2.省、地市、县级计划生育药具管理机构负责免费避孕药具存储、调拨等工作 |
| 十四 | 健康素养促进行动 | | 1.健康促进县（区）建设<br>2.健康科普<br>3.健康促进医院和戒烟门诊建设<br>4.健康素养和烟草流行监测<br>5.12320热线咨询服务<br>6.重点疾病、重点领域和重点人群的健康教育 |

九龙坡区在国家规定的十四大类服务内容基础上增加了残疾人健康管理（为持证残疾人建立健康档案、每年进行健康检查、健康评估和康复训练指导）、婚前医学检查（为新登记婚配男女进行婚前医学检查）、疾病预防控制（艾滋病、心脑血管疾病防治，肿瘤检测，儿童口腔疾病干预）、社区卫生诊断与信息管理（每3年开展一次社区卫生诊断，对居民主要健康问题及危险因素进行检测）四类服务项目。

沙坪坝区在国家规定基本公卫服务内容基础上增加了项目和优化服务开展方式方法：①增加公卫服务项目，开展系列特色公卫服务。针对流动儿童、农民工等特殊人群开展免费健康体检、流动儿童免费健康保健套餐、待孕妇女免费接种风疹疫苗、群众免费糖尿病筛查、非煤矿山工人免费职业病体检、农村居民土源性线虫免费驱虫治疗。②拓展公卫服务具体项目内容。在"老年人健康管理项目"上，沙坪坝区不仅做好国家"规定动作"，还增加"自选动作"，在基层卫生机构设立托老所，对辖区内65岁及以上老人进行防病治病、膳食搭配指导。③延伸公卫服务触角。与重庆大学校医院、康明斯集团卫生所等12家高校、企业医疗单位签订协议，委托开展基本公卫服务，并纳入全区基本公卫考核和经费拨付。

江北区在国家规定开展的基本公共卫生服务项目基础上，增加了6项免费基本公共卫生服务项目：免费新生儿疾病筛查、婚前医学检查、孕前优生健康检查、120出车及医护人员服务、"天使热线"心理危机干预、中小学生免费体检。

基于对重庆市基本公卫服务整体情况与国家规定公卫服务标准的比较，重庆市在坚持与国家规定"同标准、同水平"的基础上,能够增加公卫服务项目内容,创新公卫服务方式,使得区域内公卫服务效果增加、实际覆盖面扩大、群众受益水平得到提升。

2)基本项目计划生育服务

如表 3-10 所示,国家规定的基本项目计划生育服务内容为五大类(宣传服务、再生育技术服务、孕前优生健康检查、技术指导服务、临床医疗服务)、二十项。提供服务的主体为县级医疗机构、妇幼保健和计划生育服务机构、基层医疗卫生机构以及其他服务提供机构。费用负担按户籍区分,农村由地方政府(市、县财政)负担;城市由生育保险基金(已参加生育保险)、基本医疗保险(未参加生育保险但参加基本医疗保险)、单位(未参加生育保险和基本医疗保险)、医疗补助经费(国家公务员)和地方财政(城镇其他人员)负担。

表 3-10 基本项目计划生育服务

| 种类 | 对象 | 服务内容 |
| --- | --- | --- |
| 宣传服务 | 流动人口 | 免费获得人口计生政策法规和计划生育、优生优育、生殖健康等宣传品 |
| 再生育技术服务 | 符合条件流动育龄夫妇 | 1.再生育相关医学检查<br>2.输卵(精)管复通手术 |
| 孕前优生健康检查 | 符合生育政策、自愿接受孕前风险评估和检查的流动育龄夫妇 | 1.孕前优生健康教育<br>2.病史咨询<br>3.体格检查<br>4.临床实验室化验<br>5.影像学检查<br>6.风险评估<br>7.咨询指导及随访 |
| 咨询指导服务 | 流动育龄人群 | 1.避孕节育与降低出生缺陷发生风险及其他生殖健康的科普宣传、指导和咨询<br>2.提供避孕药具,对服务对象进行相关的指导、咨询、随访<br>3.对施行避孕、节育手术和输卵(精)管复通手术的,在手术前、后提供相关的指导、咨询和随访 |
| 临床医疗服务 | 流动育龄夫妇 | 1.放置、取出宫内节育器<br>2.发放避孕药具<br>3.人工终止妊娠<br>4.输卵管及输精管结扎<br>5.相关医学检查(避孕和节育相关的医学检查)<br>6.各种计划生育手术并发症和计划生育药具不良反应的诊断、鉴定和治疗<br>7.输卵(精)管复通术等恢复生育力的手术以及与施行手术相关的临床医学诊断和诊疗 |

基本项目计划生育服务内容与国家基本公共卫生服务有一定重叠(主要在孕产妇健康管理、避孕药具发放方面),但基本项目计划生育服务侧重于针对性地提供计划生育过程中需要的各项专业技术服务。重庆市基本项目计划生育服务按照国家规定执行,各区县基于自身实际在具体工作开展中对国家规定有细微调整。

综上,重庆市在国家规定的基础上为流动人口提供了基本公共卫生服务和基本项目计划生育服务，涉及对象涵盖了在流入地居住半年及以上的全体流动人口；提供的服务内容种类齐全，既有卫生计生咨询教育服务，又有孕产妇健康管理、高血压糖尿病等慢病康复管理和计划生育相关检查及手术等临床服务；提供的服务作用针对性强，既能够对流动人口进行健康教育，提升其健康素养，培养其健康生活习惯，又能够通过直接的慢病管理、传染病报告和治理、临床计生诊疗等方式促进流动人口健康素质提升，确保流动人口优生优育。流动人口基本公共卫生计生服务对于提升流动人口健康水平，促进经济社会稳定发展具有重要意义。

2.流动人口基本公共卫生计生服务的开展情况

基于流动人口基本公共卫生计生服务的重要意义，全国及重庆市自2009年以来，有序推进流动人口基本公共卫生和计划生育服务，取得了良好成效。

从国家层面来看，2009年，原卫生部、财政部、原国家人口计生委印发了《关于促进基本公共服务逐步均等化的意见》，提出了基本公共卫生服务逐步均等化的工作目标和主要任务，要求到2020年基本公共卫生服务逐步均等化的机制基本完善，重大疾病和主要健康危险因素得到有效控制，城乡居民健康水平得到进一步提高。从这个目标出发，原卫生部协调相关部门积极出台措施，实施基本公共卫生服务项目和重大公共卫生服务项目。2010年10月，原国家人口计生委联合中央综治办、财政部、人力资源社会保障部在全国49个城市开展创新流动人口服务管理体制，推进流动人口计划生育基本公共服务均等化试点工作。主要任务是建立健全流动人口工作统筹管理、综合决策体制，完善流动人口计划生育基本公共服务网络和综合服务管理信息系统，使流动人口在现居住地获得与户籍人口同等的宣传倡导、计划生育、优生优育、生殖健康、奖励优待等方面的基本公共服务。2013年国家卫生计生委组建后，提出统筹推进流动人口卫生和计生基本公共服务均等化，明确了相关工作目标、改革重点和主要任务，开展了一系列流动人口卫生计生基本公共服务专项调查研究工作，决定在原国家人口计生委等四部门开展计划生育基本公共服务均等化试点工作的基础上，增加基本公共卫生服务内容，在全国选择流动人口集中的40个城市(区)启动新一阶段试点工作。试点工作按照以人为本、保障基本、逐步均等、有序推进的原则，着力探索流动人口卫生和计生基本公共服务的有效模式，加快提高这一重点人群基本公共服务的可及性和水平，为建立流动人口卫生和计划生育基本公共服务制度积累好的经验。为检验流动人口基本公共卫生计生服务均等化试点成效，推进流动人口基本公共卫生计生服务均等化工作开展，2017年开始逐步在国家卫计委试点城市开展流动人口基本公共卫生计生服务均等化评估工作。

从重庆市层面来看，重庆严格按照中央和国家卫计委部署，大力推进流动人口基本公共卫生计生服务工作，尤其是自2013年国家开展基本公共卫生计生服务均等化试点后，重庆便着力开展基本公共卫生计生服务均等化工作，先后推广公共卫生服务券、基本公卫项目分级管理，将基本公卫服务效果纳入地方政府主要官员政绩考核，建设流动人口公共卫生计生服务信息管理平台，在流动人口主要聚居区域推进基层医疗卫生机构标准化建设等系列举措，有力保障了流动人口基本公共卫生计生服务的开展。

小结：流动人口基本公共卫生计生服务在国家及重庆市的有序推进开展，由计划生育基本公共服务均等化向卫生与计划生育基本公共服务均等化推进,由试点城市逐步向全国推广,加快提升了流动人口这一特殊群体对基本公共卫生计生服务的可及性,对流动人口安居乐业、区域经济社会稳定发展具有重要意义。

3.流动人口基本公共卫生计生服务获得感界定

流动人口基本公共卫生计生服务获得感,是前文"获得感"即"人民群众改革发展获得感"在流动人口基本公共卫生计生服务这一具体领域的延伸应用。流动人口基本公共卫生计生服务获得感的具体内容界定必须以"人民群众改革发展获得感"为纲,在其基础上对流动人口基本公共卫生计生服务这一具体领域进行概念拓展。

本部分基于流动人口基本公共卫生计生服务基本内容、开展情况,结合"人民群众改革发展获得感"的内涵、特征,对"流动人口基本公共卫生计生服务获得感"具体内容进行界定。

1)流动人口基本公共卫生计生服务获得感内涵

"获得感"含义为"客观获得+主观感觉",流动人口基本公共卫生计生服务获得感内涵同样包括"客观获得+主观感觉",具体包括流动人口对基本公共卫生计生服务客观获得以及流动人口对基本公共卫生计生服务在客观获得基础上的主观感觉。

(1)"基本公共卫生计生服务客观获得"指流动人口能够切实接受国家提供的系列卫生计生服务,包括基本公共卫生服务项目中的建立居民健康档案、接受健康教育,儿童、孕产妇、老年人、慢病患者健康管理,传染病和突发公共卫生事件报告和处理等服务;基本项目计划生育技术服务中的计生咨询指导服务和发放避孕药具、输卵管及输精管结扎等临床医疗服务。"客观获得"不仅涵盖了流动人口接受的各项具体卫生计生服务,还包括具体服务之外能够享受到的其他便利条件、优惠政策等,如基层医疗卫生机构距离自身位置较近,能在较短时间内到达,能够方便快捷地预约卫生计生服务,有充分知悉自身情况的卫生技术人员,在节假日也能接受卫生计生服务,经济上能够负担基本卫生计生服务等,这些便利条件、优惠政策能够让流动人口更好地接受基本公共卫生计生服务,同样属于"客观获得"的内容。

(2)"主观感觉"包含了两个方面含义:一是"绝对满足感",二是"相对满足感"。"绝对满足感"指流动人口因为享受到了国家提供的一系列实实在在的卫生计生服务,促使自身健康素养和健康素质得到提升,进而自身人力资本水平得到增强,对于"客观获得"而产生的"绝对满足感"。"相对满足感"强调所有流动人口有均等的机会享受基本公共卫生计生服务,即服务对象(流动人口)的全覆盖。基本公共卫生计生服务对象为流入地居住半年以上的流动人口,涵盖范围理论上涉及全部流动人口,并不因为流动人口流入地经济发展水平不一、流动人口个体收入水平不同等因素影响到少数弱势流动人口公正、平等地享受国家基本公共卫生计生服务。虽然因为各地具体客观情况、工作开展状况不同而使得流动人口实际覆盖范围有高有低,但均能够覆盖绝大多数流动人口。流动人口因为基本公共卫生计生服务最大范围覆盖化而产生"相对满足感"。

综上所述,流动人口基本公共卫生计生服务获得感内涵包括了"客观获得卫生计生服务+主观因为接受卫生计生服务而感觉到绝对满足感与相对满足感"。

2) 流动人口基本公共卫生计生服务获得感评估指标体系

前文阐述了"流动人口基本公共卫生计生服务获得感"的内涵,但内涵仅是一个相对抽象、笼统的解释性及理论性的阐述,并没有直接对应具体的指标使其能够被观测、测量,当然也就不能直接运用到应用中。在实际应用中,需要将概念进行系统性分解,对概念涉及的内容具体细化,将抽样概念变为具体的行为指标,使概念各部分内容可观察、可测量、可操作,以直接对流动人口基本公共卫生计生服务获得感进行评估。

基于流动人口基本公共卫生计生服务获得感由"客观获得公共卫生计生服务+对所获服务的绝对满足感+对绝大多数群体都能获得服务的相对满足感"三部分构成。在概念分解中,用具备可操作性且对应"流动人口基本公共卫生计生服务获得感"三部分具体概念的三个变量分别作为"流动人口基本公共卫生计生服务获得感"三部分具体概念的代理变量。具体说明如下。

(1)"流动人口基本公共卫生计生服务可及性"作为"客观获得公共卫生计生服务"代理变量。

医疗卫生领域的"可及性"最早来自 Andersen(1968)一篇被公认为医疗卫生领域可及性研究的权威论文。他将"可及性"概括的表述为"使用医疗卫生服务"。1981 年密歇根州立大学学者 Penchansky(1981)撰文将"可及性"具体地描述成病人和卫生保健系统之间的"适合度"(degree of fit),包括五个方面内容:①可得性(availability),即现有服务资源的数量和类型与患者的数量和需求类型之间的关系。②可接近性(accessibility),即服务提供方位置和患者位置之间的关系,同时考虑到患者的交通资源和旅行时间、距离和成本。③可适合性(accommodation),即用来接受患者的服务资源的组织提供方式和患者适应这些因素的能力。④可承受性(affordability),即服务的价格与患者的收入、支付能力及现有医疗保险之间的关系。⑤可接受性(acceptability),即患者的个人态度和提供方行医的实际特征,以及服务提供方对可接受患者的个人特征的态度之间的关系。国内学者将上述五方面内容进一步整合,大致形成一致结果,"可及性"包括:①地理可及性,从空间角度来判断收益主体(居民)获得卫生服务的能力,即到达医疗卫生机构的方便程度。②经济可及性,从收益主体的经济状况角度来判断其承受医疗服务费用的能力。③资源可及性,从医疗服务和医疗技术角度考察卫生资源和技术满足收益主体医疗服务需求的能力。

由上述分析可知,"可及性"主要包含医疗卫生服务提供主体所提供资源的种类、数量及质量、患者接受医疗卫生服务的方便程度以及患者经济上能够负担的程度三方面内容。"客观获得公共卫生计生服务"主要基于个体角度,突出流动人口获得了实实在在的服务,强调具体物质化服务内容,也强调具体服务内容的多样化、系统化。"客观获得公共卫生计生服务"中"客观获得"的内容即为"医疗卫生可及性"涵盖的内容,"可及性"指代内容实质上是"客观获得公共卫生计生服务"包含内容的具体、直接体现。因此"可及性"能够作为"客观获得公共卫生计生服务"的代理变量,通过对流动人口基本公共卫生计生服务"可及性"进行分析,能够反映出流动人口客观获得的公共卫生计生服务情况。

"流动人口基本公共卫生计生服务可及性"主要体现在流动人口获得基本公共卫生计生服务的过程之中,包括了流动人口接受基本公共卫生计生服务情况(资源可及性),流动人口承担基本公共卫生计生服务费用的能力(经济可及性),流动人口到达基本公共卫生计生服务提供机构方便程度(地理可及性)三方面。基于当前数据可得性及其与内容对应性,资源可及性采用流动人口健康档案建档率、流动人口接受健康教育情况、流动人口接受计划生育服务率、流动人口健康管理率、流动人口首次就医去向、流动人口预防接种情况六个指标进行分析;地理可及性采用流动人口居住地到最近医疗服务机构时间、社区拥有卫生医疗机构占比两个指标进行分析;经济可及性采用流动人口基本公共卫生计生服务支出一个指标进行分析。

(2)"流动人口基本公共卫生计生服务成效性"作为"对所获服务的绝对满足感"代理变量。

"流动人口基本公共卫生计生服务成效性"从客观角度反映流动人口基本公共卫生计生服务所取得的成效,包含了流动人口健康结果和流动人口健康素养两方面。"对所获服务的绝对满足感"则从主观角度强调流动人口对于基本公共卫生计生服务的个体满意程度。按照一般逻辑,"基本公共卫生计生服务的成效性"越高,越能够促进流动人口健康素养和健康素质的提升,流动人口个体对于所获基本公共卫生计生服务的主观满意程度也就越高,"流动人口基本公共卫生计生服务成效性"与"对所获服务绝对满足感"正向相关。因此,"流动人口基本公共卫生计生服务成效性"能够反映出流动人口获得基本公共卫生计生服务的个体绝对满足感。"成效性"能够作为"对所获服务的主观绝对满足感"代理变量。

在具体指标的选取上,基于数据可得性和内容针对性,流动人口健康结果采用流动人口自评健康状况指标进行分析;流动人口健康素养采用流动人口对国家基本公卫服务知晓率指标进行分析。

(3)"流动人口基本公共卫生计生服务公平性"作为"获得服务的相对满足感"代理变量。

"公共服务公平性"一般从以下五个维度分别进行考量。

一是主体维度,即由谁来实现、维护、保障公共服务公平,就这一问题而言,政府责无旁贷地成为公共服务尤其是基本公共服务提供、分配的主体和公平的维护者。

二是对象维度,主要指公共服务对象(个体与个体之间)公平问题。对于基本公共服务而言,保障人与人之间公共服务的公平意味着不管人们的地位、出身、阶层有何区别,应当确保每一个人都能够获得同等、均等、平等的基本公共服务。

三是实现维度,即公共服务公平能够在多高的标准上实现。有的国家如北欧的芬兰、瑞士等,国民都能享受到诸如失业保险金、免费接受高等教育等福利,这类国家的公共服务公平性就在一个较高的标准上得以实现,当然这与其国情密不可分。反观我国正处在社会主义初级阶段,还是发展中国家,因此我们目前强调的公共服务公平应该是一种现实的、现今最需要的、可以确保达到的公共服务公平状态。因此从我国国情出发,当前的公共服务首先就必须要满足老百姓最基本的需求(包括温饱需求、公共卫生和医疗救助的需求、基础教育的需求),针对这些需求由政府提供最基本的公共服务,实现社会中少数群体、弱势群体的基本权益得到保障。

四是时间维度。正如"实现维度",虽然我国当前公共服务公平实现的标准相对较低,但相对较低的标准是基于我国客观国情所决定的,并不会一直保持这样一个低标准。"时间维度"指的是随着我国经济社会逐步发展，公共服务的公平性会逐步向完全理想状态迈进，公共服务公平性会在更高的标准上得以实现。值得注意的是，我们不能用理想的公共服务公平性来衡量特定历史发展阶段的公共服务公平性状况，对于基本公共服务公平而言，在现实条件下能够实现的最高标准便是在"时间维度"上实现了基本公共服务供给的公平。

五是空间维度。公平总是在一定范围内实现的。对于公平性的探讨一般在一国之内。当前我国基本公共服务只在境内开展，因此也认为在"空间维度"上实现了基本公共服务的公平。

基于对"公共服务公平性"的分解，"流动人口基本公共卫生计生服务公平性"体现为：①主体维度，政府是否公正、公平地进行基本公共卫生计生服务提供与分配；②对象维度，不管流动人口个体所属地位、阶层有何差别，其是否获得了同等、均等、平等的基本公共卫生计生服务。因为当前基本公共卫生计生服务所提供的服务均为最基本的服务，也是百姓最需要、最迫切的需求，因此认为在"实现维度"层面上已经实现公平；因为目前提供的基本公共卫生计生服务内容种类较多，能够满足人民群众基本卫生和计生需求，是在目前条件下能够达到的最高标准，因此认为在"时间维度"层面上已经实现公平；因为目前的基本公共卫生服务范围涉及全国，并且只在我国范围内，同样认为在"空间维度"层面上已经实现公平。

"相对满足感"指在政府为所有流动人口提供基本的、与经济社会发展水平相适应的、能够体现公平正义原则的卫生和计划生育服务前提下，所有流动人口能够公正、平等地接受基本公共卫生计生服务，即全体流动人口享受基本公共卫生计生服务的机会均等，享受范围相同、结果大体相当。换言之，不论流动人口居住区域、身份地位、贫富状况、教育程度、天赋能力以及社会贡献等差异，他们在基本公共卫生计生服务方面，应当"人人享有，普遍受益"。流动人口因为基本公共卫生计生服务最大化覆盖而产生"相对满足感"。因此"相对满足感"产生有两个前提：一是政府在提供基本公共卫生计生服务方面应公正平等；二是流动人口享受基本公共卫生计生服务的机会、范围、内容应该相等。

从"主体维度""对象维度"对"流动人口基本公共卫生计生服务公平性"进行分析，"主体维度"所指基本公共卫生计生服务提供主体即政府应该公平、公正地进行基本公共卫生计生服务的提供和分配；"对象维度"所指基本公共卫生计生服务受益主体即流动人口应获得均等化基本公共卫生计生服务。"主体维度""对象维度"的基本公共卫生计生服务公平性实现程度分别与"相对满足感"产生所必需的两个前提条件正相关。基本公共卫生计生服务公平性实现程度越高，"相对满足感"就越容易产生。因此，"流动人口基本公共卫生计生服务公平性"能够体现"获得服务的相对主观满足感"。"流动人口基本公共卫生计生服务公平性"能够作为"相对主观满足感"的代理变量。

"主体维度公平"体现政府在基本公共卫生计生服务中的公平性，通过对政府基本公共卫生计生服务提供相关政策制度内容进行分析，能够从中知晓各级政府是否对基本公共卫生计生服务提供做出相应规定、要求和约束，以便最大限度地覆盖全体流动人口，并公开、公平、公正地提供基本公共卫生计生服务。"对象公平维度"体现在全体流动人口获得均等化基本公共卫生计生服务。通过对流动人口基本公共卫生计生服务获得的人力、财力支持进行分析，能够从流动人口视角判断是否有足够的人力物力保障流动人口获得公平、公正的服务，对象公平能否得到体现。

基于数据可得性和内容针对性，制度建设对流动人口基本公共卫生计生服务政策文件、流动人口健康促进工作政策文件、流动人口计生协会及相关组织建设情况进行分析；财力支持采用流动人口年人均基本公共卫生计生服务经费、每千人口占有人口与计划生育事务支出、社区健康教育费用三个指标进行分析；人力支持采用每千人口拥有基层卫生技术人员数、每万人拥有公共卫生类别执业（助理）医师数、每万人拥有全科医生数、计划生育专职工作人员（或卫计专干）人数、流动人口专职协管员数量五个指标进行分析。

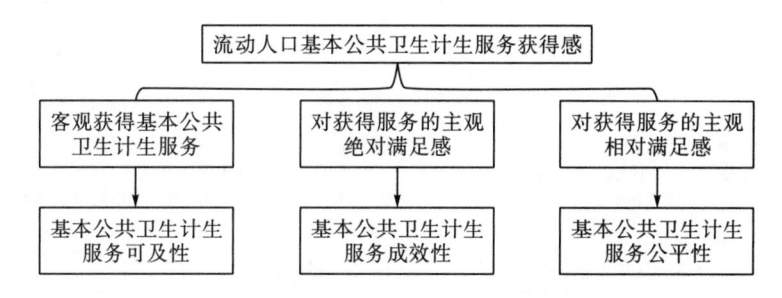

图 3-1 "流动人口基本公共卫生计生服务获得感"分析框架

由图 3-1 可知，"流动人口基本公共卫生计生服务获得感"分解为"客观获得基本公共卫生计生服务""对获得服务的主观绝对满足感""对获得服务的主观相对满足感"，分别由"基本公共卫生计生服务可及性""基本公共卫生计生服务成效性""基本公共卫生计生服务公平性"作为代理变量，以对"流动人口基本公共卫生计生服务获得感"进行可操作性评估。

$$SOG = \beta_1 A + \beta_2 B + \beta_3 C^1$$

式中，$A$、$B$、$C$ 分别为公平性、可及性、成效性，"流动人口基本公共卫生计生服务获得感"（$SOG$）由 $A$、$B$、$C$ 三部分加权相加得到，权重分别为 $\beta_1$、$\beta_2$、$\beta_3$。因为"获得感"包含有"主观感觉"，因此公平性、可及性和成效性在"获得感"中所占有的重要性对不同流动人口个体，或是不同类别的流动人口群体来说各不相同，并不能简单确定一个完全符合全部流动人口实际情况的权重体系，因此本报告主要对"流动人口基本公共卫生计生服务获得感"三个维度分别进行分析，并综合阐述，以得到"流动人口基本公共卫生计生服务获得感"概况。

表 3-11 为流动人口基本公共卫生计生服务获得感评价指标体系，由表 3-11 可知，评价体系由 3 个一级指标、7 个二级指标和 22 个三级指标构成，分别从公平性、可及性、成效性三个维度对流动人口基本公共卫生计生服务获得感进行分解。

表 3-11　流动人口基本公共卫生计生服务获得感评价指标体系

| 一级指标 | 二级指标 | 三级指标 | 指标说明 |
| --- | --- | --- | --- |
| 公平性 | 主体公平 | 制度建设 | 1.流动人口基本公共卫生计生服务政策文件 | 国家及地方政府制定的对本地区流动人口基本公共卫生计生服务进行规定及指导的工作方案、管理政策等制度文件,其中公平性体现情况 |
| | | 2.流动人口健康促进工作政策文件 | 国家及地方政府制定的针对本地区流动人口健康促进工作的政策文件、方案,其中公平性体现情况 |
| | | 3.流动人口计生协会及相关组织建设 | 区域内流动人口聚集的社区、企业、集贸市场等地计生协会、工青妇组织、流动人口党团组织、志愿者组织、法律援助室、流动人口之家等组织建设情况。计生协会及各类相关组织通过延伸流动人口基本公卫计生服务范围,尽可能为少数、弱势群体流动人口提供服务以体现公平性 |
| | 对象公平 | 获得经费支持 | 1.流动人口年人均基本公共卫生计生服务经费 | 目前对于流动人口基本公共卫生计生经费还没有进行相关统计。本报告基于数据可得性,用两个数据间接反映流动人口人均基本公共卫生计生服务经费:一是国家基本公卫服务补助经费;二是流动人口人均占有政府卫生支出 |
| | | 2.每千人口占有人口与计划生育事务支出 | 通过每千人口占有人口与计划生育事务支出间接反映向流动人口提供的人口与计划生育服务经费支持。每千人口占有人口与计划生育事务支出=当年人口与计划生育事务支出/区域常住人口数×1000 |
| | | 3.社区居民健康教育费用 | 样本社区居民健康教育投入情况 |
| | | 获得人力支持 | 1.每千人口拥有基层卫生技术人员数 | 基层医疗卫生机构承担了向流动人口提供基本公共卫生计生服务的主要工作。每千人口拥有基层卫生技术人员数=当年区域内基层医疗卫生机构技术人员数/区域常住人口数×1000 |
| | | 2.每万人口拥有公共卫生类别执业(助理)医师数 | 公共卫生类别执业(助理)医师是向流动人口提供基本公共卫生计生服务的主要医务人员类别之一。每万人口拥有公共卫生类别执业(助理)医师数=当年区域内执业(助理)医师中属于公共卫生类别医师数/区域常住人口数×1000 |
| | | 3.每万人口拥有全科医生数 | 全科医生是向流动人口提供基本公共卫生计生服务的主要医务人员类别之一。每万人口拥有全科医生数=当前区域内取得全科医生培训合格证书的人数/区域常住人口×10000 |
| | | 4.计划生育专职工作人员(或卫计专干)人数 | 2012年底、2016年底样本社区拥有计划生育专职工作人员(或卫计专干)占社区流动人口数量比重及变化情况 |
| | | 5.流动人口专职协管员数量 | 2012年底、2016年底样本社区拥有流动人口专职协管员占社区流动人口数量比重及变化情况 |
| 可及性 | 资源可及性 | 1.流动人口规范化健康档案建档率 | 按照《国家基本公共卫生服务规范》要求,辖区内常住流动人口中,已经建立居民规范化健康档案的比例 |
| | | 2.流动人口接受健康教育情况 | 流动人口是否接受过相关方面健康教育、以何种方式接受健康教育;样本社区卫生/计生/健康教育开展情况 |
| | | 3.流入人口接受计划生育服务情况 | 流入孕产妇产前健康检查情况;样本社区流动育龄妇女参加健康体检情况 |
| | | 4.流入人口公共卫生服务利用情况 | 流动人口最近一次患病(负伤)时,首先去哪里看的病 |
| | | 5.流入人口高血压、糖尿病规范管理率 | 按照《国家基本公共卫生服务规范》要求,辖区内常住流动人口高血压、糖尿病患者接受健康管理服务情况 |
| | | 6.流入人口预防接种情况 | 按照《国家基本公共卫生服务规范》要求,辖区内0~6岁儿童和其他重点人群预防接种情况 |

续表

| 一级指标 | 二级指标 | 三级指标 | 指标说明 |
|---|---|---|---|
| 成效性 | 地理可及性 | 1.流入人口到达最近医疗机构时间 | 流动人口从居住地到最近的医疗服务机构所需要时间,反映流动人口获得基本公共卫生计生服务的便利性 |
| | | 2.社区拥有卫生医疗机构占比 | 样本社区拥有村卫生室、医院/诊所、社区卫生服务站、药店、社区卫生服务中心等类别设施的占比 |
| | 经济可及性 | 1.流动人口基本公共卫生计生服务费用 | 流动人口接受基本公共卫生计生服务需要负担的费用 |
| | 健康素养 | 1.流入人口基本公共卫生计生服务信息知晓率 | 区域内流动人口是否听说过"国家基本公共卫生服务项目" |
| | 健康结果 | 1.流入人口个体健康状况 | 区域内流动人口的自评健康状况 |

### 3.2.3 重庆市流动人口基本公共卫生计生服务获得感

基于前文流动人口基本公共卫生计生服务获得感评价指标体系,本节依据重庆实践,并结合全国流动人口基本公共卫生计生服务方针政策、开展情况,对重庆市流动人口基本公共卫生计生服务获得感进行分析。

**1.公平性**

公平性由2个二级指标、8个三级指标构成,本节从主体公平、对象公平两维度对制度建设、经费支持、人员支持三方面情况分别进行分析。

1)主体公平

流动人口基本公共卫生计生服务主体公平强调基本公共卫生计生服务提供方,即各级政府、卫计委等相关部门能够公平公正、不偏不倚地向全体流动人口提供连续、系统、均等的服务,流动人口不会因为所处区域、职业类型、年龄性别不同等原因受到区别对待,强调全体流动人口获得基本公共卫生计生服务的机会相同。在实际工作中,基本公共卫生计生服务有适当倾斜(对象倾斜、投入内容倾斜、管理重点倾斜、考核标准倾斜等),比如对于老年人、孕产妇就会重点关注、重点管理,但并不影响整个基本公共卫生计生服务的公平性。主体公平性越高,基本公共卫生计生服务提供主体越能够公平、公正地提供服务,流动人口获得感也就越高。

制度建设是衡量主体公平的重要依据,通过对流动人口基本公共卫生计生服务各项政策制度具体内容的分析,能够从中知晓各级政府是否对基本公共卫生计生服务提供做出相应规定、要求和约束,以便最大限度覆盖全体流动人口,并公开、公平、公正地提供基本公共卫生计生服务。

(1)流动人口基本公共卫生计生服务系列政策文件着力促进基本公共卫生计生服务均等化,充分体现了国家、地方两级政府的主体公平性。

从国家层面来看,2009年3月,国务院发布《中共中央国务院关于深化医药卫生体制改革的意见》(中发〔2009〕6号),将促进基本公共卫生服务逐步均等化作为五项重点工作之一，其中规定，从2009年起，逐步向城乡提供统一的疾病预防控制、妇幼保健、健康教育等基本公共卫生服务。首次指出建立城乡统一的基本公共卫生服务体系。

2010年10月，国家人口计生委发布《关于创新流动人口管理服务体制推进流动人口计划生育基本公共服务均等化的指导意见》（人口流管[69]号），从宣传倡导服务、计划生育技术服务、优生优育服务、生殖健康服务、奖励优待服务五个方面全面推进流动人口计划生育基本公共服务均等化。首次提出"建立党政领导负责的人口（或流动人口）工作领导协调常设机构，切实加强对流动人口工作的统筹协调"；首次提出"全面推进流动人口计划生育基本公共服务的均等化"。

2013年12月，国家卫计委发布《流动人口卫生和计划生育基本公共服务均等化试点工作方案》（国卫办流管发〔2013〕35号），在原国家人口计生委等部门开展流动人口计划生育基本公共服务试点工作的基础上，在全国40个城市启动流动人口卫生和计划生育基本公共服务均等化试点工作。从建立健全流动人口健康档案、开展流动人口健康教育工作、加强流动儿童预防接种工作、落实流动人口传染病防控措施、加强流动孕产妇和儿童保健管理、落实流动人口计划生育基本公共服务、探索流动人口服务管理新机制等七大方面开展均等化工作。指出了流动人口基本公共卫生计生服务开展的着力点，尤为强调建立扩大基本公共卫生计生服务覆盖流动人口范围创新机制，对于开展卫生和计划生育基本公共服务均等化工作起到实质性推动作用。

2014年11月，为进一步推动流动人口基本公共卫生计生服务均等化，国家卫计委、中央综治办、国务院农民工办等五部委联合发布《关于做好流动人口基本公共卫生计生服务的指导意见》（国卫流管办〔2014〕82号），确定了落实工作职责、加强部门协作；将流动人口纳入社区卫生计生服务对象；建立与户口登记制度相适应的卫生计生机制；建立健全流动人口信息共享机制和调动社会力量、创新服务模式主要任务。强调了将流动人口基本公共卫生计生服务均等化工作纳入基层综治中心、农民工综合服务中心（平台）、流动人口服务中心、社区卫生计生服务中心等职责之中；强调农民工工作协调机构对农民工基本公共卫生计生服务的统筹协调；强调充分利用流动人口居住证登记信息，在各相关部门健全流动人口信息共享机制以实质性扩大流动人口基本公共卫生服务覆盖范围。

2017年7月，为强化评估对推进流动人口基本公共卫生计生服务均等化工作的导向和促进作用，国家卫计委制定了《流动人口基本公共卫生计生服务均等化工作评估方案》，更好推进流动人口公平、系统、连续地获得基本公共卫生计生服务。对于总结流动人口基本公共卫生计生服务均等化前期工作，推动流动人口基本公共卫生计生服务均等化实现具有重要意义。

由以上国家层面出台的政策可以看出，主体公平性在流动人口基本公共卫生计生服务制度建设过程中处于不断促进、逐步完善到最终实现的过程。制度建设初期侧重于城乡均等，主要内容为促使农村基本公共卫生服务达到城市水平，尽可能实现基本公共卫生计生服务的城乡一体化覆盖，以"保基本"为主；中期侧重于群体之间一体化，不仅在户籍人口，也在流动人口中普及计划生育基本公共服务，同时在试点城市推行基本公共卫生计生服务均等化，以"拓范围"为主；后期通过《流动人口基本公共卫生计生服务均等化工作评估方案》的执行，进一步加大流动人口基本公共卫生计生服务均等化建设力度，确保公民不因职业、地域以及身份的不同而享有不同待遇的卫生计生基本公共服务,内容上以"定标准、广延伸"为主。从国家层面制度建设情况分析,能够最大限度地促使各级政府、相关部门积极参与到向全体流动人口提供均等基本公共卫生计生服务工作中,流动人口基本公共卫生计生服务主体公平得到充分显现。

从重庆市层面来看,依据国家卫计委及相关部门的统一部署,重庆市流动人口基本公共卫生计生服务重点同样在均等化服务。重庆市政府、市卫计委先后出台《关于进一步加强流动人口计划生育药具管理》《关于建立流动人口计划生育市内"一盘棋"协作机制的通知》《关于做好2012年流动人口计划生育相关工作的通知》《关于印发〈流动人口计划生育工作条例执行情况专项督查工作实施方案〉》《关于做好流动人口婚育证明电子化改革试点工作的通知》《关于印发重庆市流动人口健康教育和促进行动计划(2016—2020年)实施方案的通知》《关于开展2017年流动人口基本公共卫生计生服务均等化工作评估的通知》等系列政策制度。

各区县也加强制度建设,强化基本公共卫生计生服务的流动人口全覆盖。武隆县、黔江区、云阳县、铜梁区、垫江县等区县先后出台《武隆县人民政府办公室关于加强流动人口服务和管理工作的意见》《黔江区人民政府办公室关于印发黔江区流动人口计划生育服务管理办法的通知》《云阳县人民政府办公室关于加强流动人口服务和管理工作的意见》《铜梁区关于开展网格化管理以保障流动人口公共服务均等化通知》《垫江县关于开展"三化"建设以推动流动人口服务均等化通知》等政策制度。

重庆市及各区县颁布的政策主要集中于加快流动人口计划生育和公共卫生服务均等化建设,目的是促进辖区内流动人口获得与户籍人口相同的基本公共卫生和计划生育服务待遇,着重于城乡(主城区与区县)之间流动人口、不同类型群体(流动人口与户籍人口)获得均等的基本公共卫生计生服务。重庆市及各区县的制度建设有力促进了流动人口获得均等化基本公共卫生计生服务,地方政府主体公平性同样得到充分体现。

国家及重庆市两级政府对于推进流动人口基本公共卫生计生服务力度逐步加大。从将其作为初始全局性改革指导政策的重点任务之一(国家层面为《中共中央、国务院关于深化医药卫生体制改革的意见》,重庆市层面为《关于建立流动人口计划生育市内"一盘棋"协作机制的通知》),到创新体制机制开始分散推广试点(国家层面为《流动人口卫生和计划生育基本公共服务均等化试点工作方案》,重庆市层面为《关于做好流动人口婚育证明电子化改革试点工作的通知》),再到进一步落实全局性流动人口基本公共卫生计生服务均等化[国家层面为《关于做好流动人口基本公共卫生计生服务的指导意见》,重庆市层面为《关于印发重庆市流动人口健康教育和促进行动计划(2016—2020年)实施方案的通知》],最后通过评估检验各地开展流动人口基本公共卫生计生服务成效(国家层面为《流动人口基本公共卫生计生服务均等化工作评估方案》,重庆市层面为《关于开展2017年流动人口基本公共卫生计生服务均等化工作评估的通知》)。制度建设路径为"确定方向→创新机制推广试点→深入推进→成效检查再推进",体现出从无到有、由点及面、逐步推广的制度建设路径,主体公平也在制度建设中不断得到体现。两级政府制度建设有力确保了流动人口基本公共卫生计生服务主体公平的实现。

(2)国家、地方两级政府为推动流动人口健康促进工作开展而制定的政策文件和举行的系列活动促进更大范围流动人口享受到基本公共卫生计生服务。

流动人口健康促进作为流动人口基本公共卫生计生服务建设的目标之一,反过来能够推动流动人口基本公共卫生计生服务的顺利开展。对流动人口健康促进工作制度建设情况进行分析,同样能够判断基本公共卫生计生服务主体公平的体现程度。

从国家层面来看,2016年6月国家卫计委发布《流动人口健康教育和促进行动计划(2016—2020)》(以下简称《行动计划》),在全国范围内实施,以流动人口基本公共卫生计生服务均等化重点联系城市为重点实施地区,以新生代农民工、流动育龄妇女和流动学龄儿童为重点实施对象。《行动计划》目标分四个方面:①到2020年,基本建立起卫生计生部门牵头、多部门合作,学校、职场和社区等场所教育并重,各方共同参与的流动人口健康教育工作机制;②提高流动人口服务对象对基本公共卫生服务项目的知晓率;③提高流动人口健康素养水平;④建设一批流动人口健康促进示范企业、学校和家庭。为实现这些目标,《行动计划》确定了七项重点工作任务:①推动形成有利的政策环境;②提高卫生计生服务可及性;③开展基本公共卫生计生服务政策宣传;④提高流动人口健康素养;⑤精准开展流动人口健康教育;⑥建设流动人口健康促进场所和健康家庭;⑦开展流动人口健康促进宣传活动。《行动计划》通过目标制定、任务分解,明确了未来一个时期我国流动人口健康教育和促进的推进步骤。

2016年10月,为配合实施"流动人口健康教育和促进行动",国家卫计委实施"新市民健康城市行活动"。活动着重在重点城市流动人口中倡导和践行健康促进理念和策略,促进流动人口健康素养水平的提升。

2017年4月,国家卫计委将2017年4月~2018年6月确定为"流动人口健康服务年",通过开展流动人口健康需求调研、健康宣传倡导等系列活动,提高流动人口的健康素养和健康素质。

"基本公共卫生计生服务可及性提高"作为流动人口健康教育和促进行动的重点工作任务之一,是衡量流动人口健康教育和促进行动成功与否重要依据。因此,《行动计划》的制定及相关健康教育促进活动的开展,能够提升基本公共卫生计生服务对于流动人口的可及性,直接促进基本公共卫生计生服务内容种类增加、服务质量稳步提升、服务覆盖人群范围扩大,最终使基本公共卫生计生服务整体水平达到更高台阶,基本公共卫生计生服务主体公平性得到体现。

从重庆市层面来看,重庆市政府出台《关于印发重庆市流动人口健康教育和促进行动计划(2016—2020年)实施方案的通知》,通知着重提升流动人口健康素养和健康水平,促进流动人口及其家庭全面发展。渝北、大足、璧山等市属区县也在中央和重庆市文件精神指导下制度化开展系列活动以促进流动人口健康水平提升。大足区开展为流动人口送关爱活动,涪陵区开展"突出四个重点"流动人口关爱行动,璧山区开展流动人口和农民工"关怀关爱"活动,渝北区开展流动人口"关怀关爱"活动,大渡口区开展流动人口健康教育暨健康促进行动,九龙坡区开展流动人口"三举措"关爱行动,系列制度化活动的开展对于流动人口健康水平的提升和健康素养的提高起到积极的作用。

重庆市及各区县流动人口健康教育和促进行动目的在于提升流动人口健康水平,在具体工作方式方法上强调创新(关怀关爱),在对象上侧重边缘群体(流动农民工、流动儿童),

并向一般流动人口延伸,健康教育和促进行动有力推动了基本公共卫生计生服务的开展,体现出地方政府开展基本公共卫生计生服务的主体公平。

通过对国家、重庆市和各区县流动人口健康促进工作政策文件及基于文件精神指导开展的活动进行分析,制度建设内容促进流动人口基本公共卫生计生服务由重点区域(流动人口基本公共卫生计生服务均等化重点联系城市)向一般区域(全国大部分地区)延伸,由城市向农村延伸,由重点人群(新生代农民工、流动育龄妇女、流动学龄儿童)向一般群体(全体流动人口)延伸,目的在于促使最大范围流动人口健康水平得到提升,中央、地方两级政府主体公平得到体现。

(3)流动人口计生协会及相关组织(工青妇组织、流动人口党团组织、志愿者组织)建设通过延伸流动人口服务触角,覆盖更广泛流动人口群体而体现主体公平性。

从国家层面来看,国家卫计委2015年6月发布《关于充分发挥计划生育协会在流动人口卫生计生服务工作中作用的指导意见》。确定了宣传倡导、充分调研、促进家庭发展和维护流动人口合法权益四项主要任务,明确了计划生育协会在流动人口基本公共卫生计生服务工作中发挥作用的主要方向。

从重庆层面来看,在国家卫计委《关于充分发挥计划生育协会在流动人口卫生计生服务工作中作用的指导意见》基础上,各区县纷纷加强流动人口计生协会及相关群众组织建设,渝北区、九龙坡区、江北区、渝中区、潼南县等区县均在流动人口主要聚居社区建设流动人口计划生育协会。在其他群众组织建设上,重庆市229个社区(分布于32个区县)中,有85.2%的社区成立了工青妇组织,94.8%的社区成立了志愿者组织,68.6%的社区成立了法律援助室,56.3%的社区成立了流动人口之家,其他类别群众组织分布占比也较高[①]。上述群众组织与计划生育协会将优生优育、生殖健康等计划生育服务,健康知识普及等基本公卫项目,法律援助、社区救助等其他服务送到流动人口家庭,形成了"网络健全、结构合理、功能强化、资源整合、活动经常"的区、县流动人口计生协会及其他群众组织分布及工作开展格局。

各类群众组织尤其是基层计生协会的建立,有力促进了流动人口基本公共卫生计生服务的开展,能够延伸基本公共卫生计生服务范围,促进城乡之间、区域之间、群体之间流动人口基本公共卫生计生服务形成均等状态,进一步确保流动人口基本公共卫生计生服务主体公平的实现。

2)对象公平

对象公平强调基本公共卫生计生服务接受方,即不管流动人口所处区域、行业等有何差别,均应该得到同等、均等、平等的服务。对流动人口基本公共卫生计生服务所获经费支持、人员支持情况进行分析,能够掌握基本公共卫生计生服务所获得的人力财力支持状况,进而判断是否有足够的人力财力保障流动人口获得公平、公正的服务,对象公平能否得到体现。对象公平性越高,流动人口获得的人力、物力支持程度就越高,获得感也就越高。

---

① 依据为2017年全国流动人口卫生计生动态监测调查(村/居问卷)结果。

(1)流动人口年人均基本公共卫生计生服务经费逐年提高，重庆市高于全国水平，为基本公共卫生计生服务的开展奠定坚实的基础。

流动人口年人均基本公共卫生计生服务经费衡量国家对于流动人口基本公共卫生计生工作的投入，经费的充裕对于保证基本公共卫生计生服务质量、确保流动人口平等接受基本公共卫生计生服务具有直接作用。

目前国家和重庆市对于流动人口基本公共卫生计生服务经费还没有直接相关统计。本报告利用基于国家基本公共卫生服务经费补助标准和基于人均占有政府卫生支出（政府卫生支出/区域内常住人口数量）数据两个指标，从间接角度分析流动人口基本公共卫生计生服务获得的经费支持。

图3-2为国家基本公共卫生服务经费补助标准。由图3-2可知，国家基本公共卫生服务经费补助标准逐年增长，从2009年的15元/人·年增长至2017年的50元/人·年，年均增长率为16.23%。重庆市执行国家标准，经费补助金额与国家规定一致。

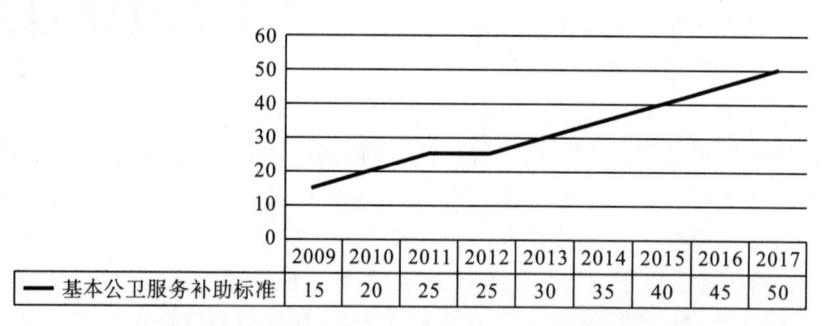

| 年份 | 基本公卫服务补助标准 |
|---|---|
| 2009 | 15 |
| 2010 | 20 |
| 2011 | 25 |
| 2012 | 25 |
| 2013 | 30 |
| 2014 | 35 |
| 2015 | 40 |
| 2016 | 45 |
| 2017 | 50 |

图3-2 国家基本公共卫生服务经费补助标准（元/人·年）

政府卫生支出，指各级政府用于医疗卫生服务、医疗保障补助、卫生和医疗保障行业行政管理、人口与计划生育事务性支出等各项事业的经费。表3-12为全国及重庆市历年人均占有政府卫生支出费用，全国人均占有政府卫生支出费用从2009年的360.9元上升至2016年的1006.03元，重庆市从2012年的664.04元上升至2015年的1073.24元。同期相比，重庆市人均政府卫生支出占有水平高于全国平均水平。

表3-12 全国及重庆市历年人均占有政府卫生支出费用

| 年份 | 政府卫生支出(亿元) 全国 | 重庆 | 人口数(全国)/常住人口数(重庆市)(亿人) 全国 | 重庆 | 人均占有政府卫生支出费用(元/人) 全国 | 重庆 |
|---|---|---|---|---|---|---|
| 2009 | 4816.26 | | 13.345 | | 360.90 | |
| 2010 | 5732.49 | | 13.409 | | 427.51 | |
| 2011 | 7464.18 | | 13.474 | | 553.97 | |
| 2012 | 8431.98 | 195.56 | 13.540 | 0.2945 | 622.75 | 664.04 |
| 2013 | 9545.81 | 226.79 | 13.607 | 0.2970 | 701.54 | 763.60 |
| 2014 | 10579.23 | 255.09 | 13.678 | 0.2991 | 773.45 | 852.86 |
| 2015 | 12475.28 | 323.69 | 13.746 | 0.3016 | 907.56 | 1073.24 |
| 2016 | 13910.31 | | 13.827 | | 1006.03 | |

基于国家基本公共卫生计生服务经费补助、人均占有政府卫生支出逐年上升，重庆市人均占有政府卫生支出高于全国同期平均水平，说明重庆市流动人口在基本公共卫生计生服务经费方面获得较大支持。

(2) 流动人口计划生育管理和服务支出作为人口与计划生育事务支出的一部分，随着人口与计划生育事务支出的增长而增长。

人口与计划生育事务支出反映了国家在人口与计划生育方面相应支出，包括行政运行、人口规划与发展战略研究、计划生育家庭奖励、人口和计划生育统计及抽样调查、计划生育免费基本技术服务、流动人口计划生育管理和服务等十六个方面支出合计。流动人口计划生育管理和服务支出属于人口与计划生育支出十六个具体项目之一，人口与计划生育事务支出的高低能够反映出政府在开展人口与计划生育工作、提高人口质量等方面所做的工作，体现出流动人口获得的计划生育工作经费支持。由表3-13可以看出，每千人口占有人口与计划生育事务支出由2009年的38649.68元提升至2016年的53620.79元(2015年、2016年小幅度下降，但仍大幅度高于2009年水平)，年均增长率为4.18%。

表3-13　人口与计划生育事务支出

| 年份 | 人口与计划生育事务支出(亿) | 年末总人口数(万人) | 每千人口占有人口与计划生育事务支出(元/千人) |
| --- | --- | --- | --- |
| 2009 | 515.78 | 133450 | 38649.68 |
| 2010 | 587.94 | 134091 | 43846.34 |
| 2011 | 694.38 | 134735 | 51536.72 |
| 2012 | 812.85 | 135404 | 60031.46 |
| 2013 | 904.92 | 136072 | 66503.03 |
| 2014 | 895.05 | 136782 | 65436.24 |
| 2015 | 835.10 | 137462 | 60751.33 |
| 2016 | 741.42 | 138271 | 53620.79 |

对于省市还没有单独的人口与计划生育事务支出统计，从全国经费增幅情况来看，各省市包括重庆市在内人口与计划生育事务支出相应增长，流动人口计划生育管理和服务支出作为人口与计划生育事务支出的一部分也相应增长，流动人口在计划生育服务方面得到较大且持续增加的经费支持。

(3) 社区居民健康教育经费占社区工作总经费比重普遍较高，反映出社区居民健康教育工作得到较高重视。

社区居民健康教育投入能够衡量居民从社区层面接收到的健康教育支持程度。由表3-14可以看出，在重庆市被调查社区中[①]，11个区县社区居民健康教育经费占工作总经费比重超过10%，占30个(排除没有统计数据的梁平、黔江两区县)被调查区县的36.67%；社区居民健康教育经费占工作总经费比重为5%~10%的区县同样有11个，同样占30个被调查区县的36.67%，仅有8个区县居民健康教育经费占工作总经费比重不超过5%，仅占全部30个区县的26.67%。

---

① 基于2017年全国流动人口卫生计生动态监测调查(村/居问卷)结果。

表 3-14　社区居民健康教育投入[①]　　　　　　　　　　（单位：元）

| 区县 | 社区居民健康教育经费 | 社区工作总经费 | 社区居民健康教育经费占工作总经费比重 |
| --- | --- | --- | --- |
| 巴南 | 4031.44 | 52093.75 | 7.74% |
| 北碚 | 2480.55 | 50909.09 | 4.87% |
| 璧山 | 2347.00 | 37197.50 | 6.31% |
| 大渡口 | 7133.33 | 49933.33 | 14.29% |
| 垫江 | 2100.00 | 15000.00 | 14.00% |
| 奉节 | 5269.00 | 24000.00 | 21.95% |
| 涪陵 | 3355.00 | 35000.00 | 9.59% |
| 合川 | 3500.00 | 50000.00 | 7.00% |
| 江北 | 4550.83 | 81447.08 | 5.59% |
| 江津 | 1450.00 | 22500.00 | 6.44% |
| 九龙坡 | 5620.46 | 84828.50 | 6.63% |
| 开州 | 2250.00 | 15000.00 | 15.00% |
| 梁平 | | | |
| 两江新区 | 8035.56 | 239988.89 | 3.35% |
| 南岸 | 6044.44 | 77268.61 | 7.82% |
| 彭水 | 5371.00 | 60000.00 | 8.95% |
| 綦江 | 5000.00 | 15000.00 | 33.33% |
| 黔江 | | | |
| 荣昌 | 2640.02 | 12571.50 | 21.00% |
| 沙坪坝 | 6636.82 | 158171.64 | 4.20% |
| 石柱 | 1600.00 | 46827.00 | 3.42% |
| 铜梁 | 2800.00 | 18333.00 | 15.27% |
| 万州 | 4245.00 | 339687.50 | 1.25% |
| 巫山 | 3150.00 | 14425.00 | 21.84% |
| 武隆 | 2000.00 | 30000.00 | 6.67% |
| 秀山 | 500.00 | 12500.00 | 4.00% |
| 永川 | 2850.00 | 12500.00 | 22.80% |
| 酉阳 | 1000.00 | 9000.00 | 11.11% |
| 渝北 | 5124.29 | 82619.05 | 6.20% |
| 渝中 | 22523.92 | 186658.58 | 12.07% |
| 云阳 | 750.00 | 22500.00 | 3.33% |
| 长寿 | 2300.00 | 50000.00 | 4.60% |
| 合计 | 5650.66 | 89125.09 | 6.34% |

[①] 社区健康投入、社区工作总经费均为各区县内样本社区平均值。

重庆市样本社区居民健康教育经费占社区工作总经费比重整体均处在较高水平,说明地方政府对于社区居民健康教育工作的重视,也能够说明在地方政府财力的支持下,社区健康教育覆盖面能够更为广泛,对于社区居民群体中的流动人口同样能够兼顾,使流动人口也能与户籍人口一样享受健康教育服务,对象公平得到体现。

(4)国家、重庆每千人口基层卫生技术人员数均逐年增加,重庆高于全国水平,有力确保基本公共卫生计生服务获得充分人力支持。

基层卫生技术人员是提供流动人口基本公共卫生计生服务的主要群体。由表 3-15 得知,从全国范围来看,每千人口拥有基层卫生技术人员数从 2013 年 1.57 名上升至 2016 年 1.70 名,而重庆每千人口拥有基层卫生技术人员数从 2013 年的 1.66 人上升至 2016 年的 1.82 人。同期相比,重庆市平均水平高于全国水平。

表 3-15 基层卫生技术人员数[①]

| 年份 | 基层卫生技术人员(名) || 总人口数(万) || 每千人口拥有基层卫生技术人员数(人) ||
| --- | --- | --- | --- | --- | --- | --- |
| | 全国 | 重庆 | 全国 | 重庆 | 全国 | 重庆 |
| 2013 | 2137623 | 49168 | 136072 | 2970 | 1.57 | 1.66 |
| 2015 | 2257701 | 53207 | 137462 | 3016 | 1.64 | 1.76 |
| 2016 | 2354430 | 55056 | 138271 | 3017 | 1.70 | 1.82 |

基层卫生技术人员增加有力保证了流动人口基本公共卫生计生服务的开展,确保更多流动人口能够享受到基本公共卫生计生服务。

(5)全国和重庆市每万人口拥有公共卫生类别执业(助理)医师数均小幅度下降,重庆低于全国水平,公共卫生执业(助理)医师培养与引进力度还需加强。

表 3-16 显示了每万人口拥有公共卫生类别执业(助理)医师数,全国每万人拥有公共卫生类别执业(助理)医师数从 2013 年的 0.83 人下降至 2016 年的 0.81 人,重庆市每万人拥有公共卫生类别执业(助理)医师数从 2013 年的 0.58 人小幅度下降至 2016 年的 0.56 人。同期相比,重庆市低于全国水平。

表 3-16 公共卫生类别执业(助理)医师数[②]

| 年份 | 拥有公共卫生类别执业<br>(助理)医师数(人) || 总人口数<br>(万人) || 每万人口拥有公共卫生类别<br>执业(助理)医师数(人) ||
| --- | --- | --- | --- | --- | --- | --- |
| | 全国 | 重庆 | 全国 | 重庆 | 全国 | 重庆 |
| 2013 | 112873 | 1722 | 136072 | 2970 | 0.83 | 0.58 |
| 2015 | 111248 | 1686 | 137462 | 3017 | 0.81 | 0.56 |
| 2016 | 111689 | 1693 | 138271 | 3048 | 0.81 | 0.56 |

公共卫生类别执业(助理)医师同样是开展流动人口基本公共卫生计生服务的群体之一。重庆市在从事公共卫生的执业(助理)医师的培养与引进上还应该加大力度,通过公共

---

① 数据来源于历年《中国卫生和计划生育统计年鉴》。
② 数据来源于历年《中国卫生和计划生育统计年鉴》。

卫生执业(助理)医师团队建设促进流动人口基本公共卫生计生服务工作的开展。

(6)全国、重庆每万人拥有全科医生数均逐年上升,但重庆低于全国水平。加强全科医生队伍建设,确保基层医疗卫生机构开展公共卫生计生服务能力得到提升。

全科医生作为分级诊疗体系中居民的"健康守门人",也是与患者最早接触的医务人员。特别是自2016年6月国务院医改办、国家卫计委开展家庭医生签约服务,全面推动分级诊疗实施以来,全科医生作为家庭医生最主要构成人员类别,在强化分级诊疗基层首诊、提供基本公共卫生服务和加强上下级医疗机构联系中扮演着重要角色。全科医生成为流动人口基本公共卫生计生服务中的重要力量,对于流动人口基本公共卫生计生服务高效、有序、稳定地开展作用重大。

由表3-17可知,全国范围每万人拥有全科医生数从2012年的0.54人上升至2016年的0.95人,重庆则从2013年的0.58人上升至2016年的0.74人,但与全国范围相比重庆还处于劣势,重庆每万人拥有全科医生数低于同期全国水平。

表3-17 全科医生(取得全科医生培训合格证书)数[①]

| 年份 | 拥有全科医生数(人) 全国 | 重庆 | 总人口数(万人) 全国 | 重庆 | 每万人口拥有全科医生数(人) 全国 | 重庆 |
|---|---|---|---|---|---|---|
| 2012 | 72621 |  | 135404 |  | 0.54 |  |
| 2013 | 98109 | 1722 | 136072 | 2970 | 0.72 | 0.58 |
| 2014 | 108441 |  | 136782 |  | 0.79 |  |
| 2015 | 120285 | 2099 | 137462 | 3017 | 0.88 | 0.70 |
| 2016 | 131452 | 2259 | 138271 | 3048 | 0.95 | 0.74 |

重庆市全科医生队伍建设还需加大力度,通过全科医生队伍建设进而推动分级诊疗开展,对于扩大流动人口基本公共卫生计生服务覆盖面,确保基本公共卫生计生服务效果,促进流动人口健康素质和健康素养提高有重要作用。

(7)重庆市社区中计划生育专职工作人员(或卫计专干)、流动人口专职协管员两类工作人员数量均得到快速提升,对于扩大流动人口基本公共卫生计生服务覆盖面起到较大作用。

表3-18数据[②]显示,重庆市计划生育专职工作人员每社区平均数量由2012年底的0.97人上升至2016年底的1.10人,年均增长率为13.40%;流动人口专职协管员每社区平均数量由2012年底的0.72人上升至2016年底的0.88人,年均增长率为22.22%。

两类工作人员在社区中均直接向流动人口提供基本公共卫生计生服务,对于促进流动人口卫生计生服务质量,扩大流动人口卫生计生服务覆盖面至关重要,两类工作人员每社区平均数量的提升也保证了流动人口基本公共卫生计生服务对象公平的实现。

---

① 数据来源于历年《中国卫生和计划生育统计年鉴》。
② 数据来源于2017年全国流动人口卫生计生动态监测调查(村/居)问卷结果。

表3-18　计划生育专职工作人员(或卫计专干)、流动人口专职协管员数量①

| | 2012年底(人) | 2016年底(人) | 增长率(%) |
|---|---|---|---|
| 计划生育专职工作人员(或卫计专干) | 0.97 | 1.10 | 13.40 |
| 流动人口专职协管员 | 0.72 | 0.88 | 22.22 |

小结：本节从公平性角度分析了流动人口对于基本公共卫生计生服务的获得感。结果表明：从主体公平角度来看，国家、重庆市及重庆市各区县通过制度建设(包括流动人口基本公共卫生计生服务政策文件制定及执行、流动人口健康促进工作政策文件制定及执行、流动人口计划生育协会及相关组织建设规定及执行)，在制度规定上促使流动人口基本公共卫生计生服务覆盖面扩大到全体流动人口，同时依据制度规定开展的流动人口系列服务活动确保了流动人口基本公共卫生计生服务均等化得到实现。基本公共卫生计生服务的提供主体即国家、重庆市政府及相关部门能够不偏不倚、公正平等的为全体流动人口提供服务，主体公平得到体现。

从对象公平角度来看，流动人口年人均基本公共卫生计生服务经费、每千人口占有人口与计划生育事务支出、社区居民健康教育费用等三个流动人口基本公共卫生计生服务经费支持指标以及每千人口拥有基层卫生技术人员数、每万人拥有公共卫生类别执业(助理)医师数、每万人拥有全科医生数、计划生育专职工作人员数(卫计专干)数、流动人口专职协管员数量等五个流动人口基本公共卫生计生服务人力资源支持指标均反映出重庆市流动人口在接受基本公共卫生计生服务中能够获得较大的财力支持和人力支持，确保最大范围内流动人口不因为地域差别、群体差别等因素获得均等化基本公共卫生计生服务，对象公平同样得到体现。

2.可及性

可及性由3个二级指标、10个三级指标构成，下面从资源可及性、地理可及性、经济可及性三个方面分别进行分析。

1)资源可及性

流动人口基本公共卫生计生服务资源可及性主要指医疗卫生资源满足流动人口卫生计生需求的程度，强调流动人口获取基本公共卫生计生服务的能力。对资源可及性的分析能够判断出重庆市流动人口客观获得基本公共卫生计生服务情况。资源可及性越高，流动人口对于基本公共卫生计生服务的获得感就越高。

(1)重庆市流动人口规范化健康档案建档率相对较低，提高辖区流动人口健康档案建档率以确保获得基本公共卫生计生服务任重而道远。

规范化健康档案建档是医疗卫生机构为城乡居民提供医疗卫生服务过程中的规范记录，是以居民个人健康为核心、贯穿整个生命过程、涵盖各种健康相关因素的系统化文件记录，也是国家基本公共卫生服务的重要内容之一。流动人口健康档案建档是流动人口获得基本公共卫生计生服务的前提条件，也是衡量流动人口对基本公共卫生服务利用程度高

---

① 两类人员在全部被调查社区的平均值。

低的重要依据。当前,流动人口规范化健康档案建档工作还在持续推进中,按照《国家基本公共卫生服务规范》要求,到 2020 年流动人口规范化电子健康档案建档率须达到 80%。

表 3-19 为抽样调查重庆市流入人口健康档案建档率[①],其中全部调查流入人口建档率为 28.9%。在各类型流入人口中,60 岁及以上老年流入人口建档率最高为 31.9%,"90 后"流入人口健康档案建档率最低,为 27.3%,其他类型流入人口建档率均为 28%~30%。60 岁及以上老年人建档率相对较高,与其群体年龄处于疾病多发期,对于健康需求较高,更能够主动积极接受基本公共卫生服务有直接关系;"90 后"流入人口健康档案建档率较低,一方面由于其群体所处年龄段身体健康状况普遍较好,对基本公共卫生服务不甚关心,另一方面由于该年龄段流动人口正处于工作繁忙期,较少或无暇顾及基本公卫服务。总体看来各类型流入人口健康档案建档率普遍不高,均没有超过 35%。

表 3-19 重庆市流入人口健康档案建档率[②]

| 流入人口类型[③] | N(人) | 是,已经建立(%) | 没建,没听说过(%) | 没建,但听说过(%) | 不清楚(%) |
| --- | --- | --- | --- | --- | --- |
| 全部流入人口 | 4572 | 28.9 | 25.1 | 24.4 | 21.6 |
| 60 岁及以上流入老年人 | 425 | 31.9 | 25.5 | 22.3 | 20.3 |
| 流入已婚育龄妇女 | 1372 | 29.2 | 24.9 | 24.4 | 21.4 |
| "老一辈"流入人口 | 2326 | 28.2 | 27.2 | 25.0 | 19.6 |
| "新生代"流入人口 | 1547 | 30.6 | 23.4 | 23.5 | 22.4 |
| "90 后"流入人口 | 699 | 27.3 | 22.1 | 24.3 | 26.3 |

依据监测调查结果,重庆市流动人口健康档案建档率较低,不仅低于 2016 年底重庆市居民电子健康档案建档率[④](75.14%),也低于 2015 年底全国居民电子健康档案建档率[⑤](76.4%),更低于《国家基本公共卫生服务规范要求》中规定的 2020 年需达到目标[⑥](80%)。

表 3-20 为重庆市各区县[⑦]流入人口健康档案建档率,建档率最高的区县为巴南区(54.2%),最低的区县为大渡口区(17.1%),主城以外其他区县建档率处于中等水平(25.1%)。绝大多数区县健康档案建档率都在 20%以上,只有沙坪坝区和江北区在 20%以下。

当前还需要在流动人口中加强宣传,积极引导,采取多种办法提高流动人口健康档案建档率,为流动人口基本公共卫生计生服务工作的开展打好基础,进一步提高流动人口基本公共卫生计生服务的可及性。

---

① 数据来源于 2017 年全国流动人口卫生计生动态监测调查(流动人口问卷)结果。
② 数据来源于 2017 年全国流动人口卫生计生动态监测调查(流动人口问卷)结果。
③ "老一辈"指 1980 年以前出生;"新生代"指 1980~1990 年(含 1980、1990 年)出生;"90 后"指 1990 年后出生,下同。
④ http://cq.qq.com.cn/a/20170715/004317.htm。
⑤ http://finance.sina.com.cn/roll/2017-07-10/doc-ifyhvyie0877020.shtml。
⑥ 依据《国家基本公共卫生服务规范(第三版)》(国卫基层发[2017]13 号)。
⑦ 绝大多数重庆市流入人口均流入主城九区,因此主城九区分别列出,其余区县合并报告,下同。

第 3 章　重庆市 2017 年流动人口动态监测数据政策研究报告

表 3-20　重庆市不同区域流入人口健康档案建档率[①]

| 流入人口区域 | N(人) | 是，已经建立(%) | 没建，没听过(%) | 没建，但听说过(%) | 不清楚(%) |
| --- | --- | --- | --- | --- | --- |
| 沙坪坝区 | 400 | 18.3 | 37.8 | 32.3 | 11.8 |
| 南岸区 | 403 | 38.5 | 11.2 | 27.3 | 23.1 |
| 江北区 | 211 | 19.9 | 25.6 | 26.5 | 28.0 |
| 渝北区 | 398 | 36.2 | 14.1 | 14.8 | 34.9 |
| 九龙坡区 | 912 | 24.0 | 31.9 | 27.6 | 16.4 |
| 巴南区 | 321 | 54.2 | 15.3 | 26.5 | 4.0 |
| 渝中区 | 201 | 40.3 | 16.4 | 21.9 | 21.4 |
| 北碚区 | 234 | 23.9 | 35.9 | 25.2 | 15.0 |
| 大渡口区 | 111 | 17.1 | 27.9 | 39.6 | 15.3 |
| 两江新区 | 240 | 25.7 | 25.2 | 13.0 | 36.1 |
| 主城以外其他区县 | 1134 | 25.1 | 25.9 | 22.0 | 27.0 |

(2)重庆市 74.67%的流入人口接受过健康教育，比例较高；但在健康教育的方式方法上还应紧跟时代步伐，强化传统方式的同时突出"新媒体"作用，使基本公共卫生计生服务进一步覆盖年轻群体。

接受健康教育同样为基本公共卫生服务主要内容之一，流动人口接受健康教育的覆盖率、效果能够反映出流动人口基本公共卫生计生服务的可及性高低。

对全部样本流入人口进行分析：没有接受过任意一项健康教育(九项健康教育为职业病防治、性病/艾滋病防治、生殖健康与避孕、结核病防治、控制吸烟、心理健康、慢性病防治、妇幼保健/优生优育、突发公共事件自救)的流入人口为 1158 人，占全部有效调查流入人口 4572 人的 25.33%；接受过至少一项健康教育的流入人口占比为 74.67%。从接受健康教育覆盖率情况来看，重庆市流入人口接受健康教育占比较高，体现出基本公共卫生计生服务宣传工作开展情况较好，对流动人口健康教育的覆盖率较高，但仍然有提升空间，《"十三五"全国流动人口卫生计生服务管理规划》中提出"流动人口健康教育覆盖率"在 2020 年需达到 95%，当前 74.67%的健康教育覆盖率还需进一步提高。

表 3-21 为流动人口接受健康教育情况。在接受过至少一项健康教育的全部流入人口中，接受各项健康教育的比率分布较为集中，为 42%~57%，其中接受控制吸烟、妇幼保健/优生优育、生殖健康与避孕知识教育的比率最高，分别为 57.3%、53.8%和 51.1%，而职业病防治、结核病防治和性病/艾滋病防治教育比例最低，为 40.5%、42%和 42%。60 岁及以上老年人接受健康教育比重分布相对全部样本流入人口要分散一些，为 32%~52%，占比最高为控制吸烟教育，为 51.7%，最低则为职业病防治，为 31.6%。已婚育龄妇女接受各项健康教育占比为 39%~68%，其中妇幼保健/优生优育、生殖健康与避孕知识占比最高，分别为 67.6%、62.9%，职业病防治占比最低，为 39.0%。造成三类群体接受各项健康

---

① 数据来源于 2017 年全国流动人口卫生计生动态监测(流动人口问卷)结果。

教育占比差异的原因可能为：①基本公共卫生计生服务在开展中着重于控制吸烟、妇幼保健/优生优育等某几类普及性、对大部分流动人口均有用知识的宣传，对于职业病防治等涉及特殊职业、涉及较少流动人口的健康知识宣传力度不够；②流动人口在接受基本公共卫生计生健康教育中倾向于选择性接受与自身当前健康需求最为紧密、对自身健康促进作用最大的健康知识教育，比如60岁及以上老年人因为要保证健康，倾向于接受控制吸烟、慢性病防治等健康教育以延年益寿，而已婚育龄妇女主要考虑生育后代、生殖健康等因素，倾向于选择妇幼保健/优生优育、生殖健康与避孕等健康知识。

表3-21 重庆市流入人口接受健康教育情况[①]

| 流动人口类型 | | 接受健康教育情况(%) | |
| --- | --- | --- | --- |
| | | 接受 | 未接受 |
| 流入人口(N=4572) | 职业病防治 | 40.5 | 59.5 |
| | 性病/艾滋病防治 | 42.0 | 58.0 |
| | 生殖健康与避孕 | 51.1 | 48.9 |
| | 结核病防治 | 42.0 | 58.0 |
| | 控制吸烟 | 57.3 | 42.7 |
| | 心理健康 | 42.4 | 57.6 |
| | 慢性病防治 | 45.9 | 54.1 |
| | 妇幼保健/优生优育 | 53.8 | 46.2 |
| | 突发公共事件自救 | 48.4 | 51.6 |
| | | 接受 | 未接受 |
| 60岁及以上老年人(N=425) | 职业病防治 | 31.6 | 68.4 |
| | 性病/艾滋病防治 | 34.0 | 66.0 |
| | 生殖健康与避孕 | 32.1 | 67.9 |
| | 结核病防治 | 39.0 | 61.0 |
| | 控制吸烟 | 51.7 | 48.3 |
| | 心理健康 | 37.9 | 62.1 |
| | 慢性病防治 | 46.9 | 53.1 |
| | 妇幼保健/优生优育 | 37.2 | 62.8 |
| | 突发公共事件自救 | 42.6 | 57.4 |
| | | 接受 | 未接受 |
| 已婚育龄妇女(N=1372)[②] | 职业病防治 | 39.0 | 61.0 |
| | 性病/艾滋病防治 | 42.7 | 57.3 |
| | 生殖健康与避孕 | 62.9 | 37.1 |
| | 结核病防治 | 42.2 | 57.8 |
| | 控制吸烟 | 55.2 | 44.8 |
| | 心理健康 | 43.9 | 56.1 |
| | 慢性病防治 | 46.4 | 53.6 |
| | 妇幼保健/优生优育 | 67.6 | 32.4 |
| | 突发公共事件自救 | 48.0 | 52.0 |

① 数据来源于2017全国流动人口卫生计生动态监测调查(流动人口)问卷结果。
② 已婚育龄妇女指年龄在20岁至49岁的已婚妇女，下同。

总的看来，控制吸烟、生殖健康与避孕、妇幼保健/优生优育、慢病防治等四个教育项目开展相对较为顺利，覆盖的流动人口范围较广；相反，流动人口接受职业病防治等健康教育内容方面有限。

表3-22为不同类型流入人口接受健康教育方式。从表3-22中看出，在接受过至少一项健康知识教育的重庆市流入人口中，宣传资料(纸质、影视)(88.7%)、宣传栏/电子显示屏(80.8%)、公众健康咨询活动(58.1%)、健康知识讲座(52.6%)是目前流动人口获得健康教育知识的主要方式，而基于社区短信/微信/网站(36.8%)、个体化面对面咨询(33.7%)方式获得健康教育知识相对占比较低。传统方式因为其使用时间长、覆盖面广，一直以来是健康教育的主要方式，但随着流动人口年龄层次的逐步降低，虽然传统方式(宣传资料、宣传栏)仍然占有重要的地位(分别为90%、80%)，但社区短信/微信/网站逐步提升重要性，占比从"老一辈"流入人口的33.6%上升至"新生代"流入人口的40.0%和"90后"流入人口的40.2%。

表3-22 重庆市不同类型流入人口接受健康教育的方式[①]

| 流动人口类型 | 何种方式接受健康教育(%) | 是 | 否 |
| --- | --- | --- | --- |
| 流入人口(N=3414) | 健康知识讲座 | 52.6 | 47.4 |
|  | 宣传资料(纸质、影视) | 88.7 | 11.3 |
|  | 宣传栏/电子显示屏 | 80.8 | 19.2 |
|  | 公众健康咨询活动 | 58.1 | 41.9 |
|  | 社区短信/微信/网站 | 36.8 | 63.2 |
|  | 个体化面对面咨询 | 33.7 | 66.3 |
| "老一辈"流入人口(N=1690) | 健康知识讲座 | 54.6 | 45.4 |
|  | 宣传资料(纸质、影视) | 87.7 | 12.3 |
|  | 宣传栏/电子显示屏 | 79.7 | 20.3 |
|  | 公众健康咨询活动 | 58.8 | 41.2 |
|  | 社区短信/微信/网站 | 33.6 | 66.4 |
|  | 个体化面对面咨询 | 35.1 | 64.9 |
| "新生代"流入人口(N=1184) | 健康知识讲座 | 50.7 | 49.3 |
|  | 宣传资料(纸质、影视) | 90.0 | 10.0 |
|  | 宣传栏/电子显示屏 | 81.7 | 18.3 |
|  | 公众健康咨询活动 | 58.2 | 41.8 |
|  | 社区短信/微信/网站 | 40.0 | 60.0 |
|  | 个体化面对面咨询 | 33.4 | 66.6 |

① 数据来源于2017全国流动人口卫生计生动态监测调查(流动人口)问卷结果。

续表

| 流动人口类型 | 何种方式接受健康教育(%) | 是 | 否 |
| --- | --- | --- | --- |
| "90"后流入人口<br>($N$=540) | 健康知识讲座 | 50.3 | 49.7 |
| | 宣传资料(纸质、影视) | 88.9 | 11.1 |
| | 宣传栏/电子显示屏 | 81.9 | 18.1 |
| | 公众健康咨询活动 | 55.7 | 44.3 |
| | 社区短信/微信/网站 | 40.2 | 59.8 |
| | 个体化面对面咨询 | 30.4 | 69.6 |

数据显示出当前流动人口获取健康教育知识仍然主要基于传统方式，微信、互联网等"新媒体"在健康知识教育中所起作用仍旧不大。虽然传统方式对于年纪较大的流动人口较为适合，但随着经济社会的发展，后期仍需要深入利用互联网、微信、微博等新兴媒体进行健康知识教育，以充分利用新媒体便捷高效、形式内容更能引人入胜的特点以及更能够契合"新生代""90后"等流动人口群体日常生活习惯，以进一步提高流动人口健康知识教育效果，最终促使流动人口基本公共卫生计生服务可及性提升。

从社区角度考察健康知识教育开展情况来看，依据2017年全国流动人口卫生计生动态监测调查(村/居问卷)重庆数据，在重庆市被调查的229个样本社区中，100%社区拥有卫生/计生/健康教育宣传栏，平均每社区(村委会/居委会)拥有数量为2.74个。在宣传栏数量上，17.9%的社区拥有3个宣传栏，38%的社区拥有2个宣传栏，22.3%的社区拥有1个宣传栏；在宣传栏内容更新次数上，超过50%的宣传栏2016年更新次数为4~8次。社区健康知识教育宣传栏建设提高了流动人口获得基本公共卫生计生服务的可及性。

总的来看，流动人口接受健康知识教育覆盖率较高；涉及内容较为广泛，控制吸烟、生殖健康与避孕、妇幼保健/优生优育等健康教育内容与流动人口自身健康状况紧密相关，能够满足流动人口健康需求；同时获得健康知识的渠道也比较广泛，既涵盖了宣传资料、宣传栏、健康知识讲座等传统方式，也包括了微信/网站等新兴方式，能够兼顾不同年龄人群的接受习惯。在社区健康知识宣传方面，全部样本社区均设置了固定卫生计生/健康知识宣传栏，同时也能够做到内容及时更新。因此从流动人口接受健康教育角度来看，基本公共卫生计生服务可及性较高。

(3)重庆市流入孕产妇产前健康检查开展情况较好，但社区育龄妇女参加健康体检情况不容乐观。重庆市流动人口计划生育服务还需加强宣传，提高流动人口知晓率，最终进一步提升计划生育服务的可及性。

重庆市为流动人口提供五大类计划生育服务，包括了宣传服务、再生育技术服务、孕前优生健康检查、咨询指导服务和临床医疗服务。本部分基于2017年全国流动人口卫生计生动态监测调查数据，同时结合相关资料，从流入孕产妇产前检查情况和社区流动育龄妇女参加健康体检两个方面对计划生育服务的可及性进行分析。

孕前优生健康检查是国家规定的基本项目计划生育服务内容之一,产前检查率的高低能够判断出基本公共卫生计生服务对于孕产妇的可及性。2017 年全国流动人口卫生计生动态监测调查没有涉及流动孕产妇产前健康检查情况。本书利用全国及重庆市孕产妇产前检查率间接反映重庆市流入孕产妇获得的产前检查情况。

从表 3-23 中可以看出,全国及重庆市孕产妇产前检查率均较高。全国范围来看,从 2013 年的 95.6%上升至 2016 年的 96.6%。重庆市范围则从 2013 年的 95.1%上升至 2016 年的 97.0%,除 2013 年重庆市低于全国水平外,2015、2016 年重庆市孕产妇产前检查率均高于同期全国水平。《"十三五"全国流动人口卫生计生服务管理规划》中规定了 2020 年流动孕产妇产前检查率达到 85%,虽然当前对于流动孕产妇产前检查率没有确切值,但基于户籍居民工作开展情况一般好于流动人口工作开展情况规律分析,流动孕产妇产前检查工作还需要加大力度以达到预期目标。

表 3-23　孕产妇产前检查率[①]

| 年份 | 孕产妇产前检查率(%) | |
| --- | --- | --- |
| | 全国 | 重庆 |
| 2013 | 95.6 | 95.1 |
| 2014 | 96.2 | … |
| 2015 | 96.5 | 96.9 |
| 2016 | 96.6 | 97.0 |

基于全国及重庆市孕产妇产前检查率情况能够一定程度反映出对于孕产妇产前检查工作开展情况较好,间接反映出重庆市流入孕产妇能够获得较好的产前检查服务,基本公共卫生计生服务中基本项目计划生育服务对于流入孕产妇可及性较高。

从社区流动育龄妇女参加健康体检情况来看(表 3-24),在被调查的 32 个区县中涉及流动育龄妇女为 253632 人,其中有 92556 名流动育龄妇女参加健康体检,占流动育龄妇女总人数的 36.49%。从各个区县来看[②],流动育龄妇女参加健康体检人数占流动育龄妇女数量比重超过 50%的区县有 13 个,占全部 31 个区县的 41.94%;流动育龄妇女参加健康体检人数占流动育龄妇女数量比重处于 30%~50%的区县有 10 个,占全部 31 个区县的 32.26%;占比低于 30%的区县有 8 个,占全部 31 个区县的 25.81%。总的来看,社区流动育龄妇女参加健康体检比重不高,还需要进一步加强宣传,采取多种方式提高流动育龄妇女健康体检知晓度,尤其是各个社区应该把流动育龄妇女健康检查与对流动人口管理结合起来,充分掌握本社区流动人口信息,提高服务的覆盖率。

---

① 数据来源于历年《中国卫生和计划生育统计年鉴》。
② 两江新区因地理范围涵盖渝北、江北、北碚部分区域,同时其行政级别高于其他区县,因此不进行与其他区县的比较,下同。

表 3-24  2016 年社区流动育龄妇女参加健康体检情况[1]

| 区县 | 样本社区拥有流动育龄妇女数量 | 流动育龄妇女参加健康体检人数 | 流动育龄妇女参加健康体检人数占流动育龄妇女数量比重(%) |
| --- | --- | --- | --- |
| 巴南区 | 1306.00 | 841.94 | 64.47 |
| 北碚区 | 1269.73 | 336.64 | 26.51 |
| 璧山区 | 2615.08 | 1689.25 | 64.60 |
| 大渡口区 | 346.33 | 141.33 | 40.81 |
| 垫江县 | 127.00 | 70.00 | 55.12 |
| 奉节县 | 159.50 | 48.00 | 30.09 |
| 涪陵区 | 362.00 | 135.25 | 37.36 |
| 合川区 | 413.00 | 385.00 | 93.22 |
| 江北区 | 686.00 | 333.00 | 48.54 |
| 江津区 | 434.25 | 352.50 | 81.17 |
| 九龙坡区 | 1544.70 | 307.39 | 19.90 |
| 开州区 | 21.50 | 8.50 | 39.53 |
| 梁平区 | 20.00 | 13.50 | 67.50 |
| 两江新区 | 2312.67 | 1654.33 | 71.53 |
| 南岸区 | 1851.78 | 365.56 | 19.74 |
| 彭水县 | 136.00 | 110.50 | 81.25 |
| 綦江区 | 195.00 | 186.00 | 95.38 |
| 黔江区 | 1002.00 | 200.00 | 19.96 |
| 荣昌区 | 15.00 | 15.00 | 100.00 |
| 沙坪坝区 | 527.05 | 79.68 | 15.12 |
| 石柱县 | 187.50 | 99.00 | 52.80 |
| 铜梁区 | 122.00 | 83.00 | 68.03 |
| 万州区 | 67.75 | 32.75 | 48.34 |
| 巫山县 | 30.50 | 19.50 | 63.93 |
| 武隆区 | 430.50 | 151.00 | 35.08 |
| 秀山县 | 18.50 | 9.00 | 48.65 |
| 永川区 | 42.00 | 26.00 | 61.90 |
| 酉阳县 | 158.00 | 64.00 | 40.51 |
| 渝北区 | 991.38 | 262.62 | 26.49 |
| 渝中区 | 931.67 | 255.42 | 27.42 |
| 云阳县 | 26.00 | 10.00 | 38.46 |
| 长寿区 | 198.50 | 41.00 | 20.65 |

[1] 本表数据来源于 2017 年全国流动人口卫生计生动态监测调查(村/居问卷)，其中样本社区拥有流动育龄妇女数量、流动育龄妇女参加健康体检人数均为各区县被调查社区平均值。

基于对流动孕产妇产前健康检查情况、流动育龄妇女接受健康检查调查结果来看,当前重庆市流动人口接受计划生育基本项目服务可及性相对不高,流入人口计划生育服务工作还需要加强,原因可能为:①流动人口基本项目计划生育服务宣传还不到位,流动人口对于相关服务知晓率不高,接受服务的比例较低;②在流动人口信息化建设方面还需要加强,还应推进卫计委、妇联、医疗卫生机构、各镇街等部门之间流动人口信息的互联互通,确保对流动人口信息的充分掌握,最终扩大流动人口覆盖面,提高流动人口计划生育服务的可及性。

(4)重庆市流动人口绝大部分在流入地就医,能够较好地利用流入地公共卫生服务,体现出公共卫生服务对于流入人口较高的可及性。

我国大部分城市、地区的公共卫生资源配置是以户籍人口为基础进行规划的,流动人口的进入对流入地公共卫生资源分配使用产生或多或少的影响。通过对流入人口首先就医去向的分析能够得出流动人口对区域公共卫生服务的利用情况,进而判断出基本公共卫生计生服务对于流动人口的可及性。

表 3-25 数据表明,流动人口在最近一次患病(负伤)或身体不适时,首先前往医疗机构的选择。全部样本流入人口选择本地社区卫生站、本地个体诊所、本地综合/专科医院的占比为 44.8%,选择本地药店的比例为 43.8%。可见,绝大部分(88.6%)流入人口选择在流入地接受医疗卫生服务,剩下人群中,选择回老家的比例为 0.9%,本地和老家以外地区为 0.3%,不采取治疗措施占比为 10.1%。已婚育龄妇女首次就医选择在流入地的比重同样较高,达到 89.7%。60 岁及其以上老年人选择回老家治疗的比例较高,达到 2.6%,毕竟回老家治疗对于 60 岁以上老年人而言,既能够降低医疗费用,又能够减少家人照顾的成本。总的来看,流入人口患病时绝大部分首选留在流入地(一般为城市)看病,能够较好地利用城市公共卫生服务,城市公共卫生服务对于流动人口的可及性较高。

表 3-25　重庆市流入人口患病后对医疗机构的选择①

| 流动人口类型 | 就医首先去向 | 占比(%) |
| --- | --- | --- |
| 流入人口($N$=2854) | 本地社区卫生站(中心/街道卫生院) | 13.7 |
| | 本地个体诊所 | 17.5 |
| | 本地综合/专科医院 | 13.6 |
| | 本地药店 | 43.8 |
| | 在老家治疗 | 0.9 |
| | 本地和老家以外的其他地方 | 0.3 |
| | 哪也没去,没治疗 | 10.1 |
| 已婚育龄妇女($N$=860) | 本地社区卫生站(中心/街道卫生院) | 13.3 |
| | 本地个体诊所 | 18.8 |
| | 本地综合/专科医院 | 15.1 |
| | 本地药店 | 42.5 |
| | 在老家治疗 | 0.9 |
| | 本地和老家以外的其他地方 | 0.2 |
| | 哪也没去,没治疗 | 9.2 |

① 基于 2017 年全国流动人口卫生计生动态监测调查(流动人口问卷)结果。

续表

| 流动人口类型 | 就医首先去向 | 占比(%) |
| --- | --- | --- |
| 60岁及以上老年人<br>($N$=291) | 本地社区卫生站(中心/街道卫生院) | 16.3 |
| | 本地个体诊所 | 15.3 |
| | 本地综合/专科医院 | 16.9 |
| | 本地药店 | 40.8 |
| | 在老家治疗 | 2.6 |
| | 本地和老家以外的其他地方 | 0.4 |
| | 哪也没去，没治疗 | 7.7 |

就流入地就医情况来看，流动人口首选是药店，其次选择社区卫生机构、个体诊所、专科/综合医院等医疗卫生机构。符合按照疾病轻重缓急看病就医的顺序(小病自己买药或者在个体诊所就诊，常见病在社区卫生服务中心就诊，较严重疾病在综合/专科医院就诊)。值得注意的是，流动人口患病后选择"哪也没去，没治疗"的比例较高，全部样本流入人口为10.1%，已婚育龄妇女为9.2%，60岁及以上老年人为7.7%。流动人口相对户籍居民来说一般收入较低，同时因为城乡居民医保待遇相对城镇职工医保要差一些，很多流入人口甚至没有办理基本医疗保险，造成了流入人口"小病自己扛，大病无保障"的局面。如何提高这类流入群体的基本公共卫生计生服务可及性，涉及社会的稳定。

综上所述，流动人口患病后能够较好地利用流入地公共卫生计生服务，包括利用药店、个体诊所、社区医疗卫生机构和专科/综合医院的各类服务，表明基本公共卫生计生服务对于流动人口有较高的可及性。

(5)重庆市流入已婚育龄妇女接受高血压、糖尿病健康管理率相对不高，60岁及以上老年人相对较高。对流入人口高血压、糖尿病管理率已经超过2016年水平，但还需加强已婚育龄妇女群体慢病管理。

国家基本公共卫生服务项目中包含对于慢性病患者(高血压、糖尿病)的健康管理，具体内容包括筛查、随访评估、分类干预和健康体检。流动人口绝大多数年富力强，但健康素养和卫生意识较为缺乏，身体健康和心理健康问题容易为个人和社会所忽视，因此对流动人口进行健康管理意义重大。流动人口高血压、糖尿病健康管理率高低直接反映基本公共卫生计生服务对于流动人口的可及性。

基于流动人口卫生计生动态监测调查，在全部4999名被调查的重庆市流入人口中，共381名流入人口患有高血压、糖尿病或同时患有这两种疾病，其中281名(5.6%)流入人口患有高血压，56名(1.1%)流入人口患有糖尿病，同时患有高血压和糖尿病的流入人口为44名(0.9%)。

表3-26数据可知，在患有以上一种或同时患有两种疾病的人群中，接受过基层医疗卫生机构免费提供的随访评估、健康体检服务的占比为45.2%；其中已婚育龄妇女接受健康管理占比37.4%，60岁及以上老年人接受健康管理占比57.7%。据重庆市疾控中心数据显示[①]，2016年重庆市高血压患病率为25.2%，患病人数为756万人；18岁及以上居民糖

---

① http://cq.qq.com/a/20171113/017017.htm.

尿病患病率为10.1%,患病人数为221.11万人。据相关统计[①],截至2016年底,重庆市分别管理高血压、糖尿病患者219万人和61万人,管理率分别为28.97%和27.60%。

表 3-26 重庆市流入人口高血压、糖尿病健康管理情况

| 类型 | 接受过高血压、糖尿病随访评估、健康体检服务(%) | 没有接受过高血压、糖尿病随访评估、健康体检服务(%) |
| --- | --- | --- |
| 全部流入人口($N$=381) | 45.2 | 54.8 |
| 已婚流入育龄妇女($N$=45) | 37.4 | 62.6 |
| 60岁及以上老年人($N$=134) | 57.7 | 42.3 |

基于调查数据,当前重庆市流入人口接受高血压、糖尿病健康管理率已经超过2016年水平,但值得注意的是已婚育龄妇女接受高血压、糖尿病健康管理的比率相对较低,为37.4%,仍然有提升的空间。健康管理率不高一定程度上与流动人口自身健康习惯有关,流动人口接受健康管理需要付出时间成本与旷工成本,很多流动人口会选择"小病扛一扛",久而久之小病成大病。这也需要基本公共卫生计生服务提供部门加强宣传,同时采取一些更方便流动人口接受服务的方式方法,提高基本公共卫生计生服务对于流动人口的可及性。

(6) 92.0%的流入人口家庭适龄儿童能够按时接种疫苗,反映出当前基本公共卫生服务中疫苗接种工作开展较好,服务覆盖面能够达到绝大部分流动人口家庭。

预防接种是基本公共卫生服务内容之一,对象为0~6岁儿童和其他重点人群。流动人口适龄儿童预防接种工作开展情况直接反映出基本公共卫生计生服务对于流动人口的可及性。

表 3-27 反映出重庆市流入人口家庭适龄儿童疫苗接种情况,其中按时接种且没有漏种的比率较高,达到92.0%;按时接种但偶尔有漏种的占比为5.7%;没有按照规定(很少按要求接种、从未接种、无疫苗接种卡)接种占比为0.8%。截至2016年底[②],重庆市适龄儿童国家免疫规划疫苗接种率保持在95%以上,虽然流动人口家庭适龄儿童疫苗按时接种率稍低于重庆市总体平均水平,但总的来看,绝大多数流入人口家庭能够意识到疫苗接种的重要性,按照要求对家庭中适龄儿童接种疫苗,也反映出当前基本公共卫生服务中疫苗接种工作开展较好,服务覆盖面能够达到绝大部分流动人口家庭。

表 3-27 重庆市流入人口家庭适龄儿童疫苗接种情况($N$=371)

| 家中孩子是否按疫苗接种卡及时接种疫苗 | 占比(%) |
| --- | --- |
| 是,且从无漏种 | 92.0 |
| 是,但偶尔有漏种 | 5.7 |
| 很少按要求接种 | 0.8 |
| 从未接种 | 1.6 |
| 无疫苗接种卡 | 0.3 |

---

① http://cq.qq.com/a/20170715/004317.htm.
② http://cq.qq.com/a/20170715/004317.htm.

小结：本节从流入人口规范化健康档案建档、流入人口接受健康教育情况、流入人口接受计划生育服务情况、流入人口公共卫生服务利用情况、流入人口高血压、糖尿病规范管理情况、流入人口预防接种情况六个方面反映流动人口获得基本公共卫生计生各项具体服务情况和流动人口对于公共卫生服务的利用情况。结果表明，六个方面各具体指标值能够体现出当前重庆市流入人口能够获得较好的卫生资源、卫生技术以及服务，基本公共卫生计生服务对于流动人口的资源可及性较高。

2）地理可及性

地理可及性是从时空视角判断流动人口获得基本公共卫生计生服务的能力，即到达最近医疗卫生机构的方便程度。达到最近医疗卫生机构距离越短、花费时间越少，地理可及性就越高，流动人口获得基本公共卫生计生服务就越便利，越能够提高流动人口对于基本公共卫生计生服务的获得感。

（1）重庆市近乎全部(98.3%)流入人口到达最近医疗机构时间控制在30分钟以内，就医方便程度高。

基层医疗卫生机构(社区卫生服务中心、乡镇卫生院、村卫生室)作为我国分级诊疗体系中筑底一环，是大多数居民看病就医能够最快速、最便捷到达的卫生机构，同时也是解决百姓"常见病""多发病"的主要力量。基于此，2009年新医改开展之后，全国很多地区纷纷开展"15分钟城市社区卫生服务圈/30分钟乡村卫生服务圈"建设，通过打造以区级医疗卫生机构为中心，社区卫生服务中心/乡镇卫生院为枢纽，村卫生室为基础的三级医疗卫生服务网络，实现"小病不出村(社区)，常见病不出乡，大病不出县"，解决城乡居民"看病难"问题。

表3-28显示了重庆市流入人口从居住地到达最近医疗服务机构(包括社区卫生服务中心、村居医务室、医院等)需要的时间。由表可知，82.4%的流入人口从居住地到最近的医疗服务机构花费时间在15分钟以内，15.9%的流入人口从居住地到最近医疗服务机构花费时间为15~30分钟，从居住地到最近医疗服务机构花费时间超过30分钟的比重仅占1.8%。

表3-28　重庆市流入人口到达最近医疗机构时间($N$=4999)[①]

| 花费时间 | 占比（%） |
| --- | --- |
| 15分钟以内 | 82.4 |
| 15(不含)~30分钟(含) | 15.9 |
| 30(不含)~60分钟(含) | 1.6 |
| 1小时以上 | 0.2 |

由调查数据可知，目前重庆市流入人口"15分钟卫生服务圈"已经基本形成，绝大部分流动人口到达最近的医疗卫生机构花费时间在15分钟以内，能够方便快捷地享受到公共卫生服务，极大提升了流动人口基本公共卫生计生服务的获得感。

---

① 数据基于2017年全国流动人口卫生计生动态监测调查(流动人口问卷)结果。

(2)重庆市拥有医院、诊所、药店的社区比例较高,结合基层医疗卫生机构的较合理分布,推动了"小病在基层、大病在医院、康复回社区"的就医秩序形成。

社区拥有卫生医疗机构能够保证流动人口在家门口就能享受到基本公共卫生计生服务,属于"15分钟城市社区卫生服务圈/30分钟乡村卫生服务圈"建设范畴,同样能够提升流动人口基本公共卫生计生服务获得感。

表3-29显示了229个抽样调查社区医疗卫生机构开设情况,其中开设药店的占比最高,达88.6%;开设医院/诊所的比重也较高,达79.5%;相比前两种医疗机构类型,社区中开设基层医疗卫生机构(社区卫生服务中心、社区卫生服务站、村卫生室)的占比(25.8%、28.8%、20.1%)相对不高。基层医疗卫生机构开设不多的原因为:①被调查社区有较多在城市中,因此涉及不到村卫生室,村卫生室调查占比自然较低;②有的被调查社区虽然在城市中,但地理面积较小,覆盖人群数量较少,没有必要专门为其开设一个社区卫生服务站或社区卫生服务中心,所以在调查中社区卫生服务站和社区卫生服务中心开设较少。

表3-29 社区范围内开设医疗卫生机构情况(N=229)[①]

| 医疗卫生机构类型 | 开设(%) | 未开设(%) |
| --- | --- | --- |
| 医院/诊所 | 79.5 | 20.5 |
| 药店 | 88.6 | 11.4 |
| 村卫生室 | 20.1 | 79.9 |
| 社区卫生服务站 | 28.8 | 71.2 |
| 社区卫生服务中心 | 25.8 | 74.2 |

对社区医疗卫生机构开设情况的调查能够说明,当前重庆市绝大多数社区中均开设有诊所、药店等常规基础性医疗卫生机构,能够治疗居民的一般性头疼脑热等常见疾病。一些社区中开设的社区卫生服务中心、社区卫生服务站也能够推动形成"小病在基层、大病在医院、康复回社区"的就医秩序。社区诊所、药店和卫生服务站等医疗机构的开设能够极大方便社区居民看病就医,流动人口作为社区居民群体的一部分,在享受便捷就医服务的同时,对于基本公共卫生计生服务的获得感也得到提升。

小结:本节从基本公共卫生计生服务地理可及性角度,利用流动人口到达最近医疗卫生机构时间、社区开设医疗卫生机构情况两个调查数据进行分析,结果表明,82.4%的流动人口到达最近医疗卫生机构时间能够控制在15分钟以内,15.9%的流动人口到达最近医疗卫生机构在15~30分钟,"15分钟城市社区卫生服务圈/30分钟农村卫生服务圈"已经基本形成;同时在229个被调查社区中,88.6%的社区开设有药店,79.5%的社区开设有诊所/医院,约25%的社区开设有基层医疗卫生机构,满足了居民"家门口看小病"的需求。当前医疗卫生机构地理可及性对于流动人口较高,促进流动人口基本公共卫生计生服务获得感的提升。

---

① 数据基于2017年全国流动人口卫生计生动态监测调查(村/居问卷)结果。

3）经济可及性

经济可及性指从受益主体（即流动人口）的角度判断其承受基本公共卫生计生服务费用的能力。经济可及性越高，流动人口对于基本公共卫生计生服务的负担越轻，获得感也就越高。

流动人口免费获得基本公共卫生计生服务，消除了流动人口经济负担。对于基本公共卫生服务来说，国家规定基本公共卫生服务项目所提供的内容由国家为城乡居民免费提供，所需经费由政府负担，居民接受服务项目内的服务不需要再缴纳费用。因此，重庆市范围内流入人口接受基本公共卫生服务同样不需要缴纳费用。

对于基本项目计划生育服务来说，重庆市规定对于流动人口能够有条件免费享受基本项目计划生育服务，其中宣传服务为无条件获得，技术指导服务为育龄群体获得，计划生育临床医疗服务为育龄夫妇获得，再生育技术服务为符合相关条件的育龄夫妇获得，孕前优生健康检查需符合生育政策且自愿接受孕前风险评估和检查的育龄夫妇获得。

小结：当前流动人口接受基本公共卫生计生服务不需要缴纳任何费用，免费享受基本公共卫生计生服务，极大减轻了流动人口的经济负担，因此具有很高的经济可及性，使得流动人口能够无门槛享受基本公共卫生计生服务，提升了流动人口基本公共卫生计生服务的获得感。

3.成效性

成效性由3个二级指标、4个三级指标构成，分别从健康素养、健康结果、满意度三个方面进行分析。

1）健康素养

健康素养指流动人口获取和理解健康信息，并能够运用相关信息维护和促进自身健康的能力。基本公共卫生服务中的健康教育项目，基本项目计划生育服务中的宣传服务项目，主要目的就是提高流动人口健康素养。通过流动人口健康素养的提高，促进流动人口健康水平的提升，进而增加流动人口对于基本公共卫生计生服务的获得感。健康素养从两个方面衡量，一是对于基本公共卫生计生服务信息的知晓率；二是依据健康素养调查表得到流动人口健康素养水平。因为当前还没有对重庆市流动人口健康素养水平进行调查，本书主要利用基本公共卫生计生服务信息知晓率来反映重庆市流入人口的健康素养。

重庆市流入人口基本公共卫生计生服务信息知晓率（69.8%）超过重庆市居民基本公共卫生服务知晓率（50%），高知晓率体现出基本公共卫生计生服务宣传工作取得良好成效。

流动人口对基本公共卫生计生服务信息知晓率的高低直接影响基本公共卫生计生服务的覆盖面、服务质量和服务效果。知晓率越高，流动人口获得服务信息的渠道越通畅，基本公共卫生计生服务就能够扩展到更大范围流动人口，同时服务的质量和效果也越好，最终提高流动人口对于基本公共卫生计生服务的获得感。

本节通过全国流动人口卫生计生动态监测调查中的问题"您是否听说过国家基本公共卫生服务项目"结果来反映流动人口对基本公共卫生计生服务信息知晓率。由表3-30可知，听说过"国家基本公共卫生服务项目"的流入人口占总抽样流入人口的

69.8%。这一指标值超过了 2017 年重庆市居民基本公共卫生服务知晓率(50%)[①],离《流动人口健康教育和促进行动计划(2016-2020 年)》中规定的"流动人口服务对象对基本公共卫生服务项目的知晓率达到 90%"还有一定距离,但差距相对不大。随着基本公共卫生计生服务在流动人口中的持续开展,这一目标的实现指日可待。从各区域"国家公卫项目"知晓率来看,所有区域知晓率均在 50%以上,差别不大。

表 3-30  重庆市流入人口对"国家基本公共卫生服务项目"知晓率($N$=4999)

| 流入人口区域 | $N$ | 听说过/% | 没听说过/% |
| --- | --- | --- | --- |
| 沙坪坝区 | 439 | 64.0 | 36.0 |
| 南岸区 | 440 | 84.8 | 15.2 |
| 江北区 | 240 | 57.5 | 42.5 |
| 渝北区 | 440 | 88.9 | 11.1 |
| 九龙坡区 | 1000 | 68.4 | 31.6 |
| 巴南区 | 360 | 85.0 | 15.0 |
| 渝中区 | 240 | 71.7 | 28.3 |
| 北碚区 | 240 | 62.9 | 37.1 |
| 两江新区 | 240 | 50.4 | 49.6 |
| 大渡口区 | 120 | 74.2 | 25.8 |
| 主城以外其他区县 | 1240 | 62.9 | 37.1 |
| 合计 | 4999 | 69.8 | 30.2 |

当前重庆市流入人口对于"国家基本公共卫生服务项目"知晓率较高,高于重庆市居民基本公共卫生服务知晓率,表明重庆市大多数流入人口对基本公共卫生服务有基本的认识,能够有意识地提高自身健康素养,做到自觉防病,提高身体素质,体现出重庆市在"基本公共卫生服务项目"宣传方面工作成效显著。高知晓率能够体现出流动人口对于基本公共卫生计生服务有较高的获得感。

2) 健康结果

本节通过流动人口自评健康状况来衡量流动人口健康水平,在一定程度上反映出基本公共卫生计生服务对流动人口健康水平提高起到的作用。自评健康结果越好,越能够反映出基本公共卫生计生服务在流动人口健康促进中起到部分作用,流动人口对于基本公共卫生计生服务的获得感就越高。

流动人口自评健康水平总体情况较好,基本公共卫生计生服务起到一定健康促进作用。

流动人口个体健康水平利用流动人口自评健康衡量。由表 3-31 数据可知,77.5%的流入人口自评健康状况为健康,18.0%的流入人口自评为基本健康,自评为健康和基本健康的比例共占 95.5%;已婚育龄妇女健康状况较好,81.8%的已婚育龄妇女自评为健康,15.0%自评为基本健康,健康和基本健康的已婚育龄妇女共占 96.8%;60 岁以上老年人健康水平

---

① http://cq.qq.com/a/20170715/004317.htm.

因为年龄因素，自评为健康的比例相对较低，仅为42%，但自评为基本健康的比例很高，达41.2%，自评为健康和基本健康共占83.2%，整体健康状况良好。

表3-31 重庆市流入人口个体自评健康状况①

| 流动人口类型 | 自评健康状况 | | | |
| --- | --- | --- | --- | --- |
| | 健康(%) | 基本健康(%) | 不健康，但生活能自理(%) | 生活不能自理(%) |
| 全部流入人口(N=4999) | 77.5 | 18.0 | 4.3 | 0.2 |
| 已婚育龄妇女(N=1469) | 81.8 | 15.0 | 3.1 | 0.1 |
| 60岁以上老年人(N=451) | 42.0 | 41.2 | 15.2 | 1.6 |

总的来看，目前重庆市流入人口总体健康状况良好，绝大多数流动人口健康状况均为健康和基本健康，基本公共卫生计生服务作为流动人口健康水平提升的促进因素之一，提升了流动人口的健康水平，增加了流动人口对于基本公共卫生计生服务的获得感。

4.结论

本节基于对基本公共卫生计生服务获得感的分解，依据公平性（主体公平、对象公平）、可及性（资源可及性、地理可及性、经济可及性）、成效性（健康素养、健康结果）三大维度各自涵盖范畴，从22个具体方面对重庆市流动人口基本公共卫生计生服务获得感进行了分析，得到结论如下。

1）总的来看，当前重庆市流动人口能够切实享受到基本公共卫生计生服务所带来的实惠，获得感高

以公平性角度衡量流动人口基本公共卫生服务的"相对满足感"，即最大数量的流动人口都能享受到基本公共卫生计生服务，同时不会遗漏少数群体、弱势群体。基于分析发现以下几点。

（1）在流动人口基本公共卫生计生服务制度建设方面，经过"保基本""拓范围""定标准""广延伸"几个阶段的制度建设，国家层面促使各级政府、相关部门能够积极参与到向全体流动人口提供均等基本公共卫生计生服务工作中；重庆市也通过加快流动人口计划生育和公共卫生服务均等化建设，着重于城乡（主城区与区县）之间流动人口、不同类型群体（流动人口与户籍人口）获得均等的基本公共卫生计生服务。两级政府制度建设有力保障了流动人口基本公共卫生计生服务主体公平的实现。

（2）在流动人口健康促进政策出台方面，国家、重庆市两级政府层面制度建设着力促进流动人口基本公共卫生计生服务由重点区域（流动人口基本公共卫生计生服务均等化重点联系城市）向一般区域（全国大部分地区）延伸、由城市向农村延伸、由重点人群（新生代农民工、流动育龄妇女、流动学龄儿童）向一般群体（全体流动人口）延伸，目的在于促使最大范围流动人口健康水平得到提升。两级政府健康教育和促进行动有力推动了基本公共卫生计生服务的开展，体现出基本公共卫生计生服务的主体公平。

---

① 基于2017年全国流动人口卫生计生动态监测调查（流动人口问卷）结果。

(3)国家、重庆市层面流动人口计生协会及其他相关组织建设以及相关活动的开展，延伸了基本公共卫生计生服务触角，促进城乡之间、区域之间、群体之间流动人口基本公共卫生计生服务形成均等状态，进一步确保流动人口基本公共卫生计生服务主体公平的实现。

(4)在流动人口基本公共卫生计生服务获得的财力人力支持方面，重庆市流动人口年人均基本公共卫生计生服务经费高于全国平均水平(2015年人均占有政府卫生支出费用为重庆1073.24元/人，全国907.56元/人)；每千人口占有人口与计划生育事务支出逐年增长(年均增长率为4.18%)；社区居民健康教育投入普遍较高，36.67%的社区居民健康教育费用占社区工作总经费比重超过10%，36.67%的社区为5%～10%；2013年、2015年、2016年每千人口拥有基层卫生技术人员数逐年增加(1.66、1.76、1.82)且高于全国平均水平(1.57、1.64、1.70)、计划生育专职工作人员数(卫计专干)和流动人口专职协管员数量均快速增加(2016年比2012年分别增加13.40%和22.22%)。六个流动人口基本公共卫生计生服务财力、人力指标均反映出重庆市流动人口在接受基本公共卫生计生服务中能够获得较大的财力和人力支持，确保最大范围内流动人口不因为地域差别、群体差别等因素影响其获得均等化基本公共卫生计生服务，对象公平同样得到体现。

可及性衡量流动人口基本公共卫生计生服务"客观获得情况"，即流动人口个体能够获得的实实在在服务的数量、质量，基于分析发现以下几点。

(1)重庆市74.67%的流入人口接受过健康教育，比例较高；但在健康教育的方式方法上还应紧跟时代步伐，强化传统方式的同时突出"新媒体"作用，使基本公共卫生计生服务进一步覆盖广大年轻流动群体。

(2)重庆市流动人口绝大部分(88.6%)在流入地就医，能够较好地利用流入地尤其是城市公共卫生服务，包括了利用药店(43.8%)、个体诊所(17.5%)、社区医疗卫生机构(13.7%)和专科/综合医院(13.6%)的各类服务，表明基本公共卫生计生服务对于流动人口有较高的可及性。

(3)重庆市92.0%的流入人口家庭适龄儿童能够按时接种疫苗，反映出当前基本公共卫生服务中疫苗接种工作开展较好，服务覆盖面能够涉及绝大部分流动人口家庭。

(4)重庆市近乎全部(98.3%)流入人口到达最近医疗机构时间控制在30分钟以内。目前重庆市流入人口"15分钟城市社区卫生服务圈/30分钟乡村卫生服务圈"已经基本形成，绝大部分(82.4%)流动人口到达最近的医疗卫生机构花费时间在15分钟以内，能够方便快捷地享受到公共卫生服务，极大提升了流动人口基本公共卫生计生服务的获得感。

(5)基于对社区医疗卫生机构开设情况的调查能够说明，当前重庆市大多数(79.5%)社区中均开设有诊所、药店等常规基础性医疗卫生机构，能够治疗居民的一般性头疼脑热等常见疾病。部分社区中开设的社区卫生服务中心(25.8%)、社区卫生服务站(28.8%)也能够推动形成"小病在基层、大病在医院、康复回社区"的就医秩序。社区诊所、药店和卫生服务站等医疗机构的开设能够极大地方便社区居民看病就医。流动人口作为社区居民群体的一部分，在享受便捷就医服务的同时，对于基本公共卫生计生服务的获得感也得到提升。

(6)当前流动人口不需要缴纳任何费用，免费享受基本公共卫生计生服务，极大减轻了流动人口的经济负担,因此具有很高的经济可及性,使得流动人口能够无门槛享受基本公共卫生计生服务,确保流动人口基本公共卫生计生服务获得感的实现。

上述六个方面基于三个维度(资源可及性、地理可及性和成效可及性)的分析体现出重庆市流动人口基本公共卫生计生服务可及性高,对于流动人口获得感实现起到了实质性作用。

成效性衡量基本公共卫生计生服务的"绝对满足感",即流动人口因为"客观获得"而产生的"主观满足程度"。基于分析发现:①重庆市流入人口基本公共卫生计生服务信息知晓率(69.8%)超过重庆市居民基本公共卫生服务知晓率(50%),高知晓率体现出基本公共卫生计生服务宣传工作取得良好成效。②目前重庆市流入人口总体健康状况良好,绝大多数(95.5%)流动人口健康状况均为健康和基本健康,基本公共卫生计生服务对流动人口健康水平提升起到一定促进作用,增加了流动人口对于基本公共卫生计生服务的获得感。

对重庆市流动人口健康素养、健康水平两方面的分析从成效性角度体现出基本公共卫生计生服务开展情况良好,为获得感实现奠定基础。

2)在可及性方面,重庆市基本公共卫生计生服务开展还存在短板,一定程度减弱了流动人口获得感

(1)重庆市基本公共卫生计生服务人才队伍建设还需加强,其中2013年、2015年、2016年每万人拥有全科医生数(0.58、0.70、0.74),每万人拥有公共卫生类别执业(助理)医师人数(0.58、0.56、0.56)均低于全国平均水平(0.72、0.88、0.95;0.83、0.81、0.81)。

(2)重庆市流动人口规范化健康档案建档率(28.9%)相对较低,低于2016年重庆市居民电子健康档案建档率(75.14%),进而影响到基本公共卫生计生服务的开展。

(3)重庆市社区育龄妇女参加健康体检比重(36.49%)不高,一定程度体现出流动人口基本项目计划生育服务开展还需加强。

### 3.2.4 进一步提升重庆市流动人口基本公共卫生计生服务获得感的对策建议

基于对重庆市流动人口基本公共卫生计生服务公平性、可及性、成效性各部分的分析,提出进一步提升重庆市流动人口基本公共卫生计生服务获得感的对策建议。

**1.完善经费"两级统筹、两级分摊"筹资机制,为流动人口基本公共卫生计生服务长期稳定开展奠定物质基础**

虽然基于分析得知2017年国家对于基本公共卫生服务经费财政补助已经提高到50元/人,同时人均占有政府卫生支出也逐年增长,但流动人口基本公共卫生计生服务经费主要由区、市、县地方财政负担。鉴于各省(自治区、直辖市)内部地区间经济发展不平衡,区、市、县财政在投入基本公共卫生计生服务上依然存在"心有余而力不足"的现象,特别是对以农业人口为主的区县来说,投入负担很重。在这种情况下,如何按照基本公共卫生计生服务各项目的成本探索"两级统筹,两级分摊"的服务补助经费分摊机制就显得尤为重要。

流动人口基本公共卫生计生服务要逐步实现中央和省级两级政府统筹、以中央政府为主,根据实际情况确定地方政府合理分摊的补偿机制,也就是必须由中央财政作为流动人口基本公共卫生计生服务专项资金投入主体,才能有效地实现流动人口基本公共卫生计生服务的公平性,为推进流动人口基本公共卫生计生服务均等化提供强有力的财力保证。

2.建立基层医疗卫生机构人才引进和激励机制,提升基层医疗卫生机构服务能力

流动人口基本公共卫生计生服务主要由基层医疗卫生机构负责,基层医疗卫生机构服务能力的高低直接影响基本公共卫生计生服务质量,而人才是确保服务能力提升的重要保障。

首先,建议全市加大市级优质人力资源下基层的激励政策,探索上级医院"分梯度的基层工作积分制"或"师带徒积分制",将基层工作或带教积分与职称评定或优秀选拔等挂钩,促进上级医生对基层医生的帮扶带教工作。此外,进一步加大对基层青年医师、医疗骨干的执业资格进修、岗位进修和系统的学历教育等经费支持。

其次,着力通过"定向培养"方式加强基层机构人才队伍建设。重庆市应出台政策,鼓励各区县卫计委与市内医科大学、医学高等专科学校等签订用人合作协议,鼓励高校采取"定点招生、定向培养、定向就业"的方式为基层培养人才,鼓励高校以适当比例优先录取当地户籍的学生,并通过减免学费和降低学分等方式为当地基层医疗机构培养后备人才,定向委培生应与区县卫计委、人力资源和社会保障局签订《定向就业协议书》,并在毕业后回到当地基层医疗机构工作。同时合理规定服务年限并加大违约经费的惩罚,以此来降低基层优质人才的流失强度。

最后,应做好基层医生的职业发展规划,重点调整基层医疗机构中、高级职称比例,把基层医生的职称评定标准和上级医疗机构分开,并在进编落户、职称评审等方面向全科医生倾斜。定期在基层机构开展评选"最美全科医生"活动,对优秀医生的典型代表加强表彰、宣传和物质奖励,通过舆论导向提高基层医生的行业和社会地位。

3.优化宣传方式,突出"新媒体"作用,提高基本公共卫生计生服务知晓率

提高基本公共卫生计生服务知晓率是基本公共卫生计生服务稳步开展的前提,知晓率越高,流动人口对于各项服务了解的越清楚,越能够基于自身需求主动接受具体服务,服务效果也就越好。

基本公共卫生计生服务宣传方式为:①继续巩固传统方式,如宣传资料上门/定点发放、卫生/计生宣传栏及时更新、定期举办各种公共卫生计生知识讲座、开展公众健康咨询活动。②加大力度创新宣传方式,如利用短信发送公共卫生计生服务相关信息,利用微信公众号推送服务范围和服务具体内容,利用微博定期开展网上公共卫生计生服务答疑活动,通过年轻人喜闻乐见的宣传方式提高信息在年轻人中的传播范围和传播效率。

4.以市域内信息化建设为基础,以基层医疗卫生机构信息化建设为重点,提高流动人口健康档案建档率,助推流动人口基本公共卫生计生服务模式创新

区域卫生信息化是推进基本公共卫生计生服务均等化的重要手段,加快以居民电子健

康档案数据库、电子病历数据库、医疗资源信息数据库为三大核心建立市域内健康信息平台,构建区域健康大数据中心。

加大对基层医疗卫生机构投入,在基层医院统一配备 HIS 系统、药品与设备管理系统、电子病例和医嘱系统、电子健康档案信息系统、LIS 系统、RIS 系统、PARCS 系统、绩效考核系统等,有条件的医院应配备临床路径系统、成本核算系统、远程心电、远程医疗等。

通过信息化建设逐步实现居民健康信息在不同机构、区域之间的互联互通和信息共享,充分发挥居民健康档案在居民健康管理、疾病诊疗等医疗卫生服务中的基础性作用,进而驱动构建新型健康服务模式。

5.建立流动人口基本公共卫生计生服务绩效考核机制,促进各级医疗卫生机构服务效果提升

通过确定市级统一的流动人口基本公共卫生计生服务项目和标准,构建绩效考核指标体系;除了基本公共卫生计生服务项目外,流动人口对服务机构的满意度也应纳入绩效考核指标体系当中,通过设置事故发生率、投诉率、居民满意率等指标,促使基本公共卫生计生服务机构不断提高服务质量,改进服务方式,改变服务态度,不断提高服务对象的满意度;对绩效考核结果的运用既可以为基本公共卫生计生服务经费收支的事前决策、事中审查和事后评估提供科学依据,又可以为各级财政根据绩效考核结果出台奖补结合的财政转移支付政策提供参考。

## 参考文献

秦国文,2016. 改革要致力于提高群众获得感[J]. 新湘评论,01:12-13.

蒋永穆,张晓磊,2016. 共享发展与全面建成小康社会[J]. 思想理论教育导刊,03:74-78.

丁元竹,2016. 让居民拥有获得感,必须打通最后一公里——新时期社区治理创新的实践路径[J]. 国家治理,02:18-23.

赵玉华,王梅苏,2016. 让人民群众有更多获得感:全面深化改革的试金石[J]. 中共山西省委党校学报,(03):15-17.

林怀艺,张鑫伟,2016. 论共享[J]. 东南学术,04:14-21.

周海涛,张墨涵,2016. 我国民办高校学生获得感的调查与分析[J]. 高等教育研究,09:54-59.

翟振良,2016. 重"获得感",亦重"参与感"[N]. 新华日报:2016-03-11.

张航,2016. 浅析"让人民群众有更多的获得感"[J]. 渤海大学学报(哲学社会科学版),02:34-36.

张品,2016. 浅议"获得感"的理论内涵及当代价值[J]. 河南理工大学学报(社会科学版),04:10-15.

Andersen R,1986. A Behavioral Model of Families' Use of Health Services: Center for Health Administration Studies [P]. Chicago: University of Chicago.

Penchansky R, Thomas W,1981. The concept of access definition and relationship to consumer satisfaction [J]. Medical Care,02:128.

# 第4章 重庆市2017年流动人口相关政策文件摘编

渝文备〔2017〕393号

**重庆市城乡建设委员会**
**中国人民银行重庆营业管理部**
**中国银行业监督管理委员会重庆监管局**
**关于建筑领域实施农民工工资专用账户管理及银行代发制度**
**(试行)的通知**

渝建发〔2017〕13号

各区县(自治县)城乡建委，两江新区、经开区、高新区、万盛经开区、双桥经开区建设局，有关单位：

根据《关于全面治理拖欠农民工工资问题的意见》(国办发〔2016〕1号)、《关于促进建筑业持续健康发展的意见》(国办发〔2017〕19号)、《关于全面治理拖欠农民工工资问题的实施意见》(渝府办发〔2016〕101号)等文件规定，为进一步完善建筑领域治理拖欠长效机制，规范建筑市场农民工工资支付行为，保障农民工合法权益，现就我市建筑领域实施农民工工资专用账户管理及银行代发制度有关事宜通知如下：

## 一、适用范围

本通知适用于本市行政区域内新建、改建、扩建的房屋建筑和市政基础设施工程。

本通知所称农民工工资专用账户管理及银行代发制度，是指在我市房屋建筑和市政基础设施工程建设过程中，实行人工费(工资款)与其他工程款分账管理，施工总承包企业(包括直接承包建设单位发包工程的专业承包企业，下同)设立农民工工资专用账户(以下简称"工资专用账户")并为农民工办理实名制工资支付银行卡(以下简称"工资卡")，建设单位(包括项目业主、项目代建管理单位，下同)按照合同约定将应付工程款中的人工费(工资款)拨付至工资专用账户，施工总承包企业委托工资专用账户开户银行(以下简称"开户银行")直接将农民工工资发放至工资卡的一系列监督管理活动。

## 二、实施流程

### (一)合同约定

在招标投标、合同订立等阶段，建设单位应在招标文件中对工程价款中的人工费(工资款)与其他工程款相分离、施工总承包企业设立工资专用账户、办理工资卡及委托银行代发工资、建设单位拨付人工费(工资款)时间及比例(金额)、未按期拨付的违约责任等事项作为实质性内容予以明确约定，并写入与施工总承包企业签订的施工合同中。

### (二)设立工资专用账户

工资专用账户由施工总承包企业自主选择银行，在我市范围内至少开设一个，账户资金按项目管理，仅用于支付对应项目的农民工工资，不得挪作他用。工资专用账户的开设、使用和管理应按照人民银行相关规定执行。

施工总承包企业在办理项目施工手续时，应将工资专用账户相关信息报送相应城乡建设主管部门，并填报"施工合同履约管理网络系统"(以下简称"合同履约系统")。

### (三)办理工资卡

工资卡实行一人一卡，一张平安卡对应一张工资卡。

施工总承包企业负责为该项目所用农民工(含分包企业农民工，下同)免费办理工资卡，开通短信通知业务，交由农民工本人保管和使用；分包企业(包括承接施工总承包企业发包工程的专业企业、劳务企业，下同)应及时将所用农民工花名册报施工总承包企业。在办理工资卡前，施工总承包企业应通过"合同履约系统"查询该项目所用农民工的工资卡信息，经确认无工资卡信息的农民工需要为其办理工资卡，已有工资卡信息的农民工则不再办理。

施工总承包企业应将项目所用农民工的工资卡信息，及时填报"合同履约系统"，并负责工资卡的补办、变更等事宜。

### (四)拨付人工费(工资款)

建设单位应按照合同约定及时确认施工总承包企业已完工产值，以不低于当月已完工产值的25%作为当月人工费(工资款)，单独拨付至施工总承包企业的工资专用账户对应项目中(若人工费数额大于当月已完工产值的25%时，按实际人工费数额拨付；若人工费数额小于当月已完工产值的25%时，按当月已完工产值的25%拨付)。

施工总承包企业按照规定落实对农民工工资负总责的，应将应付的当月人工费(工资款)汇入工资专用账户对应项目中。

建设单位应将施工总承包企业上月农民工工资银行支付凭证，作为拨付当月应付人工费或其他工资款的前置要件。

### (五)编制与公示工资支付表

用工主体(包括直接使用农民工的施工总承包企业和分包企业，下同)按月考核农民工完成工作量编制"农民工工资支付表"(详见附件1),经由农民工本人签字确认后交施工总承包企业在建筑工地醒目位置予以公示(参阅附件2),公示期不得少于5日。

用工主体为分包企业的,由分包企业向施工总承包企业出具农民工工资代发委托书(参阅附件3)。

(六)银行代发工资

人工费(工资款)拨付至工资专用账户对应项目后,施工总承包企业应及时通知开户银行,依据其提供的经公示无异议的"农民工工资支付表",将对应项目农民工工资足额发放至所涉农民工的工资卡中。

银行代发工资结束后,施工总承包企业应在建筑工地醒目位置张贴农民工工资已发放公告,公告期不得少于5日。

(七)报送信息

施工总承包企业、开户银行应按照要求将人工费(工资款)的到账及发放情况等信息,及时填报"合同履约系统"。

(八)转出资金

符合下列条件之一的,施工总承包企业可填写"农民工工资款资金转出申请表"(详见附件4,以下简称申请表),经建设单位同意后提交监理单位核实:

1. 施工总承包企业按照规定落实对农民工工资负总责而先行支付后建设单位拨入工资款的,可申请转出不大于先行支付工资金额的资金,且该资金只能转入原转入账户。

2. 在项目竣工验收合格或交付使用并确认已全部支付农民工工资后,工资专用账户内该项目有结余资金的,可申请全部转出。

对属于本条一款转出资金的,由监理单位于收到申请后2个工作日内,对先行支付工资情况予以核实,做出是否同意转出意见并加盖单位公章;对属于本条二款转出资金的,监理单位应于收到申请后2个工作日内,在项目现场张贴通告,7日内无欠薪投诉的,做出同意转出意见并加盖单位公章。

监理单位应及时将同意转出资金的申请表及相关材料提交至"合同履约系统",城乡建设主管部门有异议的,应于3个工作日提出并通知监理单位重新核实;逾期无异议的,则视为同意。

异议期结束后,经确认无异议的,凭加盖建设、监理、施工三方公章的申请表,受托银行方可将资金转出,并将账户资金信息及时填报"合同履约系统"。

## 三、主体职责

(一)建设单位应在合同中明确约定拨付人工费(工资款)比例(金额)及拨付时间、未按期拨付工程款的违约责任等事宜,按照合同约定及时拨付人工费(工资款)及其他工程款,督促施工总承包企业按月足额支付农民工工资;承担因未按期拨付人工费(工资款)而导致的工期延误、停工损失等全部责任,不得将未完成审计作为延期工程结算、拖欠工程款的理由。

(二)施工总承包企业对所承接项目农民工工资支付负总责,依法将工资按月足额支付给农民工本人,不得以工程款未到位为由克扣或拖欠农民工工资。

施工总承包企业应为所用农民工办理平安卡和工资卡,全面落实实名制管理,加强对分包企业劳务用工和工资发放的监督管理,在工程项目部配备劳资员,建立农民工进出场登记、考勤计量、工资支付等管理台账制度,实时掌握施工现场用工及工资支付情况;做好工资发放信息报送和档案归集工作,将经农民工本人签字确认的工资支付书面记录保存两年以上备查。

施工总承包企业应及时跟进建设单位拨付人工费(工资款)情况,在建设单位不按合同约定日期拨付人工费(工资款),逾期超过一个月的,可停止施工,并向相应城乡建设主管部门报告。由此造成的工期延误、停工损失等可向建设单位索赔。

施工总承包企业在开设工资专用账户时,应与开户银行明确约定开户银行要配合做好实施工资专用账户及银行代发制度相关工作。

(三)用工主体对农民工工资支付负直接责任。用工主体应与农民工签订劳动合同(合同样式由企业自主决定,也可参阅附件 5),强化以农民工平安卡为核心的实名制管理,建立农民工培训、进出场登记、考勤计量、工资发放等管理台账制度,积极配合施工总承包企业做好农民工工资银行代发的相关工作。

(四)监理单位应对项目现场农民工工资支付情况进行监督,在审签当月完成量时,应将上月农民工工资支付情况作为前置要件;核实当月建设单位拨付工资款情况,发现工资款拨付不及时、金额或转入账户异常的,或项目现场有拖欠工资隐患或投诉的,应及时向建设单位或城乡建设主管部门报告情况。特别要重点核查提前转出工资专用账户资金的情况,对于同一项目施工总承包企业连续三次提前转出工资专用账户资金的,监理单位应及时报告属地城乡建设主管部门。

(五)开户银行应按规定配合做好工资专用账户及银行代发等信息的报送工作;加强对工资专用账户资金监管,做到专款专用;若发现账户资金异常,应及时通报相应城乡建设主管部门。

## 四、监管部门职责

(一)市城乡建设主管部门负责监督和指导全市建筑领域农民工工资专用账户管理及银行代发制度的实施,建立相应的网络监督管理系统,完善网络清欠预警机制,向区县城乡建设主管部门及相关部门开放相应权限,实现动态监督及信息共享。

区县城乡建设主管部门按照项目监管权限,通过强化对项目招投标、合同备案、施工手续办理、诚信综合评价、预售资金、农民工工资保证金等日常监督管理,加强对农民工工资专用账户管理及银行代发制度的动态监控。严格落实清欠预警机制,对建设单位未按期拨付人工费(工资款)的,城乡建设主管部门应及时动用农民工工资保证金予以解决,同时约谈建设单位并责令整改,整改不合格的,按照《招标投标法》《建筑工程施工许可管理办法》等法律法规对建设单位进行查处并依法给予行政处罚。

(二)中国人民银行重庆营业管理部、中国银行业监督管理委员会重庆监管局负责对有关银行业金融机构执行本通知情况进行监督指导，依法对金融违法、违规情况进行查处。

## 五、限制措施

（一）建设单位或施工总承包企业未严格执行本通知的，城乡建设主管部门应责令其整改。对未按本通知执行且发生拖欠的建设单位、施工总承包企业、分包企业及从业人员等责任主体，列入拖欠工资企业"黑名单"。对于建设单位、施工总承包企业在"黑名单"发布期内所有新开工项目加倍缴纳农民工工资保证金，并在诚信综合评价中予以扣分，从业人员在"平安卡管理系统"予以记录；对未按本通知执行的监理单位纳入不良信息记录。

涉嫌以转移财产、逃匿等方法逃避支付农民工工资的，依法移送司法机关查处。

（二）开户银行不执行本通知要求，伙同或协助施工总承包企业挪用、转移工资专用账户资金的，按相关规定处理。

## 六、其他

（一）采取 PPP 模式的建设项目及类似项目，由项目协议或合同约定的出资方负责向工资专用账户拨付人工费(工资款)。

（二）对建设工期不足 3 个月的短期或临时性用工，建设单位和施工总承包企业可约定以现金方式支付，并做好书面记录，在项目完工后 2 个工作日内结清。

（三）各区县可结合自身实际，制定相应实施细则。

附件：1.农民工工资支付表
　　　2.农民工工资发放公示表(参考文本)
　　　3.农民工工资代发委托书(参考文本)
　　　4.农民工工资款资金转出申请表
　　　5.简易劳动合同(参考文本)

重庆市城乡建设委员会
中国人民银行重庆营业管理部
中国银行业监督管理委员会重庆监管局
2017 年 4 月 28 日

重庆市城乡建委办公室　2017 年 4 月 28 日印发

# 重庆市卫生和计划生育委员会办公室关于开展 2017 年流动人口基本公共卫生计生服务均等化工作评估的通知

各区县（自治县）卫生计生委，两江新区社发局、万盛经开区卫生计生局：

为进一步推动完善"政策统筹、保障有力、信息共享、科学评估"的流动人口基本公共卫生计生服务均等化运行机制，根据《国家卫生计生委办公厅关于印发流动人口基本公共卫生计生服务均等化工作评估方案的通知》（国卫办流管发〔2017〕21 号），现将 2017 年评估有关事项通知如下：

## 一、评估重点内容

（一）投入保障。卫生计生行政主管部门制定出台的有关基本公共卫生计生服务政策文件考虑流动人口及其健康因素情况。参照当地户籍人口经费投入标准，将流动人口基本公共卫生服务和计生服务经费纳入地方公共财政支出预算范围保障情况。

（二）健康促进和宣传倡导。针对新生代农民工、流动育龄妇女、学龄儿童开展流动人口健康教育和健康促进情况；建设流动人口健康促进示范企业、学校和健康家庭情况；开展"婚育新风进万家"流动人口主题宣传活动和新市民健康城市行活动情况。

（三）计划生育服务。落实流动人口计划生育基本项目服务情况，开展流动人口计划生育、优生优育宣传教育情况。

（四）计生协协同服务。计生协"流动人口健康服务年" "6+1" 活动推进情况。

## 二、评估形式

评估采取自评、抽查现场评估相结合的方式进行。

（一）自评。各区县按照评估指标和年度督导评估重点内容进行自评，于 10 月 15 日前上报自评报告和自评表。自评报告内容包括：流动人口基本情况、主要工作进展情况和效果、存在的主要问题、下一步工作措施、意见和建议等内容。

（二）抽查现场评估。市卫生计生委组织评估组对各区县进行实地督导评估。实地督导评估形式包括查阅文件资料、现场考察、座谈等。

## 三、评估结果应用

实行评估结果通报制度，向被评估区县卫生计生委通报评估结果。

## 四、工作要求

(一)各区县卫生计生委要高度重视流动人口基本公共卫生计生服务评估工作,将其纳入推进流动人口基本公共卫生计生服务均等化年度工作计划,加强部门内部和有关专业公共卫生机构的协调与合作,精心组织自评工作。

(二)要认真总结本地工作经验做法,分析研究本地在流动人口基本公共卫生计生服务均等化工作中存在的问题和薄弱环节,采取针对性的举措,加强工作改进,推动工作落实。

联系人:市卫生计生委流动人口处 樊麒麟

电话:67176956

电子邮箱:869715827qq.com

重庆市卫生和计划生育委员会办公室<br>
2017年8月7日

# 关于进一步认真落实建筑领域农民工工资保证金减免优惠政策的函

渝建函〔2017〕270号

重庆市城乡建设委员会
关于进一步认真落实建筑领域农民工工资保证金减免优惠政策的函

各区县（自治县）人民政府，两江新区、万盛经开区管委会，有关单位：

近日，市领导在《关于"涉企减负30条"政策落实情况专项督查审计情况的报告》做出批示，要求"对未落实事项必须立项跟踪督办，还必须举一反三从制度层面加强整改"。为此，市政府督查室就"个别单位涉企收费优惠政策执行不到位"督办市城乡建委。为进一步认真贯彻落实涉企减负30条政策（渝府办发〔2016〕8号），扎实推动建筑领域农民工工资保证金减免优惠政策落地，切实减轻企业负担，促进实体经济持续健康发展，请各区县（自治县）针对审计部门指出的问题，全面开展自查自纠，逐项整改到位，确保政策执行到位，取得实效。

一、高度重视，狠抓落实。各区县（自治县）要严格执行"上一年未拖欠农民工工资的建筑施工民营企业，农民工工资支付保障金降低50%收取；连续两年未拖欠的再降低10%收取，连续三年未拖欠的免交"的工资保证金减免政策。主动为符合条件的企业办理保证金减免，做到"应减尽减、应免尽免"。

二是自查自纠，全面清理。各区县（自治县）应按国家关于清理规范工程建设领域保证金及我市工资保证金减免优惠的相关规定，开展本辖区工资保证金收取、减免及退还等情况的全面清理工作，对符合减免条件而未予减免或减免不到位的，要主动为企业做好减免服务，及时退还企业资金。各区县（自治县）于2017年6月10日前将清理及退还等落实情况报市城乡建委。

三是举一反三，强化联动。各区县（自治县）应举一反三，完善本辖区工资保证金缴纳、减免、动用、退还等制度和措施，同时加强与市级相关部门及区县之间信息共享和联动，在执行工资保证金制度上，真正实现"企业诚信，一路绿灯；一处失信、处处受限"。市城乡建委将适时对各区县（自治县）工资保证金制度建立和实施情况进行随机抽查。

重庆市城乡建设委员会
2017年6月5日

# 重庆市人民政府
# 关于统筹推进区县域内城乡义务教育
# 一体化改革发展的实施意见

渝府发〔2017〕43号

各区县(自治县)人民政府,市政府有关部门,有关单位:

统筹推进区县(自治县,以下简称区县)域内城乡义务教育一体化改革发展,是我市如期实现全面建成小康社会目标的必然要求,是新型城镇化过程中义务教育优质均衡发展的必然趋势,是有效解决义务教育城乡二元结构问题的必然选择。为贯彻落实《国务院关于统筹推进县域内城乡义务教育一体化改革发展的若干意见》(国发〔2016〕40号)和《国务院办公厅关于加快中西部教育发展的指导意见》(国办发〔2016〕37号),结合我市实际,现就统筹推进区县域内城乡义务教育一体化改革发展提出如下实施意见。

## 一、总体要求

全面贯彻党的十八大,十八届三中、四中、五中、六中、七中全会和党的十九大精神,坚持以邓小平理论、"三个代表"重要思想、科学发展观、习近平新时代中国特色社会主义思想为指导,深入贯彻习近平总书记系列重要讲话精神和党中央治国理政新理念新思想新战略,全面落实习近平总书记视察重庆重要讲话精神,切实增强"四个意识",紧紧围绕统筹推进"五位一体"总体布局和协调推进"四个全面"战略布局,坚持以人民为中心的发展思想,牢固树立和贯彻落实新发展理念,按照"优先发展、统筹规划、深化改革、创新机制,提高质量、公平共享,分类指导、有序推进"的基本原则,切实加强党对教育工作的领导,落实立德树人根本任务,深化教育综合改革,推进依法治教,提高教育质量,统筹推进区县域内城乡义务教育一体化改革发展。合理规划城乡义务教育学校布局建设,完善城乡义务教育经费保障机制,统筹城乡教育资源配置;巩固和均衡发展九年义务教育,加快缩小区县域内城乡教育差距,为我市教育现代化取得重要进展和如期全面建成小康社会奠定坚实基础。

## 二、工作目标

到2020年,全市实现区县域内义务教育发展基本均衡,争取部分具备条件的区县达到义务教育优质均衡发展标准,城乡基本公共教育服务均等化水平进一步提高,形成义务教育发展与城镇化进程同步推进、基本协调的格局。

——城乡学校布局更加合理。大班额基本消除,乡村完全小学、初中或九年一贯制学校、寄宿制学校标准化建设取得新进展。

——城乡教育资源配置更加均衡。城乡义务教育学校建设标准、教师编制标准和装备配置标准实现"三统一",城乡义务教育学校生均公用经费标准进一步提高。

——城乡义务教育质量差距明显缩小。城乡师资配置基本均衡,乡村教师岗位吸引力增强,乡村教育质量明显提升;九年义务教育巩固率达到95%。

### 三、重点任务

(一)统筹布局城乡义务教育学校。按照人口导向的城乡学校规划布局建设机制,学校布局要与住房建设配套,根据学龄人口变化趋势、区域居住人口分布,严格执行国家《城市用地分类与规划建设用地标准》(GB50137－2011)、《镇规划标准》(GB50188)和《重庆市城乡公共服务设施规划标准》(DB50/T543－2014),科学合理做好义务教育学校布局规划。各区县要重点做好区县政府所在地、城市新区、人口较多乡镇(街道)等区域的义务教育学校布局规划,同时在农村边远山区、交通不便的地区,布局必要的义务教育学校。要确保城镇学校建设用地,实行教育用地联审联批制度,新建配套学校建设方案应征得区县教育行政部门同意。依法落实城镇新建居住区配套学校建设,老城区改造配套学校容量不足和未达到配建学校标准的小规模居住区,由区县政府统筹新建或改扩建配套学校,确保足够的学位供给,满足学生就近入学需要。各区县要实施"交钥匙"工程,确保配套学校建设与住宅建设项目同步规划、同步建设、同步交付使用。规划和建设城市新建居住区项目,在土地出让时必须明确适龄儿童免试就近就读的义务教育学校,并向社会公告。严格执行学校(教学点)撤并程序和办法,办好必要的乡村小规模学校。按照《重庆市人民政府关于农村教育闲置资产盘活利用的指导意见》(渝府发〔2014〕63号),合理制定闲置校地校舍综合利用方案,严格规范权属确认、用途变更、资产处置等程序,并优先用于教育事业。切实提高教育资源使用效益,避免出现"边建设、边闲置"现象。

(二)科学推进学校标准化建设。全面改善贫困地区义务教育薄弱学校基本办学条件,完善寄宿制学校建设和教学点办学条件、教师配备等基本标准,尽快实现城乡义务教育公办学校建设标准化。加快建设基础教育资源平台,稳步推进"智慧校园"建设,提升城乡学校信息化水平,实现教学点数字教育资源全覆盖,促进优质教育资源共享。适当提高寄宿制学校、规模较小学校和高寒地区学校公用经费补助水平,切实保障正常运转。落实《教育部关于印发〈义务教育学校管理标准(试行)〉的通知》(教基〔2014〕10号)精神,提高学校管理标准化水平,重点提高乡镇寄宿制学校管理服务水平,通过政府购买服务等方式为乡镇寄宿制学校提供工勤和教学辅助服务。加强学生社会实践教育基地建设,优化城乡学校校外教育环境。各区县要在本行政区域内义务教育基本均衡的基础上,促进义务教育优质均衡发展。探索跨区县联片开展城乡义务教育一体化改革发展试点,发挥引领示范作用。

(三)提高乡村教育质量。以提升乡村教育质量为重点,实施义务教育质量提升计划,开展城乡对口帮扶和一体化办学,深入推进"一师一优课、一课一名师"活动,全面提高乡村教师信息技术运用能力,将优质高中招生指标向乡村初中倾斜分配。加强校长教师轮岗交流,城镇学校和优质学校教师每学年到乡村学校交流轮岗的比例不低于符合交流条件教师总数的 10%，其中优质师资不低于交流轮岗教师总数的 20%。加强乡村师资队伍建设，制定乡村学校校长教师培训规划，开展乡村校长教师专项培训。防止因学校管理薄弱、教育教学质量不高导致农村生源流失和校点撤并。继续实施农村义务教育阶段学校教师特设岗位计划、农村小学全科教师培养计划，定向培养热爱农村教育、能够承担多门学科教学任务的教师，确保乡村学校开齐开足课程。加强对学生的思想品德教育和全面素质培养，在音乐和美术(或艺术)、体育与健康等学科中融入优秀传统艺术和体育项目，在学科教学特别是品德、科学教学中突出实践环节，确保综合实践活动课程有效实施和校外教育活动常态化开展。

(四)实施消除大班额专项计划。实施全市消除义务教育大班额专项计划，明确工作任务、时间表和路线图，到 2018 年基本消除 66 人以上超大班额，到 2020 年基本消除 56 人以上大班额。要统筹"十三五"期间义务教育学校建设项目，加快新建和改扩建校园校舍，义务教育新生入学一律按照国家规定班额编班。通过实施学区化集团化办学或学校联盟、均衡配置师资等方式，加大对薄弱学校和乡村学校的扶持力度，减少农村和薄弱学校生源流失，同时限制班额超标学校招生人数，合理分流学生。各区县教育行政部门要按照消除义务教育大班额专项计划要求，建立消除大班额工作台账，对大班额学校实行销号管理，避免产生新的大班额问题。

(五)统筹城乡师资配置。要依据义务教育学校教职工编制标准、学生规模和教育教学需要，按照中央严格控制机构编制有关要求，合理核定义务教育学校教职工编制。各区县在中小学教职工编制总额内，实行教职工编制城乡统筹和动态管理，盘活编制存量，为城乡中小学对口帮扶、扶贫、支教提供编制保障，提高编制使用效益。区县人力社保部门要认真落实调整后的义务教育学校专业技术岗位结构比例，坚持"按需设岗、竞聘上岗、按岗聘用、合同管理"的原则，结合区县实际，指导学校科学合理拟定岗位设置方案，并报市人力社保部门备案；完善职称评聘政策，实现职称评审与岗位聘用制度有效衔接，吸引优秀教师向农村流动。教育行政部门要充分考虑乡村小规模学校、寄宿制学校和城镇学校的实际需要，在核定的教职工编制总额内，按照班额、生源等情况，统筹分配各校教职工编制数量，报同级机构编制部门、人力社保部门和财政部门备案。积极推进教师"县管校聘"改革，完善教师招聘机制，统筹调配编内教师资源，着力解决乡村教师结构性缺员和城镇师资不足问题。严禁在有合格教师来源的情况下"有编不补"、长期聘用编外教师，严禁挤占挪用义务教育学校教职工编制和各种形式"吃空饷"。小学实行区县统筹、乡镇内一体化管理机制，对音乐和美术(或艺术)、体育与健康、英语等紧缺学科教师推行"一校多用"和"走校"制，为区域内村小学、教学点提供师资支持。继续实施"三区支教"计划，选派城镇学校骨干教师到民族地区、边远地区、革命老区的乡村学校支教。引导和鼓励高等院校、科研机构和社会团体组织专家学者参与乡村志愿支教活动。

(六)提高乡村教师待遇水平。各区县要实行乡村教师收入分配倾斜政策，落实并完善集中连片特困地区和边远艰苦地区乡村教师生活补助政策，按照越往基层、越往艰苦地区补助水平越高的原则，实行动态调整，使乡村教师实际工资收入水平不低于同职级县镇教师工资收入水平。健全长效联动机制，核定义务教育学校绩效工资总量时统筹考虑当地公务员实际收入水平，确保区县域内义务教育教师平均工资收入水平不低于当地公务员的平均工资收入水平。完善乡村教师荣誉制度，使广大乡村教师有更多的获得感。落实中小学教师职称评聘结合政策，完善乡村教师职业发展保障机制，对乡村学校在专业技术高级岗位设置上给予倾斜，对长期坚持在农村边远地区一线从教的教师在职称评聘上给予倾斜。将符合条件的边远艰苦地区乡村学校教师纳入当地政府住房保障体系，加快边远艰苦地区乡村教师周转宿舍建设。

（七）健全城乡教育治理体系。推进教育管办评分离改革，完善责任督学挂牌督导工作制度，出台教育评估管理办法，积极培育第三方机构开展教育评估和质量监测，构建政府、学校和社会良性互动协调发展的新型教育治理格局。落实《重庆市家庭教育促进条例》，督促父母或者其他监护人更好履行法定监护义务。制定市级教育基本公共服务项目清单和城乡教育公共服务标准体系及督导评估办法，建立服务项目和标准动态调整机制。推进中小学章程建设，健全学校法人治理结构和自我监督机制，建立现代学校制度，实现"一校一章程、章程有特色，校校有制度、制度要落实"的目标。选好配强乡村学校校长，落实校长负责制，扩大学校办学自主权。完善乡村小规模学校办学机制和管理办法，将村小学和教学点纳入对乡村中心学校考核，加强乡镇中心学校对村小学、教学点的指导和管理。创新校外教育方式，构建校内外教育相互衔接的育人机制。推动平安校园建设，探索建立学生意外伤害援助机制和涉校涉生矛盾纠纷调解仲裁机制，维护学校正常教育教学秩序和师生合法权益。

（八）完善控辍保学机制。各区县政府要完善控辍保学部门协调机制，督促监护人送适龄儿童、少年入学并完成义务教育。进一步落实区县教育行政部门、乡镇政府（街道办事处）、村（居）委会、学校和适龄儿童父母或其他监护人控辍保学责任，建立控辍保学目标责任制和联控联保机制。区县教育行政部门要依托全国中小学生学籍信息管理系统建立控辍保学动态监测机制，加强对农村、边远、贫困、民族等重点地区，初中重点学段，特别是农村留守儿童、家庭经济贫困儿童、流动儿童、孤儿和其他困境儿童等重点群体的监控。义务教育学校要加大对学习困难学生的帮扶力度，落实辍学学生劝返、登记和书面报告制度，劝返无效的，应书面报告区县教育行政部门和乡镇人民政府（街道办事处），有关部门应依法采取措施劝返复学。村（居）委会要协助政府做好控辍保学工作。完善学生资助政策，加大对家庭经济困难学生和其他困境儿童的社会救助和教育资助力度，优先将建档立卡的贫困户家庭学生纳入资助范围。深入实施农村义务教育学生营养改善计划，提高营养膳食质量，改善学生营养状况。通过保障就近入学、建设乡镇寄宿制学校、不允许随意撤并乡村学校（教学点）、增设公共交通线路或农村客运线路、提供校车服务等方式，确保乡村适龄儿童不因上学不便而辍学。针对农村残疾儿童实际，做到"一人一案"，切实保障农村残疾儿童平等接受义务教育权利。继续扩大面向贫困地区定向招生专项计划招生人数，切实提高贫困家庭学生升学信心。

（九）保障随迁子女平等接受教育。各区县要进一步强化流入地政府责任，坚持实事求是、稳步推进，适应户籍制度改革要求，建立市外户口以居住证、市内户口以工作证明和居住证明为主要依据的随迁子女入学政策，切实简化优化随迁子女入学流程和证明要求，保障流动人口随迁子女入学。坚持以流入地为主、以公办学校为主接收流动人口子女入学，同时将流动人口子女入学依法纳入教育发展规划，纳入财政保障范围。利用全国中小学生学籍信息管理系统数据,统筹安排随迁子女入学,对于公办学校学位不足的可以通过政府购买服务方式安排在普惠性民办学校就读。实现混合编班和统一管理,促进随迁子女融入学校和社区。公办和民办学校均不得向随迁子女收取有别于本地户籍学生的任何费用。对流动人口随迁子女特别集中的区域,各区县可根据实际制定随迁子女入学的具体办法。

(十)加强农村留守儿童关爱保护。各区县要贯彻《重庆市人民政府关于加强农村留守儿童关爱保护工作的实施意见》(渝府发〔2016〕27号),落实区县、乡镇政府(街道办事处)、属地责任,建立家庭、政府、学校尽职尽责,社会力量积极参与的农村留守儿童关爱保护工作体系,促进农村留守儿童健康成长。要定期排查,建立台账,全面掌握留守儿童基本情况,加强关爱服务和救助保护,帮助解决实际困难,确保留守儿童人身安全。中小学校要加强法治教育、安全教育和心理健康教育,积极开展心理辅导。强化家庭监护主体责任,鼓励取得居住证的父母携带适龄儿童在其工作地就近入学,外出务工父母要依法履行监护职责、抚养义务和家庭教育责任。依法追究父母或其他监护人不履行监护职责的责任,依法处置各种侵害留守儿童合法权益的违法行为。发挥乡镇政府(街道办事处)和村(居)委会作用,督促外出务工家长履行监护责任。

## 四、组织保障

(一)加强党的领导。各区县要认真落实党委全面从严治党主体责任,进一步加强新形势下党对城乡义务教育一体化改革发展工作的领导,全面贯彻党的教育方针,坚持社会主义办学方向。高度重视义务教育学校党建工作,建立健全党委统一领导、教育行政部门具体负责、有关方面齐抓共管的学校党建工作领导体制,全面加强学校党的建设,实现党的组织和工作全覆盖,选好配强学校党组织书记,严格学校党内政治生活,切实做好师生思想政治工作,注重从优秀教师中发展党员,充分发挥学校党组织的战斗堡垒作用和党员教师的先锋模范作用。加强党对学校共青团、工会、少先队、学生会等组织的领导,引导广大师生坚定不移跟党走。

(二)落实政府责任。加强市级统筹,根据国家新型城镇化发展的总体部署和我市城镇化进程,把义务教育摆在优先发展的突出位置,纳入城镇发展规划。完善相关政策措施,通过政府购买服务、税收激励等引导和鼓励社会力量支持义务教育发展。各区县要落实法定投入责任,提高教育经费使用绩效,确保逐步增长。完善考核机制,把统筹推进区县域内城乡义务教育一体化改革发展纳入教育考核的重要内容。健全部门协调机制,及时研究解决义务教育改革发展面临的重大问题和人民群众普遍关心的热点问题,确保各项改革措施落实到位、工作目标按期实现,促进义务教育与新型城镇化协调发展。

(三)明确部门职责。市、区县建立由教育行政部门牵头、其他部门协同推进的工作机制。教育行政部门要加强同有关部门的协调沟通,编制完善义务教育规划,积极推动区县域内城乡义务教育一体化改革发展各项措施落实到位。发展改革部门在编制相关规划时,要统筹考虑义务教育学校布局,在安排重大项目和资金投入时优先支持义务教育学校建设。财政部门和教育行政部门要积极建立和完善城乡统一、重在农村的义务教育经费保障机制。公安部门要加强居住证管理,建立随迁子女登记制度,及时向同级教育行政部门通报有关信息。民政部门要将符合条件的特殊困难农村留守儿童、家庭经济困难儿童、流动儿童和孤儿等其他困境儿童纳入社会救助政策保障范围，落实兜底保障职责。机构编制部门要为推动实现统筹分配城乡学校教职工编制提供政策支持。人力社保部门要改善岗位管理模式，进一步健全竞聘上岗和聘期考核制度，增强教师队伍活力。国土房管部门要依法切实保障学校建设用地。城乡规划部门制定控制性详细规划涉及中小学用地的，应当征求同级教育行政部门意见。对未按照规划配套建设学校的开发商和业主，不得发放建设工程规划核实确认书，不得办理竣工验收备案。

（四）加强督导评估。各区县政府要切实履行城乡义务教育一体化改革发展主体责任，完善监督和专业评估机制，要加强对本地区落实有关义务教育工作情况的专项检查，定期向同级人民代表大会或其常务委员会报告义务教育工作情况。市政府教育督导室要加强对区县落实义务教育工作情况的督导，开展区县域内城乡义务教育一体化改革发展主要措施落实和工作目标完成情况的专项督导评估检查，及时发现问题，督促区县依法依规整改落实，确保按时完成我市区县域内城乡一体化改革发展目标任务。实行教育督导责任区制度，全面落实挂牌督导制度，完善督导结果公告制度和限期整改制度，强化督导结果运用。对因工作落实不到位，造成不良社会影响的部门和有关责任人，严肃问责。

（五）营造良好氛围。各区县要加大对国家新型城镇化规划、脱贫攻坚、户籍制度改革、居住证制度、区县域内城乡义务教育一体化改革发展工作等的综合宣传和政策解读力度，进一步凝聚人心，统一认识，在全社会营造关心支持义务教育工作的良好氛围。依法推进学校信息公开，有效发挥社会监督和舆论监督的积极作用。要认真总结成功做法和典型经验，并通过多种形式进行深入宣传和推广，使义务教育改革发展更好地服务于新型城镇化建设和全面建成小康社会奋斗目标。

重庆市人民政府<br>
2017 年 11 月 2 日

（此件公开发布）

抄送：市委办公厅，市人大常委会办公厅，市政协办公厅，市高法院，市检察院，重庆警备区。

重庆市人民政府办公厅　　2017 年 11 月 2 日印发

渝文备〔2017〕21号

# 重庆市民政局 重庆市社会治安综合治理委员会办公室 重庆市高级人民法院 重庆市人民检察院 重庆市教育委员会 重庆市公安局 重庆市财政局 重庆市卫生和计划生育委员会关于印发重庆市开展"合力监护、相伴成长"专项行动实施方案的通知

渝民发〔2016〕74号

各区县(自治县)民政局、综治办、法院、检察院、教委(教育局)、公安局、财政局、卫生计生委，两江新区、万盛经开区相关单位：

　　现将《重庆市农村留守儿童"合力监护、相伴成长"关爱保护专项行动实施方案》印发给你们，请结合本地实际，认真贯彻落实。

　　重庆市民政局　　重庆市社会治安综合治理委员会办公室
　　重庆市高级人民法院　　重庆市人民检察院
　　重庆市教育委员会　　重庆市公安局
　　重庆市财政局　　重庆市卫生和计划生育委员会

2016年12月1日

# 重庆市开展农村留守儿童
# "合力监护、相伴成长"关爱保护专项行动实施方案

为进一步贯彻落实《重庆市关于加强农村留守儿童关爱保护工作的实施意见》(渝府发〔2016〕27号,以下简称《实施意见》)和农村留守儿童关爱保护工作部际联席会议第二次全体会议暨"合力监护、相伴成长"专项行动视频会议精神,依法落实家庭监护责任、政府属地责任及各部门相关职责,切实解决农村留守儿童摸底排查工作中发现的突出问题,为其健康成长创造良好环境,根据民政部、中央综治办、最高人民法院、最高人民检察院、教育部、公安部、财政部、卫生计生委《关于在全国开展农村留守儿童"合力监护、相伴成长"关爱保护专项行动的通知》(民发〔2016〕198号)要求,结合我市前期开展"五类"重点留守儿童干预帮扶工作的实际情况,特制定专项行动实施方案如下:

## 一、总体要求

坚持儿童权益优先,把实现和维护好农村留守儿童合法权益作为首要任务,不断完善农村留守儿童救助保护机制,确保措施到位、责任到位,不走过场、不留隐患。坚持分类施策、精准保护,及时响应并着重解决当前部分农村留守儿童面临的无人监护、父母一方外出另一方无监护能力、无户籍、失学辍学等现实问题,确保留守儿童得到妥善监护照料。通过开展专项行动,力争到2017年底将我市所有农村留守儿童纳入有效监护范围,杜绝农村留守儿童无人监护现象,有效遏制监护人侵害农村留守儿童权益行为,切实兜住农村留守儿童人身安全底线。

## 二、主要任务

各区县(自治县)应在贯彻落实市民政局、市教委、市公安局《关于做好农村留守儿童重点对象干预帮扶工作的通知》(渝民〔2016〕142号)要求的基础上,按照新的要求,重点做好以下工作:

(一)落实家庭监护责任。各区县民政部门要将摸底排查中发现的无人监护、父母一方外出另一方无监护能力的农村留守儿童花名册通报给同级公安机关及当地乡镇人民政府(街道办事处)。公安机关应当第一时间出警,会同村(居)民委员会联系外出务工的留守儿童父母,责令其立即返回,并对其进行训诫,要求其切实履行监护职责;对农村留守儿童父母暂时无法返家的,要督促和指导其选择具备较强监护能力和监护意愿的亲属、朋友担任受委托监护人,并指导受委托监护人签订《农村留守儿童委托监护责任确认书》(见附件1),落实委托监护责任。公安机关要将训诫情况通报给乡镇人民政府(街道办事处)。乡镇人民政府(街道办事处)要根据公安机关通报情况,指导村(居)民委员会再次进行入户

调查，核实家庭监护责任落实情况。乡镇人民政府(街道办事处)、村(居)民委员会应当对受委托监护人的监护能力进行初步评估，对不具备监护能力的应及时督促留守儿童父母确定其他受委托监护人。村(居)民委员会要利用节假日外出父母集中返乡的有利时机，在村(居)公开栏上公开《留守儿童监护人责任清单》和《留守儿童监护人负面清单》，给外出务工父母送达以上两个清单，重申法律法规规定以及不尽监护责任将产生的法律后果；指导留守儿童父母与受委托监护人签订《留守儿童委托监护协议》，进一步明确双方的权利和义务。对于监护人家庭经济困难且符合有关社会救助、社会福利政策的，民政部门及其他社会救助部门要及时纳入保障范围。

(二)落实强制报告责任。各级教育、卫生计生、民政部门要指导学校、幼儿园、医疗机构、村(居)民委员会、社会工作服务机构、救助管理机构、福利机构及其工作人员树立强制报告意识，依法落实强制报告责任。强制报告责任主体在工作中发现农村留守儿童脱离监护单独居住生活或失踪、监护人丧失监护能力或不履行监护责任等符合《实施意见》规定的强制报告情形的，应当第一时间向公安机关报告，提供侵害类型、案情经过、严重程度等具体线索。公安派出所要建立留守儿童工作台账，并根据农村留守儿童的监护情况、生活条件、思想动态、行为表现等，定期开展处境评估，依法配合相关部门落实相应救助帮扶措施。乡镇人民政府(街道办事处)要指导村(居)民委员会按照"边排查、边发现、边报告"的原则，随时将无人监护、父母一方外出另一方无监护能力的农村留守儿童等重点对象有关情况向公安机关报告。强制报告责任主体未及时履行报告义务，造成严重后果的，其上级主管部门或本单位对直接负责的主管人员和其他直接责任人员依法依规给予处分，构成犯罪的，依法追究其刑事责任。其他公民、社会组织积极向公安机关报告的，应及时给予表扬和奖励。公安机关应当依法保护报告人的隐私和人身安全。

(三)落实临时监护责任。对正处于无人监护、父母一方外出另一方无监护能力状态，且暂时联系不上外出务工父母的农村留守儿童，公安机关要就近护送至其他近亲属、村(居)民委员会或救助管理机构、福利机构临时监护照料，并继续采取多种方式联系留守儿童父母，及时向临时监护照料主体通报联系情况。各区县民政部门要指导救助管理机构、福利机构及时接收公安机关护送来的农村留守儿童，按照最有利于儿童利益的原则，采取机构内养育、爱心家庭寄养等方式，为其提供临时照料服务。救助管理机构、福利机构要规范入站入院程序，指定专人负责，为临时监护的农村留守儿童统筹协调生活、学习等事宜，并根据儿童实际需求，为其提供课业辅导、心理疏导、情感抚慰等服务。农村留守儿童因交由救助管理机构、福利机构临时监护需要转学、异地入学接受义务教育的，转入地县级教育行政部门应当予以协调保障。

(四)落实控辍保学责任。各区县(自治县)人民政府要完善控辍保学部门协调机制。区县级民政部门要将摸底排查中发现的失学辍学农村留守儿童花名册通报给同级教育行政部门，并同时通报给乡镇人民政府(街道办事处)。区县级教育行政部门和乡镇人民政府(街道办事处)要指导各中小学校、村(居)民委员会采取电话沟通、入户家访等方式逐一核查，及时联系并督促失学辍学农村留守儿童父母或其他监护人依法送适龄留守儿童入学接受义务教育；对学生无故不到校的，中小学校要及时了解原因，超过一个星期的，要及时组织劝返；劝返无效的，中小学校要在全国中小学生学籍信息管理系统中进行标识，并及时书面报告县级教育行政部门和乡镇人民政府(街道办事处)。有关部门要依法采取措施,确保适龄的失学辍学留守儿童返校复学。适龄留守儿童父母或者其他监护人不依法送其入学接受义务教育,经批评教育无效并造成严重后果的,应依法追究责任。

(五)落实户口登记责任。各区县(自治县)民政部门要将摸底排查中发现的无户籍农村留守儿童花名册通报给同级公安机关和当地乡镇人民政府(街道办事处)。公安机关要根据国务院及重庆市政府关于无户籍人员登记户籍的有关规定,依法为无户籍农村留守儿童登记常住户口,逐一建档,确保档案资料完整有效。乡镇人民政府(街道办事处)、村(居)民委员会要协助公安机关宣传无户口人员登记户口的各项政策措施以及公民登记户口的权利义务,积极动员无户籍农村留守儿童的监护人主动到公安机关申请办理常住户口登记。对其中非亲生落户的儿童,公安机关应当及时采集其DNA信息,录入"全国公安机关查找被拐卖/失踪儿童DNA数据库"进行比对。

(六)依法打击遗弃行为。公安机关要及时受理并出警处置父母或其他监护人遗弃留守儿童的不法行为。对于遗弃没有独立生活能力留守儿童的监护人,公安机关应当依法予以治安管理处罚,情节特别轻微不予治安管理处罚的,应当给予训诫并通报当地村(居)民委员会。对于父母和其他监护人具有对留守儿童长期不予照顾、不提供生活来源,或者遗弃致使留守儿童身体严重损害或者造成其他严重后果等恶劣情节,涉嫌遗弃犯罪的,公安机关、检察机关、法院应当按照《中华人民共和国刑法》和最高人民法院、最高人民检察院、公安部、司法部《关于依法办理家庭暴力犯罪案件的意见》(法发〔2015〕4号)等有关规定,依法履行好侦查、审查逮捕、审查起诉和审判职责,予以惩处。对于监护人将农村留守儿童置于无人监管和照看状态导致其面临危险且经教育不改的,或者拒不履行监护职责六个月以上导致农村留守儿童生活无着的,其近亲属、村(居)民委员会、民政部门及有关团体和单位应当按照最高人民法院、最高人民检察院、公安部、民政部《关于依法处理监护人侵害未成年人权益行为若干问题的意见》(法发〔2014〕24号)等有关规定,依法向人民法院提出撤销监护人资格、另行指定监护人的申请。上述个人、组织和机关应当提出撤销监护资格申请而没有提出的,检察机关应当依法建议、督促、支持其向人民法院提出申请。对父母或受委托监护人实施家庭暴力、虐待等其他侵害行为的,有关部门要按规定依法处理。

## 三、实施步骤

(一)动员部署阶段(2016年11月—2016年12月31日)。

1.制定实施方案。各区县(自治县)和相关职能部门按照本方案要求,结合前期开展的五类重点留守儿童干预帮扶工作实情,制定本地区、本系统专项行动实施方案,明确工作任务、要求、方法、步骤和措施。

2.成立专项行动领导小组。为加强对专项行动的组织领导,确保工作取得实效,市民政局牵头成立重庆市农村留守儿童"合力监护、相伴成长"专项行动领导小组(以下简称专项行动领导小组),专项行动领导小组组长由市民政局局长江涛兼任,市综治办、市高法院、市检察院、市教委、市公安局、市财政局、市卫生计生委为领导小组成员单位。领导小组办公室设在市民政局社会事务处,市民政局副巡视员周利民任专项行动领导小组办公室主任,负责领导小组日常工作以及专项行动的组织协调和督促检查,同时做好数据的汇总和上报工作。各区县(自治县)比照建立相应的领导机制和工作机制。

3.各区县民政部门和市级相关部门应在2016年12月底前向市专项行动领导小组办公室报送专项行动实施方案和领导机制建立情况;各区县民政部门应同时报送前期开展"五类"重点留守儿童干预帮扶工作的情况。

(二)集中行动阶段(2017年1月1日—2017年9月30日)。

1.各区县民政局根据2016年底动态更新完成的农村留守儿童数据信息,按照无人监护、父母一方外出另一方无监护能力、无户籍、失学辍学分类,整理制作重点留守儿童花名册,并按照职责分工,及时将花名册通报同级公安机关和教育部门以及乡镇人民政府(街道办事处)。

2.区县公安机关、教育部门以及乡镇人民政府(街道办事处)、村(居)民委员会按照民政部门通报的花名册,按照一人一策一案的原则,紧紧围绕家庭监护、强制报告、临时监护、控辍保学、户口登记、打击遗弃行为六项主要任务,开展好留守儿童关爱保护专项行动。市公安局、市教委要加强对区县公安机关、教育部门的指导、监督。

3.市专项行动领导小组办公室将加大专项行动的督查力度,尤其是要加大重点区县、重点部门的督查力度,确保专项行动各项重点任务得到有效落实。

(三)巩固深化阶段(2017年10月1日—2017年12月31日)。

认真总结专项行动工作成效和经验,及时归纳梳理专项行动的有效做法和协作方式,对行动中存在的问题和困难提出有针对性的政策措施或意见,研究确定巩固措施和方案。发挥农村留守儿童关爱保护工作联席制度作用,建立完善政府领导、部门配合、经费保障、责任追究等制度,形成农村留守儿童关爱保护长效机制。

## 四、保障措施

(一)加强组织领导,落实部门责任。各区县、各有关部门要充分认识开展专项行动的重要性和紧迫性,真正把思想认识统一到国务院、市政府的决策部署上来。将专项行动列入重要议事日程,及时进行安排部署。各区县要按照"属地管理,分级负责"的原则,认真制定专项行动实施方案,细化职责分工、进度安排、组织保障等要求,严格按照既定时限完成各项工作任务。各有关部门按照具体分工,切实履行职责,加强联系沟通和协作配合。乡镇人民政府(街道办事处)和教育、公安、民政等有关部门要确立专人负责,落实相关政策措施,帮助解决实际困难,做好留守儿童临时监护、户口登记、控辍保学等工作。要建立翔实完备的农村留守儿童信息库,实行动态管理,对工作中发现的无人监护、父母一方外出另一方无监护能力、失学辍学、无户籍农村留守儿童等重点对象,及时将其纳入专项行动范围。

(二)健全通报机制,及时掌握情况。各区县教育、公安、民政部门和乡镇人民政府(街道办事处)要建立专项行动信息报送制度。乡镇人民政府(街道办事处)要在每季度末填写《农村留守儿童关爱保护专项行动情况汇总表》(见附件2),由乡镇人民政府(街道办事处)主要负责同志签字确认,加盖公章后报送给县级民政部门,并抄报县级教育行政部门和公安机关。县级教育行政部门和公安机关要分别核实更新《农村留守儿童关爱保护专项行动情况汇总表》中的控辍保学、户口登记和应急处置有关数据,提供给同级民政部门。县级民政部门要在乡镇人民政府(街道办事处)报送数据和同级教育部门、公安机关核实更新数据的基础上,汇总形成本地区《农村留守儿童关爱保护专项行动情况汇总表》,上报市专项行动领导小组办公室。2017年9月20日前,各区县民政部门要汇总形成本地专项行动期间《农村留守儿童关爱保护专项行动情况汇总表》和专项行动总结报告,由主要负责同志签字确认并加盖公章后报送市民政局。市、区县专项行动办公室要定期通报专项行动进展情况和各项责任落实情况,及时协调解决工作中的难点问题。

(三)强化激励问责,确保工作成效。各级综治办要将专项行动纳入社会治安综合治理考核评价内容,对工作不重视、措施不力、造成严重后果的地区、单位,通过通报、约谈、挂牌督办、实施一票否决权制等方式进行综治领导责任督导和追究。各级检察机关要充分发挥检察职能,强化对公安机关、法院以及其他相关部门开展农村留守儿童关爱保护工作的法律监督。各级财政部门要优化和调整支出结构,多渠道筹措资金,支持做好农村留守儿童关爱保护工作。各区县要积极引导社会资金投入,为农村留守儿童关爱保护工作提供更加有力的支撑。各区县要探索将农村留守儿童关爱保护工作纳入政府购买服务予以支持,充分发挥社会工作服务机构和社会组织的作用。

(四)加强宣传引导,营造良好氛围。各区县要加强未成年人保护法律法规和政策措施宣传工作,开展形式多样的宣传教育活动,引导未成年人父母自觉履行监护责任,强化强制报告主体的法律意识。要注重挖掘和宣传专项行动中涌现出的先进典型,发出好声音,凝聚正能量,营造家庭、学校、政府和社会齐抓共管的关爱保护氛围。

渝文备〔2017〕1052号

## 重庆市大足区人民政府办公室
## 关于进一步规范建设工程农民工工资保障金管理的通知

大足府办发〔2017〕17号

各镇街人民政府(办事处),区政府有关部门,有关单位:

为认真落实行政审批改革工作要求,健全完善我区建设工程农民工工资保障金管理制度,根据《重庆市人民政府办公厅关于全面治理拖欠农民工工资问题的实施意见》(渝府办发〔2016〕101号)精神,结合我区实际,现就进一步规范建设工程农民工工资保障金管理有关事项通知如下:

一、建设工程开工前,建设单位、施工总承包企业(包括直接承包建设单位发包工程的专业承包企业),应按照相关规定缴存项目农民工工资保障金。

二、自缴存告知之日起,建设单位和施工企业应在规定时间内到指定银行账户缴存农民工工资保障金,并持缴存凭据到农民工工资保障金监管部门进行登记。

三、未按规定足额缴存农民工工资保障金的建设工程项目,不得擅自开工建设。

四、实行项目农民工工资保障金差别化管理。经区人力社保局会同区城乡建委核查,对上一年未拖欠农民工工资的施工企业,其新开工项目的农民工工资保障金降低50%收取,连续两年未拖欠的再降低10%收取,连续三年以上未拖欠的免缴保障金。享受农民工工资保障金减免的施工企业,在工程实施过程中发生工资拖欠行为的,应补缴所减免的金额,并适当提高企业在大足新承接项目的缴存比例。

五、农民工工资保障金实行专款专用,必须用于支付所属工程被拖欠农民工的劳动报酬。

六、严格农民工工资保障金使用管理。建设项目发生拖欠农民工工资问题时,经区清欠部门认定后,可动用农民工工资保障金,用于垫付被拖欠的农民工工资。农民工工资保障金动用后,相关企业应在规定时间内按标准足额补充,逾期未补的,应当停止施工,并按照市人力社保局、市城乡建委联合印发的《重庆市建设领域农民工工资支付监管暂行办法》(渝人社发〔2009〕65号)规定,按应补足数额加倍缴纳。

七、工程总承包单位按约定完成合同承包范围内的工作,并确认已全部支付农民工工资的,建设单位和工程总承包单位可分别向其行业主管部门和劳动保障行政部门递交已完工且无欠薪的报告。劳动保障行政部门到施工现场对是否支付工资的情况进行公示,在公示期内没有接到欠薪投诉或有投诉但承包单位及时支付完欠薪的,可将工资保障金本息退回缴款单位。

本通知自发文之日起实施。原《重庆市大足区人民政府办公室关于进一步加强建设工程农民工工资保障金管理的通知》(大足府办发〔2012〕52 号)同时作废,之前颁发的相关文件与本通知不一致的以本通知为准。

重庆市大足区人民政府办公室<br>
2017 年 4 月 17 日

抄送:区委办公室,区人大办公室,区政协办公室,经开区办公室,区人武部,区法院,区检察院,群团各部门。

重庆市大足区人民政府办公室　　2017 年 4 月 19 日印发

渝文备〔2017〕930号

# 奉节县人民政府办公室
# 关于印发奉节县建设领域农民工工资支付监管等制度的通知

奉节府办〔2017〕164号

各乡镇人民政府、街道办事处、管委会、县政府各部门，有关单位：

《奉节县建设领域农民工工资支付监管制度》《奉节县农民工工资保证金制度》《奉节县欠薪应急周转金管理制度》已经县政府同意，现印发给你们，请认真贯彻执行。

奉节县人民政府办公室<br>
2017年6月16日

# 奉节县建设领域农民工工资支付监管制度

## 第一章 总则

**第一条** 为进一步规范建设领域农民工工资支付行为，预防和解决建筑业企业拖欠或克扣农民工工资问题，根据《国务院办公厅关于全面治理拖欠农民工工资问题的意见》（国办发〔2016〕1号）、《重庆市人民政府办公厅关于全面治理拖欠农民工工资问题的实施意见》（渝府办发〔2016〕101号）和《奉节县人民政府办公室关于印发奉节县治理拖欠农民工工资八条措施的通知》（奉节府办〔2016〕253号）等有关规定，制定本制度。

**第二条** 本制度适用于我县行政区域内所有的房屋建筑、市政、交通、水利、国土、移民、电力、通讯、农业等工程建设项目。

## 第二章 职能职责

**第三条** 本制度中用工主体是指建设领域直接招用农民工的施工总承包企业（简称总包企业）、专业分包企业或劳务分包企业（简称分包企业）。

建设工程项目部、项目经理、施工作业班组、自然人等不具备用工主体资格。

**第四条** 建设单位应按照合同约定及时与总包企业办理过程及竣工结算，并设立专职劳动工资管理员（简称劳资员），负责督促总包企业做好农民工管理及工资支付工作，审查总包企业编造工资表的真实性，监督发放流程及发放结果。

总包企业对农民工工资支付负总责。并设立专职劳务员，负责建立农民工花名册、办理农民工工资卡、农民工考勤、进出场登记、编制和核对工资表。

落实农民工维权制度。劳资员和劳务员的姓名和联系电话须在"农民工维权告示牌"上予以公示。负责定期向行业主管部门和人社部门报告农民工工资支付管理相关情况，共同协调处理劳资纠纷等工作。

**第五条** 监理单位对农民工工资支付负监督责任，并将农民工工资支付情况作为支付工程款的前置条件。

**第六条** 全县各级各部门按照"归口管理、属地负责"，"谁主管、谁负责"的原则，履职尽责，依法保障农民工劳动报酬权益。其中，房屋建筑和市政基础设施工程由县城乡建委负责监管，其他行业的建设工程由各行业主管部门负责监管，县人力社保局负责对全县所有建设工程的农民工工资支付情况进行监督。

## 第三章 工资支付方式及流程

**第七条** 建立农民工工资专用账户（以下简称工资专户）管理制度，实行人工费用与其他工程款分账管理。项目开工前由总包企业在我县的任一银行开设工资专户并报行业主管部门和人社部门备案，原则上每个总包企业应开设一个工资专户，在我县同时承建多个项目时，可在专用账户下设立多个子账户。在办理项目建设工程施工合同备案时，行业主管部门须核实工资专户开设情况，未按规定开设工资专户的，不得办理建设工程施工合同备案。

建设过程中建设单位应将农民工工资从工程进度款中剥离，并于每月 10 日前对上月完成的进度产值进行确认后报行业主管部门复核，在每月 15 日前按总包企业提供的工资专户存入不低于当期实际产值 25%的专户资金；若应发工资高于当期实际产值的 25%，则按照实际工资额存入工资专户，专项用于支付该项目建设过程中产生的农民工工资。

工资专户资金由各行业主管部门和总包企业共同管理，开户银行负责对工资专户的日常监管，发现账户资金不足、被挪用等情况，应及时向行业主管部门和人力社保部门报告，确保专款专用。

**第八条** 实行农民工实名制管理制度。用工主体(总包企业或分包企业)应与农民工签订劳动用工合同或劳务作业协议，建立职工名册并办理用工备案后，方能进场施工。协议必须明确约定施工内容、计价方式、单价、违约责任等相关条款。总包企业(包括直接承包建设单位发包工程的专业承包企业)安排劳资员专项负责劳资工作。加强对分包企业劳动用工和工资发放的监督管理，建立劳动计酬手册，记录施工现场作业农民工的身份信息、劳动考勤、工资结算等信息；建立施工人员进出场登记制度和考勤计量、工资支付等管理台账，实时掌握施工现场用工及其工资支付情况，不得以包代管。

**第九条** 实行农民工工资代发制度。全面推动各类企业委托银行代发农民工工资。在工程建设领域，鼓励总包企业直接用工，如项目有分包企业的，由分包企业以书面形式委托总包企业直接支付民工工资，分包企业负责为招用的农民工申办个人工资账户并办理实名制工资支付银行卡，按月考核农民工工作量并编制工资支付表，经农民工本人签字确认后，交总包企业委托银行通过其设立的工资专户直接将工资划入农民工个人工资账户。

总包企业将每月农民工工资发放情况张贴在工地醒目位置公示 3 个工作日，公示期内无欠薪投诉，建设单位方能将工程进度尾款拨付至总包企业的其他账户，同时总包企业应将工资专户每次发放情况书面报送行业主管部门备案。

**第十条** 总包企业应在领到中标情况确认书后、办理施工许可证前开设工资专户，未完善手续的项目不得开工建设。

在本办法实施前已办理施工许可证的在建项目，应按照本办法开设、使用工资专户，落实各方主体责任。

**第十一条** 总包企业每月 15 日前将工资表报行业主管部门备案，开户银行凭加盖建设单位、总包企业和行业主管部门印章的工资表，于 3 个工作日内代为支付民工工资。

**第十二条** 项目竣工验收后，总包企业办理无拖欠农民工工资公示手续，公示 7 日内无投诉，建设单位和总包企业向行业主管部门和人力社保部门提交转出工资专户剩余资金申请。经审核同意后，开户银行凭加盖行业主管部门和人力社保部门印章的资金转出申请，方可将剩余资金转出，用于工程尾款结算支付。至此，工资专户监管终止。

## 第四章　责任追究

**第十三条**　总包企业瞒报、虚报、漏报、拒报工资表或不履行相应职责，行业主管部门和人力社保部门责令限期整改，逾期未整改的，将按照相关法律法规将其纳入清欠不良行为记录，加倍追缴农民工工资保证金，并处以诚信评价体系扣分、纳入奉节县建筑行业"黑名单"等处罚，在招投标、市场准入、资质审核、评优评先等方面进行限制。

**第十四条**　建设单位每月未及时足额拨付工程款至工资专户或不履行相关职责，由主管部门责令限期整改，逾期未整改的，按相关法律法规责令项目立即停工整改，情节严重的将记入不良信用档案，同时在市场准入、新开工项目施工许可、企业资质动态考核等方面进行限制。

**第十五条**　监理单位未履行监督职责的，各行业主管部门按照相关法律法规对其市场准入、资质审核等方面进行限制。

**第十六条**　构成恶意欠薪行为的，由人社、公安、司法等部门依法惩处。

**第十七条**　各行业主管部门应建立监管台账，定期向县人力社保局通报监管情况，对未按规定履职的相关单位，按照奉节府办〔2016〕253号规定予以追责。

附件：1.劳务作业协议书
　　　2.农民工工资表
　　　3.农民工工资代发委托书
　　　4.产值确认表
　　　5.农民工工资发放公示表
　　　6.农民工工资专用账户销户申请表

# 奉节县农民工工资保证金制度

**第一条** 为保障我县建设工程领域农民工获取劳动报酬的合法权益,根据《国务院办公厅关于全面治理拖欠农民工工资问题的意见》(国办发〔2016〕1号)、《重庆市人民政府办公厅关于全面治理拖欠农民工工资问题的实施意见》(渝府办发〔2016〕101号)、《奉节县人民政府办公室关于印发奉节县治理拖欠农民工工资八条措施的通知》(奉节府办〔2016〕253号)有关规定,制定本制度。

**第二条** 本制度适用于县内建设工程领域的各类建设项目。

**第三条** 本制度所称农民工工资保证金(以下简称保证金)是由施工总承包企业在办理施工许可证前,按一定比例存入保证金专用账户,用于其工程项目发生拖欠农民工工资行为时先行支付的资金。

**第四条** 县城乡建委主管的建设项目保证金管理渠道保持不变。

其他建设项目的保证金统一由县人力社保局收取和管理,建设主管部门配合相关工作。

**第五条** 保证金存入县人力社保局或县城乡建委指定的银行专用账户。

县城乡建委主管的工程建设项目缴纳标准按市城乡建委相关规定执行。

其他建设项目的施工总承包企业按下列标准缴纳农民工工资保证金,工程合同价在1000(不含1000)万元以下的,按工程合同价的3%缴纳,工程合同价在1000万元至10000(不含10000)万元的,按工程合同价的2%缴纳,工程合同价款在10000万元以上的,按工程合同价的1%缴纳。

**第六条** 县城乡建委主管的工程建设项目,在办理施工许可证前,施工总承包企业凭《建设工程施工招标投标情况确认书》或《施工合同》,到指定银行将保证金存入专用账户,凭银行缴款凭据和《建设工程施工招标投标情况确认书》到县城乡建委办理保证金缴存证明后,方可办理施工许可证。

交通、国土、水利水电、电力、通讯、农业、移民等其他行业工程建设项目,在正式动工开建前,施工总承包企业凭《建设工程施工招标投标情况确认书》或《施工合同》,在行业主管部门领取并填写《农民工工资保证金缴存确认表》(附件1),经主管部门和县劳动保障监察大队审核后,到指定银行将保证金存入专用账户,凭银行缴款凭据和《建设工程施工招标投标情况确认书》到县劳动保障监察大队办理保证金缴存证明后,各行业主管部门方能允许其正式动工开建。

**第七条** 施工企业发生拖欠或无故克扣农民工工资的,经县人力社保局调查认定后,责令其限期支付,逾期不支付的,县人力社保局有权启动保证金支付农民工工资,通过银行扣划。

银行扣划的保证金由县人力社保局负责监督发放至农民工。

**第八条** 施工企业按约定完成合同承包范围内的工作并确认已付清农民工工资的,可向行业主管部门递交已经完工且无欠薪的报告，各行业主管部门在接到该报告后的3个工作日内，到项目所在地张贴通告，在通告后的7个工作日内，如没有接到欠薪投诉，行业主管部门在《农民工工资保证金退还审批表》（附件4）上签署意见后报县人力社保局审核，县人力社保局经调查核实确认无欠薪投诉后，在7个工作日之内将缴纳的保证金退回缴款单位。

施工企业如有拖欠行为，在支付完欠薪，经县人力社保局核实后，按照上述程序办理退款手续。

**第九条** 对于上一年未拖欠农民工工资的建筑施工企业，保证金降低50%收取；连续两年未拖欠的再降低10%收取，连续三年未拖欠的免交。但对于因拖欠农民工工资而引发过集访事件的建筑施工企业，不得减、免缴纳保证金。未经行业主管部门和县人力社保局审批同意，任何单位不得随意减、免缴纳保证金。

**第十条** 各建筑施工企业在开工前未按时足额缴纳保证金的，行业主管部门不得为其办理施工许可相关手续，已开工的应责令其停工。拒不缴纳保证金的企业，依法对其市场准入、招投标资格和新开工项目施工许可等进行限制。拒不缴纳保证金的企业发生拖欠农民工工资行为，县人力社保局对该企业纳入"劳动保障不守法诚信企业"向社会公示。

**第十一条** 严格规范保证金缴纳、使用、退还、审批程序，保证金实行"专人管理、专户储存、专账核算、专项使用"，严禁拆借、挪用、挤占和随意扣押。违反本办法规定使用保证金的给予行政处分，情节严重构成犯罪的，由司法机关追究刑事责任。

附件：1.农民工工资保证金缴存确认表
2.农民工工资保证金缴存证明
3.农民工工资保证金使用审批表
4.农民工工资保证金退还审批表

# 奉节县欠薪应急周转金管理制度

**第一条** 为有效处置劳资纠纷，切实保障劳动者的合法权益，妥善解决因欠薪引发的突发事件，维护社会稳定，根据《国务院办公厅关于全面治理拖欠农民工工资问题的意见》（国办发〔2016〕1号）、《重庆市人民政府办公厅关于全面治理拖欠农民工工资问题的实施意见》（渝府办发〔2016〕101号）、《奉节县人民政府办公室关于印发奉节县治理拖欠农民工工资八条措施的通知》（奉节府办〔2016〕253号）的要求，结合我县实际，特制订本制度。

**第二条** 欠薪应急周转金(以下简称"周转金")是县人民政府为解决因用人单位拖欠劳动者工资，并有可能引发群体性突发事件而垫付的用于劳动者临时生活费的应急周转资金。

**第三条** 周转金使用对象为与本县用人单位形成劳动关系，因用人单位负责人逃匿或用人单位经营困难等原因，被拖欠工资导致临时生活困难的劳动者。

**第四条** 周转金是政府自有资金，县财政每年安排周转金300万元，列入年度财政预算。

**第五条** 县人力社保局负责本行政区域内的欠薪应急保障具体工作，包括对周转金的日常管理、垫付和追偿工作。

**第六条** 县财政局负责周转金的筹集、拨付和监管，将周转金纳入年度财政预算安排。

**第七条** 用人单位发生拖欠劳动者工资的，由县人力社保局依法查处。需周转金垫付时，由县劳动保障监察大队提出意见，报县人力社保局和县财政局审核，县财政局按程序报县政府批准后拨付。

**第八条** 属下列情形之一的，并可能引发群体性突发事件的，可由周转金先行垫付生活费：

(一)用人单位法定代表人隐匿、逃匿，导致劳动者被拖欠的工资一时难以清偿且影响其生活的；

(二)因用人单位生产经营严重困难，现有资产足以偿付拖欠工资或部分拖欠工资但短时间内难以变现，致使劳动者被拖欠工资难以清偿而影响社会稳定的；

(三)经县政府批准的其他因欠薪需要应急垫付生活费的情形。

**第九条** 对符合垫付条件的劳动者，原则上按照我县当年度月最低工资标准数额一次性垫付劳动者生活费，垫付月数最长不超过2个月，情况特殊的，经县政府批准，可适当提高垫付标准。

**第十条** 周转金垫付按规定程序填写《奉节县欠薪应急周转金垫付审批表》（见附件1），由县劳动保障监察大队提出意见，报县人力社保局和县财政局审核。周转金垫付时，应填写《奉节县欠薪应急周转金垫付签收表》（见附件2），领取人签收后，作为会计记账的原始凭证。

**第十一条** 劳动者应当在收到垫付欠薪通知之日起十日内凭身份证或者其他有效身份证明到指定地点领取垫付的款项。逾期未领取的，取消其资格。

**第十二条** 劳动者领取垫付欠薪后，县人力社保局和县财政局有权向欠薪单位追偿；未垫付部分的欠薪，劳动者有权继续追讨。

**第十三条** 周转金垫付后，具体由县人力社保局负责追偿，可通过提起诉讼、申请法院强制执行、参加债权人会议等方式督促用人单位及时偿还周转金垫付款项。申请法院强制执行或拍卖资产所得资金，由法院安排先行偿还周转金垫付款项。用人单位破产的，从企业破产财产中优先偿还周转金垫付款项。

公安、法院、司法、城乡建委、工商、人民银行等有关单位要积极配合县人力社保局做好周转金垫付的追偿工作。

**第十四条** 周转金垫付后，因用人单位主体不存在或其他原因，通过司法程序仍无法将垫付资金收回或无法全额收回的，要严格按照财务制度规定，每年年终按程序予以核销，逐笔填报核销表，并附相关案卷资料，连同垫付生活费的原始签收表复印件，经县人力社保局和县财政局审核，报县政府批准后核销。

**第十五条** 用人单位拖欠劳动者工资情节严重，并造成恶劣影响的，记入劳动保障守法诚信档案，对两年内多次发生拖欠劳动者工资或未偿还周转金的单位及法定代表人，由县人力社保局通报县工商局及人行奉节支行，对其重新注册登记企业、申请贷款或享受财政补助等行为进行限制。

用人单位故意制造拖欠工资假象，骗取周转金涉嫌犯罪的，依法追究其刑事责任。

**第十六条** 县人力社保局应加强对周转金的管理，每季度向县财政局报送周转金使用情况，接受财政、审计监督。

**第十七条** 国家工作人员在实施周转金垫付中滥用职权、玩忽职守、徇私舞弊的，依法给予处分；构成犯罪的，依法追究刑事责任。

**第十八条** 本制度由县人力社保局和县财政局负责解释。

附件：1.奉节县欠薪应急周转金审批表
2.奉节县欠薪应急周转金垫付签收表
3.奉节县欠薪应急周转金核销审批表

抄送：县委办公室，县人大常委会办公室，县政协办公室，县法院，县检察院，县人武部。

奉节县人民政府办公室　　　2017年6月16日印发

渝文备〔2017〕720号

# 城口县人民政府
# 关于印发城口县政府投资类项目农民工
# 工资管理办法(试行)的通知

城府办发〔2017〕35号

各乡镇人民政府、街道办事处，县政府有关部门，有关单位：

《城口县政府投资类项目农民工工资管理办法(试行)》已经城口县第十七届人民政府第4次常务会议审定通过，现印发给你们，请认真组织实施。

城口县人民政府办公室
2017年3月16日

# 城口县政府投资类项目农民工工资管理办法(试行)

为保障政府投资类项目农民工工资按时足额支付,规范农民工工资支付行为,预防和解决政府投资建设项目拖欠或克扣农民工工资问题,维护农民工合法权益。根据《中华人民共和国劳动法》《中华人民共和国劳动合同法》《重庆市人民政府办公厅关于全面治理拖欠农民工工资问题的实施意见》(渝府办发〔2016〕101号)等有关法律、法规和规章的规定,结合本县实际,制定本办法。

## 一、适用范围

本办法中的政府投资类项目指在本县行政区域内以政府部门及其事业单位、乡镇人民政府(街道办事处)、国有企业作为项目业主的建设项目。

## 二、严格落实农民工工资保障金制度

业主单位和施工总承包企业必须按照相关规定强制缴纳农民工工资保障金,并将施工总承包企业缴纳农民工工资保障金作为建委、交委等相关行业主管部门办理施工许可证或开工审批手续的前置条件,符合减免政策的按照相关规定执行;县属部门和国有企业作为业主的建设项目农民工工资保障金缴入县人力社保局管理的城口县农民工工资保障金专用账户,各乡镇人民政府(街道办事处)作为业主的建设项目,由县人力社保局委托乡镇人民政府(街道办事处)依照本办法收取农民工工资保障金并专账管理;农民工工资保障金的退还按有关规定执行。没有缴纳农民工工资保障金的不得办理施工许可手续,不得动工建设。

## 三、规范劳动用工行为

业主单位督促施工企业规范劳动用工,督促施工企业依法与招用的农民工签订劳动合同;督促施工企业配备劳资专管员,落实农民工实名制管理制度,建立职工名册、进出场登记制度、考勤计量、工资结算、工资支付等管理台账;督促施工企业完善现场信息公示,明示工程项目的建设单位、施工总承包企业、分包企业和属地行业监管部门等基本信息。

## 四、明确农民工工资支付主体责任

项目业主单位对农民工工资支付负总责,业主单位要全面掌握和监督施工总承包企业和各分包企业农民工工资发放情况,施工总承包企业和分包企业原则上按月发放农民工工资。业主单位在按照施工合同约定拨付工程进度款时分两步完成，施工总承包企业在申报工程进度款时应据实编制本企业及分包企业当期应发放的农民工工资发放表，经业主单位及监理单位现场负责人审核并现场公示 7 个工作日后先期拨付农民工工资，并由业主单位安排专人现场监督发放，确保农民工按时足额领到工资；待农民工工资发放完毕并经确认后再拨付剩余工程进度款。

## 五、加强农民工工资支付监督检查

各相关行政主管部门要加大对业主单位违法发包、转包等行为的查处力度；县人力社保局要会同各行业行政主管部门加强对施工企业劳动用工和工资发放的经常性检查指导，要把农民工工资保障金缴纳、劳动合同签订、农民工实名制管理、工资发放、施工现场信息等作为必查内容；严厉打击恶意欠薪和非法讨薪行为。

## 六、完善应急保障机制

县财政建立农民工工资应急周转金专用账户，规范应急周转金使用管理；县农民工工资清欠办完善应急预案，及时妥善处置因拖欠农民工工资引发的突发性、群体性事件。

## 七、推进企业工资支付诚信体系建设

完善企业守法诚信管理制度，将劳动用工、工资支付情况作为企业诚信评价的重要依据，建立拖欠工资企业"黑名单"制度，定期向社会公开。县人力社保局要将查处的企业拖欠工资行政处罚信息移送人行城口支行、县工商局、县城乡建委等部门，纳入金融信用信息基础数据库、工商部门企业联合征信系统、城乡建设等行业主管部门诚信信息平台或政府公共信用信息服务平台。

建立健全企业失信联合惩戒机制。对拖欠工资的失信企业，有关部门在政府资金支持、政府采购、招投标、生产许可、履约担保、资质审核、融资贷款、市场准入、评优评先等方面依法依规予以限制，提高企业失信违法成本。

## 八、严格责任追究

政府投资类项目发生因农民工工资问题引发的突发性、群体性事件，严肃追究建设单位主要领导及相关责任人的责任。

各乡镇(街道)每月向县人力社保局上报辖区内建设项目农民工工资支付动态情况，并将农民工工资支付情况纳入各乡镇(街道)的考核内容。

有关部门在保障农民工工资支付工作中出现监管责任不落实、组织工作不到位等失职渎职行为的，在办理施工许可开工审批手续时不履行缴纳农民工工资保障金前置程序的，严肃追究相关人员的责任。

抄送：县委办公室，县人大常委会办公室，县政协办公室，县法院，县检察院，县人武部。

县委各部委，各人民团体。

城口县人民政府办公室　　　2017年3月16日印发

渝文备〔2017〕694号

# 丰都县人民政府办公室
# 关于加强购房进城农民工保障工作的通知

丰都府办发〔2017〕29号

各乡镇人民政府、街道办事处，县政府各部门，有关单位：

农民工是我县经济建设、社会发展的重要力量。积极引导鼓励农民工购房进城，是贯彻落实党中央、国务院和市委、市政府的决策部署，是加快全县房地产去库存步伐和推进以人为核心的新型城镇化建设的重要举措，对保障农民工更好地享受城市基本公共服务具有重要意义。根据《国务院关于进一步做好为农民工服务工作的意见》（国发〔2014〕40号）、《重庆市人民政府办公厅关于进一步做好新形势下农民工工作的通知》（渝府办发〔2015〕7号）文件精神和农民工公积金缴存试点工作需要，为切实保障购房进城农民工就业创业、医疗卫生、子女就学等方面的权益，现就加强购房进城农民工保障工作有关事宜通知如下：

## 一、稳定和扩大购房进城农民工就业创业

（一）加大购房进城农民工职业技能培训力度。优先保障购房进城农民工的技能培训，对新转移就业劳动力开展岗前技能培训，对未升学初高中毕业生由各乡镇（街道）组织输送到重庆市三峡职业技工学校或丰都县职业教育中心，开展劳动预备制培训，作为市信息产业重点企业用工储备，对在岗购房进城农民工开展岗位技能提升培训，对具备中级以上职业技能的购房进城农民工开展高技能人才培训，将购房进城农民工纳入终身职业培训体系。创新培训方式，重点开展订单式培训、定向培训、企业定岗培训，面向市场确定培训职业（工种），培训机构下乡镇开展培训，进企业培训等，形成企业积极参与、购房进城农民工自主参加培训、政府购买服务的机制。加大培训资金投入，严格执行全市统一的培训补贴标准，落实职业技能鉴定补贴政策。改进培训补贴方式，鼓励企业组织购房进城农民工进行培训，符合相关规定的，对企业给予培训补贴。

（二）完善和落实促进购房进城农民工就业创业政策。引导、鼓励、扶持购房进城农民工有序外出就业、就地就近转移就业和返乡创业。强化购房进城农民工就业信息服务，利用宏声广场户外电子显示屏、就业和人才服务局及乡镇（街道）劳动就业社会保障服务中心就业信息发布平台，及时提供就业信息。加快村（社区）劳动就业社会保障服务站建设，完善城乡均等的公共就业服务体系，有针对性地为购房进城农民工提供政策咨询、职业指导、职业介绍等公共就业服务。组织开展购房进城农民工就业服务"春风行动"，加大就业村

(社区)和"创业一条街"创建力度,大力发展服务业特别是家庭服务业和中小微企业,开发适合购房进城农民工的就业岗位,建设减免收费的农贸市场,夜市和餐饮摊位等基本设施,满足市民生活需求和促进购房进城农民工就业。将购房进城农民工纳入创业政策扶持范围,运用财政支持、创业投资引导和创业培训、政策性金融服务、小额担保贷款、生产经营场地和创业孵化基地等扶持政策,促进购房进城农民工创业。

## 二、加强维护购房进城农民工劳动保障权益

指导和督促用人单位与购房进城农民工依法普遍签订并履行劳动合同,在务工流动性大、季节性强、时间短的购房进城农民工中推广简易劳动合同示范文本。对小微企业经营者开展劳动合同法法律法规培训。完善适应家政服务特点的劳动用工政策和劳动标准。在建筑领域全面推行购房进城农民工实名管理制度,建立建筑业从业人员信息数据库,实现对企业使用购房进城农民工的动态管理服务。全面落实购房进城农民工工资银行代发制度。推进房地产开发及建筑施工企业诚信体系建设,将工程款及购房进城农民工工资支付情况纳入企业诚信评价体系,督促企业落实责任。探索建立欠薪应急周转金制度。优化购房进城农民工社会保险服务,促进购房进城农民工平等参加社会保险。推动购房进城农民工与城镇职工平等享受医疗、养老、工伤、生育、失业待遇。充分运用社会保险全民参保登记成果,推进购房进城农民工依法全面持续参加社会保险,并做好购房进城农民工社会保险关系转移接续工作,优化服务流程,提高服务效率。畅通购房进城农民工维权渠道,加强对购房进城农民工的法律援助和法律服务工作。

## 三、加强购房进城农民工医疗卫生和计划生育服务工作

将购房进城农民工常住人口纳入国家基本公共卫生服务对象范围,重点保障购房进城农民工健康档案、健康教育、儿童预防接种、传染病防控、孕产妇和儿童保健、计划生育等服务。按照户籍人口健康档案的标准,建立统一、规范的购房进城农民工健康档案,及时掌握购房进城农民工的健康状况。在购房进城农民工数量较多的社区、企业、厂矿、单位等主要场所设立健康教育宣传点,定期开展卫生和计划生育基本公共服务政策宣传活动和健康知识讲座,组织关爱购房进城农民工健康义诊活动,提高购房进城农民工健康素养,引导购房进城农民工更好地接受服务。建立购房进城农民工0-6岁儿童预防接种档案,采取预约接种、短信通知、增设临时接种点等方便适宜的方式,及时为购房进城农民工适龄儿童建卡、接种。每年集中开展"查漏补种"活动,对漏种儿童及时补种。对入托入学购房进城农民工儿童严格执行查验预防接种证等管理措施,提高适龄儿童疫苗接种率。落实购房进城农民工传染病防控措施,加强建筑工地、商贸市场、生产加工企业等农民工密集地区传染病监测、疫情处置和突发公共卫生事件应对,切实落实购房进城农民工艾滋病、结核病等传染病的免费救治等政策。建立购房进城农民工孕产妇、儿童保健管理档案,强化孕产妇早孕建卡、孕期保健、高危筛查、住院分娩和产后访视等关键环节控制工作,保障母婴安全;完善购房进城农民工0-6岁儿童家庭访视、定期健康检查、生长发育监测、喂养与营养指导等系统保健服务。加强购房进城孕产妇及新生儿预防艾滋病、梅毒、乙肝

母婴传播工作。全面开展计划生育政策法规宣传倡导、计划生育避孕节育、生殖健康、优生优育、奖励优待等服务项目，重点落实国家规定的计划生育免费技术服务，为购房进城农民工育龄人口提供避孕节育、优生优育科普宣传、免费发放避孕药具及健康指导服务。

## 四、保障购房进城农民工随迁子女平等接受教育的权利

坚持义务教育的公益性和普惠性，招生政策的严肃性和连续性，依法保障每一位适龄儿童、少年平等接受义务教育，确保所有购房进城农民工适龄儿童少年顺利入学。购房进城农民工随迁子女入学严格执行"两为主""两纳入"要求，即以购房进城农民工流入地政府为主、以公办学校为主，同时将常住人口纳入区域教育发展规划、将随迁子女教育纳入财政保障范围，优先保障购房入户进城农民工随迁子女接受义务教育。依法保障购房进城农民工残疾儿童入学机会，不得拒收"三残"儿童少年入学。对无法到校接受义务教育的重度残疾儿童、少年，依法实施缓、免学，学校力所能及提供送教上门服务。购房进城农民工子女就读小学毕业的，原则上在就读学校参加小学毕业考试。小学毕业后可根据实际情况回户籍所在地就读初中，也可按照相关政策在毕业学校所在地申请就读初中。招生入学中遇到的其他特殊情况，教育主管部门要依据国家和重庆市有关法规政策妥善解决。

## 五、加强购房进城农民工保障工作的领导

县政府成立以县长为组长，各分管副县长为副组长，县人力社保局、县卫计委、县教委、县财政局、县科委、县金融办、县公安局、县总工会、县司法局、县妇联、县国土房管局、县委宣传部等部门主要负责人为成员的购房进城农民工保障工作领导小组，把购房进城农民工工作纳入重点工作统筹谋划，健全工作机制，落实相关责任。各乡镇、街道要抓住元旦、春节等节假日农民工集中返乡的有利时机，做好农民工宣传回引及各项服务工作，引导农民工购房进城，就近就地实现就业创业。县财政局要按照推进基本公共服务均等化的要求，统筹考虑购房进城农民工培训就业、社会保障、公共卫生、随迁子女教育、住房保障等基本公共服务的资金需求，加大投入力度，为农民工平等享受基本公共服务提供经费保障。加强正面舆论引导，积极宣传推广购房进城农民工保障工作的好经验、好做法。加大对购房进城优秀农民工及农民工工作先进的宣传力度，充分发挥先进典型的模范带头作用。大力倡导劳动光荣、创业光荣，营造全社会关心尊重、公平对待购房进城农民工的良好氛围。

丰都县人民政府办公室<br>2017 年 3 月 7 日

渝文备〔2017〕481号

## 重庆市南川区人民政府办公室
## 关于印发南川区流动儿童预防接种管理办法的通知

南川府办发〔2016〕72号

各乡镇人民政府、街道办事处，区政府各部门，有关单位：

《南川区流动儿童预防接种管理办法》已经区政府同意，现印发你们，请认真遵照执行。

重庆市南川区人民政府办公室<br>2016年6月21日

# 南川区流动儿童预防接种管理办法

## 第一章 总则

**第一条** 为加强流动儿童免疫规划服务和预防接种管理，提高流动儿童疫苗接种率，预防和控制疫苗针对性传染病的发生与流行，根据《中华人民共和国传染病防治法》、《疫苗流通和预防接种管理条例》、《预防接种工作规范》等相关规定，结合本区实际，制定本办法。

**第二条** 本区行政区域内流动儿童预防接种工作适用本办法。

**第三条** 流动儿童按国家规定实行儿童预防接种证制度，接受国家免疫规划疫苗接种，凭接种证办理入托、入学手续。

**第四条** 流动儿童预防接种实行居住地属地管理、属地建证、属地接种的原则。流动儿童在暂住地居住时，其父母或者其他监护人应到暂住地接种单位办理《预防接种证》，建立《儿童预防接种卡》，接受免疫服务。

**第五条** 流动儿童免费享受国家免疫规划疫苗的预防接种服务，任何接种单位不得以任何理由拒绝对流动儿童提供免疫规划预防接种服务。接种单位与儿童的监护人应当相互配合，保证流动儿童及时接受预防接种。流动儿童的免疫规划疫苗接种率应达到国家规定的标准。

## 第二章 部门职责

**第六条** 卫生计生部门负责流动儿童预防接种的监督管理工作，并指定相关单位收集、管理流动儿童信息。疾病预防控制机构负责疫苗供应、冷链管理、技术培训、咨询服务、统计监测等工作。接种单位负责对辖区内流动儿童预防接种实施管理。

**第七条** 教育部门应严格执行新入托、入学儿童查验预防接种证制度，通过严格查验接种证，及时发现缺、漏种儿童或未办理接种证的儿童，并督促其监护人及时到辖区接种单位补种和补办接种卡、证。

**第八条** 财政部门应做好流动儿童免疫规划管理工作经费保障。

**第九条** 各乡镇(街道)要指定相关单位负责流动儿童信息收集管理工作。村(社区)要落实专人定期收集0—6岁儿童流进、流出信息，进行登记管理，每月上报给当地乡镇(街道)流动儿童信息管理部门。

**第十条** 公安部门要指定相关单位负责流动儿童信息收集管理工作。派出所在办理《流动人口暂住证》时应当对流动儿童的基本情况进行登记，并加强辖区房屋出租人的管理，督促房屋出租单位或个人发现流动儿童及时报告辖区派出所并登记管理。每月将登记的流动儿童信息上报给公安部门指定的流动儿童信息管理部门。

**第十一条** 各市场管理部门和市场开办者应当向辖区村(社区)报告经营者中0—6岁流动儿童信息，并协助接种单位动员流动儿童及时接受免疫接种。

人力社保、城建等部门应当加强对有0—6岁儿童的外来务工人员的宣传，督促其进行预防接种。

新闻单位要宣传免疫规划知识，提高群众防病意识，使其主动参与预防接种工作。

其他部门在各自职责范围内负责配合做好流动儿童预防接种的宣传工作。

## 第三章 流动儿童预防接种管理

**第十二条** 各乡镇(街道)每月定期将收集到的流动儿童信息通报给区卫生计生委和辖区接种单位。

各村(社区)发现流动儿童时，应当向流动儿童监护人宣传有关预防接种信息，告知预防接种的地点与时间，通知其父母或监护人及时到所在地接种单位办理转或建证(卡)手续。

**第十三条** 公安部门每月定期将登记的流动儿童信息通报给区卫生计生委，并配合做好相关查找和查询工作。

各派出所每月定期将登记的流动儿童信息通报给辖区接种单位，并配合接种单位做好相关查找和查询工作。

**第十四条** 各小学、幼儿园发现新入托、入学的流动儿童时，应当查验预防接种证，发现未依照国家免疫规划受种的儿童，及时向居住地接种单位报告，并督促其监护人及时到接种单位建立接种卡、证，完成预防接种。

**第十五条** 区卫生计生委收到乡镇(街道)和公安部门通报的流动儿童信息后，每月定期反馈给疾病预防控制中心，疾病预防控制中心根据流动儿童暂住地址及时反馈到辖区接种单位。

**第十六条** 各接种单位收到辖区乡镇(街道)、派出所和疾病预防控制中心通报的流动儿童信息后，应主动与其家长或监护人联系，并建立预防接种卡、证，提供免疫服务，填报流动儿童免疫服务报表。

**第十七条** 流动儿童迁移时，应当到原免疫服务单位办理转证、转卡手续；对新迁入儿童，原免疫接种卡、证有效，但要在当地建立流动儿童接种卡，按免疫程序完成免疫接种；对无接种凭证的儿童，应当及时为其办理预防接种证、卡，按免疫程序进行免疫接种。

**第十八条** 接种单位为流动儿童实施预防接种时应当遵守下列规定：

(一)不得拒绝为流动儿童接种国家免疫规划疫苗，接种国家免疫规划疫苗时不得收取任何费用；

(二)预防接种工作应当按照免疫程序、疫苗使用指导原则和接种方案规范实施预防接种。

**第十九条** 接种单位要在辖区内流动人口聚集地的显要位置设置固定宣传栏开展预防接种知识的宣传。

## 第四章　责任追究

**第二十条**　各级人民政府有关部门未依照本办法的规定履行流动儿童预防接种管理职责的，由本级人民政府或者上级人民政府行政主管部门责令改正；造成传染病传播、流行或者其他严重后果的，对负有责任的主管人员和其他直接责任人员依法给予行政处分；构成犯罪的，依法追究刑事责任。

**第二十一条**　疾病预防控制机构及接种单位有下列行为之一的，由卫生计生主管部门责令限期改正，情节严重依法追究责任：

（一）无正当理由拒绝为流动儿童进行预防接种的；
（二）拒绝执行流动儿童预防接种证、卡制度的；
（三）未开展流动儿童摸底调查和知识宣传的。

## 第五章　附则

**第二十二条**　本办法所称流动儿童指离开户籍所在地，在本区居住满3个月以上，且年龄为0—6岁的儿童。

**第二十三条**　本办法所称接种单位，是指具有医疗机构执业许可证，有经过预防接种专业培训并考核合格的执业医师、执业助理医师、护士或注册的乡村医生，具有符合疫苗储存、运输管理规范的冷藏设施、设备和冷藏保管制度，并经市、区卫生计生委评审确定的承担预防接种工作的医疗卫生机构。

**第二十四条**　本办法自公布之日起施行。

# 重庆市人民政府办公厅关于支持返乡下乡人员创业创新促进农村一二三产业融合发展的实施意见

渝府办发〔2017〕70号

各区县(自治县)人民政府,市政府有关部门,有关单位:

为贯彻落实《国务院办公厅关于支持返乡下乡人员创业创新促进农村一二三产业融合发展的意见》(国办发〔2016〕84号),支持农民工、中高等院校毕业生、退役士兵和科技人员等各类返乡下乡人员创业创新,促进农村一二三产业融合发展,经市政府同意,现提出如下实施意见。

## 一、总体要求

(一)指导思想。全面贯彻落实党的十八大和十八届三中、四中、五中、六中全会精神,深入贯彻习近平总书记系列重要讲话精神和治国理政新理念新思想新战略,全面落实习近平总书记视察重庆重要讲话精神,贯彻落实新发展理念,以推进农业供给侧结构性改革为主线,以培育农业农村发展新动能为目标,以创新体制机制、强化政策支持、优化公共服务、营造良好环境为重点,以创业引导、创业培训、创业孵化、创业平台建设为抓手,发挥返乡下乡人员创业创新引领作用,推动农村大众创业、万众创新,实现创新支持创业、创业带动就业良性互动,加快农村一二三产业融合发展,促进农业增效、农民增收和农村繁荣。

(二)工作目标。努力掀起返乡下乡人员创业创新热潮,新型农业经营主体加速成长,成为推动农村一二三产业融合发展的生力军。"十三五"期间,建设创业创新孵化基地等平台100个,每个区县(自治县,以下简称区县)打造1—2个要素集聚、辐射带动力强的创业园。新登记注册市场主体13万户,新发展农村中小微企业及经营大户15万户,组织返乡农民工等人员参加创业培训15万人次,扶持创业25万人,带动就业100万人,实现经济发展与扩大就业双赢。

## 二、工作重点

(一)突出重点领域。鼓励和引导返乡下乡人员结合自身优势和特长,与农业七大特色产业链和区域性主导产业主动对接,重点发展规模种养业、设施农业、庭院生态经济、林下经济等农业生产经营模式,农产品烘干、贮藏、保鲜、净化、分等分级、包装、营销等农产品加工流通业,休闲农业和乡村旅游、民族风情旅游、森林康养以及农村电商、文化创意、传统手工业、中央厨房、农业社会化服务、农业废弃物综合利用、农村绿化美化、农村物业管理等新产业新业态新模式。(市农委、市人力社保局、市发展改革委、市经济信息委、市商务委、市民政局、市文化委、市民族宗教委、市林业局、市旅游局等负责)

(二)培育新型主体。鼓励和支持返乡下乡人员通过承包、租赁、入股、合作等多种形式,创办领办家庭农场林场、农民合作社、农业企业、农业社会化服务组织等新型农业经营主体。鼓励和引导返乡下乡人员采取多种方式与其他经营主体合作,组建现代企业、企业集团或产业联盟,发展创业创新共同体。引导返乡下乡人员与当地农民形成良好的产业分工和利益分配关系,共同参与产业发展,分享二、三产业增值收益。(市农委、市经济信息委、市商务委、市人力社保局、市林业局、市旅游局、市扶贫办等负责)

(三)搭建创业平台。依托现代农业示范园(科技园)、产业化示范基地、农业产业园区、规模化农业产业基地等,建设一批基础设施完善、服务功能齐全、社会公信力高、示范带动作用强的返乡下乡创业园(基地)。选择名镇名村、农产品加工基地、大型农贸市场、农业产业化龙头企业、休闲农业企业等,培育一批见习基地。支持中高等院校、大型企业采取众创空间、创新工厂等模式,打造一批重点面向初创期"种子培育"的孵化园(基地)。依托信息进村入户试点,推进线上线下相结合,搭建一批网络创业平台。按照"孵化园+创业园"的模式,重点打造一批市级孵化园和创业园。建立创业创新园区(基地)目录,统一向社会公布。(市农委、市人力社保局、市经济信息委、市教委、市科委、市城乡建委等负责)

(四)开展创业培训。实施好农民工等人员返乡创业、青年农场主、新型职业农民、农村青年创业致富"领头雁"、贫困村创业致富带头人、农村妇女创业创新等重点培训项目,将有创业意愿的返乡下乡人员纳入创业培训补贴范围。采取政府购买服务方式,鼓励有条件的社会力量参与培训。建立返乡下乡人员信息库,选择一批具备创业创新潜力的人员开展重点培训。联合中高等院校,推行"理论学习+实践教学"分段培养模式。加强实训基地和导师队伍建设,培育遴选一批创业创新导师。各区县人民政府要将返乡下乡人员创业创新培训经费纳入财政预算。(市人力社保局、市农委、市教委、市科委、市林业局、市扶贫办、团市委、市妇联等负责)

(五)优化创业服务。积极开展面向返乡下乡人员的政策咨询、市场信息等公共服务和土地流转、项目选择、科技推广等方面的专业服务。充分发挥中高等院校、科研院所、行业协会和社会中介组织的作用,积极开展管理指导、技能培训、研发设计、市场拓展等行业服务及政策、法律、知识产权、财务等服务。将返乡下乡创业创新纳入产业技术专家团队重点服务范围,推行"专家+技术指导员+创业创新主体""科研院校+科研试验基地+基层农技推广机构+创业创新主体"等模式。建立各类专家对口联系制度,对返乡下乡人员及时开展技术指导和跟踪服务。利用农村调查系统和农村固定观察点,加强对返乡下乡人员创业创新的动态监测和调查分析。(市农委、市发展改革委、市经济信息委、市科委、市商务委、市民政局、市人力社保局、市统计局、市林业局、市扶贫办等负责)

### 三、政策措施

(一)降低准入门槛。落实注册资本认缴登记和"先照后证"制度,实施好"五证合一、一照一码"登记制度改革。推进网上行政审批改革,推进企业登记网上办理。放宽住所(经营场所)登记条件,对市场主体以创业园区(基地)内正在建造的房屋作为住所(经营场所)的,可凭相关证明材料办理登记;对利用住宅从事不扰民经营活动的,工商登记时免予提交相关证明材料。设立"绿色通道",为返乡下乡人员创业创新提供便利服务,对进入创业园区(基地)的,提供有针对性的创业辅导、政策咨询、集中办理证照等服务。对返乡下乡人员创业创新免收登记类、证照类等行政事业性收费。(市工商局等负责)

(二)加强融资支持。大力推进农村产权抵押融资,扩大农村产权抵押融资范围,探索将农机具及农地上的基础设施、生产设施以及种植养殖等生物资产纳入抵押范围。积极稳妥推进农村承包土地经营权和农民住房财产权、农村集体经营性建设用地和土地收益权等抵押贷款试点。鼓励银行业金融机构开发符合返乡下乡人员创业创新需求的信贷产品,加强对纳入信用评价体系的返乡下乡人员的金融服务。返乡下乡人员创办小微企业,可申请15万元以内2年期的创业扶持贷款,贷款利率执行同期基准利率的,市财政给予承贷银行1个百分点的奖励;返乡下乡人员创办小微企业,符合条件的可以申请最高200万元的创业担保贷款,并可享受创业担保贷款财政贴息。担保机构为返乡下乡人员创办的中小企业和微型企业融资性贷款收取的担保费率在2%以下的新增担保发生额,市财政给予担保机构0.5个百分点的补助。市属担保公司为中小企业和微型企业融资性贷款担保收取的担保费率控制在2%以内。(市金融办、人行重庆营管部、市财政局、市农委、市人力社保局、市国土房管局、市工商局、市林业局等负责)

(三)强化财政扶持。统筹整合各类创业创新扶持资金,加大对返乡下乡人员创业创新的支持力度。将现有财政政策措施向返乡下乡人员创业创新拓展,现代特色效益农业、民营经济发展、新型职业农民培育、农村一二三产业融合发展、农业生产全程社会化服务、农产品加工、农村信息化建设等各类财政支农项目和产业资金,要将符合条件的返乡下乡人员纳入扶持范围;大学生、留学回国人员、科技人员、青年、妇女等人员创业的财政支持政策,要向返乡下乡人员创业创新延伸覆盖。引导各类政府产业投资基金通过市场化方式支持符合条件的返乡下乡创业创新企业发展。返乡下乡人员创办鼓励类行业的小微企业,各区县人民政府将其纳入小微企业创业补助支持范围。符合产业布局要求的返乡下乡创业园,根据其对地方财政的贡献和吸纳就业人数等情况,市、区县两级用于扶持企业发展的财政专项资金对其配套服务设施建设给予适当补助。对创业孵化基地内的孵化企业成功运营1年以上且每户直接带动一定人数就业的,给予一定补贴,所需经费在区县就业专项资金中列支。(市财政局、市经济信息委、市教委、市科委、市农委、市人力社保局、市工商局、市林业局、团市委、市妇联等负责)

(四)加大减税降费力度。落实好定向减税和普遍性降费政策。返乡下乡人员创办的小微企业,享受小微企业税收扶持政策。对月销售额不超过3万元(按季纳税的,季度销售额不超过9万元)的增值税小规模纳税人(含个体工商户),免征收增值税;对符合条件的小微企业,减按20%的税率征收企业所得税;对年应纳税所得额低于30万元(含30万元)的符合条件的小微企业,其所得减按50%计入应纳税所得额,按20%的税率征收企业所得税;对符合条件的新办微型企业和鼓励类中小企业,按其缴纳企业所得税和增值税地方留成部分给予2年补贴。对返乡下乡人员成为个体工商户、开办个人独资企业的,依法享受

税收减免政策。将社保缴费优惠政策覆盖到返乡下乡创业创新企业。(市国税局、市地税局、市财政局等负责)

(五)做好用地用电保障。返乡下乡人员创业创新用地适用《重庆市人民政府办公厅转发市农委等部门关于用好农业农村发展用地政策促进农民增收的指导意见(试行)的通知》(渝府办发〔2016〕211号)有关规定。鼓励返乡下乡人员以入股、合作、租赁、承包等形式使用农村集体土地发展农业产业。支持返乡下乡人员依托自有和其他闲置农房院落发展农家乐等实体经济。在符合农村宅基地管理规定和相关规划前提下,允许返乡下乡人员和当地农民合作改建自住房。城乡建设用地增减挂钩政策腾退出的建设用地指标,以及通过农村闲置宅基地整理新增的耕地和建设用地,重点支持返乡下乡人员创业创新。支持返乡下乡人员与农村集体经济组织共建农业物流仓储等设施。鼓励利用"四荒地"(荒山、荒沟、荒丘、荒滩)和厂矿废弃地、砖瓦窑废弃地、道路改线废弃地、闲置校舍、村庄空闲地等用于返乡下乡人员创业创新。强化返乡下乡创业园区(基地)用地保障,纳入全国农村创业创新园区(基地)目录的,在符合规划的前提下,采取计划指标、增减挂钩等予以保障。鼓励创业园区(基地)和企业改造低容积率厂房,将其纳入标准厂房管理范围,在不改变用途的前提下,提高土地利用率和增加容积率的,不再增收土地价款。农林牧渔业产品初加工项目,在确定土地出让底价时,可按不低于所在地土地等别相对应工业用地出让最低价标准的70%执行。探索建立农林设施证制度。返乡下乡人员发展农业、林木培育和种植、畜牧业、渔业生产、农业排灌用电,以及农业服务业中的农产品初加工用电,包括对各种农产品进行脱水、凝固、去籽、净化、分类、晒干、剥皮、初烤、沤软或大批包装以供应初级市场的用电,均按农业生产电价执行。(市国土房管局、市农委、市林业局、市旅游局、国网市电力公司等负责)

(六)完善社会保障政策。招用农村贫困劳动力、就业困难人员、中高等院校毕业生等重点群体的返乡下乡人员创业创新企业,按规定享受社会保险补贴、职业岗位补助等就业创业扶持政策。符合现行稳岗补贴政策的返乡下乡创业企业,可按规定程序申报稳岗补贴。返乡下乡人员可在创业地按相关规定参加各项社会保险,有条件的地方要将其纳入住房公积金缴存范围,按规定将其子女纳入城镇(城乡)居民基本医疗保险参保范围。返乡下乡创业创新的就业困难人员、离校未就业中高等院校毕业生以灵活就业方式参加社会保险的,可按规定给予一定社会保险补贴。返乡下乡人员初始创业失败后生活困难的,可按规定享受社会救助。持有居住证的返乡下乡人员的子女可在创业地接受义务教育和普惠性学前教育。(市人力社保局、市财政局、市教委、市民政局、市国土房管局等负责)

## 四、组织实施

(一)健全推进机制。各区县人民政府、市政府有关部门和有关单位要将返乡下乡人员创业创新工作,作为推进农业供给侧结构性改革、培育农业农村发展新动能的重点内容来抓,加强组织领导,明确任务分工,落实部门责任,形成工作合力。市农委要发挥牵头作用,履行规划指导和协调服务的职责任务,建立部门间协作机制,督促返乡下乡人员创业创新政策落实。(市农委、各区县人民政府等负责)

（二）营造舆论氛围。通过新闻报道、编制手册、制定明白卡、编发短信微信微博等多种方式，大力宣传支持返乡下乡人员创业创新政策措施。搭建返乡下乡人员创业创新交流平台，发挥交流创业信息、分享创业经验、展示创业项目、传播创业商机的作用。广泛开展返乡下乡创业创新之星、优秀返乡下乡创业创新企业评选推介和创业创新大赛、创业创新大讲堂等活动。注重总结各地的经验做法，培育一批返乡下乡创业创新优秀带头人，推介一批创业创新典型案例，积极营造创业、兴业、乐业的良好氛围。（市农委、市人力社保局、各区县人民政府等负责）

重庆市人民政府办公厅<br>2017年5月19日

（此件公开发布）

抄送：市委办公厅，市人大常委会办公厅，市政协办公厅，市高法院，市检察院，重庆警备区。

重庆市人民政府办公厅　　2017年5月23日印发

# 附录  2017年全国流动人口卫生计生动态监测调查问卷

## 2017年全国流动人口卫生计生动态监测调查村/居问卷(B)

调查对象：

第一、二、三部分为居委会或村委会掌握卫生计生或公安户籍数据的两位负责人第四部分为社区卫生服务中心/服务站或乡镇卫生院/村卫生室的两位负责人

尊敬的村/居干部和卫生工作者：

为了解流动人口生存发展状况，掌握各地流动人口卫生计生服务管理相关情况，为相关部门提供决策依据，我们特组织此次全国流动人口卫生计生动态监测调查。请将本村/居流动人口的情况如实填报。衷心感谢您的支持与配合！

国家卫生和计划生育委员会<br>2017年5月

样本点编码　　　　　　　　　　　　　□□□□
样本点类型 1居委会 2村委会　　　　　□

调查完成日期：＿＿＿＿月＿＿＿＿日
调查员姓名＿＿＿＿＿＿　　　　　调查员编码□□□

第一、二、三部分填报单位及填报人

＿＿＿＿＿＿省（区、市）＿＿＿＿＿＿市（地区）＿＿＿＿＿＿区（市、县）
＿＿＿＿＿＿街道（镇、乡）＿＿＿＿＿＿居（村）委会
填报人　姓名＿＿＿＿＿＿职务＿＿＿＿＿＿电话（含区号）＿＿＿＿＿＿
　　　　姓名＿＿＿＿＿＿职务＿＿＿＿＿＿电话（含区号）＿＿＿＿＿＿

## 第一部分　人口基本状况

| 类别 | 项目 | 2012年底 | 2016年底 |
|---|---|---|---|
| 户籍人口 | A1 户籍人口总人数 |  |  |
|  | A101 其中，65周岁及以上人口数 |  |  |
| 流入人口<br>（指跨区县流动、在本地居住6个月及以上） | A2 流入人口总人数 |  |  |
|  | A201 其中，65周岁及以上人口数 |  |  |

## 第二部分　资源环境状况

B101　本村/居委会的行政区划面积有多大？　　　　　　　　_____平方公里

B102　本村/居是否有以下流动人口比较集中的场所？（多选，提示。1 是 2 否）

A 连片出租屋　□　　B 工业园区　　□　　C 集贸市场　　□
D 较大企业、工厂　□　E 流动人口宿舍　□　F 建筑工地　　□
G 开发区　　　　□　H 新建小区　　□

B103　本村/居是否有下列设施？（多选，提示。1 有 2 无）
（不论所有权是否属于村/居，只要在地界范围内就算有）

A 小商店/小卖部　□　　B 幼儿园　　　□　　C 小学　　　　□
D 中学　　　　　□　　E 医院/诊所　　□　　F 药店　　　　□
G 村卫生室　　　□　　H 社区卫生服务站　□　I 社区卫生服务中心　□
J 老年活动场所　□　　K 敬老院/养老院　□　　L 公园　　　　□
M 体育健身场所　□　　N 儿童游乐场所　□　　O 村/居公告栏　□
P 社区网站　　　□　　Q 无障碍设施　　□　　R 图书室　　　□

B104　本村/居方圆 5 公里内是否存在下列影响健康的因素？（多选，提示。1 有 2 无）

A 化工厂　　　　　　B 冶炼厂　　　　　　C 造纸厂
D 焦化厂　　　　　　E 臭水河　　　　　　F 垃圾处理厂　□

B105　本村/居的垃圾回收是下列哪种形式？
1 有分类的垃圾箱/池　　2 有垃圾箱/池，但未分类　　3 没有公共垃圾箱/池

B106　本村/居是否有灭蚊、灭蟑及灭鼠措施？

| | 是否有该措施<br>1 有（续问频率）2 没有（跳问下一行） | 频率<br>一年几次（参照 2016 年） |
| --- | --- | --- |
| 灭蚊 | ___ | ___次 |
| 灭蟑 | ___ | ___次 |
| 灭鼠 | ___ | ___次 |

## 第三部分　社区管理与服务

C101　2012 年底和 2016 年底，本村/居下列工作人员分别是多少？　（单位：人）

| | 2012 年底 | 2016 年底 |
| --- | --- | --- |
| A 计划生育专职工作人员（或卫计专干） | | |
| B 流动人口专职协管员 | | |

C102　2016 年，本村/居有几个固定的卫生/计生/健康教育宣传栏？　　_____个
（如填 0 跳问 C104 题）

C103 2016 年，本村/居卫生/计生/健康教育宣传栏内容更新了几次？ _____ 个
C104 2016 年，本村/居健康教育费用是多少？ _____ 元
C105 2016 年，本村/居工作经费总额是多少？ _____ 元
C106 2016 年，本村/居是否有以下组织？（多选，提示。1 有 2 无）
A 工青妇组织　　□　　B 流动人口党团组织　□　　C 户籍人口党团组织　□
D 志愿者组织　　□　　E 法律援助室　　　　□　　F 流动人口之家　　　□

第四部分　填报单位及填报人

_____街道（镇、乡）_____（医疗卫生机构）填报人姓名_____职务_____电话（含区号）_____

填报人姓名_____职务_____电话（含区号）_____

## 第四部分　基本公共卫生服务

D101 村卫生室/社区卫生服务站/中心共计有多少名全职医生？ _____ 名
D102 2016 年，本村/居流动育龄妇女人数有多少？ _____ 人
D103 2016 年，本村/居组织多少名流动育龄妇女参加健康体检？ _____ 人

访问结束。再次感谢各位的合作！

"统计调查中获得的能够识别或者推断单个统计调查对象身份的资料，任何单位和个人不得对外提供、泄露，不得用于统计以外的目的。"

《统计法》第三章第二十五条

表　　号：卫计统
制定机关：国家卫生计生委
批准机关：国家统计局
批准文号：国统制【2015】72 号有效期至：2017 年 8 月

# 2017年全国流动人口卫生计生动态监测调查流动人口问卷(C)

调查对象：在本地居住一个月及以上，非本区(县、市)户口的男性和女性流动人口(2017年4月年龄为15周岁及以上，即2002年4月及以前出生)

尊敬的先生/女士：

您好！我们是受国家卫生计生委委托的调查员。为了解您的工作生活情况，为相关政策制定提供数据支持，我们特进行此次调查。本次调查将会耽误您一些时间，希望得到您的理解和支持。每个问题没有标准答案，您不用担心您的回答是否正确，只要把真实情况和想法告诉我们即可。调查结果仅供研究，我们将严格遵守《统计法》相关规定，绝不会泄露您的任何个人信息。感谢您的支持与配合！

国家卫生和计划生育委员会

2017年5月

现居住地址＿＿＿＿＿＿＿＿＿＿＿省(区、市)＿＿＿＿＿＿＿＿＿市(地区)
＿＿＿＿＿＿＿＿＿＿＿＿＿＿＿＿＿区(市、县)＿＿＿＿＿＿＿＿＿街道(镇、乡)
＿＿＿＿＿＿＿＿＿＿＿＿＿＿＿＿＿居(村)委会

| | | | |
|---|---|---|---|
| 样本点编码 | | | □□□□ |
| 样本点类型 | 1 居委会 | 2 村委会 | □ |
| 被访者编码 | | | □□□ |
| 调查开始时间＿＿＿＿＿＿＿ | | 完成时间＿＿＿＿＿＿＿ | |
| 调查员姓名＿＿＿＿＿＿＿＿ | | 调查员编码 | □□□ |

## 一、家庭成员与收支情况

100 您本人、配偶和子女(包括在本地、老家和其他地方的，但不包括分家的子女)以及与您在本户同住的家庭其他成员共有几口人？　　　　　＿＿＿＿＿口人

表101 请谈谈他们的基本情况。

# 附录 2017年全国流动人口卫生计生动态监测调查问卷

| ID | A 与被访者关系 | B 性别 | C 出生年月 | D 民族 | E 受教育程度 | F 户口性质 | G 是否中共党员或共青团员 | H 婚姻状况 | I 是否本地户籍人口 | J 户籍地区县 | K 现居住地 | L 本次流动范围 | M 本次流动时间 | N 本次流动原因 |
|---|---|---|---|---|---|---|---|---|---|---|---|---|---|---|
| | 01 本人 02 配偶<br>03 儿子 04 女儿<br>05 儿媳 06 女婿<br>07 父亲 08 母亲<br>09 公公 10 婆婆<br>11 岳父 12 岳母<br>13 祖父 14 祖母<br>15 外祖父 16 外祖母<br>17 孙子 18 孙女<br>19 外孙 20 外孙女<br>21 兄弟 22 兄弟配偶<br>23 姐妹 24 姐妹配偶<br>25 侄子 26 侄女<br>27 外甥 28 外甥女<br>29 其他 | 1 男<br>2 女 | (请按阳历填写，出生年月为阴历者月份+1) | 01 汉<br>(其他民族代码见code下选项) | (2011年5月及以后出生者跳问F)<br>1 未上过学<br>2 小学<br>3 初中<br>4 高中/中专<br>5 大学专科<br>6 大学本科<br>7 研究生 | 1 农业<br>2 非农业<br>3 农业转居民<br>4 非农业转居民<br>5 居民<br>6 其他 | 1 中共党员<br>2 共青团员<br>3 均不是 | (2002年5月及以后出生者跳问I)<br>1 未婚<br>2 初婚<br>3 再婚<br>4 离婚<br>5 丧偶<br>6 同居 | 1 是(跳问K)<br>2 否 | (通过下拉来单填写对应省份的区县;非中国籍人员填国外) | 1 本地<br>2 户籍地<br>3 其他<br>(选填)<br>2 的跳问下一位家庭成员 | 1 跨省<br>2 省内跨市<br>3 市内跨县<br>4 跨境<br>(不需要填答，相对户籍地，通过逻辑判断系统内置) | ①进入流入地后，期间离开不超过一个月，再次返回时不作为一次新的流动<br>②在流入地居住的子女直接以地出生日期填写出生年月 | 本次流动原因<br>01 务工/工作<br>02 经商<br>03 家属随迁<br>31 照顾自家老人<br>32 照顾自家小孩<br>04 婚姻嫁娶<br>05 拆迁搬家<br>06 投亲靠友<br>07 学习培训<br>08 参军<br>09 出生<br>10 异地养老<br>11 其他 |
| 成员序号 | | | | | | | | | | | | | | |
| 01 | |☐☐| ☐☐☐☐年☐☐月 |☐☐| =|☐| = | = |☐| = |☐| = | ☐☐☐☐年☐☐月 |☐☐|
| 02 | = |☐☐| ☐☐☐☐年☐☐月 | = | = |☐| = | = |☐| = | = | = | ☐☐☐☐年☐☐月 |☐☐|
| 03 | = |☐☐| ☐☐☐☐年☐☐月 | = | = |☐| = | = |☐| = | = | = | ☐☐☐☐年☐☐月 |☐☐|
| 04 | = |☐☐| ☐☐☐☐年☐☐月 | = | = |☐| = | = |☐| = | = | = | ☐☐☐☐年☐☐月 |☐☐|
| 05 | = |☐☐| ☐☐☐☐年☐☐月 | = | = |☐| = | = |☐| = | = | = | ☐☐☐☐年☐☐月 |☐☐|
| 06 | = |☐☐| ☐☐☐☐年☐☐月 | = | = |☐| = | = |☐| = | = | = | ☐☐☐☐年☐☐月 |☐☐|

02 蒙 03 满 04 回 05 藏 06 壮 07 维吾尔 08 苗 09 彝 10 土家 11 布依 12 侗 13 瑶 14 朝鲜 15 白 16 哈尼 17 黎 18 哈萨克 19 傣 20 其他

102 过去一年,您家有几口人在本地由就业单位(雇主)包吃或包住？□人(填 0 者跳问 103 题)

102.1 每月包吃大概折算为多少？(如两人及以上合并计算)　　　□□□□元
102.2 每月包住大概折算为多少？(如两人及以上合并计算)　　　□□□□元
(102 题填 1 及以上者,103-105 题不含包吃包住费)
103 过去一年,您家在本地平均每月住房支出(仅房租/房贷)为多少？　　□□□□元
104 过去一年,您家在本地平均每月总支出为多少？　　　　　　　　　　□□□□元
105 过去一年,您家平均每月总收入为多少？　　　　　　　　　　　　　□□□□元
(如被访者不回答上述金额问题,请询问金额范围后填写大概数额)

(106-110 询问农业户口、农转居的人群,非农户口、非农转居民、居民户口人群跳问 111 题,其他人群跳问 201 题)

106 您户籍地老家是否有承包地？(指自有土地承包权)
1 有(请注明：您个人大约有__亩__分)　　2 没有(跳问 109 题)　　3 不清楚(跳问 109 题)
107 您家承包地谁在耕种？　　　　　　　　　　　　　　　　　　　　　　　　□
1 自己/家人耕种　　　　　　2 雇人代耕种　　　　　　3 亲朋耕种
4 转租给私人　　　　　　　5 转租给村集体　　　　　6 转租给企业
7 撂荒　　　　　　　　　　8 种树　　　　　　　　　9 其他
108_1(107题=1-3,8-9)您家承包地平均收益大约　　　　　□□□□元/(亩·年)
(不清楚填答 9999 元,0 元则表示无收益,回答完跳问 109 题)
108_2(107题=4-6)您家承包地转租的收入有大约　　　　　□□□□元/(亩·年)
(不清楚填答 9999 元,0 元则表示无偿。)
109 您老家(指户籍所在地)是否有宅基地？　　　　　　　　　　　　　　　　　□
1 有(请注明：您个人大约有□□□□平方米)　　　　2 没有　3 不清楚　　　□
110 您是否有村里分配的集体分红？　　　　　　　　　　　　　　　　　　　　□
1 有(您个人大约有_____元/年,不清楚填答 9999 元)　　2 没有　3 不清楚
(回答完 110 题,跳问 201 题)
111(101F 题=2、4、5 问)您的非农户口/居民户口是哪一年获得的？　　□□□□年
(出生就是填 9999,并跳问 201 题)
112 您的非农户口/居民户口获得途径是什么？　　　　　　　　　　　　　　□
1 升学　2 参军　3 工作(招工等)4 转干　5 征地(包括村改居)
6 家属随转(包括通过婚姻)7 购房落户　8 户口改革,当地不再有农业户口　9 其他

## 二、就业情况

201 您今年"五一"节前一周是否做过一小时以上有收入的工作？(包括家庭或个体经营)　　　　　　　　　　　　　　　　　　　　　　　　　　　　　　　□
1 是,这周工作时间为□□小时(跳问205 题)　　　　2 否
202 您未工作的主要原因是什么？　　　　　　　　　　　　　　　　　　□□

01 学习培训 02 料理家务/带孩子 03 怀孕或哺乳 04 生病 05 已经找到工作等待上岗 61 企业/单位裁员 62 企业/单位倒闭 63 因单位其他原因失去工作 07 因本人原因失去工作 08 临时性停工或季节性歇业 09 没找到工作 10 不想工作 11 退休 12 丧失劳动能力(跳问301题) 13 其他

203 您从什么时候开始失去工作?(从未工作过填9999年99月)　　□□□□年□□月

204 您最近1个月是否找过工作?

1 是(跳问301题)　　　　　2 否(跳问301题)

205 您现在的主要职业是什么?　　　　　　　　　　　　　　　　□□

10 国家机关、党群组织、企事业单位负责人 20 专业技术人员 30 公务员、办事人员和有关人员 41 经商 42 商贩 43 餐饮 44 家政 45 保洁 46 保安 47 装修 48 快递 49 其他商业、服务业人员 50 农、林、牧、渔、水利业生产人员 61 生产 62 运输 63 建筑 64 其他生产、运输设备操作人员及有关人员 70 无固定职业 80 其他

206 您现在哪个行业工作?　　　　　　　　　　　　　　　　□□

01 农林牧渔 02 采矿 03 制造(31 食品加工 32 纺织服装 33 木材家具 34 印刷文体办公娱乐用品 35 化学制品加工 36 医药制造 37 专业设备制造 38 交通运输设备制造 39 电器机械及制造 40 计算机及通讯电子设备制造 41 仪器仪表制造 42 其他制造业) 04 电煤水热生产供应 05 建筑 06 批发零售 07 交通运输、仓储和邮政 08 住宿餐饮 09 信息传输、软件和信息技术服务 10 金融 11 房地产 12 租赁和商务服务 13 科研和技术服务 14 水利、环境和公共设施管理 15 居民服务、修理和其他服务业 16 教育 171 卫生 172 社会工作 18 文体和娱乐 19 公共管理、社会保障和社会组织 20 国际组织

207 您现在就业的单位性质属于哪一类?　　　　　　　　　　　　□□

01 机关、事业单位 02 国有及国有控股企业 03 集体企业 04 股份/联营企业 05 个体工商户 06 私营企业 07 港澳台独资企业 08 外商独资企业 09 中外合资企业 10 社团/民办组织 11 其他 12 无单位

208 您现在的就业身份属于哪一种?　　　　　　　　　　　　　　□

1 有固定雇主的雇员 2 无固定雇主的劳动者(零工、散工等)
3 雇主(跳问212题) 4 自营劳动者(跳问215题) 5 其他(跳问215题)

209 您与目前工作单位(雇主)签订何种劳动合同?　　　　　　　　□

1 有固定期限 2 无固定期限 3 完成一次性工作任务 4 试用期 5 未签订劳动合同 6 不清楚

210 您从什么时候开始这项工作?□□□□年□□月(填2014年及以前跳问215题)

211 近两年,您感觉找工作的难度有没有变化?　　　　　　　　　　□

1 难度减少 2 基本不变 3 难度增加 4 不适用(只找过这一次工作)

(回答211题后跳问215题)

212 目前您大约雇用了多少人?(指领取工资的人)　　　　人(其中亲属　　　　人)

213 您是什么时候开始现在这份生意的?　　　　　　　　□□□□年□□月

（填 2014 年及以后跳问 215 题）

214 近两年您雇佣人员的数量有没有变化？ □

1 数量减少 2 数量基本不变 3 数量增加

215 您个人上个月(或上次就业)工资收入/纯收入为多少？ □□□□□元/月

（不含包吃包住费。如被访者不回答，请询问收入范围后填写大概数额，如经营亏损可填负数）

216 与去年同期相比，您的月收入有变化吗？ □

1 减少 2 基本不变 3 增加 4 不适合(去年同期无收入)

## 三、流动及居留意愿

301 您老家(户籍所在地)所处的地理位置？ □

1 农村 2 乡镇 3 县城 4 地级市 5 省会城市 6 直辖市

302 您第一次离开户籍地(县级)是什么时候？ □□□□□元/月

303 您第一次离开户籍地(县级)的原因是什么？ □

01 务工/工作 02 经商 03 家属随迁 31 照顾自家老人 32 照顾自家小孩 04 婚姻嫁娶 05 拆迁搬家 06 投亲靠友 07 学习培训 08 参军 09 出生 10 异地养老 11 其他

304 您第一次流动的城市是_____省_____市_____区/县

304.1 首次流动范围是什么？(不需要填答；相对户籍地，通过逻辑判断系统内置) □

1 跨省流动 2 省内跨市 3 市内跨县 4 跨境

305 当时您和谁一起流动的？ （多选，提示）

A 独自(跳问 306 题) □ B 配偶 □

C 父母/岳父母/公婆 □ D 子女 □ E 兄弟姐妹 □

F 亲属 □ G 同学 □ H 同乡 □

306 在您首次流动/外出前，您父母是否有过外出务工/经商的经历？ □

1 父母均有 2 父亲有、母亲没有 3 母亲有、父亲没有 4 父母均没有 5 本人出生就流动 6 记不清

307 您总共流动过多少个城市(包括现居地)？ □□个

(指跨区县 1 个月及以上，以工作、生活等为目的，不包括出差、探亲、旅游、看病等)

308 您现住房属于下列何种性质？ □□

01 单位/雇主房(不包括就业场所) 21 租住私房-整租 22 租住私房-合租 03 政府提供公租房 04 自购商品房 05 自购保障性住房 06 自购小产权住房 07 借住房 08 就业场所 09 自建房 10 其他非正规居所

309 您业余时间在本地和谁来往最多(不包括顾客及其他亲属)？ □

1 同乡(户口迁至本地)2 同乡(户口仍在老家)3 同乡(户口迁至本地与老家以外的其他地区) 4 其他本地人5 其他外地人 6 很少与人来往

310 您多长时间没有回过老家(指户籍所在地村居)？ 1 小于 1 年 2 大于等于 1 年 (_____年)

311 目前在本地，您家主要有哪些困难？　（多选，提示）
A 没有困难（跳至312题）□　B 生意不好做　□　C 难以找到稳定的工作　□
D 买不起房子　□　E 本地人看不起　□　F 子女上学问题　□
G 收入太低　□　H 生活不习惯　□　I 其他　□

312 目前在您老家，您家主要有哪些困难？　（多选，提示）
A 没有困难（跳至312题）□　B 生意不好做　□　C 难以找到稳定的工作　□
D 买不起房子　□　E 本地人看不起　□　F 子女上学问题　□
G 收入太低　□　H 生活不习惯　□　I 其他　□

313 如果您符合本地落户条件，您是否愿意把户口迁入本地？　□
1 愿意　　　　　　　　2 不愿意　　　　　　　3 没想好

314 今后一段时间，您是否打算继续留在本地？　□
1 是　　　　　　　　2 否(跳问317题)　　　　3 没想好(跳问401题)

315 如果您打算留在本地，您预计自己将在本地留多久？　□
1 1～2年　　2 3～5年　　3 6～10年　　4 10年以上　　5 定居　　6 没想好

316 您打算留在本地的主要原因是什么？　□
1 收入水平高　2 个人发展空间大　3 积累工作经验　4 城市交通发达、生活方便
5 子女有更好的教育机会　6 医疗技术好　7 与本地人结婚　8 社会关系网都在本地
9 政府管理规范　10 家人习惯本地生活　11 其他
(回答316题后跳问401题)

317 如果您不打算留在本地，您是选择返乡还是去其他地方？　□
1 返乡　2 其他地方(跳问321题)　3 没想好(跳问401题)
(注：返乡中的"乡"指户籍地所在区县)

318 您打算什么时候返乡？　□
1 1年内　　2 1～2年　　3 3～5年　　4 6～10年　　5 10年以后　　6 没想好

319 您打算返乡的最主要原因是什么？　□
(根据被访者自述，调查员从以下选项中选填1项)
01 返乡创业　02 没有特长/技能　03 需要照顾小孩　04 需要照顾老人　05 外面就业形势不好　06 家乡就业机会多　07 年龄太大　08 身体不好　09 与家人两地分居　10 家乡生活成本低　11 家里劳动力不足　12 很难融入流入地　13 家乡自然环境好　14 土地需要打理　15 不习惯外地生活　16 结婚生育　17 本地空气污染严重　18 其他

320 您打算回到家乡的什么地方？　□
1 农村　2 乡镇政府所在地　3 县政府所在地　4 没想好
(回答320题后跳问401题)

321 您打算去哪座城市？　□
1 国内(_____省_____市_____区县，下拉菜单)　　2 境外　　3 没想好

## 四、健康与公共服务

401 您的健康状况如何? □
1 健康 2 基本健康 3 不健康,但生活能自理 4 生活不能自理
402 您是否听说过"国家基本公共卫生服务项目"? □
1 听说过 2 没听说过
(403-405 题为流入本地 6 个月及以上的流动人口回答,其他跳问 406)
403 本地是否给您建立了居民健康档案? □
1 是,已经建立　　　　　　　　 2 没建,没听说过
3 没建,但听说过　　　　　　　　 4 不清楚
404 过去一年,您在现居住村/居是否接受过以下方面的健康教育?(多选,提示)
A 职业病防治　　□ B 性病/艾滋病防治　□ C 生殖健康与避孕　□
D 结核病防治　　□ E 控制吸烟　　　　□ F 心理健康　　　　□
G 慢性病防治　　□ H 妇幼保健/优生优育　□ I 突发公共事件自救　□
(如 404 题都选填 2 则跳问 406 题)
405 您在现居住村/居是以何种方式接受上述健康教育的?(多选,提示)
A 健康知识讲座　　　□ B 宣传资料(纸质、影视)□ C 宣传栏/电子显示屏 □
D 公众健康咨询活动　□ E 社区短信/微信/网站 □ F 个体化面对面咨询 □
406 您是否患有医生确诊的高血压或 II 型糖尿病? □
1 患有高血压 2 患有糖尿病 3 患有高血压和糖尿病
4 均未患有(跳问 408 题)5 未就诊(跳问 408 题)
407 过去一年,您是否接受过本地社区卫生服务中心(站)/乡镇卫生院免费提供的针对上述疾病的随访评估、健康体检等服务? □
1 接受过 2 没有接受过
408 从您居住地到最近的医疗服务机构(包括社区卫生服务中心、村居医务室、医院等)需要多长时间?(以自身最易获得的交通方式) □
1 15 分钟以内　　　　　　　 2 15 分钟(不含)~30 分钟(含)
3 30 分钟(不含)~1 小时(含) 4 1 小时以上
409 最近一年您是否出现过以下病症:

| 序号 | 症状 | 1.是否患有 | 2.是否就诊 | 3.未就诊原因(可多选) |
| --- | --- | --- | --- | --- |
| | | 1 是<br>2 否(跳问下一行)<br>3 记不清(跳问下一行) | 1 是(跳问下一行)<br>2 否<br>3 记不清(跳问下一行) | A 病症不是很严重 □<br>B 以前得过或听说过,有治疗经验 □<br>C 身体好,能自愈 □<br>D 工作忙,没时间 □<br>E 缺钱 □<br>F 去医院看病麻烦,不如自己买药方便 □<br>G 其他 □ |

续表

| 1 | 腹泻(每日腹泻≥3次) | ☐ | ☐ |
| 2 | 发热（腋下体温≥38℃） | ☐ | ☐ |
| 3 | 皮疹(皮肤表面出现颜色异常、隆起或发生水泡等) | ☐ | ☐ |
| 4 | 黄疸(血清中胆红素升高致使皮肤、黏膜和巩膜发黄) | ☐ | ☐ |
| 5 | 结膜红肿(眼结膜充血时出现的发红、肿胀现象) | ☐ | ☐ |
| 6 | 感冒 | ☐ | ☐ |

410 最近一年您本人是否有患病(负伤)或身体不适的情况？　　　　　　☐
1 是，最近一次发生在两周内　2 是，最近一次发生在两周前
3 否(跳至411题后阴影部分)
411 最近一次患病(负伤)或身体不适时，您首先去哪里看的病/伤？　　☐
1 本地社区卫生站(中心/街道卫生院)　2 本地个体诊所　3 本地综合/专科医院
4 本地药店　5 在老家治疗　6 本地和老家以外的其他地方
7 哪也没去，没治疗
(请检查表101H1，"未婚"被访者跳问501题)
412 您是什么时候初婚/和他(她)在一起的(同居)？　　　　　☐☐☐☐年☐☐月
413 您本人有几个子女？　☐个(其中☐个男孩☐个女孩)
(414～418题由15～49周岁(1967年5月到2002年4月间出生)的有偶育龄妇女回答，其他被访者跳问501题)
414 今明一两年您是否有生育打算？　　　　　　　　　　　　　　　　☐
1 是　2 否　3 没想好
415 您夫妇目前是否在避孕？ 1 使用避孕方法　2 未避孕(或不适用)(跳问418题)☐
416 您夫妇目前主要使用哪种避孕方法？　　　　　　　　　　　　　　☐☐
01 男性绝育　02 女性绝育　03 宫内节育器　04 皮下埋植　05 注射用避孕药
06 口服避孕药　07 避孕套　08 外用避孕药　09 避孕环　10 安全期避孕　11 体外射精
12 其他
417 您夫妇目前的避孕方法是何时开始使用的？　　　　　　☐☐☐☐年☐☐月
(回答完417题后跳问501题)
418 未避孕的原因是什么？　　　　　　　　　　　　　　　　　　　　☐
1 现孕　2 想要孩子　3 绝经　4 子宫/卵巢/输卵管切除　5 不育
6 正在哺乳期　7 担心有副作用　8 有病不能避孕　9 其他

## 五、社会融合

501 2016年以来您在本地是否参加过以下组织的活动？（多选，提示）
A 工会　　　☐　　B 志愿者协会　　☐　　C 同学会　　☐
D 老乡会　　☐　　E 家乡商会　　　☐　　F 其他　　　☐

502 2016 年以来您是否有过以下行为？

　　　　　　　　　　　　　　　　　　　　　　1 没有　　2 偶尔　　3 有时　　4 经常

A 给所在单位/社区/村提建议或监督单位/社区/村务管理
B 通过各种方式向政府有关部门反映情况/提出政策建议
C 在网上就国家事务、社会事件等发表评论、参与讨论
D 主动参与捐款、无偿献血、志愿者活动等
E 参与党/团组织活动，参加党支部会议

503 您是否同意以下说法？（由被访者自己完成，在答案序号上点选）

　　　　　　　　　　　　　　　　　　　　　　同意程度

| | |
|---|---|
| A 我喜欢我现在居住的城市/地方 | 1 完全不同意　2 不同意　3 基本同意　4 完全同意 |
| B 我关注我现在居住城市/地方的变化 | 1 完全不同意　2 不同意　3 基本同意　4 完全同意 |
| C 我很愿意融入本地人当中，成为其中一员 | 1 完全不同意　2 不同意　3 基本同意　4 完全同意 |
| D 我觉得本地人愿意接受我成为其中一员 | 1 完全不同意　2 不同意　3 基本同意　4 完全同意 |
| E 我感觉本地人看不起外地人 | 1 完全不同意　2 不同意　3 基本同意　4 完全同意 |
| F 按照老家的风俗习惯办事对我比较重要 | 1 完全不同意　2 不同意　3 基本同意　4 完全同意 |
| G 我的卫生习惯与本地市民存在较大差别 | 1 完全不同意　2 不同意　3 基本同意　4 完全同意 |
| H 我觉得我已经是本地人了 | 1 完全不同意　2 不同意　3 基本同意　4 完全同意 |

504 您目前参加下列何种社会医疗保险？

| 医疗保险 | 1.是否参保<br>1 是<br>2 否(跳问下一行)<br>3 不清楚(跳问下一行) | 2.在何处参保<br>1 本地<br>2 户籍地<br>3 其他地方 |
|---|---|---|
| A 新型农村合作医疗保险 | ＿＿ | ＿＿ |
| B 城乡居民合作医疗保险 | ＿＿ | ＿＿ |
| C 城镇居民医疗保险 | ＿＿ | ＿＿ |
| D 城镇职工医疗保险 | ＿＿ | ＿＿ |
| E 公费医疗 | ＿＿ | ＿＿ |

505 您是否办理过个人社会保障卡？　　　　　　　　　　　　　　□
1 没办，没听说过　2 没办，但听说过　3 已经办理　4 不清楚
506 您是否办理了暂住证/居住证？　　　　　　　　　　　　　　□
1 是　2 否　3 不清楚　4 不适合

## 六、重点疾病流行影响因素

601 最近 3 年内您搬过几次家？（居住超过 1 月以上）　　　　□次
602 您现在所居住的房屋类型？　　　　　　　　　　　　　　　□

1 楼房 2 平房 3 工棚 4 地下室 5 其他

603 您现在所居住的房屋面积是多少平方米？　　　　　　　　　□□□平方米

603.1 是否与非本家庭的人合住？　　　　　　　　　　　　　　　□

1 是 2 否

604 您平时是否注意室内开窗通风？　　　　　　　　　　　　　　□

1 每天都通风 2 经常通风 3 偶尔通风 4 从不通风

605 家中是否使用空气净化器？　　　　　　　　　　　　　　　　□

1 是 2 否

606 您现在所居住的房屋的厕所类型？（可多选）

A 户内坐式　　　□　　　B 户内蹲式　　□　　　C 户外共用冲水式厕所　□

D 户外共用旱厕　□　　　F 其他　　　　□

607 您居住的小区夏天蚊子多吗？　　　　　　　　　　　　　　　□

1 非常多 2 多 3 不多 4 基本没有

608 您居住的地方（家里或小区）是否有蟑螂、苍蝇或老鼠？　　　□

1 经常有 2 偶尔有 3 基本没有

609 一年内您家中饲养有何种动物？（可多选）

A 猫　　□　是否接种疫苗：1 是 2 否　□

B 狗　　□　是否接种疫苗：1 是 2 否　□

C 鸟　　□　　D 乌龟□　　E 鱼□　　F 昆虫□　　G 兔子□　H 其他□　I 无□

610 您平时主要的就餐形式？

610.1 早餐　　□；610.2 中餐　　□；610.3 晚餐　□；

1 在家自做/带饭 2 单位食堂 3 外卖 4 街边摊 5 快餐店 6 不吃

611 您平时是否接触以下类型的天然水？（可多选）

A 井水　□ B 河水□ C 池塘水□ D 水窖水□ E 海水□ F 不接触□

612 您平时饮用的水主要是？　　　　　　　　　　　　　　　　　□

1 自来水 2 桶装水 3 井水 4 河水 5 池塘水 6 水窖水 7 其他

612.1 自家是否有水净化设施/措施？ 1 有 2 无　　　　　　　　□

613 您平时饮用的水是否烧开？　　　　　　　　　　　　　　　　□

1 总是烧开 2 偶尔不烧 3 从不烧

614 您是否在外吃凉菜？　　　　　　　　　　　　　　　　　　　□

1 每天吃 2 经常吃 3 偶尔吃 4 很少吃 5 从不吃

615 做饭时是否生熟分开？　　　　　　　　　　　　　　　　　　□

1 刀和砧板都分开 2 刀分开 3 砧板分开 4 不分 5 不做饭

616 您是否与他人共用洗脸毛巾？ 1 是2 否　　　　　　　　　　□

617 您是否与他人共用洗脸盆？ 1 是2 否3 不使用脸盆　　　　　□

618 您是否与他人共用剃须刀？ 1 是2 否3 不适用　　　　　　　□

619 您是否与他人共用水杯？ 1 是2 否　　　　　　　　　　　　□

620 您是否曾经接种过以下疫苗：（可多选）

A 乙肝疫苗□　B 甲肝疫苗□　C 流感疫苗□　D 百日咳疫苗□　E 乙脑疫苗□
F 狂犬病疫苗□　G 流脑疫苗□　H 出血热疫苗□I 破伤风疫苗□
J 未接种□　K 不清楚□

621　您家中的孩子出生以来是否按疫苗接种卡及时接种疫苗？　　　　　□
0 无孩子或孩子大于 7 岁
1 是，且从无漏种　2 是，但偶尔有漏种　3 很少按要求接种　4 从未接种　5 无疫苗接种卡

调查员需要说明的特殊情况

谢谢您的合作！请留以下信息：

被访者姓名：＿＿＿＿＿＿＿＿＿＿＿＿＿＿＿身份证号码：＿＿＿＿＿＿＿＿＿＿＿＿＿
被访者联系电话：手　　机：＿＿＿＿＿＿＿＿＿＿＿＿＿＿＿＿＿＿＿＿＿＿＿＿＿
或座机：区号＿＿＿＿＿＿＿＿＿＿＿＿＿＿＿＿＿＿＿＿＿号码＿＿＿＿＿＿＿＿＿
调查员联系电话：手　　机：＿＿＿＿＿＿＿＿＿＿＿＿＿＿＿＿＿＿＿＿＿＿＿＿＿
或座机：区号＿＿＿＿＿＿＿＿＿＿＿＿＿＿＿＿＿＿＿＿＿号码＿＿＿＿＿＿＿＿＿
访问结束。祝您幸福！

"统计调查中获得的能够识别或者推断单个统计调查对象身份的资料，任何单位和个人不得对外提供、泄露，不得用于统计以外的目的。"

《统计法》第三章第二十五条

表号：卫计统
制定机关：国家卫生计生委批
准机关：国家统计局
批准文号：国统制【2015】72 号有效
期至：2017 年 8 月

# 2017 年全国流动人口卫生计生动态监测调查户籍人口问卷(D)

调查对象：本区(县、市)户口的 15 周岁及以上男性和女性人口
(2002 年 4 月及以前出生)

尊敬的先生/女士：

　　您好！我们是受国家卫生计生委委托的调查员。为了解您的工作生活情况，为相关政策制定提供数据支持，我们特进行此次调查。本次调查将会耽误您一些时间，希望得到您的理解和支持。每个问题没有标准答案，您不用担心您的回答是否正确，只要把真实情况和想法告诉我们即可。调查结果仅供研究，我们将严格遵守《统计法》相关规定，绝不会泄露您的任何个人信息。感谢您的支持与配合！

国家卫生和计划生育委员会

2017 年 5 月

现居住地址＿＿＿＿＿＿＿＿＿＿＿＿＿＿省(区、市)＿＿＿＿＿＿＿＿＿市(地区)
＿＿＿＿＿＿＿＿＿＿＿＿＿＿＿＿＿＿区(市、县)＿＿＿＿＿＿＿＿街道(镇、乡)
＿＿＿＿＿＿＿＿＿＿＿＿＿＿＿＿＿＿居(村)委会

样本点编码　　　　　　　　　　　　　　　　　　　　　　　　□□□□
样本点类型　1 居委会　2 村委会　　　　　　　　　　　　　　　□
被访者编码　　　　　　　　　　　　　　　　　　　　　　　　　□□□

调查开始时间＿＿＿＿＿＿＿＿＿＿＿＿　完成时间＿＿＿＿＿＿＿＿＿＿＿＿
调查员姓名＿＿＿＿＿＿＿＿＿＿＿＿　　调查员编码　　　　　　□□□

## 一、家庭成员与收支情况

　　100　您本人、配偶和子女(包括在本地、外地的，但不包括分家的子女)以及与您在本户同住的家庭其他成员共有几口人？　　　　　　　　　　　＿＿口人

　　表 101：请谈谈他们的基本情况。
　　103　过去一年，您家平均每月住房支出(仅房租/房贷)为多少？　□□□□元
　　104　过去一年，您家平均每月总支出为多少？　　　　　　　　□□□□□元
　　105　过去一年，您家平均每月总收入为多少？　　　　　　　　□□□□□元
　　(如被访者不回答上述金额问题，请询问金额范围后填写大概数额)

| ID | A | B | C | D | E | F | G | H | I | K |
|---|---|---|---|---|---|---|---|---|---|---|
| 成员序号 | 与被访者关系<br>01 本人 02 配偶<br>03 儿子 04 女儿<br>05 儿媳 06 女婿<br>07 父亲 08 母亲<br>09 公公 10 婆婆<br>11 岳父 12 岳母<br>13 祖父 14 祖母<br>15 外祖父 16 外祖母<br>17 孙子 18 孙女<br>19 外孙 20 外孙女<br>21 兄弟 22 兄弟配偶 23 姐妹 24 姐妹配偶 25 侄子 26 侄女 27 外甥 28 外甥女 29 其他 | 性别<br>1 男<br>2 女 | 出生年月<br>(请按阳历填写，出生年月为阴历者月份+1) | 民族<br>01 汉<br>(其他民族代码见表下选项) | 受教育程度<br>(2011年5月及以后出生者跳问F)<br>1 未上过学<br>2 小学<br>3 初中<br>4 高中/中专<br>5 大学专科<br>6 大学本科<br>7 研究生 | 户口性质<br>1 农业<br>2 非农业<br>3 农业转居民<br>4 非农业转居民<br>5 居民<br>6 其他 | 是否共产党员或共青团员<br>1 共产党员<br>2 共青团员<br>3 均不是 | 婚姻状况<br>(2002年5月及以后出生者跳问I)<br>1 未婚<br>2 初婚<br>3 再婚<br>4 离婚<br>5 丧偶<br>6 同居 | 是否本地户籍人口<br>1 是<br>2 否 | 现居住地<br>1 本地<br>2 外地<br>3 其他 |
| 01 | \|0\|\|1\| | ⊔ | ⊔⊔⊔⊔年⊔⊔月 | ⊔⊔ | ⊔ | ⊔ | ⊔ | ⊔ | \|1\| | \|1\| |
| 02 | ⊔⊔ | ⊔ | ⊔⊔⊔⊔年⊔⊔月 | ⊔⊔ | ⊔ | ⊔ | ⊔ | ⊔ | ⊔ | ⊔ |
| 03 | ⊔⊔ | ⊔ | ⊔⊔⊔⊔年⊔⊔月 | ⊔⊔ | ⊔ | ⊔ | ⊔ | ⊔ | ⊔ | ⊔ |
| 04 | ⊔⊔ | ⊔ | ⊔⊔⊔⊔年⊔⊔月 | ⊔⊔ | ⊔ | ⊔ | ⊔ | ⊔ | ⊔ | ⊔ |
| 05 | ⊔⊔ | ⊔ | ⊔⊔⊔⊔年⊔⊔月 | ⊔⊔ | ⊔ | ⊔ | ⊔ | ⊔ | ⊔ | ⊔ |
| 06 | ⊔⊔ | ⊔ | ⊔⊔⊔⊔年⊔⊔月 | ⊔⊔ | ⊔ | ⊔ | ⊔ | ⊔ | ⊔ | ⊔ |

02 蒙 03 满 04 回 05 藏 06 壮 07 维吾尔 08 苗 09 彝 10 土家 11 布依 12 侗 13 瑶 14 朝鲜 15 白 16 哈尼 17 黎 18 哈萨克 19 傣 20 其他

（106~110 询问农业户口、农转居的人群，非农户口、非农转居民、居民户口人群跳问 111 题，其他人群跳问 201 题）

106 您家是否有承包地？（指自有土地承包权）

1 有（请注明：您本人大约有_____亩_____分） 2 没有（跳问109题） 3 不清楚（跳问109题）

107 您家承包地谁在耕种？ ☐

1 自己/家人耕种　　　2 雇人代耕种　　　3 亲朋耕种
4 转租给私人　　　　5 转租给村集体　　6 转租给企业
7 撂荒　　　　　　　8 种树　　　　　　9 其他

108_1（107题=13,89）您家承包地平均收益大约　　　　　☐☐☐☐元/(亩·年)

（不清楚填答9999元，0元则表示无收益，回答完跳问109题）

108_2（107题=46）您家承包地转租的收入有大约　　　　☐☐☐☐元/(亩·年)

（不清楚填答9999元，0元则表示无偿。）

109　您家是否有宅基地？ ☐

1 有（请注明：您本人大约有　　　☐☐☐☐平方米）2 没有 3 不清楚

110　您是否有村里分配的集体分红？　　　　　　　　　　　　　　　□
1 有（您本人大约有＿＿＿＿＿＿元/年，不清楚填答 9999 元）　2　没有 3 不清楚
（回答完 110 题，跳问 201 题）

111（101F 题=2、4、5 问）您的非农户口/居民户口是哪一年获得的？　□□□□年
（出生就是填 9999，并跳问 201 题）

112　您的非农户口/居民户口获得途径是什么？　　　　　　　　　　□
1 升学　2　参军　3 工作（招工等）4 转干　5 征地（包括村改居）
6 家属随转（包括通过婚姻）7 购房落户　8 户口改革，当地不再有农业户口　9 其他

## 二、就业情况

201　您今年"五一"节前一周是否做过一小时以上有收入的工作？（包括家庭或个体经营）　　　　　　　　　　　　　　　　　　　　　　　　　　　　　　　□
1 是，这周工作时间为|＿＿＿＿|＿＿＿|小时（跳问 205 题）　　2 否

202　您未工作的主要原因是什么？　　　　　　　　　　　　　　　□□
01 学习培训　02 料理家务/带孩子　03 怀孕或哺乳　04 生病　05 已经找到工作等待上岗 61 企业/单位裁员 62 企业/单位倒闭　63 因单位其他原因失去工作
07 因本人原因失去工作　08 临时性停工或季节性歇业
09 没找到工作　10 不想工作　11 退休　12 丧失劳动能力（跳问 401 题）　13 其他

203　您从什么时候开始失去工作？（从未工作过填 9999 年 99 月）□□□□年□□月

204　您最近 1 个月是否找过工作？　　　　　　　　　　　　　　　□
1 是（跳问401 题）　　　　　　　2 否（跳问 401 题）

205　您现在的主要职业是什么？　　　　　　　　　　　　　　　　□□
10 国家机关、党群组织、企事业单位负责人 20 专业技术人员 30 公务员、办事人员和有关人员 41 经商 42 商贩 43 餐饮 44 家政 45 保洁 46 保安 47 装修 48 快递 49 其他商业、服务业人员 50 农、林、牧、渔、水利业生产人员 61 生产 62 运输 63 建筑 64 其他生产、运输设备操作人员及有关人员　70 无固定职业 80 其他

206　您现在哪个行业工作？　　　　　　　　　　　　　　　　　　□□
01 农林牧渔 02 采矿 03 制造（31 食品加工 32 纺织服装 33 木材家具 34 印刷文体办公娱乐用品 35 化学制品加工 36 医药制造 37 专业设备制造 38 交通运输设备制造 39 电器机械及制造 40 计算机及通讯电子设备制造 41 仪器仪表制造 42 其他制造业）04 电煤水热生产供应 05 建筑 06 批发零售 07 交通运输、仓储和邮政 08 住宿餐饮 09 信息传输、软件和信息技术服务 10 金融 11 房地产 12 租赁和商务服务 13 科研和技术服务 14 水利、环境和公共设施管理 15 居民服务、修理和其他服务业 16 教育 171 卫生 172 社会工作 18 文体和娱乐 19 公共管理、社会保障和社会组织 20 国际组织

207　您现在就业的单位性质属于哪一类？　　　　　　　　　　　　□□
01 机关、事业单位 02 国有及国有控股企业 03 集体企业 04 股份/联营企业 05 个体工商户 06 私营企业 07 港澳台独资企业 08 外商独资企业 09 中外合资企业 10 社

团/民办组织 11 其他 12 无单位

208 您现在的就业身份属于哪一种？ □
1 有固定雇主的雇员 2 无固定雇主的劳动者(零工、散工等)
3 雇主(跳问 212 题) 4 自营劳动者(跳问 215 题) 5 其他(跳问 215 题)

209 您与目前工作单位(雇主)签订何种劳动合同？ □
1 有固定期限 2 无固定期限 3 完成一次性工作任务 4 试用期 5 未签订劳动合同 6 不清楚

210 您从什么时候开始这项工作？□□□□年□□月(填 2014 年及以前跳问 215 题)

211 近两年，您感觉找工作的难度有没有变化？ □
1 难度减少 2 基本不变 3 难度增加 4 不适用(只找过这一次工作)
(回答 211 题后跳问 215 题)

212 目前您大约雇用了多少人？(指领取工资的人)_____人(其中亲属_____人)

213 您是什么时候开始现在这份生意的？ □□□□年□□月
(填 2014 年及以后跳问 215 题)

214 近两年您雇佣人员的数量有没有变化？ □
1 数量减少 2 数量基本不变 3 数量增加

215 您个人上个月(或上次就业)工资收入/纯收入为多少？ □□□□□□元/月
(不含包吃包住费。如被访者不回答，请询问收入范围后填写大概数额，如经营亏损可填负数)

216 与去年同期相比，您的月收入有变化吗？ □
1 减少 2 基本不变 3 增加 4 不适合(去年同期无收入)

## 四、健康与公共服务

401 您的健康状况如何？ □
1 健康 2 基本健康 3 不健康，但生活能自理 4 生活不能自理

402 您是否听说过"国家基本公共卫生服务项目"？ □
1 听说过 2 没听说过

403 您是否建立了居民健康档案？ □
1 是，已经建立 2 没建，没听说过
3 没建，但听说过 4 不清楚

404 过去一年，您是否接受过所在村/居开展的以下方面健康教育？(多选，提示)
A 职业病防治 □ B 性病/艾滋病防治 □ C 生殖健康与避孕 □
D 结核病防治 □ E 控制吸烟 □ F 心理健康 □
G 慢性病防治 □ H 妇幼保健/优生优育 □ I 突发公共事件自救 □
(如 404 题都填 2 则跳问 406 题)

405 您是以何种方式接受上述健康教育的？(多选)
A 健康知识讲座 □ B 宣传资料(纸质、影视) □ C 宣传栏/电子显示屏 □

D 公众健康咨询活动 □　　E 社区短信/微信/网站　　　□　　F 个体化面对面咨询 □

406 您是否患有医生确诊的高血压或Ⅱ型糖尿病？□

1 患有高血压　2 患有糖尿病　3 患有高血压和糖尿病

4 均未患有(跳问 408 题)　5 未就诊(跳问 408 题)

407 过去一年，您是否接受过社区卫生服务中心(站)/乡镇卫生院免费提供的针对上述疾病的随访评估、健康体检等服务？□

1 接受过　2 没有接受过

408 从您居住地到最近的医疗服务机构(包括社区卫生服务中心、村居医务室、医院等)需要多长时间？(以自身最易获得的交通方式)□

1 15 分钟以内　　　　　　　　　　　2 15 分钟(不含)～30 分钟(含)

3 30 分钟(不含)～1 小时(含)　　　　4 1 小时以上

409 最近一年您是否出现过以下病症：

| 序号 | 症状 | 1.是否患有 | 2. 是否就诊 | 3 未就诊原因(可多选) |
|---|---|---|---|---|
|  |  | 1 是<br>2 否(跳问下一行)<br>3 记不清(跳问下一行) | 1 跳问下一行<br>2 否<br>3 记不清(跳问下一行) | A 病症不是很严重　□<br>B 以前得过或听说过，有治疗经验　□<br>C 身体好，能自愈　□<br>D 工作忙，没时间　□<br>E 缺钱　□<br>F 去医院看病麻烦，不如自己买药方便　□<br>G 其他　□ |
| 1 | 腹泻(每日腹泻≥3 次) | □ | □ |  |
| 2 | 发热 (腋下体温≥38℃) | □ | □ |  |
| 3 | 皮疹(皮肤表面出现颜色异常、隆起或发生水泡等) | □ | □ |  |
| 4 | 黄疸(血清中胆红素升高致使皮肤、黏膜和巩膜发黄) | □ | □ |  |
| 5 | 结膜红肿(眼结膜充血时出现的发红、肿胀现象) | □ | □ |  |
| 6 | 感冒 | □ | □ |  |

410 最近一年您本人是否有患病(负伤)或身体不适的情况？□

1 是，最近一次发生在两周内　　　　2 是，最近一次发生在两周前

3 否(跳至 411 题后阴影部分)

411 最近一次患病(负伤)或身体不适时，您首先去哪里看的病/伤？□

1 本地社区卫生站(中心/街道卫生院) 2 本地个体诊所　3 本地综合/专科医院

4 本地药店　6 其他地方　7 哪也没去，没治疗

(请检查表 101H1，"未婚"被访者跳问 501 题)

412 您是什么时候初婚/和他(她)在一起的(同居)？□□□□年□□月

413 您本人有几个子女？□个(其中　□个男孩　□个女孩)

(414—418 题由 15-49 周岁(1967 年 5 月到 2002 年 4 月间出生)的有偶育龄妇女回答，

其他被访者跳问 501 题)

414 今明一两年您是否有生育打算? □
1 是 2 否 3 没想好

415 您夫妇目前是否在避孕? 1 使用避孕方法 2 未避孕(或不适用)(跳问 418 题)□

416 您夫妇目前主要使用哪种避孕方法? □□
01 男性绝育 02 女性绝育 03 宫内节育器 04 皮下埋植 05 注射用避孕药 06 口服避孕药 07 避孕套 08 外用避孕药 09 避孕环 10 安全期避孕 11 体外射精 12 其他

417 您夫妇目前的避孕方法是何时开始使用的? □□□□年□□月
(回答完 417 题后跳问 501 题)

418 未避孕的原因是什么? □
1 现孕 2 想要孩子 3 绝经 4 子宫/卵巢/输卵管切除 5 不育
6 正在哺乳期 7 担心有副作用 8 有病不能避孕 9 其他

## 五、社会融合

501 2016 年以来您是否参加过以下组织的活动?(多选,提示。)
A 工会　□　　B 志愿者协会　□　　C 同学会　□
D 老乡会　□　　E 家乡商会　□　　F 其他　□

502 2016 年以来您是否有过以下行为?

|  | 1 没有 | 2 偶尔 | 3 有时 | 4 经常 |
|---|---|---|---|---|
| A 给所在单位/社区/村提建议或监督单位/社区/村务管理 | | | | |
| B 通过各种方式向政府有关部门反映情况/提出政策建议 | | | | |
| C 在网上就国家事务、社会事件等发表评论,参与讨论 | | | | |
| D 主动参与捐款、无偿献血、志愿者活动等 | | | | |
| E 参与党/团组织活动,参加党支部会议 | | | | |

503 您是否同意以下说法?(由被访者自己完成,在答案序号上点选)

|  | 同意程度 |
|---|---|
| A 我愿意与外地人做邻居 | 1 完全不同意 2 不同意 3 基本同意 4 完全同意 |
| B 我愿意与外地人做朋友 | 1 完全不同意 2 不同意 3 基本同意 4 完全同意 |
| C 我觉得外地人愿意融入本地,成为其中一员 | 1 完全不同意 2 不同意 3 基本同意 4 完全同意 |
| D 我愿意自己或亲人与外地人通婚 | 1 完全不同意 2 不同意 3 基本同意 4 完全同意 |
| E 我愿意接受外地人,成为我们中的一员 | 1 完全不同意 2 不同意 3 基本同意 4 完全同意 |
| F 我感觉外地人愿意扎堆居住 | 1 完全不同意 2 不同意 3 基本同意 4 完全同意 |
| G 有些本地人不喜欢/看不起外地人 | 1 完全不同意 2 不同意 3 基本同意 4 完全同意 |
| H 我觉得本地人对外地人都比较友好 | 1 完全不同意 2 不同意 3 基本同意 4 完全同意 |

504 您目前参加下列何种社会医疗保险？

| 医疗保险 | 1. 是否参保<br>1 是<br>2 否(跳问下一行)<br>3 不清楚(跳问下一行) | 2. 在何处参保<br>1 本地<br>2 户籍地<br>3 其他地方 |
|---|---|---|
| A 新型农村合作医疗保险 | ☐ | ☐ |
| B 城乡居民合作医疗保险 | ☐ | ☐ |
| C 城镇居民医疗保险 | ☐ | ☐ |
| D 城镇职工医疗保险 | ☐ | ☐ |
| E 公费医疗 | ☐ | ☐ |

505 您是否办理过个人社会保障卡？ ☐
1 没办，没听说过　2 没办，但听说过　3 已经办理　4 不清楚

## 六、重点疾病流行影响因素

601 最近 3 年内您搬过几次家？（居住超过 1 月以上）　☐次
602 您现在所居住的房屋类型？　☐
1 楼房　2 平房　3 工棚　4 地下室　5 其他
603 您现在所居住的房屋面积是多少平方米？　☐☐☐平方米
603.1 是否与非本家庭的人合住？　☐
1 是　2 否
604 您平时是否注意室内开窗通风？　☐
1 每天都通风　2 经常通风　3 偶尔通风　4 从不通风
605 家中是否使用空气净化器？　☐
1 是　2 否
606 您现在所居住的房屋的厕所类型？（可多选）
　A 户内坐式　　　　☐　B 户内蹲式　　　☐　C 户外共用冲水式厕所　☐
　D 户外共用旱厕　　☐　F 其他　　　　　☐
607 您居住的小区夏天蚊子多吗？　☐
1 非常多　2 多　3 不多　4 基本没有
608 您居住的地方(家里或小区)是否有蟑螂、苍蝇或老鼠？　☐
1 经常有　2 偶尔有　3 基本没有
609 一年内您家中饲养有何种动物？（可多选）
　A 猫☐　　　　是否接种疫苗：1 是　2 否 ☐
　B 狗☐　　　　是否接种疫苗：1 是　2 否 ☐
　C 鸟☐　　D 乌龟☐　 E 鱼☐　 F 昆虫☐　 G 兔子☐　 H 其他☐　 I 无☐
610 您平时主要的就餐形式？
　610.1 早餐☐；　610.2 中餐☐；　610.3 晚餐☐；

1 在家自做/带饭  2 单位食堂  3 外卖  4 街边摊  5 快餐店  6 不吃

611 您平时是否接触以下类型的天然水？（可多选）

A 井水□  B 河水□  C 池塘水□  D 水窖水□  E 海水□  F 不接触□

612 您平时饮用的水主要是？ □

1 自来水  2 桶装水  3 井水  4 河水  5 池塘水  6 水窖水  7 其他

612.1 自家是否有水净化设施/措施？  1 有  2 无 □

613 您平时饮用的水是否烧开？ □

1 总是烧开  2 偶尔不烧  3 从不烧

614 您是否在外吃凉菜？ □

1 每天吃  2 经常吃  3 偶尔吃  4 很少吃  5 从不吃

615 做饭时是否生熟分开？ □

1 刀和砧板都分开  2 刀分开  3 砧板分开  4 不分  5 不做饭

616 您是否与他人共用洗脸毛巾？  1 是  2 否 □

617 您是否与他人共用洗脸盆？  1 是  2 否  3 不使用脸盆 □

618 您是否与他人共用剃须刀？  1 是  2 否  3 不适用 □

619 您是否与他人共用水杯？  1 是  2 否 □

620 您是否曾经接种过以下疫苗：（可多选）

A 乙肝疫苗□  B 甲肝疫苗□  C 流感疫苗□  D 百日咳疫苗□  E 乙脑疫苗□

F 狂犬病疫苗□  G 流脑疫苗□  H 出血热疫苗□  I 破伤风疫苗□

J 未接种□  K 不清楚□

621 您家中的孩子出生以来是否按疫苗接种卡及时接种疫苗？ □

0 无孩子或孩子大于 7 岁

1 是，且从无漏种  2 是，但偶尔有漏种  3 很少按要求接种  4 从未接种  5 无疫苗接种卡调查员需要说明的特殊情况

谢谢您的合作！请留以下信息：

被访者姓名：　　　　　　　身份证号码：_____

被访者联系电话：　　　　　手　　机：_____

或座机：区号_____号码_____

调查员联系电话：　　　　　手　　机：_____

或座机：区号_____号码_____

访问结束。祝您幸福！